翰墨之珍
清扬婉兮
洪彪之印

陆婉珍院士

1924.9.29—2015.11.17

陆婉珍院士手迹选

褚小立
袁洪福
杨辉华
闵之琴
——编著

纪念陆婉珍院士诞辰100周年

化学工业出版社
·北京·

内容简介

本书以陆婉珍院士的读书笔记、论文、专著、科研报告、题词、会议发言稿、信件等手迹为载体，系统介绍了陆婉珍的科学生涯和奋斗历程，全面立体地勾勒出陆婉珍精彩的学术人生和卓越的科研成就，全方位展示了陆婉珍的学术成长经历、学术思想和学术贡献。这些弥足珍贵的手稿既真实亲切，又令人信服，体现出陆婉珍矢志不渝追求科学的崇高精神和淡泊名利的人格魅力，具有很强的感染力和震撼力，是读者能够触摸到科学大师生平的厚重承载。本书适合大众读者阅读，特别是科技工作者、青年学生、科技史研究者以及文化教育工作者等。

图书在版编目（CIP）数据

陆婉珍院士手迹选 / 褚小立等编著. —北京：化学工业出版社，2023.6

ISBN 978-7-122-42996-4

Ⅰ.①陆… Ⅱ.①褚… Ⅲ.①陆婉珍－文集 Ⅳ.①K826.16

中国国家版本馆CIP数据核字（2023）第033144号

责任编辑：傅聪智　　装帧设计：梧桐影
责任校对：李雨函

出版发行：化学工业出版社
（北京市东城区青年湖南街13号　邮政编码100011）
印　　装：北京瑞禾彩色印刷有限公司
889mm × 1194mm　1/16　印张22　字数565千字
2024年5月北京第1版第1次印刷

购书咨询：010-64518888　　售后服务：010-64518899
网　　址：http://www.cip.com.cn
凡购买本书，如有缺损质量问题，本社销售中心负责调换。

定　　价：298.00元

ISBN 978-7-122-42996-4

陆婉珍院士生平

陆婉珍祖籍上海川沙县，1924年9月29日生于天津。1946年毕业于重庆中央大学化工系，获学士学位，1949年获得美国伊利诺伊大学化学硕士学位，1951年获得美国俄亥俄州立大学化学博士学位，并于1952—1953年在美国西北大学从事博士后研究工作，1953年后期，在玉米产品精炼公司任研究员。回国后，历任石油化工科学研究院（以下简称石科院）分析研究室主任、院副总工程师、总工程师、学位评定委员会主任等职务；曾任中国石化水处理技术服务中心主任，中国石化集团公司科学技术委员会委员、顾问，《石油炼制》《石油学报》《色谱》《分析化学》《光谱学与光谱分析》等学术期刊的编委、顾问。1991年当选为中国科学院院士。

陆婉珍热爱祖国，1955年10月，她毅然放弃在美国的优越生活和科研条件，克服重重困难辗转回国，把毕生精力投入我国的分析化学和石油化学研究。当时我国仪器分析尚在起步阶段，她在短短几年时间内组织建立了气体分析、油品分析、元素分析和光谱分析等分析方法，搭建起较为完整的油品分析技术平台，为科研和生产提供了大量的分析数据，并为炼油企业生产提供了分析技术支撑。她在烃类燃烧过程中镍铬合金腐蚀机理研究、我国第一套催化重整装置催化剂痕量砷中毒失活原因分析、油井压裂液研制、催化裂化助燃剂研制、特种油品氟油的研制、重油中硫分析及对油品抗氧化性能研究、轧制液质量控制、高碱度磺酸盐添加剂研制等项目中都发挥了关键作用。20世纪60年代，她还参加了我国第一套自行设计的催化重整工业装置在大庆开工和我国第一套流化催化裂化工业装置在抚顺开工，主持分析工作，在此基础上，主持编制了《近代仪器分析在石油工业中的应用》《重整分析方法汇编》和《石油化工分析方法汇编》等著作。

陆婉珍学术造诣深厚，是我国公认的色谱学科带头人之一。20世纪50年代中后期，商品色谱仪刚刚出现，她就率先在我国开展了气相色谱用于油品分析的研究工作，建立了色谱测定汽油详细烃类组成的分析方法，利用这一技术发现了我国第一套催化重整工业装置开工期间的问题，为装置的顺利投产起到了关键的作用。20世纪80年代初，在她的组织和领导下，我国首次成功开发出了弹性石英毛细管色谱柱，这是我国气相色谱技术发展的一个里程碑。随后，针对复杂炼厂气和汽油中不同烃类组成，研制出多孔层毛细管柱和填充毛细管柱，为我国重大新型炼油工艺的开发及时准确地提供了分析数据。20世纪80年代中后期，她指导研究生们解决了液相色谱中定量检测的问题，可对分离所得的各类烃直接进行定量分析，以后又在液相色谱柱研制方面做了大量有创新性的研究和应用工作。

陆婉珍长期主持我国原油评价工作，逐步建立了完整的原油评价体系，并对我国发现的各种原油进行了科学系统的评价，在她的组织下汇编了8册《中国原油评价》，这些系统完整的评价数据为合理利用我国原油资源发挥了重要作用，被列入国家重要科技成果。结合原油评价过程中遇到的新问题，她指导科研人员和研究生开展了具有前瞻性和实际意义的基础研究工作。对于原油及其馏分油中的非碳氢元素定量分析问题，成功研制出电量法测定硫、氮、氯、水、盐和痕量砷的分析技术，建立相应的分析方法，为工艺过程的控制做出重要贡献，在国内各大炼厂得到推广应用，填补了我国的技术空白，其中的不少方法都具有创新性，处于当时国际先进水平。

结合石油化工中各类添加剂及助剂的需求，陆婉珍综合应用各种分析仪器研究其组成对使用性能的影响，其中如：为解决渣油催化裂化中重金属污染催化剂引起的中毒问题，她担任金属钝化剂矩阵组的协调人，从组成及结构出发，协调钝化剂的研制、评定、工业生产、质量控制、推广工业应用和售后服务，取得了可观的社会效益及经济效益；为解决炼厂循环水系统结垢、腐蚀、菌藻生长等问题，她组织研究了各类水处理剂的组成与性能间的关系，主持研制出了RP-51等多种水处理剂，为提高工业水处理水平，保障炼油和石油化工装置安、稳、长、满、优运转做出了贡献。

20世纪90年代中后期以来，陆婉珍组建了近红外光谱分析技术研发团队，在我国首次建立近红外光谱实验室、成功研制在线分析仪，并在蒸汽裂解、催化重整和汽油调合等工业装置上得到了实际应用，为炼厂的优化控制系统及时、准确地提供分析数据，给企业带来了可观的收益。她还在普及近红外光谱技术知识、培育我国近红外光谱的应用市场、培养我国近红外光谱专业技术人才等方面做了大量工作，起到了极其重要的作用，被业内公认为我国近红外光谱学科的创始人。这期间，她还指导研究生在国际上首次研制出适合对高烯烃汽油样品进行族组成测定的多维气相色谱分析仪。

陆婉珍学识渊博，成果丰硕。她多次获得国家和中国石化科技奖，获授权专利31项，发表论文232篇，出版专著11部；1983年被评为全国“三八”红旗手并当选为全国妇联第五届执委会委员；1990年被授予中国石化总公司有突出贡献的科技和管理专家称号；1991年享受政府特殊津贴。

陆婉珍严谨求实、无私奉献、桃李满天下。1978年石科院被国家教育部批准成为硕士、博士授予单位，她被聘为首批博士生导师，曾先后培养了50余名硕士、博士研究生和博士后，培养了一批石化分析和石油化学技术骨干和学术带头人。

陆婉珍为人正直、谦和、开朗。她淡泊名利、乐于助人。她全力支持丈夫闵恩泽院士拿出积蓄在石科院设立“闵恩泽科技原始创新奖”；在成都市第二中学（原四川省立成都中学）设立“闵恩泽奖学金”；与中国石化、中国工程院联合设立“闵恩泽能源化工奖”，面向全国奖励在能源化工领域做出突出贡献的优秀科技人员。陆婉珍和闵恩泽捐赠100万元在中国仪器仪表学会设立“陆婉珍近红外光谱奖”，以促进和推动近红外光谱技术在我国的发展和应用。

2015年11月17日凌晨2时许，陆婉珍在家中平静安详地离开了我们，走完了她辉煌的一生。她的骤然谢世给我们留下了无尽的悲伤和永不磨灭的追忆。尽管她离开了我们，但她的精神永在，教诲长存，她的音容笑貌和高贵品质永远留在我们心中。

清扬婉兮，风范永存

《陆婉珍院士手迹选》序言

在石科院，陆婉珍院士的名字无人不知、无人不晓；陆婉珍院士其人，更是无人不敬、无人不爱。

在石科院，只要日常对话中提到“老太太”，不用冠名，甚至亦无需加姓，就是这样一个再平常不过、似乎适用于无数人的简单称呼，几乎所有的石科院人却都能立刻明白，指的是陆先生。

在石科院乃至我国的石油分析领域，陆先生就是这样名闻遐迩，深入人心。她是我国石油分析领域的奠基人，她长期主持我国原油评价工作，建立了完整的原油评价体系；成功开发出弹性石英毛细管色谱柱，在我国率先开展气相色谱用于油品分析的研究工作，是业内公认的我国近红外光谱学科的创始人和近红外光谱技术的领路人，是石化王国中当之无愧的巾帼英雄。

她心系家国、丹心向党，青年时期与丈夫闵恩泽放弃美国的优厚生活，毅然归国投身国家建设；她睿智豁达、不计名利，长期从事分析测试这一“服务性”专业，甘当科研和生产的“眼睛”；她传道授业、甘为人梯，先后为我国石油化工行业培养出26位硕士、20位博士和5位博士后，是我国石油化工行业科技工作者学习的楷模。

她为石科院的发展奉献终生，自1955年归国以来一直在石科院工作，历任室主任、副总工程师、总工程师等职，焚膏继晷、宵衣旰食，开拓创新、锐意进取，是每一个石科院人心中的陆先生、陆总、陆老师。

陆先生功高德劭、行为世范。陆先生让我敬仰，当褚小立教授嘱咐我为陆先生的手迹选作序时，我实在是有些忐忑的。由于从事的业务领域不同，作为一个年轻后辈，陆先生在世时我与她交集不多，只在院里的学委会上见过几次，偶尔也会听到陆先生的女儿闵之琴女士谈起她和闵先生，除此之外在院里散步时经常会遇到。即使研究领域相去甚远，当时陆先生编撰的一部RIPP石油产品分析手册仍旧给我留下了极为深刻的印象，那部手册中绝大多数的分析方法是陆先生的团队和学生们建立起来的，奠定了中国石油化工领域分析的基石。

编撰手迹选，一为缅怀。2015年，陆先生在家中离世，石科院失去了一位大师，石科院人失去了一位崇高而又亲切的前辈，令人不胜哀痛。如今通过这部手迹选，我们仿佛再次站到了陆先生身边。手迹选中收录了许多陆先生家人、学生留下的饱含真情的回忆文字，使陆先生的生平事迹更加生动、温暖、亲切。手迹选中提到的人物、事件、工作，有许多都是我本人以及每一位石科院人所熟悉乃至亲身经历的。陆先生走了，但是能够用文字、文稿固化下先生的嘉言懿行和人生哲学，让大家能够时刻回忆起与先生一起工作、生活的日子，并在未来的日子里反复咀嚼、不断回味、终身受益，这是弥足珍贵的。

编撰手迹选，二为鞭策。这部手迹选中收录了许多珍贵的学术笔记、科研论文和报告演讲原稿，集中体现了陆先生的学术观点。许多手稿记录了陆先生对我国石化事业和分析行业接续发展的构想，让我们感觉陆先生仿佛仍在身边，仍在时时刻刻关心事业的发展和我们的成长。而她的期待，我们也仍在坚定地执行，不负先辈所托。同时，这部手迹选也可以作为我们的一面镜子，可以对我们所从事的工作进行对照、反思。比如陆先生在写给《科学时报》记者的信中强调，“对于高技术企业，人才是第一位的，资金还是第二位”，目前人才培养和队伍接替工作都已经得到了高度重视，但也有部分陆先生在很久之前提到的问题迄今未能全面解决，例如仪器制造业仍然没有得到广泛的进步，部分“卡脖子”难题依旧有待破解。阅读陆先生手迹选的过程也是对我们工作的一次检验，检验一下我们目前的工作是不是按照陆先生的期待开展了，先生的在天之灵看着我们所做的工作会不会露出满意的微笑！

编撰手迹选，三为奋进。石科院的历史正是以陆先生为代表的一代代石科院人用辛勤的付出和无私的奉献积累起来的，老一辈石科院人在工作、生活的历程中付出的每一滴汗水，留下的每一张珍贵的手稿，许下的每一份真诚的心愿，都是驱动石科院发展的不竭动力，更是奠定我国石油化工行业巍然大厦的坚实基石。阅读陆先生的手稿，不仅能让年轻一代石油化工科技工作者品读陆先生科技报国、笃行致远的科学家精神，也能让我们回忆起过去每一位曾和陆先生并肩战斗、上下求索的优秀科技工作者，并以他们为榜样，激励自身勇攀科技高峰，以国家战略科技力量主力军的使命担当为加快实现高水平科技自立自强而不懈奋斗，承先辈之精神，创吾辈之未来。

中国石化石油化工科学研究院院长
2023年9月29日

前　言

陆婉珍院士是我国著名分析化学家、石油化学家，她长期从事原油评价、色谱、光谱、石油化学品研制等方面的研究工作，是我国石油分析领域的奠基人和开拓者，也是公认的我国近红外光谱应用技术的领路人。陆婉珍院士治学严谨、学识渊博、科研成果丰硕；她情系教育、悉心育人、桃李满天下；她品格高尚，和蔼谦逊、正直开朗，深受周围人的爱戴。

2024年9月29日是陆婉珍院士诞辰100周年的日子，谨以此书缅怀先生。本书将陆婉珍院士回国参加科研工作后，不同时期有代表性的手迹（包括读书笔记、论文、专著、科研报告、题词、会议发言稿、信件等）进行整理，并附以简短的释文汇编成册。本书与《陆婉珍论文集》（2004年化学工业出版社，庆祝陆婉珍院士八十华诞）、《新青胜蓝惟所盼——陆婉珍传》（2013年上海交通大学出版社，庆祝陆婉珍院士九十华诞）互为补充，全面立体地勾勒出了陆婉珍院士精彩的学术人生和卓越的科研成就，全方位展示了陆婉珍院士的学术成长经历、学术思想和学术贡献。

本书的文稿是从陆婉珍院士留下的大量珍贵手迹中撷取的，在书稿结构上，主要是按专题和编年相结合的方式进行编排。手稿一篇一页，一句一字，一笔一划，虽内容各异，皆一丝不苟，端庄秀丽，行云流水，体现出陆婉珍院士献身科学的执着追求、严谨认真的学术风范以及报国为民的家国情怀。本书也是我国大半个世纪石油分析学科和技术发展历程的缩影，折射着我国几代科技工作者为之奋斗的担当精神。

愿本书的出版能为以后研究我国相关科研领域的发展史提供一份珍贵的历史资料。希望相关领域的青年人能从中获得感悟和教益，青少年能从中更真实地了解科学家，了解科技活动，进而激发对科学事业的浓厚兴趣。也愿广大读者掩卷沉思，能从这些散发着鲜活和浓郁历史气息的手迹中受到感染、陶冶和净化。

中国石化石油化工科学研究院李明丰院长在百忙之中为本书作序，对老科学家表达了崇高的敬意，道出了老科学家手迹中流淌的初心与使命。“承先辈之精神，创吾辈之未来”，也成为本书的点睛之笔。在此向李明丰院长表示诚挚的感谢。

在编写过程中，得到了陆婉珍院士亲属、同事、同学、好友和学生的帮助，青年画师洪彪为本书精心创作了陆婉珍院士的肖像画，此外，本书的出版还得到了ABB公司的大力支持，在此一并致谢。由于水平所限，书稿中难免有疏漏和不足，敬请广大读者批评指正。

编者

2023年9月29日

我和我妈

——小事随想

闵之琴

每当落笔书写对妈妈陆婉珍的回忆和思念时，我觉得一座靠山就在我背后，这种放心的感觉让我能敞开心扉地回忆她。

我每天都会想到她。在困惑的时候想到她我会获得智慧和高度；在喜悦的时候想到她我会心头一酸；在日常生活中遇到我们有共鸣的事我会对心中的她会心一笑。有时好像听到她对某件事在说话；有时能感到她和我在互相牵挂；有时我会想念触摸她的肌肤的感觉，那只有我才能感到的温暖和依恋。我这些年往往在大笑的时候，脑子里会出现她的声音和她大笑的样子，然后我就会更高兴地大笑，和她一起共振一会儿。

我自从17岁离开家去兰州上学，24岁又离开家去美国上学和工作至今，和我妈很习惯用书信交流。大学期间的信几乎每一两周一封，我妈和我爸不定谁给我写信。我现在家里还有几封信保留着。到美国之后，头20年也全靠书信，后来则通电话很多了，最后几年能用上视频通话觉得好方便，最庆幸的是我妈离世的前夜我们还通了视频。

如今60岁的我回想：我妈是怎样把我从一无所知养到放心地让我独立闯南走北的？我试着总结一下：她用了50多年，大概给我这个系统输进了三条程序，我则遵循“道生一，一生二，二生三，三生万物”这个规律而启动了。她给了我安全的爱；她帮我养成了健康向上的性格；她让我明白有能力独立，有本事自由地过日子是最上策。这里写几个小故事以此来叙叙旧。

当我和我妈在干校的时候，我得了肝炎。我妈每天要出工去田里的，到我要打针钟点的时候，她来背着我从西村走到中心村的医务室去打针。我还在中心村医务室住过几天，我妈每天去中心村看一下我就去劳动了。我当时8岁，就明白大人要工作这件事是天经地义的，我知道妈无论如何都会来管我的，但我能自己待着的时候就要自己待着。她让我感到能独立的骄傲。当我做了妈妈之后，我家孩子们小时候如果生病不能上学，我则在早上上班之前给他们吃了药，告诉他们自己睡着，我会按时来查看他们情况，这样他们很少抱怨，反而很自豪于他们很能干。

我妈好像有魔力似的，她管我只需给我一个框架，就完事儿了，从来没有过一遍又一遍的啰嗦。她这种方式，让我感到的是自信和被信任。比如在我去兰州上大学之前，我问我妈我应该带多少行李？我妈说，随便你，你多带东西都可以，你少带东西也可以，但只有一条，你一定要自己能拿所有的东西。她告诉我这是她爸爸在她12岁去苏州上学的时候教她的。我记得我的行李是一个箱子托运到校，两个手提包自己提着，身上背个书包。这条简单的指令变成我一生遵循的格句。我满世界跑都是用这个标准准备行装。1993年秋我带着两岁的女儿从中国回到美国时，东西、小车加孩子一共7件，我独自推着走。我妈给我的这类必备的指令我都安装到我的子女身上了，这两年看到他们利利索索地带他们的孩子旅行，我就知道成了！

我妈惯于让我自己给自己的诉求找答案并且去体验自己想要的经历。在12岁那年，我跟我妈说我要去成都三孃家过暑假。我妈说，你第一次离家远行不要去那么远的地方，你先去昌平县的大表姐家试一周，如果你能行，明年你就可以去成都。我则一人坐长途汽车去昌平县的大表姐家住了一周，其间我很想家，还觉得她家无聊，没人跟我玩。但我还是待了一周才回家。这次独自出行让我体验到在亲戚家生活与在自己家的区别和应该怎么与亲戚相处。至今我和这位大表姐的女儿一直是"有老故事"的知己。我非常主张让孩子在少年期间去亲戚家小住，这对于个性的形成和学习与人相处的能力极有帮助。在我初二那年，我自己去成都三孃家住了一个月。那是我对三孃和三姑爹全家人最珍贵的记忆，感觉成都的历史风土文化好似跟我产生了超越时空的关联。我妈根本不用千叮咛万嘱咐地教我如何照顾自己和别到亲戚家捣乱，我自己有足够的内驱力去享受亲戚家不同的习惯，不同的性格，不同地方的"腔调"。我记得给我爸妈信中写道：身在蜀国，乐不思京。我自己有了家庭孩子之后，一是创造条件让我们的孩子们去亲戚家小住，二是邀请能来玩的孩子们到我们家来住，我们的侄子侄女们都长大成人了，他们还是愿意来我家待两天。让我好欣慰！

我妈非常喜欢观察众生。我一直觉得听她讲对人的评价和解析是很享受很过瘾的事，我听她讲过好多好多认识的和不认识的人物。这也是我很思念她的一点。她爱看故事，对小说里的人物她总有评论，唏嘘，赞赏。故事里和现实中的人群中，她对那些坚忍、充满智慧并具有幽默感的女性特别喜欢和有共情。比如我家保姆牛大妈，坎坷的命运给她一手烂牌，她毫不顾影自怜，她边干边巧妙地运用她仅有的资源，给自己一步步营造了一个平静心怡的晚年。我妈常常津津乐道地跟人说牛大妈的故事。我妈的这个品质对我在认知人和我的性格形成上有很大影响。我不注意人的"标牌"，我总爱去发现人身上能引起我喜欢的个性和品格，去领悟，去效仿，我会获得能量和愉快，也能用到自己的生活实践中去。

我特别认同我妈对人和事的判断。我爸曾说过我妈做的最正确的决定之一就是选择Boston作为我去美国读书的地方。在我申请美国学校之前，我爸妈在加州的老同学们说我应该去加州上学，他们可以照顾到我。这几家同学都是富人，有泳池有游艇有自己的生意。中美关系开通之后，他们先后与家人来过中国，我爸妈都跟他们家人见过面。另一家是住在Boston的李瑞俊一家。李叔叔曾是我爸在Ohio上学时的室友。李家有五个子女，不算富裕，李叔叔是书生气性格，李妈妈热情奔放，英文特好。李家大女儿曾在北京学习一年，我妈看出她身上的开朗聪明和有趣的个性。我妈决定我可以少得到些物质上的关照，不去加州；李家人简单，真诚，热闹；Boston有浓厚的学院气息的环境，去Boston，李家作为我的第一站。果然，从李叔叔李妈妈开着那辆很旧的minivan来机场接我至今，36年过去了。我们这几十年共同经历着大小家庭中的喜怒哀乐，从两代人变成三代人，现在已成了四代人的延伸大家庭。我们的子女虽然都到其他城市工作生活了，但是他们身上的Boston永远不会离开他们的。

关于交朋友，我感恩妈妈给了我最清亮的典范。从小学期间起，我妈不太在意我的学习、在学校当什么班干部、选没选上三好学生等，但她非常关注平常我跟谁玩儿。我记得她明确跟我说过少跟有个女孩玩儿，因为我妈发现她染上了不好的习惯。有一次我和几个同学边做功课边说同学的闲话，我妈听见后跟我们说，小姑娘家家不要喳喳喳喳说别人闲话。至今我的发小们都还记得那天的情景。后来我妈就几乎没有跟我讲过如何去交友。她与几位知交的交往我都看在眼里，悟入心中。她和范阿姨的交往是我从头就看到的。她俩好像两个单纯的灵魂互相被看见了，清莹快乐地陪伴了四十几年。大环境的变迁，命运之捉弄，她俩都能在交往中缓释，度过。她俩说话时，一个发出银铃般的笑声，另一个发出哈哈哈的大笑声，这声音简直成了家里最诱人的合弦，以致我爸常常要羡慕地问，又有什么事情这么高兴？我妈与她南开中学的伙伴们也是这样的舒畅来往。要学这种交友的境界，只有靠自己悟。范阿姨说过，我和老太太对生活都很淡泊。是啊，淡泊可以放飞心灵，淡泊可以还原人的本性，还有啥比这更舒服的呢？我没有我妈在公众场合发言的能力，但我一直有能深层交流的朋友，真诚坦然，这种友谊是人生路上幸运者才能获得的大红包。

我还特别欣赏和赞同她的“过生活”的哲学理念。她在生活上一直保持简单的作风，她并不是追求俭朴。我妈喜欢有漂亮的衣服，她晚年有精力时，先后定做了好几件精美的服装，配上她的银发，华丽极了。她在85岁那年还给家里换了一套新沙发。然而，我妈认为简单的物质拥有是个愉快、舒服的事。她一年四季只有四双鞋子同时穿用，坏了一双就买一双新的。她告诉我，包包绝对不能多，多了一定会出现丢三落四的事情。看了一辈子，我早已体会了这样过生活的优越性，人不被物品所左右，是可以省下不少心的。在我女儿中学时，我给她立了一个规矩，即她的衣服只能全装在她的小衣橱里，一旦小衣橱装不下了，就说明类似用途的衣服太多了，必须要清除淘汰部分。现在女儿自己有了家，我发现她冬夏换季的时候总有一大袋装着要捐的衣物杂货。简化物质需求是为了身、脑、心得到更多的自由空间。

她离开之后我才认识到我妈曾给了我最高级的母爱。我成年之后与我妈远隔万里，但她对我的人生方向一直是引导而放手。90年代中期，我们的孩子们还小，我父母知道我和丈夫在美国生活工作养育子女很辛苦，国内在日新月异地发展，他们非常想让我们搬回中国，他们晚年也期望有我们陪伴。我妈曾与我们谈及回国工作的可能机会，孩子们回国上学的语言过渡、环境适应的事。然而，他们从未要求我们回去，更没有说任何感情绑架似的理由。我们最终没有选择搬回中国。我现在能想象他们看着成年子女不随父母意时是多么无奈，多么失落。我心存对父母内疚的同时，从心底感激他们，敬佩他们放手让我自己选择人生路，他们只做我的啦啦队。这就是最高级的母爱和父爱！我妈喜欢在日历上记录她当天的事，每次回到北京家里看到日历上写着“今之琴来电”“今收之琴信”，我总是好开心，感到我一直在她的心尖儿上。她对我情意重重而轻描淡写。我悟出只要对成年子女的生存能力有足够信心，那么就要让这个成人自己选择人生道路。这样做其实是父母给孩子颁发了一个信任通行证，带着父母每一丝爱，让他自己想办法站在世界上。我这些年深深体会到了这层无比煎熬的情感，好像心脏坐着过山车，而我在照着父母的榜样做着。孩子们要等到我这个岁数才能彻底体会这个轮回。也许他们会吃尽苦头，挫折不少，但我相信他们将获得属于他们精彩人生的体验，收获他们折腾来的爱和福报。

过去，现在，将来，当我在生活中遇到困惑时，我会想我妈会怎么想，她淡定的态度常常是我需要的。当我进入中年时，身体健康方面出现一些困扰。由于我很少生病，所以我遇到身体健康上的挫折时，产生了焦虑和担忧。我妈付出好多辛苦替我寻医问药搜集医学上的知识，她就事论事跟我谈治病，不自己吓唬自己。在我向她表达我的情绪时，她听后总是很淡定：“有什么可着急的？不要紧的，有点毛病没有什么特别的，我到处是毛病还不是活得尚好？今年好不了，明年好，明年好不了就与其相处，说不定过些年就改变了，可能有新的办法了。反正你着急毫无用处。”她并不仅是话说淡定，她对自己的各种疾病都是靠冷静的心态了解医疗知识后，理性选择医疗处理方案，有时就选择平稳与其相处。这些年我在逐渐领会妈妈的态度和逻辑，不管谁生病，我深知在心中重复那无用的焦虑情绪都是没用的，它只会造成涟漪似的精神层面的伤害。只有淡定，才能停止内耗，才能保存实力，才能在山重水复疑无路的时候继续找辙突围。

妈妈离世后这几年，我内心觉得她反而永生了。她定驻在我心里了，随时可以陪我一会儿。不用打电话叫她了。我想问她怎么办这事那事时，我基本知道她会怎么回答我。我有时幻想会不会偶尔再见到她一次？我猜她也在这样想。妈妈的仙逝留给我很多很多美好回忆，也有很多的后悔和遗憾，我有好多事没问她，我想知道她对某些人某些事的观点。我后悔没有帮她找一个心脏专家看病，让她最后几年能舒服一点。我后悔没给她买过一本大字体印刷的她喜欢的侦探小说，让她有更能吸引她的东西作为消遣。我还有小心思小观点没跟她分享，真遗憾。我没告诉她我是多么珍惜她！

我和我妈的最开心的事是在户外清爽的地方，有清凉的小风吹在身上，身边可以有人也可以没人。每当小风吹在我身上，我就会会心一笑。老妈妈，咱们云淡风轻处见啊！

先生教我如何做人、做事、做学问、做管理

田松柏

记得曾经在陆先生的一次生日派对上，我表达了自己多年来对陆先生的感激之情，感谢她教我如何做人、做事、做学问、做管理，并祝愿她健康长寿！言犹在耳，但斯人已逝，追忆先生在世时的点点滴滴，敬佩感激之情无以言表，谨以此文略表对先生的缅怀之情。

初到石科院，自己血气方刚，口无遮拦，说话有时不顾及别人的感受，得罪了不少人。先生特意把我叫到她的办公室，与我进行了推心置腹的交谈。她了解我并不是因为狂妄而为之，而是口头表达能力较差之缘故，教我要学会说话，既要把话说到点子上，又不能让别人下不了台。她教我凡事要将心比心，与人为善，站在别人的角度看问题，正确处理好与上级和同事的关系，否则，会对自己将来的发展造成很大影响。这么多年来，我一直都记着先生的叮嘱，一直尝试着待人如待己，用心去与人相处。

有一段时间，我招的学生可能多一些，有我名字的文章也不少。先生及时提醒我，治学要严谨，学术要规范，不要在学风建设的道路上摔跟头。当我将指导研究生毕业论文的情况向她汇报，也将每一篇有我名字的文章从出题目、列提纲、提修改意见、查重等多种证据材料带给她看时，她这才放下心来。在培养研究生的过程中以及在长期的科研实践中，我时刻牢记先生的教导，做到认认真真教学生，踏踏实实做学问，时刻用学术道德的高标准约束自己的学术活动。

先生平易近人，不仅对我，对我的家庭也很关心，还经常询问我女儿的学习和生活情况。但是在做事方面对我们晚辈则要求非常严格。记得有一次填写履历表时，我将“在中科大助教进修班学习研究生课程，并获得结业证书”这段话中“助教进修班”几个字省略掉了，她认为这样不妥，尽管两种描述都是真实的，但是去掉“助教进修班”几个字容易让人产生歧义，建议我修改过来。先生做人做事的高标准严要求，时刻鞭策我在生活和工作中谨言慎行。

在管理方面，先生唯恐束缚我们的手脚，极少过问管理细节，让我们解放思想，大胆去尝试新的管理模式。只希望我们注意两点，一是要多听、多看、多想，始终把精力集中在为主业服务的轨道上；二是心中要有大目标，要让同事们觉得有事做、有方向、有盼头，这样他们工作中才能有激情。很多年来，我们坚持围绕中石化、石科院、炼油企业的中心工作以及石科院内各个研究室的重要研究方向开展分析测试服务，以分子水平认识石油作为我们自身领域的发展目标，收到了很好的效果。而我自己也从中获益匪浅，不仅在职业生涯中每天过得很充实，而且退休以后，也还在思考

石油炼制过程分子管理方面的问题，丝毫不感到寂寞。而先生生前一直在幕后默默地支持我们，例如近红外光谱和化学计量学作为连接石油的物化性质和分子信息的重要桥梁，是我们研究室科研方向的重要组成部分，先生在这些方面，花了不少的心血，取得令人瞩目的进展，对我们的工作给予了很大的支持。

人生之路说短也长。如果走好关键几步，而且能得到贵人指点，你的人生或许会更加精彩。陆先生，我最敬重的人，就是我生活和成长道路中的贵人。先生虽已离我们而去，但先生的品德、精神、思想、教诲将永远留在我们心中！

我心目中的导师陆婉珍先生

袁洪福

对我人生思想影响最大的是两位伟大的女性。我在听母亲讲述“孟母搬家”“岳飞刺字精忠报国”的故事中度过了孩提时光。小学正值在“读书无用论”盛行的“文化大革命”年代，母亲无论多难也想办法教我们读书，后来才迎来了高考改革的人生机遇。1977年我考入山东大学化学系，求知若渴，踌躇满志，立志考研成才报国。那时信息远不如今天发达，对考研去向也很懵懂，直觉上还是去“北上广”见见世面，就是怀揣着这样的梦想，我有幸遇上了后来的研究生导师陆婉珍先生。1982年至2006年，我在石油化工科学研究院学习和工作，先生指导我先后完成了硕士和博士研究生学业，取得从技术员、工程师、高级工程师到教授级高级工程师技术职称，历任课题组组长和研究室副主任等职。自2006年我任职北京化工大学教授至今，曾任北京化工大学分析测试中心主任，目前担任中国仪器仪表学会近红外光谱分会理事长、亚洲近红外光谱学会国家代表、中国科协化学-光谱领域首席科学传播专家等职，一路走来，是先生的启迪和指引成就了我事业的今天。先生仙逝至今8年，她的音容笑貌永驻我心中，以下几方面令人印象深刻!

1. 爱国情怀

先生早在新中国成立前远渡重洋，在美国获得博士学位，成为研究员，也是我国当时鲜有的高级知识女性，1955年她毅然放弃在美国的优越生活和科研条件，克服重重困难辗转回国，参加百废待兴的新中国建设，可见先生是多么地热爱祖国！不管后来历经了多少坎坷，赤子之心，痴心不改，不计个人得失，始终献身于祖国科学事业建设。爱祖国是大爱，身教重于言传，先生的爱国情怀早已深深地根植于我的心中，这也成为我用之不竭的精神源泉。

2. 高瞻远瞩

为什么今天总是岁月静好，是有人在负重前行。先生毕生精力投入我国的分析化学和石油化学研究，为搭建较为完整的油品分析技术平台呕心沥血，为石化科研和生产做出了卓越贡献。众所周知，先生是我国色谱学科的先驱、泰斗，在我国分析科学发展过程中，无不体现着先生的高瞻远瞩。我最熟悉的是在我国近红外光谱分析技术领域中先生是多么高瞻远瞩。曾记得先生在我硕士毕业之际嘱咐我两句话，其中一句是坚持跟踪一些外文专业技术期刊。先生时刻在关注国外分析技术的发展与动态，早在20世纪90年代初，年近70岁的先生，一直洞察着未来技术发展趋势，提出发展我国的近红外光谱分析技术新学科。在先生的领导下，我们在国内率先建立了研究开发近红外光谱仪、化学计量学和快速分析油品多项性质技术的实验室；1997年就开发出了当时在国际上也比较先进的固体阵列近红外光谱仪；开发了我国首套中文化学计量学软件，并成功地应用于我国石化工业和国防领域，对我国近红外光谱分析技术发展产生了重要影响。今天，近红外光谱分析技术已经成为我国诸多领域中不可或缺的分析技术。高瞻远瞩的背后是先生的知识渊博、勤奋学习、孜孜不倦的科学追求和历史的担当。

3. 巾帼英雄

先生身为女性，在科学上巾帼不让须眉，硕果累累，1991年当选为中国科学院院士。虽然生活中为人谦和，行事低调，但在追求科学真理、坚持原则和大是大非面前，先生从来都是铮铮铁骨，刚直不阿，拍案而起，敢说真话，无所畏惧，难能可贵，值得我们的敬佩，即使持不同政见的人也都为之折服，众口皆碑！

4. 淡泊名利

在学术上，先生虽然造诣深厚、德高望重，但仍秉持包容与开放，从不搞称霸学术的小圈子；她谦谦君子，带出的弟子大多行事低调，不争也不抢。我多年的观察发现，先生淡泊名利，很多会上会下发言不从个人角度，也不从自己所在单位角度，也不从自己所在行业角度，大多心系国家，心系科学。在我看来，先生是一位圣洁的科学家，在科学夜空中像一颗星星，熠熠生辉，为人仰望。

5. 人格魅力

我常说，先生是有大智慧的人。

无论在学术上，还是在行政地位上，先生处处受人敬仰，但先生也食人间烟火，接地气，她会常常主动关心学生和职工生活中的冷暖，在你需要和你自己也没有提出的情况下，会意想不到地得到先生的帮助，令人感动。先生生前，我和我夫人林红会在每一个春节前，去看望先生和闵院士，先生会拉着林红的手聊家常，聊得那份开心劲，我们至今难忘。在我眼中，喜欢与先生聊天的人太多了，先生也乐在其中。

先生之所以能做大事，是先生行事格局大，起点高，服众，号召力强。

先生弟子众多，先生不在乎学生有多聪明，却在乎能否实实在在做事，先生明白只有踏实才能事成。

先生能做大事，是先生有理想，一旦认准的事情，无论多困难也会坚持。近红外光谱分析技术项目开展之初，多数人对新技术还缺乏了解，推动起来是有困难的。记得在一次会上，先生说了一句“**candle in the wind**”，可见难度之大，但是，在先生的领导下，最终我们把近红外光谱分析技术的事情做成了。这些点滴深深地影响着我，不仅怀揣理想，而且一旦认准的事情，无论困难有多大，我也会以乐观积极的心态，持续地去做，争取使理想落地，变为现实，直至成功。如果梦想只是浮在空中，不与现实结合，到头来也是一种空想。

先生一生中生过几次大病，总能选择正确的治疗方案，治疗不怕苦，始终保持健康向上的心态，最终都化险为夷，处处透着智慧。

先生的处世对我影响很大，做人要有正能量。首先要点燃自己，在照亮自己的同时，也会给他人带来光亮与希望。

我曾多次随先生出国参加国际学术会议，先生的英语学术报告精彩，美音纯正，风度优雅，与会的外国学者称先生为Elegant American Lady，深深为先生的气质、学识所折服！

是啊，我们对先生的敬重，是由衷地发自内心的，来自于先生的人格魅力。

先生生前银发自然卷，高大的体魄，优雅高贵的气质，仙风道骨，迄今，先生的音容笑貌常常会浮现在我心中。

6. 快乐的分享

记得我写的硕士毕业赠言：“人生最大的快乐，不在于结果，在于获得结果的过程”。是啊，在近红外光谱分析技术研究过程中，每每攻克一项技术，我和先生都会很享受这种科研的快乐！这样的快乐次数多得记不清！这里就举两个例子吧。1993年，我在计算速度很慢的286计算机上，第一次完成了MATLAB化学计量学程序，成功地预测了汽油辛烷值，心情异常激动和快乐，此时正值先生远在波士顿女儿家中，我迅速将结果通过传真越过重洋发给先生，我们及时地分享着快乐！在北京化工大学期间，我们课题组成功地解决了使用近红外光谱高速识别和分选活体蚕蛹的世界性技术难题，当时太高兴了，及时电话告诉先生，后又亲自接先生去实验室指导，分享着我们的快乐！就像孩子有很高兴的事，会在第一时间告诉妈妈一样。这种快乐目前也在我和我所教授的学生之间延续着。

今生有幸成为先生的弟子，实在是太幸福了！我永远怀念先生！

目 录

第一篇 自述手稿

第二篇 笔记手稿

第三篇　论文手稿

第四篇　专著手稿

第五篇　学术会议手稿

第六篇　科研与管理手稿

第七篇 书信手稿

第八篇　育人手稿

第九篇　题词手稿

第十篇　其他手稿

第一篇 自述手稿

陆婉珍，1924年9月29日生于天津，1946年毕业于中央大学，1947年留学美国，先后获伊利诺伊大学硕士学位和俄亥俄州立大学博士学位，1952—1953年在美国西北大学从事博士后研究，1953—1955年在玉米产品精炼公司任研究员。1955年回国后，被分配到石油化工科学研究院工作，创建了石油分析研究室，是我国石油分析领域的奠基人和开拓者之一。20世纪60年代，发现大庆原油中痕量砷是催化重整催化剂中毒失活的原因。20世纪80年代，在我国首次开发出了弹性石英毛细管色谱柱。20世纪90年代，研制出近红外光谱成套分析技术，是我国近红外光谱技术的领路人。她和蔼、谦虚、诚实、乐观，经常告诫身边的青年学者："科学成绩是常年的累加，而不是一朝一夕的辉煌。年轻人要在大环境中找到自己安身立命的地方，不要为了追求某些不值得的东西花太多的精力。"

本篇整理筛选出不同时期陆婉珍记述自身情况的手迹19件，从中大致可以了解陆婉珍院士的家庭背景、求学历程、工作经历和科研成就等关键信息。

手稿1-1　1980年干部简历表（1）

<table>
<tr><td rowspan="6">家庭主要成员姓名、职业和政治情况</td><td rowspan="5">爱人情况</td><td>姓名</td><td>闵恩泽</td><td>出生年月</td><td>1924年1月</td><td>政治面貌</td><td>中共预备党员</td></tr>
<tr><td>家庭出身</td><td>旧官僚</td><td>本人成份</td><td>学生</td><td>文化程度</td><td>化工博士</td></tr>
<tr><td>现在何处任何职务</td><td colspan="3">石油化工科学研究院付院长</td><td>工资级别</td><td>三级</td></tr>
<tr><td>有何政治历史问题结论如何</td><td colspan="5"></td></tr>
<tr><td colspan="6"></td></tr>
<tr><td>其他成员情况</td><td colspan="6">闵之琴　女　18岁　兰州大学二年级</td></tr>
<tr><td colspan="2">国内外主要社会关系的姓名、在何地从事何种职业及其政治情况，过去和现在的关系如何</td><td colspan="6">陆绍云　父　87岁　上海退休职员原为资本家
陆钟勃　兄　57岁　北京国棉一厂总工程师
陆钟武　弟　52岁　沈阳东北工学院教授
陆钟毅　弟　53岁　上海国防体委教练
陆心如　妹　47岁　西安电讯工程学院付教授（中共党员）</td></tr>
</table>

注　1980年填写的干部简历表，记载了陆婉珍院士的家庭情况。陆婉珍1924年9月29日出生于天津市，祖籍上海市（原江苏省川沙县）。陆婉珍的父亲陆绍云（1894年6月—1988年7月），是一位留学日本的纺织实业家，也是我国著名的纺织技术与管理专家。父亲陆绍云的一言一行对年幼的陆婉珍产生了许多潜移默化的影响，例如科学救国的思想和以人为本的企业管理理念等。父辈为了民族富强、国家兴旺而奋发图强的精神，爱国主义思想和忧国忧民的意识深深地印在陆婉珍的思想深处。

手稿1-2　1980年干部简历表（2）

干　部　简　历　表

姓名	现　名	陆婉珍	性别	女	出生年月	1924年9月
	原　名		家庭出身	资本家	职务	原付总工程师
	曾用名		本人成份	学生	工资级别	技4级
健康状况		良好	文化程度	留学	民族	汉
籍　贯		上海市川沙县				
何时参加革命工作		1956年1月	何时入党（团）			
本人简历	1931—1936 在江苏武进县、山东济南上小学。 1936—1937 在江苏苏州女师附中上学。 1937—1942 在四川重庆南开中学上学。 1942.10—1946.5 重庆伪中央大学上学。 1946.8—1947.8 上海前中纺公司第一印染厂助理技术员。 1947.9—1949.2 美国依利诺大学研究生。 1949.2—1951.12 美国俄亥俄大学研究生。 1952.1—1953.6 美国西北大学研究员。 1953.7—1955.8 美国玉米产品精制公司化学师。 1955.12—1958.10 石油炼制所工程师。 1958.10—今 石油化工科学研究院室主任、主任工程师、付总工程师。					

注　1980年填写的干部简历表（非本人手迹），详细记载了陆婉珍院士1958年之前的求学经历。1936—1937年陆婉珍在苏州女师（后改为江苏省新苏师范学校）上初中，该学校创建于1912年，位于苏州城西南新桥巷，20世纪20～30年代，苏州女师是江苏省最好的几个师范学校之一，黄炎培、陶行知、章太炎等著名的教育家都曾在该校任教、讲学，著名核物理学家吴健雄、前全国妇联副主席罗琼、著名歌唱家张权等都是这一时期的学生。苏州女师严格的校纪校风、优良的爱国传统和浓厚的学风给陆婉珍留下了极深的印象。

手稿1-3　1990年干部简历表

家庭主要成员情况						
配偶	姓名	闵恩泽	出生日期	1924.2.4	民族	汉
	籍贯	四川成都	参加工作时间	1956.1	政治面貌	共产党员
	学历	博士	工资情况	职务工资三级		
	专业技术职务	学术委员会主席		岗位工资2类1档		
	毕业院校及专业	美国俄亥俄州立大学博士化工系				
	工作单位及职务	石油化工科学研究院学术委员会主席				

	关系	姓名	出生日期	政治面貌	工作单位及职务
其它成员	母女	闵之琴	1962.8.25	群众	美国Sigma公司研究员
	兄妹	陆钟劲	1923.5	"	北京棉纺一厂付总工程师(退休)
	姊弟	陆钟毅	1928.10	"	上海国家体委(退休)
	姐弟	陆钟武	1929.10	共产党员	沈阳东北大学教授
	姐妹	陆心如	1933.1	"	西北电讯学院教授
国内外主要社会关系情况	旧同学	韩[illegible]	1925.7	"	北京建筑研究院研究员(退休)
	旧同学	陈家镛	1921	群众	北京中国科学院化冶所所长

注　这是陆婉珍院士1990年填写的干部简历表中的家庭成员情况。陆婉珍丈夫闵恩泽（1924年2月4日—2016年3月7日），四川成都人，中国科学院院士、中国工程院院士，闵恩泽是我国炼油催化应用科学的奠基者，石油化工技术自主创新的先行者，绿色化学的开拓者，被誉为"中国催化剂之父"，获2007年国家最高科学技术奖。

陆婉珍兄妹五人，大哥陆钟劲子承父业，退休前任北京第一棉纺织厂副总工程师；二弟陆钟毅退休前在上海体委担任模型飞机总教练；三弟陆钟武曾任东北大学校长，1997年当选为中国工程院院士，是我国著名的冶金热能工程和工业生态学专家；小妹陆心如是西安电子科技大学教授。

1932年四兄妹与母亲在济南（左一为陆婉珍）

1947年夏陆婉珍全家福（后排左二为陆婉珍）

1928年陆婉珍与祖母在天津（前排右一为陆婉珍）

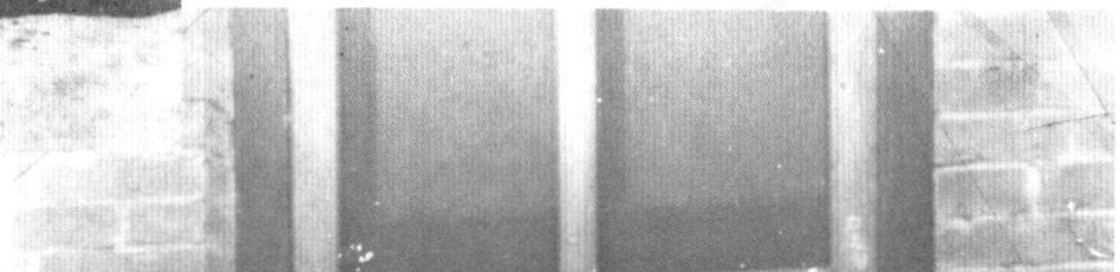

1931年陆婉珍与启蒙老师（前排右一为陆婉珍）

手稿1-4　“我的先辈们”

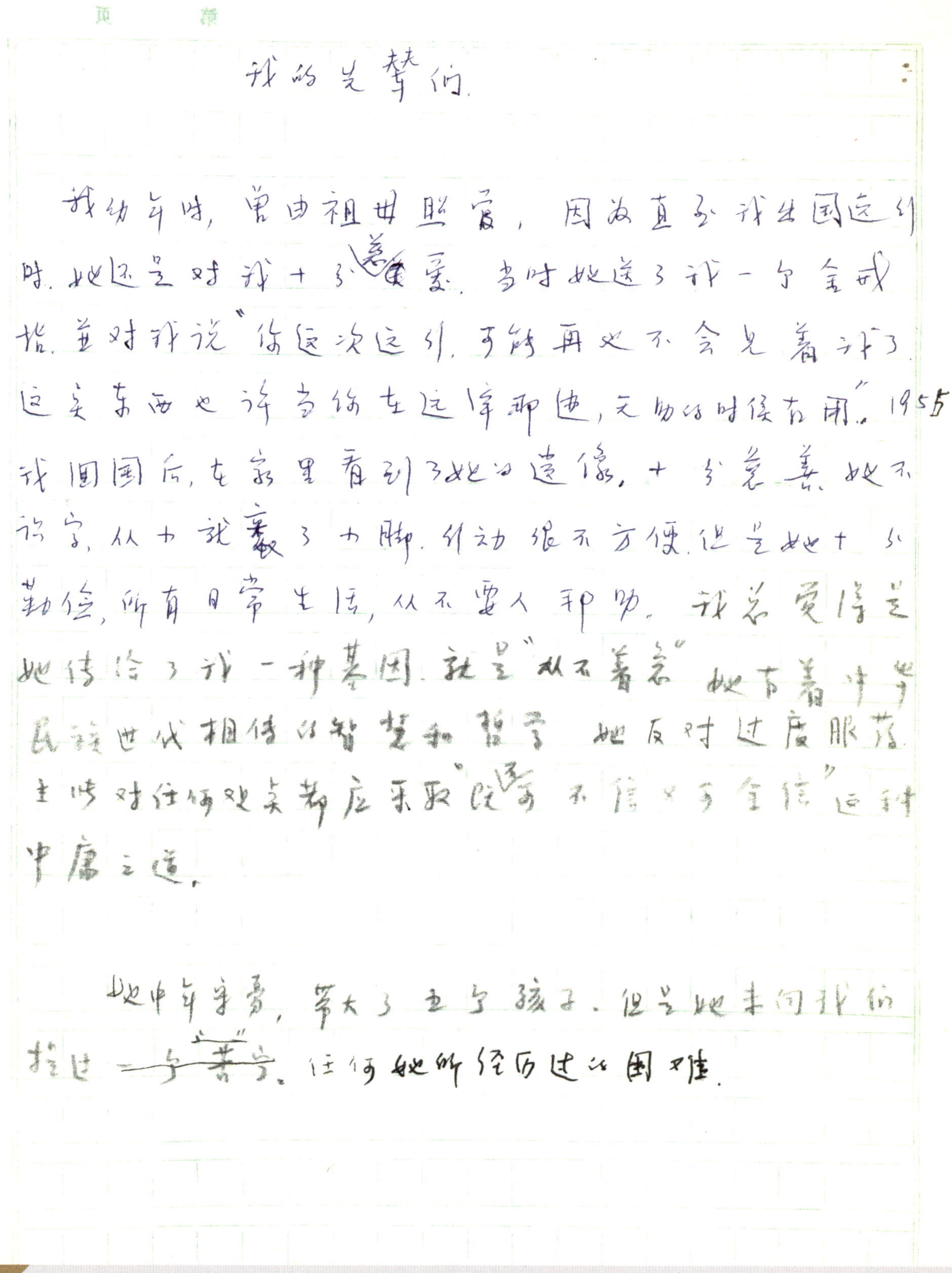

页　　第
我的先辈们
我幼年时，曾由祖母照管，因此直到我出国远行时，她还是对我十分慈爱。当时她送了我一个金戒指，并对我说“你这次远行，可能再也不会见着我了，这点东西也许当你在远洋那边，无助的时候有用。”1955我回国后，在家里看到了她的遗像，十分悲伤。她不识字，从小就裹了小脚，行动很不方便，但是她十分勤俭，所有日常生活，从不要人帮助。我总觉得是她传给了我一种基因，就是“从不靠人”。她有着中华民族世代相传的智慧和哲学。她反对过度极端，主张对任何观点都应采取“既不可不信又不可全信”这种中庸之道。
她中年守寡，带大了五个孩子。但是她未向我们提过~~一个“苦”字~~，任何她所经历过的困难。

注　这是2014年陆婉珍院士撰写的“我的先辈们”。陆婉珍的幼年大半是由祖母照管的，祖母天性善良，性格温婉，尽管没读过书，却是一位颇有见识的女性。从祖母身上，陆婉珍感受到了中华民族世代相传的智慧和哲学，祖母反对过度极端，主张对任何观点都采取“既不可不信，又不可全信”的中庸之道。

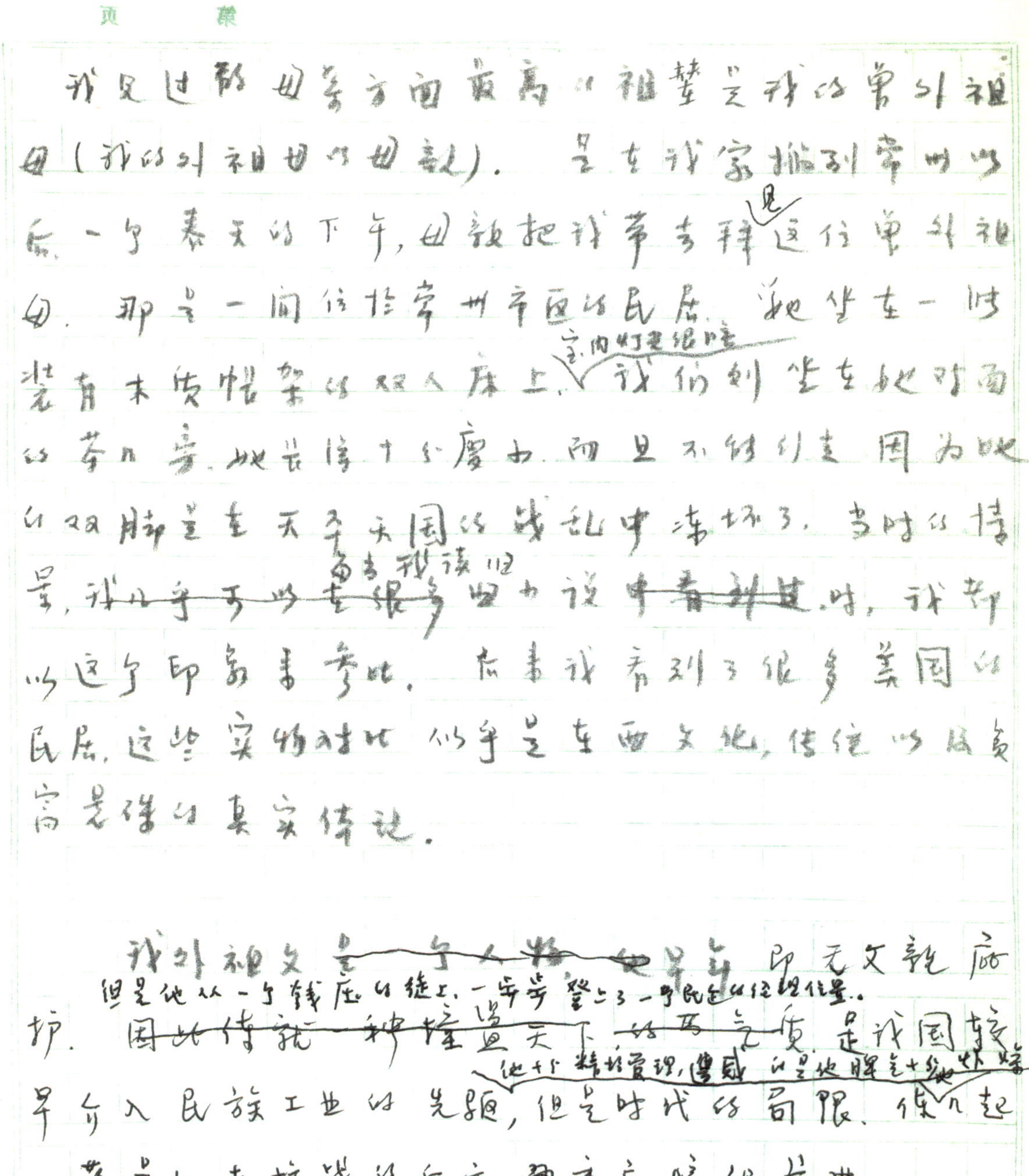

我见过的母亲方面最高的祖辈是我的曾外祖母（我的外祖母的母亲）。是在我家搬到常州以后一个春天的下午，母亲就把我带去拜见这位曾外祖母。那是一间位于常州市区的民居，她坐在一张装有木质帐架的双人床上，室内灯光很暗，我们则坐在她对面的茶几旁。她显得十分瘦小，而且不能行走，因为她的双脚是在太平天国的战乱中冻坏了。当时的情景，每当我读旧小说时，我都以这个印象来参比。后来我看到了很多美国的民居，这些实物对比似乎是东西文化传统以及贫富差距的真实体现。

我外祖父即王文韶府护，但是他从一个钱庄的徒工，一步步登上了一个民企的经理位置，是我国较早介入民族工业的先驱，他十分精于管理，遗憾的是他眼光十分犹豫，但是时代的局限，使几起几落，最后在抗战的后方重庆黯然去世。

我的母亲是祖父的气质，全部继承了我的外祖父。她受过女子高中师范的教育，写得一手好毛笔字，没有包脚。但是廿纪世初期中国的社会还没有来得及充分发挥这一部分人的作用，她一辈子要

陆婉珍一生生活俭朴，淡泊名利，温和儒雅，为人正直的性格多半是在这样的言传身教环境中逐渐培养起来的。

做事要有条理性

陆婉珍

我有五个兄弟姊妹，我排老二，上面还有一个哥哥。我的父亲是较早的日本留学生，学的是纺织，所以与我国较早从事纺织工业的第一批资本家有联系。我的外祖父与这批资本家也共事过。因此我从小接受的价值观与我的同龄人略有差异，例如我家并不安土重迁，在我13岁以前，我家曾在四个省份安家，又如崇尚正直、能干，有作为的人，重视言而有信等。我记得在小学六年级时，我学习的榜样是两位：一位是与我家同住一个里弄的史良律师，那时她还不是“七君子”，但她曾为很多不平事打赢了官司；另一位是我们县城医院的一名女医生，她教了我们很多医疗保健的知识。母亲常对我们说：“这些受尊敬的人都读过不少书，所以你们从小就应努力读书。”

我的父亲不论是生活还是思维方法都是十分有条有理，他的衣物及书籍总是放得井然有序。但我则并不想学习他，我觉得就只有这么几本书和衣物，我伸手就能拿到，花时间去整理它们并没有必要。以后我读了一本富兰克林的传记，上面写到他年轻时也是这样想的：花时间去整理东西不值得，但是随着年龄的增大，接触的人和事越来越多，再加记忆力下降，十分后悔当年没有养成条理性的习惯。这几年来我也愈来愈感到生活条理的重要，尤其是当庞杂的信息及知识日以继夜地涌来时，如果不能及时归档整理，则不但不能充分应用，而且会令人烦躁。

给我印象最深的是我父亲思维的条理性。我12岁时考取了两所中学，一所是本城的中学，另一所在苏州，其名声要大一些。一些同学劝我留在本城，另一些同学则极力劝我去苏州。我左右为难，拿不定主意，而报到的日期越接近，我越着急，到了不思茶饭的程度。我的父亲叫我静静地坐下，拿一张纸，分成两边，一边写上去苏州的有利之处，另一边写上留在本城的可取之处，“等到你把能想到的利弊都写出来后，自己心平气和地比较一下，你自然会作出决定”。我照他的办法去做了，很快就得出了结论，再也没有摇摆不定。心情也就平静了，问题也解决了。这件事对我一生影响很大，每当遇到进退两难，或情况紧急时，我都首先警告自己，尽力控制住自己的情绪，因为不稳定的情绪一定无益于问题的解决，然后有步骤地分析问题，找出措施。这几年来，随着年龄的增加，我发现随时保持稳定的情绪，对身心的健康也是十分有益的。

我多年在一个以发展石油化工工业为主要任务的研究单位从事分析测试工作。这是一个不能缺少的专业，但又不是该单位的主流学科，所得到的成果常常是在配合主流学科的进程中取得的，因此比较分散。例如化工过程中各种介质的纯度常常是决定该过程成败的关键，及时有效的分析必不可少，但是了解介质的纯度只是第一步，及时改变介质的纯度才能真正解决问题；另一方面，做好各类分析工作有其难度，首先一个好的分析工作者只有了解全局才能及时提出有用的数据，否则则是隔靴搔痒，无济于事；再者，分析化学近年来出现了很多分支学科，都有其自身的理论及技术，且所用仪器日益精密，全面跟踪各种发展已不可能，即使要在某一分支学科中能应用自如也属不易，在这种形势下，队伍的情绪很易波动。我有时也用上述条理性的思维方法来稳定同志们的情绪，坚定信心，即冷静地比较现实的需要，本专业未来的发展等等，时间久了，这支队伍就逐渐形成了一种自信，正是由于这种自信，这支队伍能宽容自己分散的成果偶然被忽视的情况，也能宽容在某一分支学科中长期攀登后仍不为人们所知的暂时误解。

摘自：中国科学院院士工作局编，《科学的道路》，上海教育出版社，2005。

手稿1-5　“妈妈带我去拜见她的外婆”

第　　页共　　页

妈妈带我去拜见她的外婆

大概是1930年我们全家刚迁到常州。我的妈妈叫我穿一件较好的衣服后，说今天要到太外婆家去。我知道我有一个十分瘦小的外婆，但对这位太外婆可一点也不清楚。上午十时许，我和妈妈叫了一辆人力车穿过常州很狭小的街道到了太外婆家。我还能记得那是一个二进房子，即进门后穿过一间空空的门厅，经一个小小的天井，达到一排正房为三间的小家。太外婆就住在其中一间。房间比较灰暗，有一个小小的电灯。房子中有一个带有蚊帐的木床，太外婆就在床上，前面有一个茶几和二把椅子。妈妈让我跟她一同坐在一个椅子上，她穿着较新的帽子（她平常是不穿的），因此事实上我是站在一边。我始终没有看清太外婆的面容，但是我仍听到她问我们来常州后“一切可好”。时间过

注　由于父亲工作的变动，1931年陆婉珍跟随着父亲及家人由天津经济南迁至常州。自1932年陆婉珍随父母定居常州，到1937年常州沦陷，陆婉珍在常州这所江南文化古城生活了6年，虽然外面动乱不断，陆婉珍却在这里度过了一段十分快乐美好的童年。全家搬到常州后一个春天的下午，陆婉珍随着母亲去拜见了曾外祖母，那是一间位于常州市区的民居，曾外祖母坐在一张装有木质帐架的双人床上，室内灯光很暗，

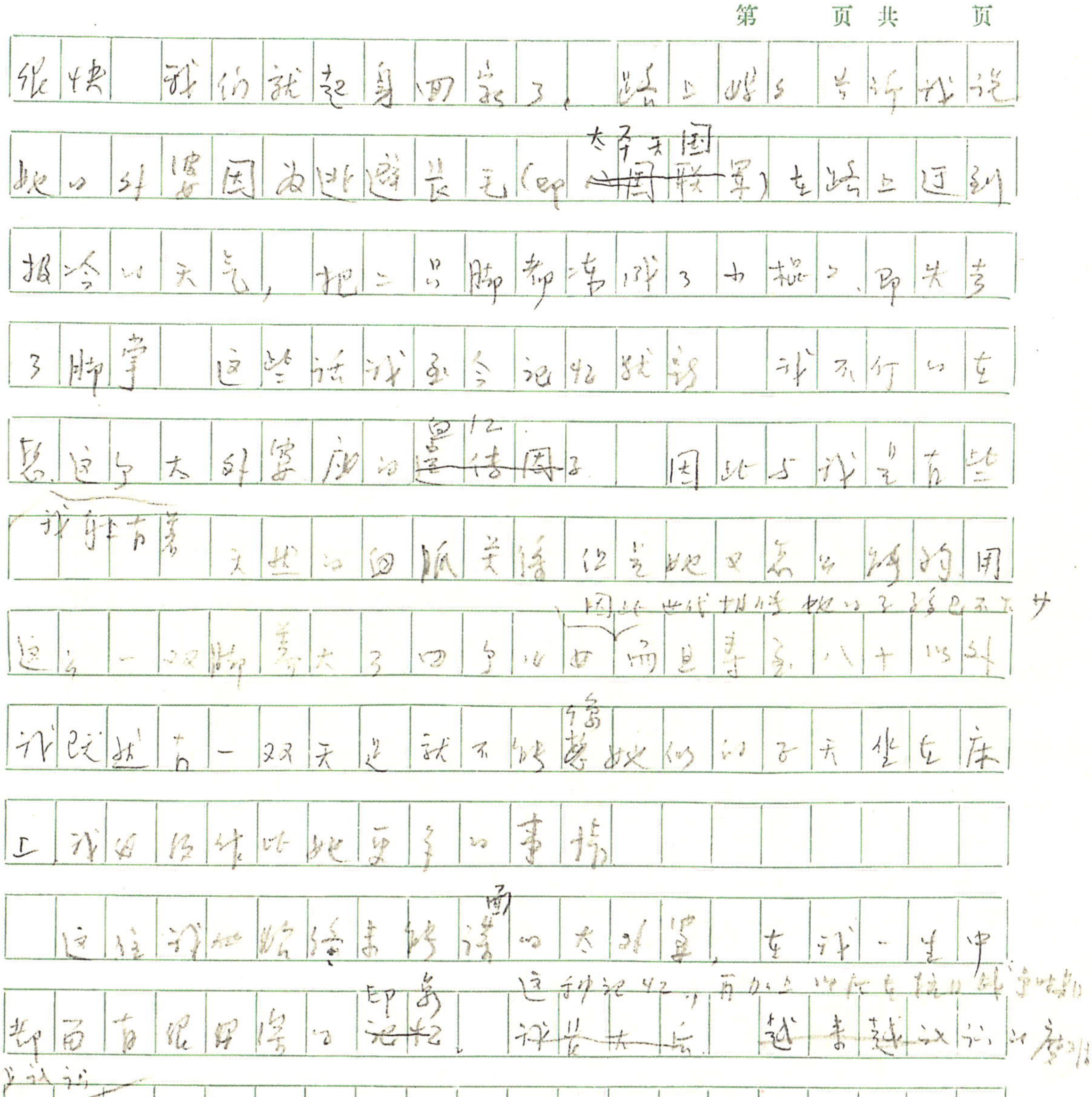

陆婉珍和母亲则坐在对面的茶几旁。曾外祖母长得十分瘦小，而且不能行走，因为她的双脚在太平天国的战乱中冻坏了。当时的情景给陆婉珍留下了深深的印象，每当陆婉珍读旧小说时，都以当时的情景作对照。后来，陆婉珍留学美国，看到了很多美国当地的民居，相比之下，她发现东西文化和贫富差距实在是悬殊了，中国太需要变革了。

手稿1-6 “我心存感念的一段时光”

第　　页

我心存感念的一段时光

真高兴“鸣雁”“28”期又要出版了。最近我的一位学生为我整理了一本我的传记。此书对我于1937—1942在南开中学时的情景作了非常详尽的调研。其中提到了张伯苓校长亲自制订的校训“日新月异，允公允能”，以及当时南开中学在各方面的卓越条件，让我接受了全面的素质教育，终生受用不尽。说也奇怪，我在南中学只有四年半时间，而且已过去七十年，但有很多发生在这段时间的事，我仍能清楚的记得。我将尽量的记下来，也许有助于其他同学的回忆。

记得是1937年初，我随着父亲初到南开，首先见到的是门口那两根校门柱上标着“南开中学”，往里走可以看到一排棕榈树。有一位生物老师曾告诉我们这排棕榈表示着重庆是属亚热带。再往里二侧是很多座用红砖造成的大楼。我必须继续向西走一段路才到我住宿的地方受彤楼。楼前有一个广宽的操场，二侧有棕树成荫。操场前面是一条很宽的车道，再向前就可以看到四个大操场。操场的那边是男生宿

注　这是陆婉珍院士2012年撰写的“我心存感念的一段时光”.，记述了她在重庆南开中学求学的情况。在重庆南开中学陆婉珍完成了初中和高中学业，接受了系统全面的素质教育。五年南开的学习和生活，对陆婉珍青少年时期的身心健康成长起到了很重要的作用，并对她一生产生着积极的影响。她具有的优秀素质

第　页

汇，令我羡慕不已。鲁旭的运动天赋也是令我十分佩服。宝宝（胡蔭华）的娃娃脸，咪咪（　　）的漂亮着装都让我不会忘记的。当时相近恒是唯一的男生出数学刊物，常受表彰。

老师中我最感激的是唐秀颖老师，有一次考试她专门走到我的桌子旁说每一道题都要认真做。我永远牢记着。最近我才知道她有很多门生都是科学界的知名人士。我还记得王文田总是在我们饭桌间监视我们，不准我们剩饭，吃饭时不准说话，我们都不喜欢她。但是事后想起来，她一直在实心实意地关心着我们这批姑娘的成长。我已经记不起生物老师的名字，可是我记得她教了我们很多关于植物及动物的进化及分类，这些知识在我以后的生活中派了很多用处。郑新亭老师是指引我进入化学专业的重要老师。他那种既风趣又严肃的音容在我脑海中仍然十分清楚。与我保持着联系的唯一一位中学老师——我的英文老师是相敏如。她是至今仍保持着联系的唯一一位中学老师，每次见到她总是十分热情。我自称为她的老学生，她则仍然不倦地告诉我她在教唐宋诗词方面的心得。她从学校退休后，就在她居住小区内讲诗词，至今乐此不疲。

我一直在想，南开毕业的学生似乎有一些相同

和很强的学习、工作能力，并一直怀着爱国强国的理想，都与在南开时期所受到的全面素质教育有着渊源。陆婉珍每每回忆起在南开中学度过的愉快时光，总是认为中学阶段是一个人受教育过程中承上启下的很重要的时期。

重庆南开中学的院士壁

1997年陆婉珍回母校访问（左五为陆婉珍、右四为闵恩泽）

手稿1-7 “又回到了南开”

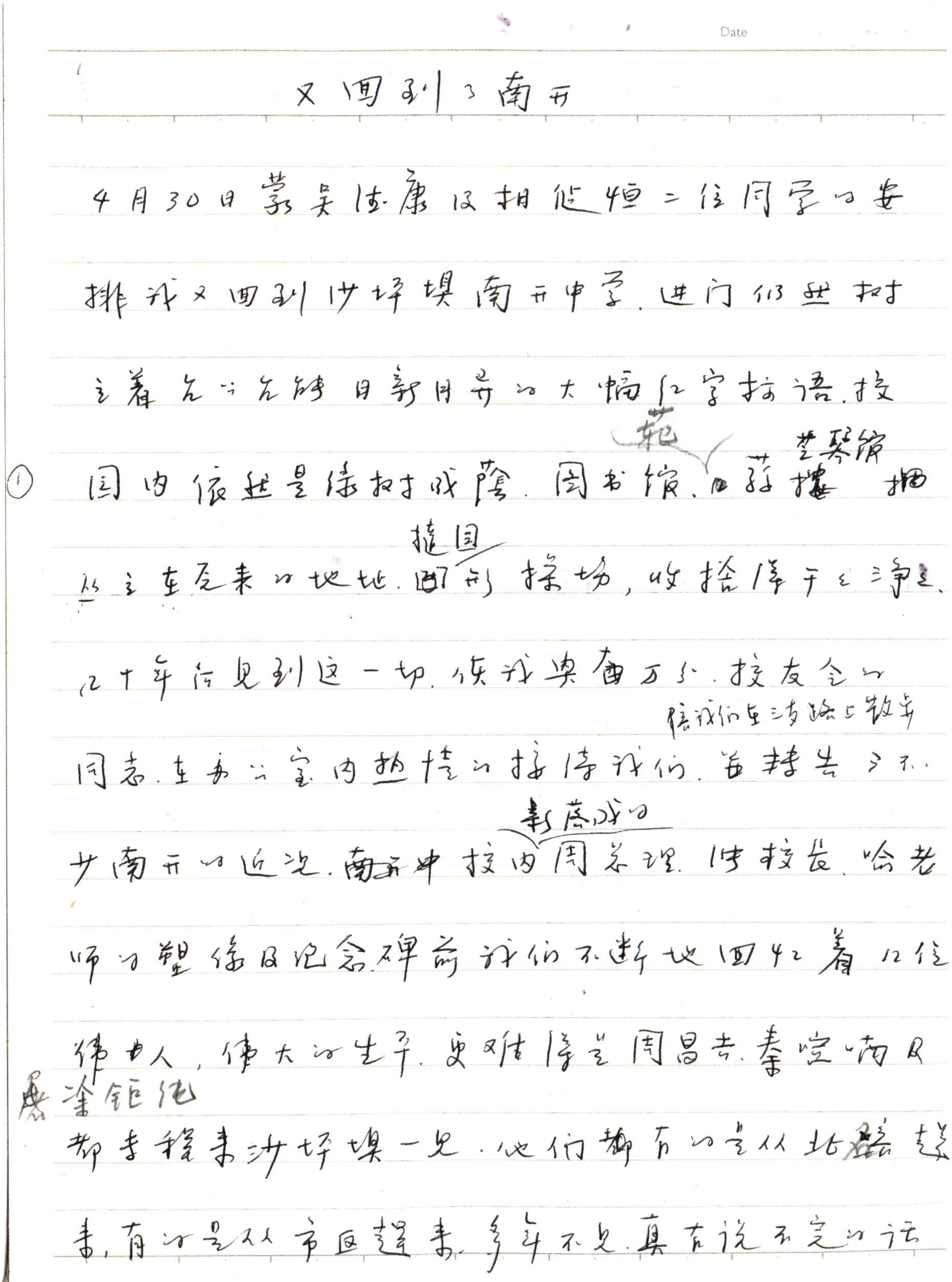

又回到了南开

4月30日蒙吴传康及杨化恒二位同学的安排我又回到沙坪坝南开中学。进门仍然树立着允公允能日新月异的大幅红字校语。校

① 园内依然是绿树成阴。图书馆、范孙楼、艺琴馆相继立在原来的地址。捷园、操场，收拾得干干净净。

几十年后见到这一切，使我兴奋万分。校友会的同志在办公室内热情的接待我们，陪我们在三友路上散步，并特告了不少南开的近况。南开中校内新落成的周总理、张校长、喻老师的塑像及纪念碑前我们不断地回忆着几位伟大人，伟大的生平。更难得的是周昌寿、秦宣岗及屠、涂钜纯都专程来沙坪坝一见。他们都有的是从北京赶来，有的是从广西赶来，多年不见，真有说不完的话

注　这是陆婉珍院士1997年撰写的“又回到了南开”，记述了她重返母校的情形。陆婉珍非常感激在南开接受的全面素质教育，非常关注母校的发展情况。1997年4月30日陆婉珍利用去重庆工作访问的机会，回到了母校，校方安排了陆婉珍与高中二、三年级的同学们进行了座谈。陆婉珍向这些朝气蓬勃的孩子们谈

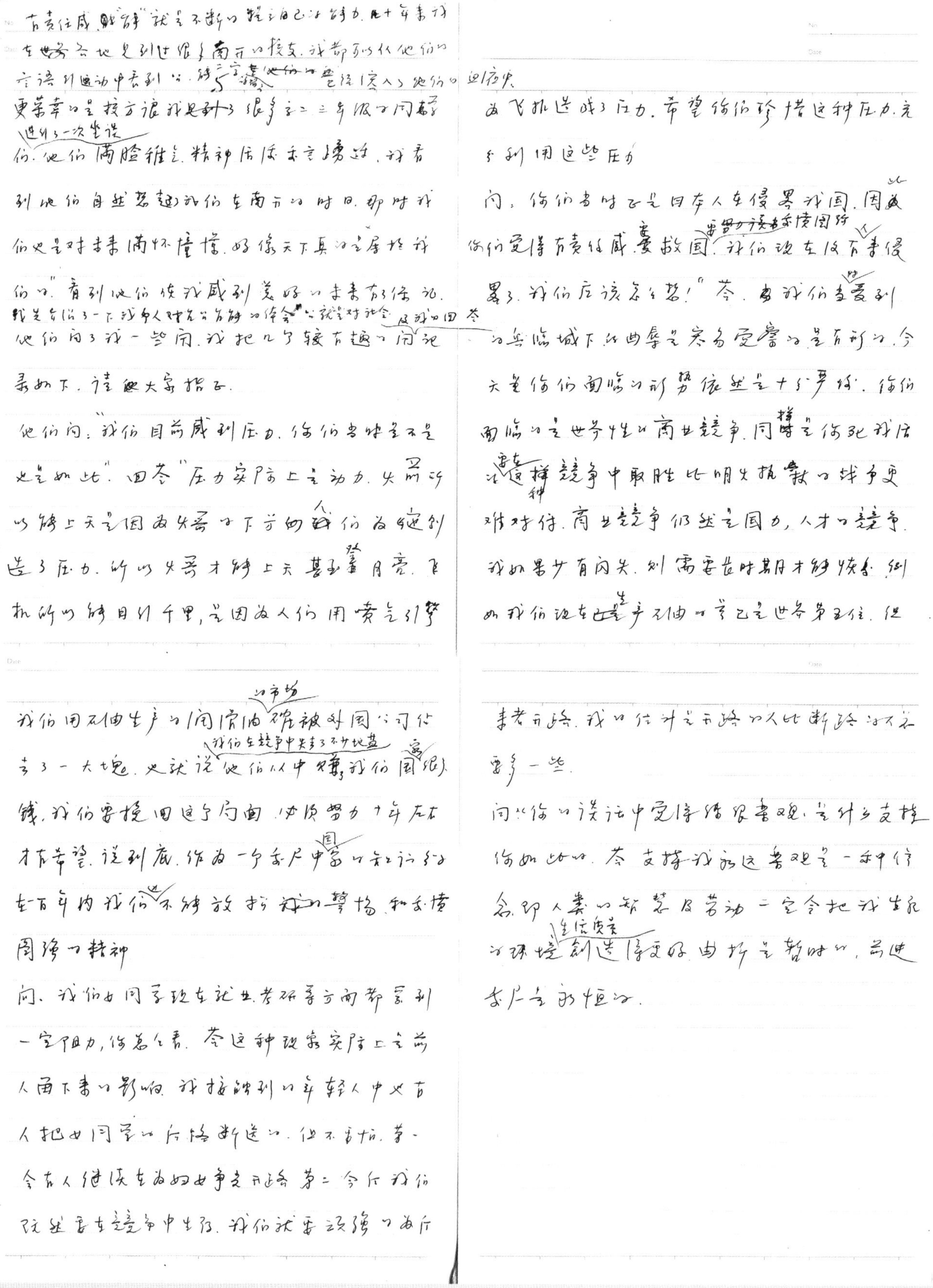

有责任感。我的体会就是不断地提高自己的能力。几十年来我在世界各地见到过很多南开的校友，我都可以从他们的言谈和举动中看到公能二字（已经深入了他们的血液）。更荣幸的是校方让我见到了很多今年二三年级的同学，进行了一次座谈。他们满脸稚气，精神活泼和言语踊跃。我看到他们自然想起我们在南开的时日，那时我们也是对未来满怀憧憬，好像天下真的全属于我们的。看到他们使我感到美好的未来有了依托。我先介绍了一下我个人对允公允能的体会，以及就是对社会……他们问了我一些问题，我把几个较有趣的问题及我的回答记录如下，请大家指正。

他们问："我们目前感到压力，你们当时是不是也是如此。"回答："压力实际上是动力。火箭所以能上天是因为火箭的下方的气体向下喷射造成了压力，所以火箭才能上天甚至登月亮。飞机所以能日行千里，是因为人们用喷气引擎为飞机造成了压力。希望你们珍惜这种压力，充分利用这些压力。"

问："你们当时正是日本人在侵略我国，因此你们觉得有责任感要救国。我们现在没有人来侵略了，我们应该怎么想！"答："当我们看到日兵临城下的时候，当然是容易觉悟的，是有形的。今天虽然你们面临的形势依然是十分严峻，你们面临的是世界性的商业竞争，同样是你死我活。要在这种竞争中取胜比明火执仗的战争更难对付。商业竞争仍然是国力、人才的竞争。我们如果少有闪失，则需要长时期才能恢复。例如我们现在生产石油已是世界第五位，但我们用石油生产的润滑油的市场被外国公司占去了一大块，也就是说我们在竞争中失去了不少地盘，他们从中赚我们国家很多钱。我们要挽回这个局面，必须努力十年左右才有希望。说到底，作为一个南开中国的知识分子，在百年内我们还不能放松我们的警惕和爱国强国的精神。"

问："我们女同学现在就业、考研等方面都受到一定阻力，怎么看？"答："这种现象实际上是前人留下来的影响。我接触到的年轻人中也有人把女同学的合格断送了。但不要怕，第一会有人继续为妇女争光开路，第二今后我们既然要在竞争中生存，我们就要锻炼自己为后来者开路。我的估计是开路的人比断路的人要多一些。"

问："你的谈话中觉得很乐观，是什么支持你如此的？"答："支持我乐观的是一种信念，即人类的智慧及劳动一定会把我们生存的环境（生活质量）创造得更好。曲折是暂时的，前进或上升是永恒的。"

了自己关于校训"允公允能"的体会，并回答了他们提出的各种问题。座谈中陆婉珍乐观、向上的工作和生活态度给这些孩子们留下了深刻印象。

1942年在重庆南开中学与同学在一起
（后排为陆婉珍）

1986年陆婉珍（后排左三）等42级重庆南开中学同学与唐秀颖老师（前排左二）合影

手稿1-8 “韩琍再见了”

第　　页

韓琍再见了！

陆婉珍

七月廿一日，我接到陈理的电话，她建议我们去垂杨柳医院看望一次韓琍，因为她正在住院，身体很不好。因为天气很热，我有点迟疑。但是好几年了她一直在病床上，电话也不接，她怎样了，很想见到她。最后决定第二天与陈理一同去城南这个医院。一进大门，发现医院设置很规范，环境也很明亮，管理也很到位，我放心了不少。我们费了一点时间才找到韓琍的病床。这是一间住有个人的大型病房，但很整洁明亮。韓琍在最靠窗子的一个床上，床头有各种身体的显示器，上面显示着血压是137mm，我想情况不错。我们走到床头向她报了姓名，她并没有回话，但是用很明亮的眼睛看了看我们，她表情很安静，皮肤的色泽也很自然，我们放心了不少。医生不在查房，我们问了医生“韓琍的病情怎样”，医生的回答是“不太好！”好在有专职特护在旁边，她说韓的家人刚走，并再三向我们保证她受人之托，一定会尽心尽力。我们想

注　这是陆婉珍院士2013年撰写的“韩琍再见了”，以悼念南开中学同学韩琍。在南开中学的这段时间里，陆婉珍和同学们之间建立了深厚友谊，直到晚年她仍记得每一位同学的名字，甚至可以清楚地记得每

此人是韩琍在这种情况下，十分重要的助手。因此再三向她表示感谢。我一边回头，一边离开了医院。　星期五的早晨我们接到曾强和的电话，说"韩琍走了！"真没想到，这次匆匆一别，竟成永远。从她最后的明亮的眼光里，我记忆起：当年在北京她为4X级级长们组织活动时的忙碌身影。当年她在运动场上的跳高姿态。当然不会忘记：她对所有同学的热情以及少女时期的亮丽。

位高中同学在教室中的座位。到了耄耋之年，有不少同学都相继而去了，只要陆婉珍知道消息，她都会去医院送老同学最后一程，并向同学的家属送上最诚挚的慰问。

手稿1-9 博士学位论文首页

CRYOSCOPIC AND REACTION STUDIES OF CHROMIC ANHYDRIDE

IN PYRIDINE, THE PICOLINES AND THE LUTIDINES

****

DISSERTATION

Presented in Partial Fulfillment of the Requirements
for the Degree Doctor of Philosophy in the
Graduate School of the Ohio State
University

By

Wan-Chen Loh Ming, B.Sc.,M.Sc.

The Ohio State University

1951

Approved by:

Harry H. Sisler

Adviser

注 陆婉珍院士1947年赴美留学，1949年获得美国伊利诺大学化学硕士学位，1951年获得美国俄亥俄州立大学化学博士学位，并于1952至1953年在美国西北大学从事博士后研究工作，1953年后期，在美国玉米产品精炼公司任研究员。1955年10月，她毅然放弃在美国的优越生活和科研条件，克服重重困难辗转回国，把毕生精力投入我国的分析化学和石油化学研究。这是陆婉珍在俄亥俄州立大学撰写的博士学位论文首页。

1948年在美国伊利诺伊州首府斯普林菲尔德

1955年陆婉珍与闵恩泽在香港（背面为深圳）

手稿1-10　先进工作者登记表

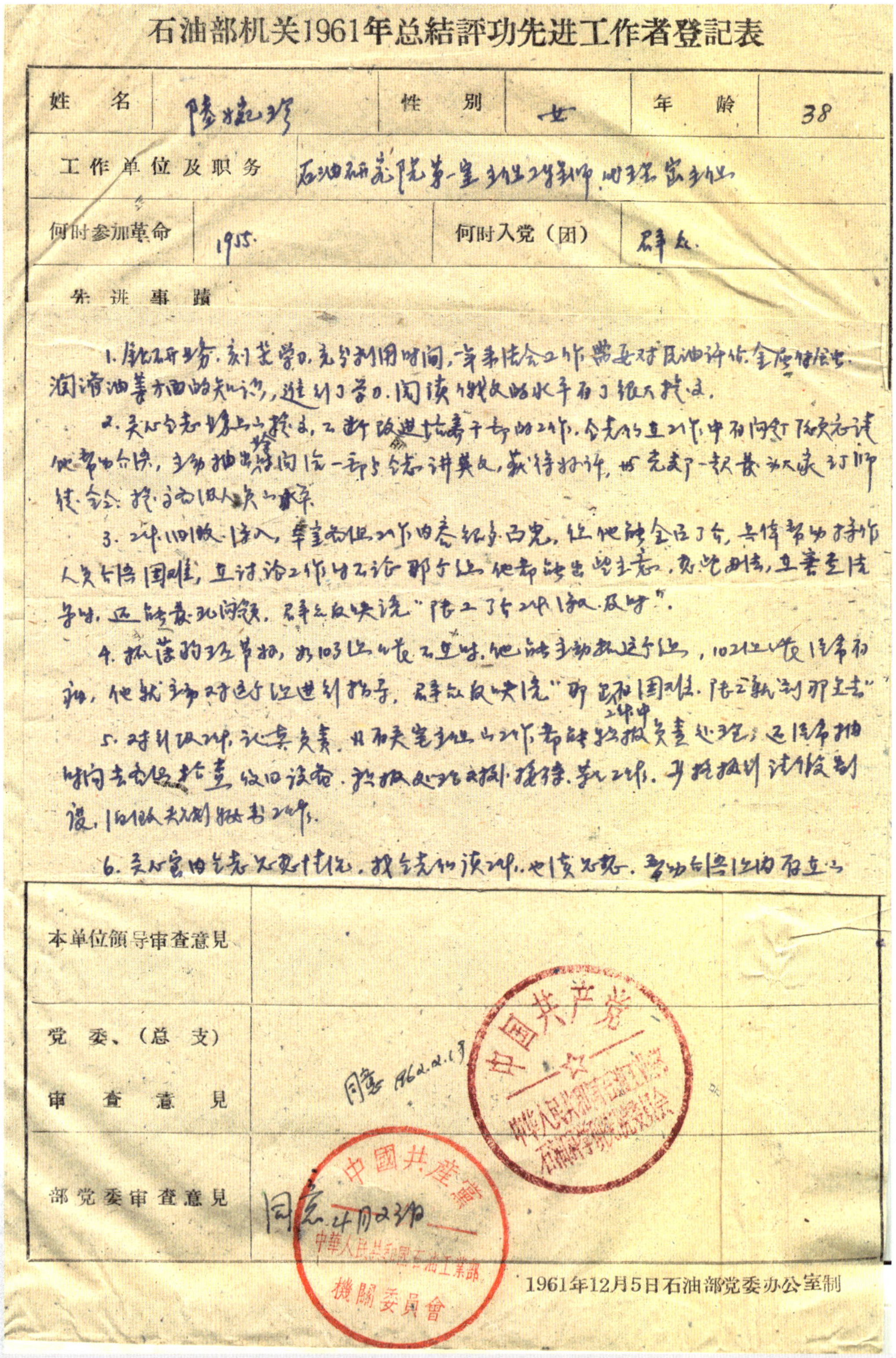

石油部机关1961年总結評功先进工作者登記表

姓名	陆婉珍	性别	女	年龄	38
工作单位及职务					
何时参加革命	1955	何时入党（团）	群众		

先进事蹟

本单位領导审查意見	
党委、（总支）审查意見	同意
部党委审查意見	同意

1961年12月5日石油部党委办公室制

注　1961年的“先进工作者登记表”（非本人手迹）叙述了当时的工作科研情形。1955年年底，从美国留学回来的陆婉珍被分配到北京石油炼制研究所筹建处工作，因在国外有过化学分析的工作经历，被任命为油品分析研究组的课题负责人。陆婉珍千方百计从人员培养、仪器购置、项目安排等诸多方面同时入手，在短短几年时间内建成门类较为齐全、人员配套的分析研究室。从那时起的半个多世纪里，陆婉珍便一直在这里从事与炼油和化工有关的分析工作。

1955年陆婉珍在石油工业部北京石油炼制研究所筹建处工作（右三为陆婉珍、右一为闵恩泽）

1959年10月1日陆婉珍（左一）参加庆祝游行

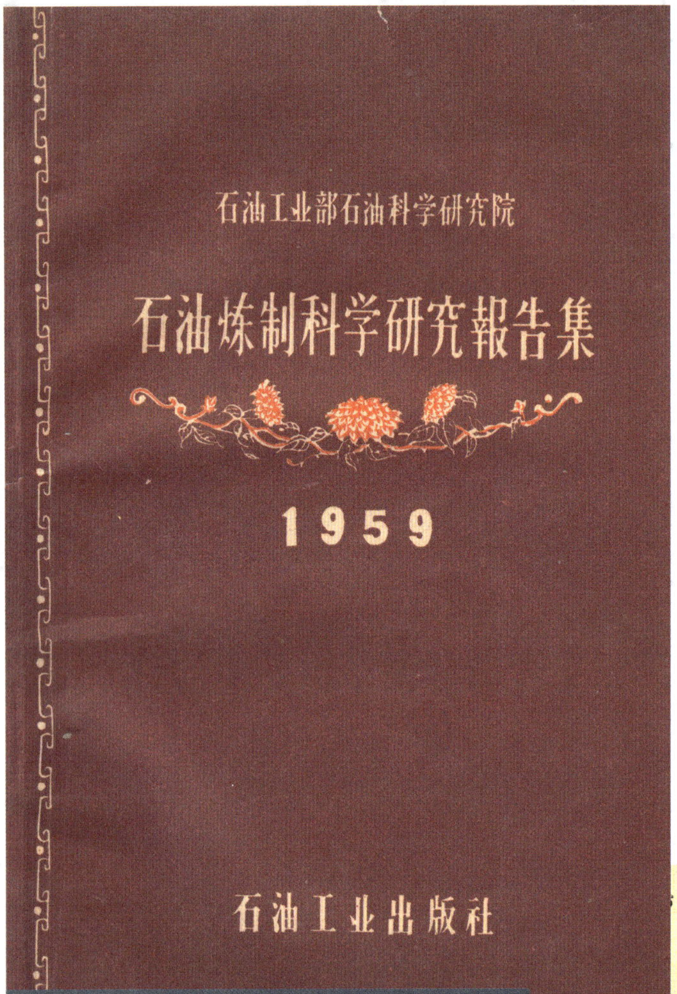

陆婉珍院士指导研究的“几个重整原料油（60～130℃馏分）的组成分析”被收录到1959年出版的《石油工业部石油科学研究院石油炼制科学研究报告集》中，作为国庆十周年的献礼。

几个重整原料油(60－130°C餾分)的組成分析*

馬文裕　陆婉珍

提要　用精密分餾，色譜分离，紫外吸收光譜，及测定精密分餾所得各合併餾分的简單物理性質的方法对不含烯烴的汽油餾分进行分析，可以测出苯、甲苯、二甲苯及乙苯、正己烷、总的異己烷、甲基环戊烷、环己烷、正庚烷、总的異庚烷、总的八碳基环戊烷、甲基环己烷、八碳烷、及八碳环烷的含量。芳香烴的含量是将試样油在分离效率为30理論板的蒸餾設备上分成苯-甲苯餾分和二甲苯餾分兩部分后，分别用紫外吸收光譜测定。环烷烴和烷烴部分的分析是把試样油用細孔硅膠进行吸附色譜分离，所得到的烷和环烷部分用分离效率相当于80理論板的精密分餾設备分餾成10个餾分，即＜32°，32～43°，43～54°，54～65°，65～75°，75～84°，84～95°，95～102°，102～120°，120～130°C。决定这些餾分的截取温度在于使每个餾分中不存在有同碳数目的正构烷烴和異構烷烴，並儘可能的分开碳数目相同的环戊烷烴和环己烷烴。测定出这几个餾分的折光率和比重后計算出比折射率的数值，把这些数值和各餾分中單体烴的比折射率进行比較，最后就得到了以上所列举的各个組成的含量。这种分析方法特点是操作上比一般其他的成分分析都簡單，稍有些实驗室工作經驗的人員就可以担任。虽然这种方法不能夠测定各个異構烷烴的單体含量和各个異構环戊烷烴的單体含量，但已能获得比一般族分析更精确的数据，滿足了在炼制工艺中型或小型試驗中对

---

* 参加本項工作的还有楊树英、于光荣、王昌时、張菊花、張佩娣、蔣芙蓉等同志。

陆婉珍院士手迹选

手稿1-11 “反右”后的思想总结

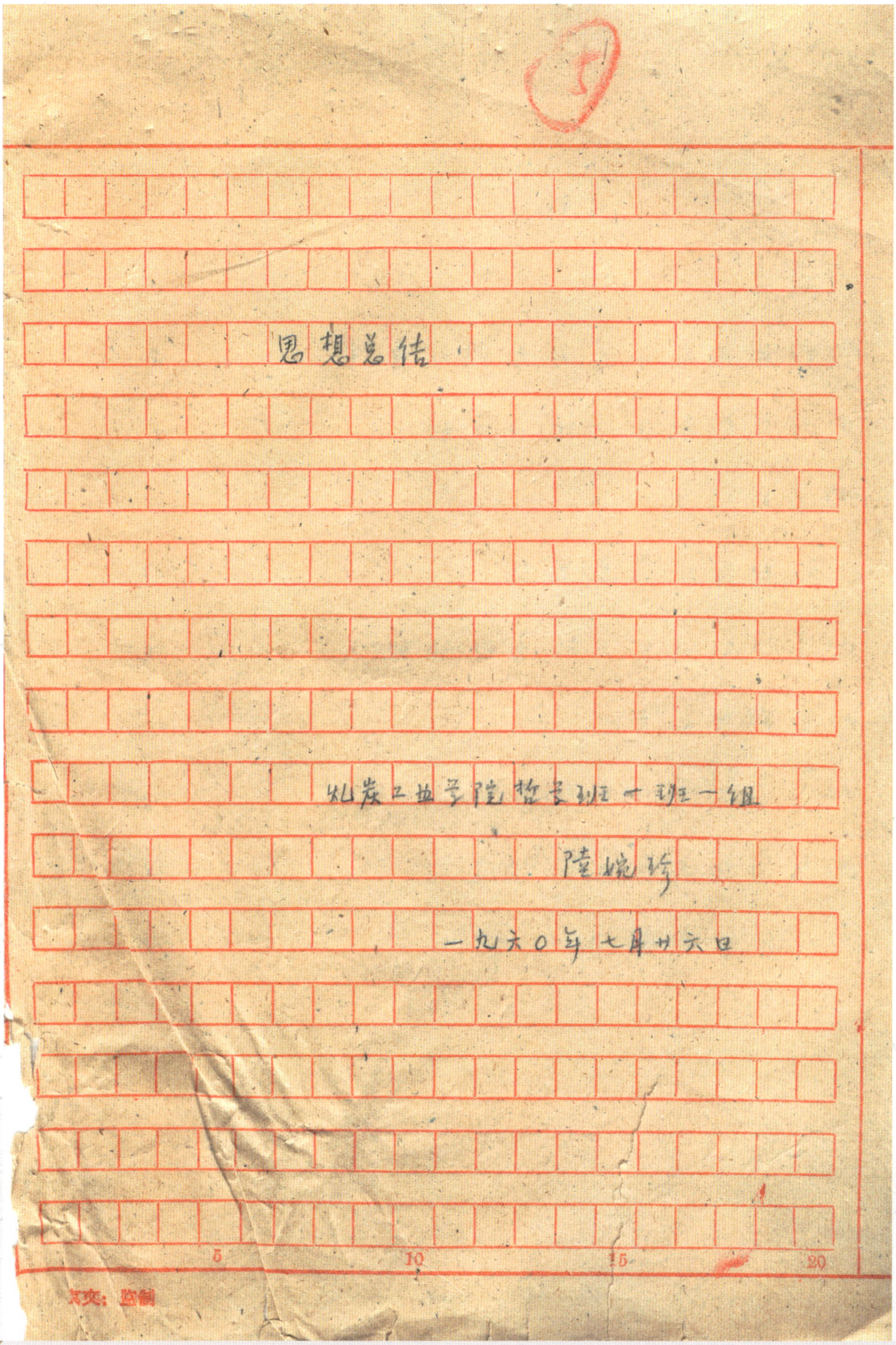
5

思想总结

煤炭工业学院哲学班十班一组

陸婉珍

一九六〇年七月廿六日

注 1960年，“反右”运动后，陆婉珍被炼制所党委送到煤炭工业学院哲学班，学习了近半年的辩证唯物主义，这是结业时陆婉珍写的万余字的思想总结。

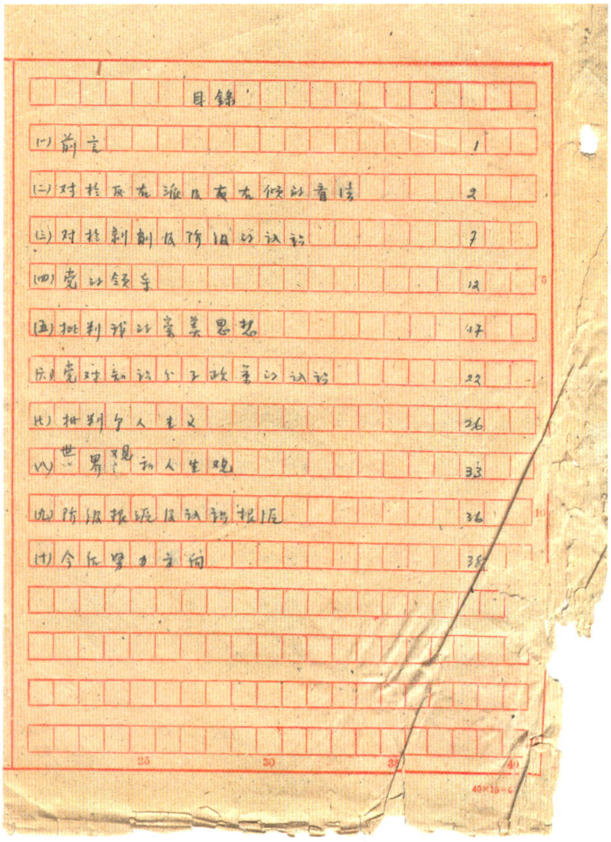

目録

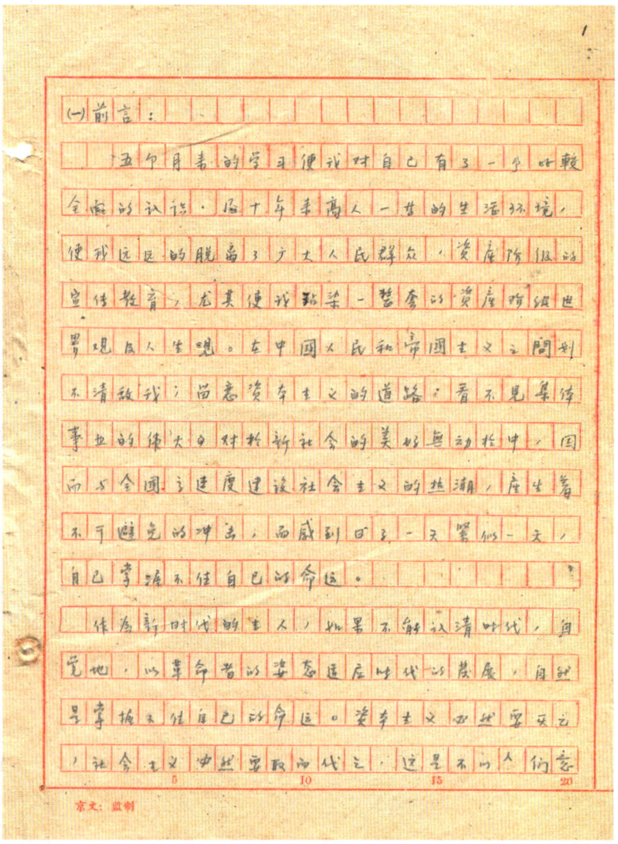

1

(一)前言：

五个月来的学习使我对自己有了一个比较全面的认识。几十年来高人一等的生活环境，使我远远的脱离了广大人民群众，资产阶级的宣传教育，尤其使我熏染一整套的资产阶级世界观及人生观。在中国人民和帝国主义之间划不清敌我；留恋资本主义的道路；看不见集体事业的伟大及对於新社会的美好无动於中，因而与全国高速度建设社会主义的热潮，产生着不可避免的冲击，而感到日子一天紧似一天，自己掌握不住自己的命运。

作为新时代的主人，如果不能认清时代，自觉地，以革命者的姿态适应时代的发展，自然是掌握不住自己的命运。资本主义必然要灭亡，社会主义必然要取而代之，这是不以人们意

京文：监制

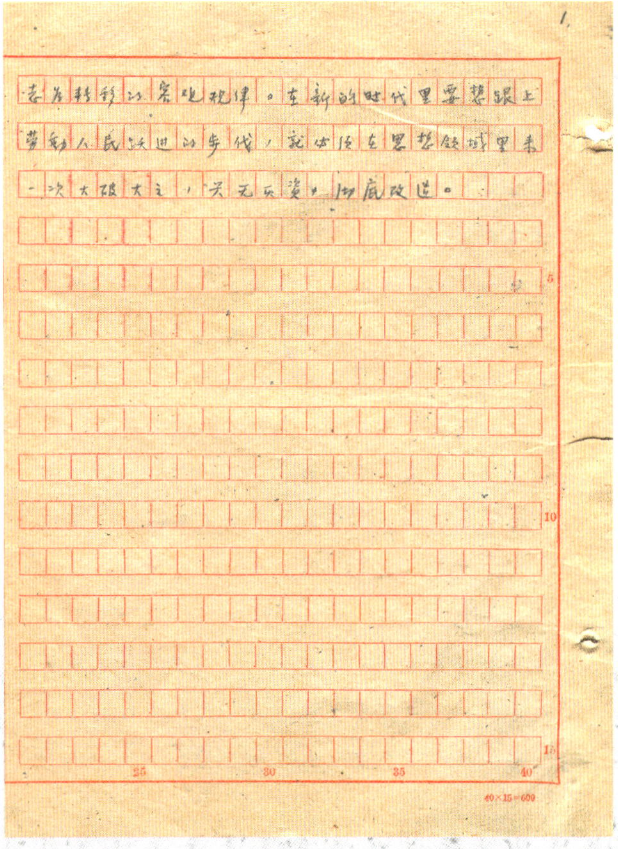

1,

志为转移的客观规律。在新的时代里要想跟上劳动人民跃进的步伐，就必须在思想领域里来一次大破大立，兴无灭资，彻底改造。

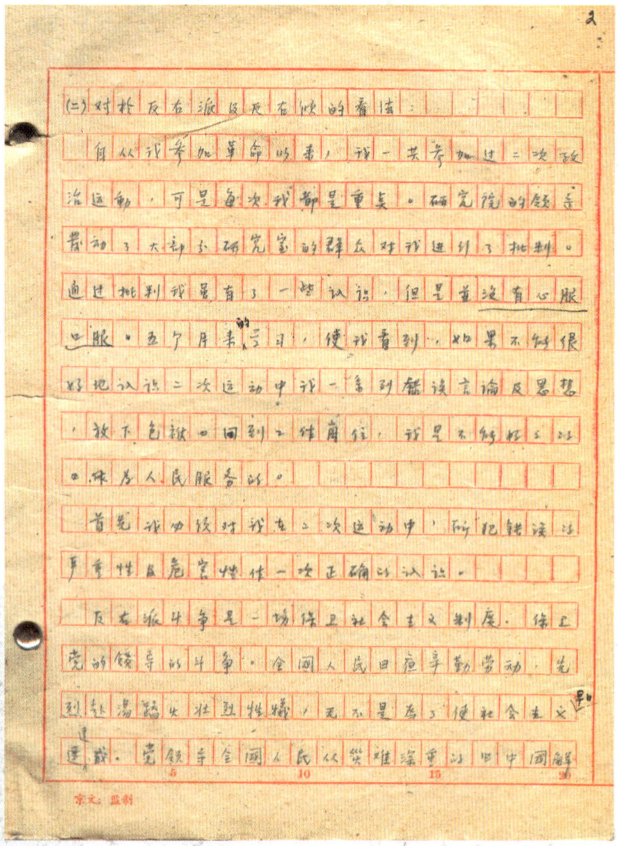

2

(二)对於反右派及反右倾的看法：

自从我参加革命以来，我一共参加过二次政治运动，可是每次我都是重点。研究院的领导发动了大部分研究室的群众对我进行了批判。通过批判我虽有了一些认识，但是并没有心服口服。五个月来的学习，使我看到，如果不能很好地认识二次运动中我一系列错误言论及思想，放下包袱，回到人民的行列，我是不能好好的为人民服务的。

首先我必须对我在二次运动中，所犯错误的严重性及危害性作一次正确的认识。

反右派斗争是一场保卫社会主义制度，保卫党的领导的斗争。全国人民日夜辛勤劳动，先烈赴汤蹈火壮烈牺牲，无不是为了使社会主义早日建成。党领导全国人民从灾难深重的旧中国解

京文：监制

Looking Back

As the general engineer of the Scientific Research Institute of Petroleum attached to the Chinese National Corperation of Petroleum Industry, Lu in recent years has taken part in many related academic activities both at home and abroad.

My Days at the Daqing Oil Field

LU WANZHEN

On October 1, 1959, Lu Wanzhen (L.) in a procession to celebrate the 10th anniversary of the founding of the People's Republic of China.

I had majored in industrial chemistry in China but when I went to the United States in 1947, I had to change my major somewhat. Then, the US universities did not encourage female students to specialize in industrial areas. After the birth of New China, I ended my eight year life of study and research in the US and returned home in 1955. A year later, the Ministry of Petroleum established the Petroleum Research Institute in Beijing and I was assigned to work there. Ever since, I have been professionally engaged in the field of petrochemistry.

In 1964, a new oil refinery, completely designed, manufactured and installed by Chinese engineers and scientists was set up in the

注 这是陆婉珍院士撰写的《My Days at the Daqing Oil Field》，回忆了她参与1965年我国第一套催化重整工业装置在大庆炼油厂开车时的工作情景。在这次技术服务中，陆婉珍采用气相色谱方法发现了开工期间遇到的重大产品质量问题，为装置的顺利投产起到了关键的作用。

Daqing Oil Field in Heilongjiang Province, northeast China. This refinery was to produce the important and much needed oil products required by the State. The successful start of this project proved that China had the technological ability to build a refinery without outside help. Then, America was thought to be the only country with such technologies.

Close to the opening days, to ensure its smooth operation, the Petroleum Ministry transferred a temporary batch of scientists and technical workers to the sight. As the head of the Analytical Research Office of the Petroleum Research Institute of the Ministry, I was lucky to be included in that group. Though filled with excitement, I was fully aware of the great responsibilities bestowed upon me.

We arrived in Daqing in December of 1964. They had an extremely cold winter that year. The oil field was covered with ice and snow. The north wind blew heavily. Although indoors were heated, work conditions outside were hard. It was so cold that touching the metal hoses of the refinery structure without gloves would result in injury to the skin.

Since I had grown up and lived in the south, I feared the cold very much. So I would put on as much clothes as possible, sweaters, padded jackets and fur anoraks on the top. The locals however did not seem to mind the cold and went about their work with just as much vigor.

My work was to give technical guidance to the Quality Control Laboratory in the refinery. As it happened, most of the department heads of the laboratory were my old acquaintances. They had been trained in Beijing's Analytical Research Institute, where I had previously worked. The reunion of old friends at the Daqing Oil Field, which was important to the whole nation, was very exciting.

There were no women in the group and my two assistants were also men. I guess because of this, the laboratory staff tried to make my work and living conditions as comfortable as possible.

In May 1956, soon after she had returned from the United States, Lu Wanzhen (3rd. R.) got involved in the preparation of setting up a Research Institute of Petroleum in the Ministry of Petroleum.

I was given an office in the laboratory from where I could examine the report sheets coming in and be informed of the work progress at all times. But my professional sensitivity told me that relying on these reports and test results alone was not enough. A small change in the test procedures could change the results. So in many instances, I ventured out to one of the operation rooms to check and guide the laboratory assistances. In addition, I administered some tests myself, especially the more difficult ones. Our laboratory had three shifts a day and most department heads worked on more than two. I never went to bed before midnight. But time passed by so fast. The New Year's day of 1965 arrived. According to the tradition of the Northern Chinese, all family members should gather and eat *Jiaozi* (a kind of dumpling) on this day. I spent that New Year's day among non-family members. I was among different people with a single purpose, the inauguration of an oil refinery so important for our country.

The people of Daqing were very clever. They made a pile of *Jiaozi* in one go and in order to preserve it, they would let it freeze in a large sack outdoors. Whenever they needed some, they would bring in the required amount. As a southerner, I had not seen this interesting procedure before. At another time, they treated us with a hefty dish. Only when I sat at the table did I realize that what was boiling in the pot was actually dog meat. I was told that it could keep the cold out as well as tasting good. Boldly, I tasted. Sure enough, it was good.

At work, we had overcome one difficulty after another and by mid-January that year the initial work had been done. But right at this time an unexpected problem appeared. At 2 A. M. one night when I had gone to the laboratory to see the night shift, I saw fire in the distance and thought of the worst — the laboratory on fire. But when I got there, I realized that the glow was from the unadjusted gas lamps used by the technicians. They were performing some product quality control tests and the results were not good news, they were not up to the standard. For the staff, at first, the news was hard to accept. So the tests were repeated several times in the hope of finding a flaw in the test procedure. But the results proved time and again that the quality of the final petroleum product was below the standard.

Soon everyone in the refinery was mobilized to solve the problem. All possible measures for improvement were taken to no avail. For two days and nights I conducted step by step chemical analysis and checked first-hand the data including the sampling. I found something in the chrometogram of the product that did not belong there.

When the next day I was called to a meeting at the general quarters, people were still discussing the problem. As I entered, all heads turned towards me. Despite my findings, the solution to the problem was still a puzzle. I tried to pull myself together and reviewed all I had done in the last twenty-four hours. It was at that moment that an idea flashed in my mind. I stood up and suggested a check for leakage between the material-input line and the finished-product process line. Shortly after, the head of the work team returned and reported to all that because of the cold weather, the oil around the valves was frozen and therefore the valve was not closed properly. When the oil melted during the production, it would leak along the two lines of material and finished product.

Need I say more? When the valve was subsequently closed tightly, the leak disappeared and the product's quality returned to the standard level. The matter was that simple.

People gave me a lot of sincere praise and encouragement. They appreciated how I had cracked a hard nut just before the opening of the refinery. But it was clear in my mind that had I not come to the ice- and snow-covered Daqing Oil field and had not been familiar with work at the production "line" and in addition had I not analyzed much first-hand information, I would not have had such a brainstorm. □

Translated by LIN GUANXING

Wood-carving

By ZHOU ZHIYU

Crops field

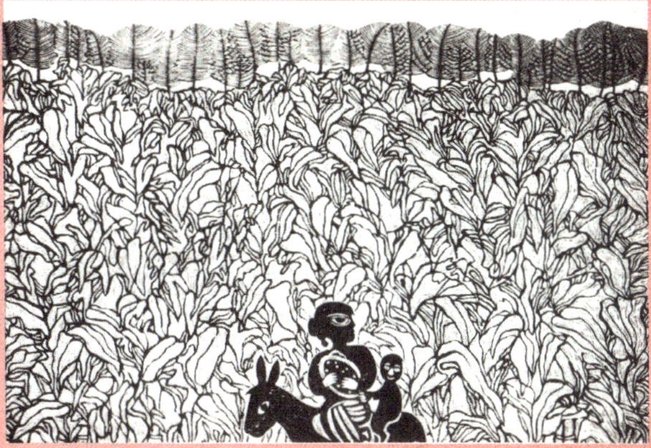

In breeze

Rural happiness

手稿1-12　“文化大革命”期间遭遇

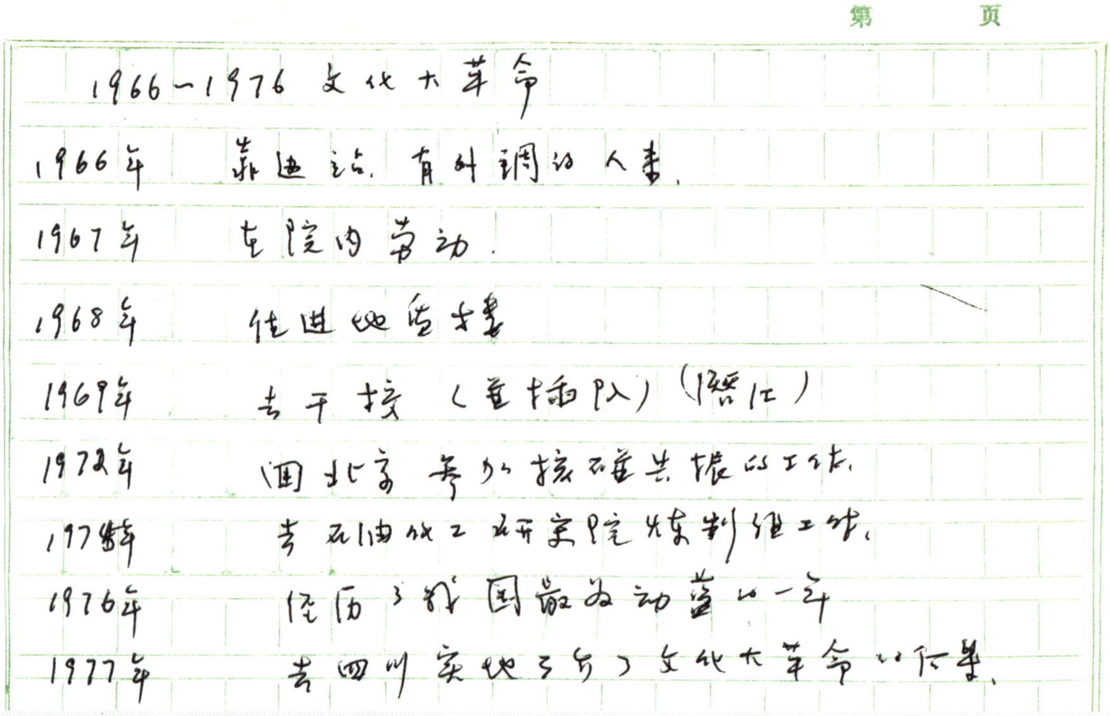

第　　页

1966—1976 文化大革命

1966年 靠边站，有外调的人来。

1967年 在院内劳动。

1968年 住进地质楼

1969年 去干校（当插队）（潜江）

1972年 回北京 参加核磁共振的工作。

1974年 去石油化工研究院炼制组工作。

1976年 经历了我国最为动荡的一年

1977年 去四川实地工作了 文化大革命以后来。

注　这是2012年陆婉珍院士撰写的她在“文化大革命”期间遭遇的手稿。“文化大革命”期间，陆婉珍与其他知识分子有着一样的遭遇，被抄家、关牛棚、挨批斗、下放干校劳动，1966年，陆婉珍42岁，正值科学家的黄金年龄段，却不得不与钟爱的科研工作告别、与实验室告别，这一别就是10年。在这段艰难的日子里，很多人无以释怀，抑郁苦闷，甚至离恨黄泉，陆婉珍却始终以一种达观、平和的心境度过了人生最起伏的岁月。“文化大革命”结束后，她曾跟学生说，当年躺在“牛棚”地板上的时候，把一切都想透了，人生最差也不过如此，还能怎样呢？

“文化大革命”期间陆婉珍、闵恩泽和女儿闵之琴的合影

文化革命期间（1966–1976）

文化大革命是从北大聂元梓写的文章《大海航行靠舵手》开始的。当时研究院的大字报到处都是。我因为早期在所有时候的言论，免不了有一些大字报会旧事重提。我因为不喜欢去回忆任何不愉快的事，所以1966–1967年间的事我的记忆已很模糊。我们这些资产阶级智识分子当然很快就靠边站，以后就把我派到一个基建工作小组里去劳动。那这个小组由一位年轻的师父领队，队员中还有一位比我年轻的女同志。我们每天都去作一些院内的杂活，如清理下水道的入口，搬水泥袋木材等，其他的时间还是很自由的。

① 在这时会有一些外调的人来找我，态度十分可怕，完全是对待敌人的态度。他们大都是找我的一些同学所在单位来的，他们问的问题态度也从另一面告诉我，事态正在向着奇怪的方向发展。

年轻（是1950年以后的大学生）但是我还得跟着去。在那里不时可以听到一些不满的私语。我们平安的度过来晚景。在那里除了在农场劳动外，我还到附近农村插队。这是一个月的生活（经历）这段生活倒是给了我极深的印象。我第一次亲身经历了我国中南部农民的生活。我至今仍然记得我所在这家主妇的勤劳智慧。她可以在一天之内做不知多少事情（包括做饭，打布壳（做鞋用的）成叠，带小孩等）。正是我们有千千万万这样勤劳智慧的基层群众，所以我们才会有今天的崛起。

1971年林彪事件发生后，形势似乎有一定变化。1972年的秋天我与干校的同志回到北京。当时人们说我瘦了不少，但我觉得很健康。

回京以后，研究院（炼制所）已开始一些科研工作。我被派到核燃料燃烧去工作。那时我们主要做一些剖析工作，但因为当时的政治性时有限制，所做的工作不多。有时我也去隔壁的朱黄光组那里帮忙，主要是帮他们翻译一本专业书籍。

1974年我被派到新成立的“石油化工研究院”的炼油组工作。那里的工作不多。所以我可以在那里

手稿1-13　我草率地作了一次正确选择

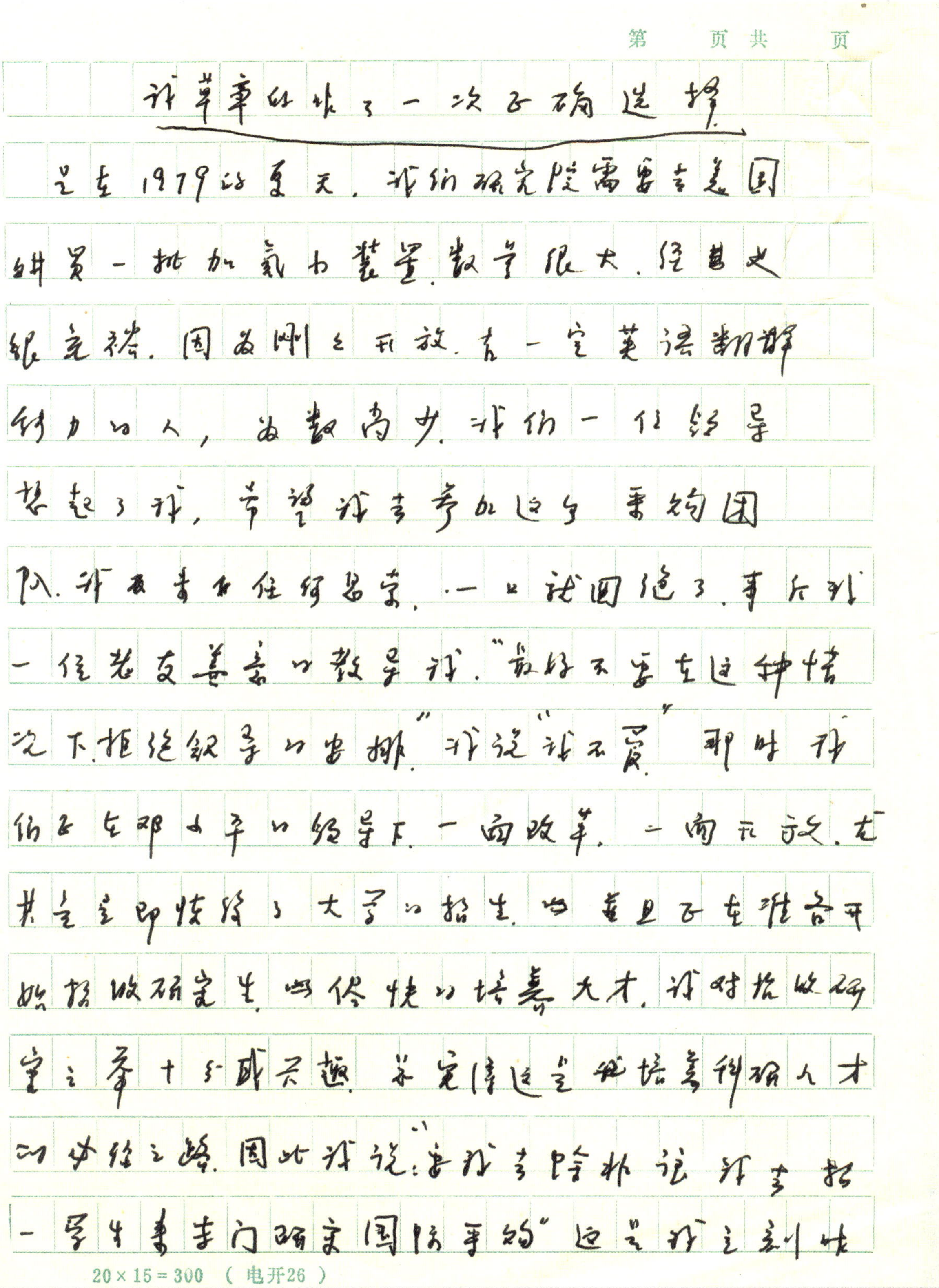

第　　页共　　页

我草率地作了一次正确选择

是在1979的夏天，我们研究院需要去美国采购一批加氢中型装置，数量很大，经费也很充裕。因为刚刚开放，有一定英语翻译能力的人，为数尚少。我们一位领导想起了我，希望我去参加这个采购团队。我没有作任何考虑，一口就回绝了。事后我一位老友善意的数落我："最好不要在这种情况下拒绝领导的安排。"我说"我不愿。"那时我们正在邓小平的领导下一面改革，一面开放，在全国即恢复了大学的招生，也在正在准备开始招收研究生，以便快的培养人才。我对于做研究工作十分感兴趣，并坚信这是培养科研人才的必经之路。因此我说："要我去陪外宾谈判，我去招一些学生来专门研究国防事的"这是我之刻快

20×15=300　（电开26）

注　这是2013年陆婉珍院士撰写的“我草率地作了一次正确选择”，记述了1979年她做出一项选择的故事。1979年的一天，一位行政领导找陆婉珍谈话，鉴于她的能力和英文水平，希望她能专职参与研究院引进科研试验装备的工作，负责与外商谈判购置加氢等炼油中型试验装置和马达评定等大型设备。陆婉珍知道，答应这次工作调动意味着将有可能永远离开自己钟爱的科研事业，这是她绝对不愿意的。尽管当时

第一篇　自述手稿

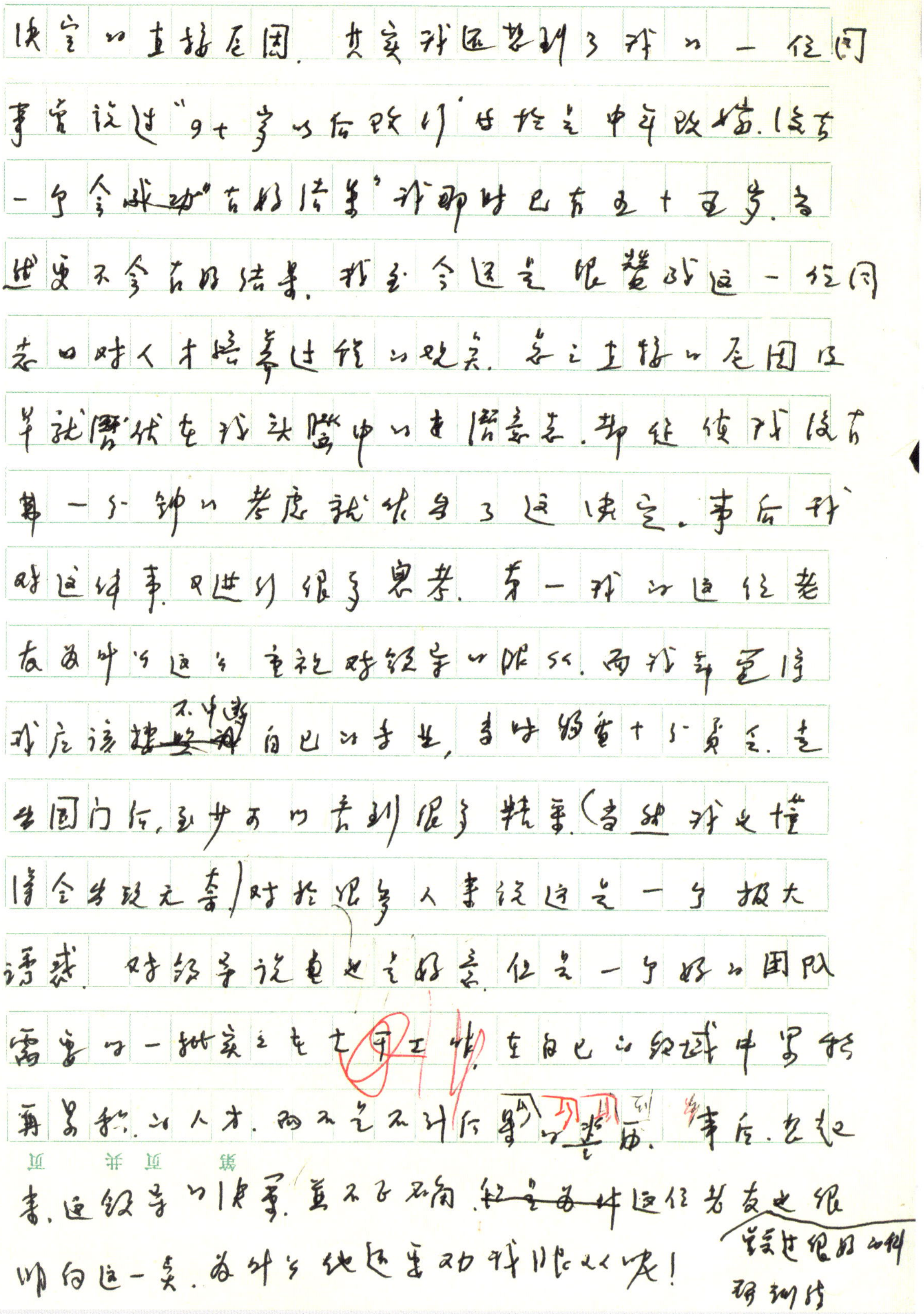
决定的直接原因。其实我还想到了我的一位同
事曾说过"40岁以后做的"是检查中年做的。这是
一个令"成功"者的经验，我那时已有五十多岁，看
也更不会有好结果。我至今还是很赞成这一位同
志的对人才培养过程的观点。第二个直接的原因是
年龄紧张在我头脑中的生活记忆来。那些使我没有
第一个钟的考虑就作出了这决定。事后我
对这件事又进行很多思考。第一我的这位老
友为什么这么重视对经济的作用。而我不能坚持
我应该不中断自己的专业，当时的多十个有余。走
出国门后，至少可以看到很多精英(当然我也懂
得全世界完美)对于很多人来说这是一个极大
诱惑。对经济说也也是好东西。但是一个好的团队
需要有一批实实在在干活，在自己的领域中努力
再努力的人才。而不是不计后果的。事后，发现
来，这经济的决策，并不正确。这位老友也很
明白这一点。为什么他还要劝我呢！

"文化大革命"遗留下的种种社会问题，使她还不能全身心地投入科研工作，但她一直期盼着、也深信全心科研这一天是迟早会到来的。后来，陆婉珍经常提及这个经历，认为拒绝这项工作是她仓促间做出的最明智的选择。这件事从一个侧面反映了陆婉珍正直、率真、朴实无华、不畏上也不怯权的品格。

我总觉得他没有能从"官场文化"中解脱出来。他以后长期在官场。我经常在自我反省，我早已经过了反右、文化大革命的锤炼，至今没有被"官场文化"侵害住。这种不用客观的，不怕以写稿来文化，而且作出的文化方法，这恰是我国的中华民族今后需努力再努力的自我改革的主要内容，也可以说是我们几千年封建传统的民族的一个最艰苦、最难改的一次长期革命。

手稿1-14　职工升级审批表

9-1-1

九类

职工升级审批表

姓名	陆婉珍	性别	女	年龄	1924.9.	文化程度	化学博士
工作单位及职务	付总工程师	参加工作时间	1956年1月			政治面貌	群
现工资级别及评定时间	1956年评定 技4级210.50元		升级后的级别及金额	技3级258元			
群众考评意见	拥护党在新时期的政治路线和思想路线。坚持四项基本原则。热爱社会主义祖国。为人直率，肯谈自己的观点。具有系统深入的专业理论知识和技术，掌握本专业国内外情况和发展趋势，有较丰富的科研实践经验，在石油分析化学方面有一定的贡献，并发表多篇专业论文。热心指导科技人员及研究生，在培养工作中做出了显著成绩。希望再接再励做好科技人员的培养工作，并在调查，提高我院分析化验的管理水平中，发挥更大的作用。						
本部门党组织意见	同意升级　陈时英　5.29.（印章：石油工业部石油化工科学研究院）						
上级审批意见	同意升一级（印章：石油工业部政治部）						
备注							

1980年5月29日填

注　陆婉珍院士1980年的“职工升级审批表”（非本人手迹）。

陆婉珍院士手迹选

手稿1-15　“三八”红旗手登记表

附件：

总公司直属机关“三八”红旗手登记表

单位（盖章）　　　　　　　　　　1990年 2 月　日

<table>
<tr><td>姓　名</td><td>陆婉珍</td><td>出生年月</td><td>1924年9月</td><td>民族</td><td>汉</td><td>文化程度</td><td>研究生</td><td>政治面貌</td><td>/</td></tr>
<tr><td>港澳台侨胞</td><td>/</td><td>职称</td><td colspan="3">教授级高工</td><td>职务</td><td colspan="3">总工程师</td></tr>
<tr><td>主要事迹</td><td colspan="9">陆婉珍同志是1983年全国“三八”红旗手、全国妇联第五届执委。自1956年回国三十多年来，为我国石油及石油化工工业做出了卓越贡献。
近两年来，在总工程师的岗位上，不仅主管全院的分析工作，还亲自主持新型MP－25钝化剂，水质稳定剂和齿轮油复合剂等重大科研项目的研究开发工作，都取得了很大成绩。
同时，还抓紧时间著述，近年来编著了《近代物理分析方法及其在石油工业中的应用》等书和50余篇学术论文。
几年来，她培养出了3名博士生，20余名硕士生。</td></tr>
<tr><td>所在单位党组织审查意见</td><td colspan="9">经党委会讨论通过
一九九〇年三月</td></tr>
<tr><td>总公司机关党委和机关工会审查意见</td><td colspan="9">同意评为总公司直属机关“三八”红旗手。
90.3.7.</td></tr>
</table>

注　1990年陆婉珍院士被评为中国石化总公司直属机关“三八”红旗手的登记表（非本人手迹）。

手稿1-16　中国科学院院士候选人简表

中国科学院学部委员候选人简表

姓名：陆婉珍　性别：女　年龄：66

工作单位：中国石油化工总公司石油化工科学研究院

专业：石油化工分析　专业技术职务：教授级高级工程师

拟推荐为何学部候选人：化学部

科学技术方面的主要成就和贡献简介

（一）系统评价我国原油性质，主持出版《中国原油的评价》共8册，为原油合理加工提供科学依据。

（二）组建分析研究中心，为科研生产提供了大量数据，并多次参加解决生产中问题，如大庆喷气燃料引起燃机火焰筒的烧蚀机理、轧制油引起钢板表面不光滑的原因。

（三）建立从天然气、炼厂气到渣油的整套组成分析方法，其中质谱法分析渣油以及组成分析，建立的汽油辛烷值及柴油十六烷值测定方法，都有创造性。

（四）五十年代即建立气相色谱法，首先在我国开展成功弹性石英毛细管，研究成功新型填充毛细管色谱法快速分析炼厂气及新型多孔层毛细管色谱法分析汽油中不同碳数烃组成。

（五）紧密配合生产，主持编辑了《重整工艺分析方法》《石油化工分析方法汇编》多部，其中微库仑法测定油品中硫、氯、水、氮及ppb级砷等有所创新。

（六）近年领导催化裂化金属钝化剂、冷却水处理剂的研制、评定、质量控制和推广工业应用。

注　陆婉珍院士1991年填写的中国科学院学部委员（院士）候选人简表，汇总了1991年前在六个方面取得的科研成就。1991年12月陆婉珍当选为中国科学院院士。

手稿1-17　10篇代表性著作和论文

\+ 著书文章.

1. 近代物理分析方法 上下册
2. 石油化工分析方法汇编
3. 我国原油组成的特点
4 《石油学报》(1986) 石油中痕量砷的测定
5. "Analytical Method for Heavy Oil used in RIPP" (Preprints of ACS Div. of Pet. Chemistry) 1989. Vol 134 No.2
6. "A New Alumina Packed Glass Capillary Column" 2nd Beijing Conference.
7. "Do Capillary columns made from Chinese Quartz" 1981.

P 表面活性剂中环氧乙烷含量的测定及与HLB值的关联.

8. 催化裂化钝化剂的现状
9. 用 P^{31} NMR 研究磷酸三烷基酯及其有关化合物.
10 一种新型油性添加剂的结构分析.

注　这是1991年陆婉珍院士整理的10篇代表性著作和论文。在科学研究中，陆婉珍主张“研以致用、以用促研”，写论文不是科研的最终目的，研究目的是开发出新技术和新产品，并在工农业生产中得到实际应用，促进生产力的更大解放。

手稿1-18　科研项目获奖情况

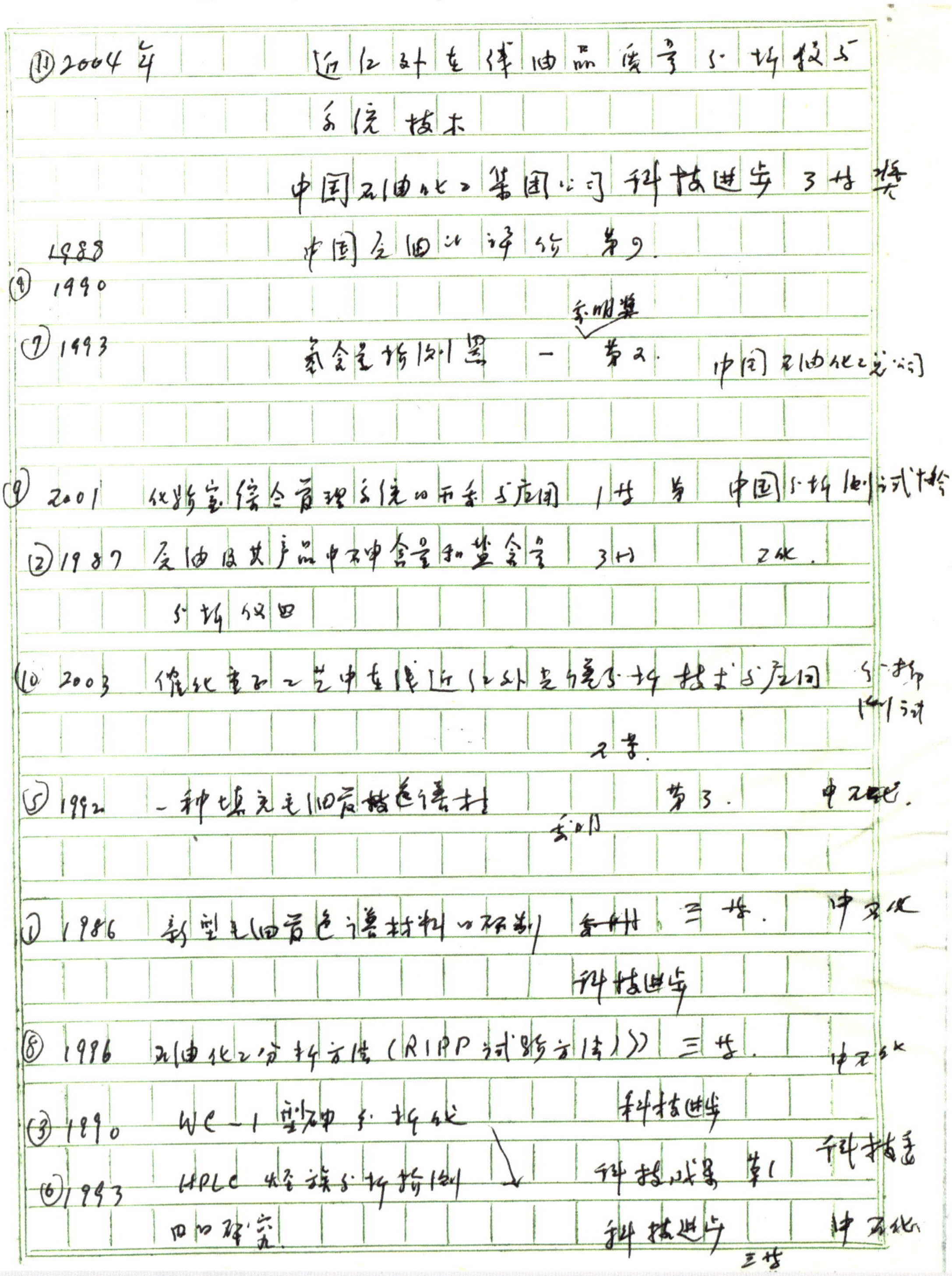

注　陆婉珍院士从事的分析测试工作是一个不能缺少的服务性专业，但并不是研究单位的主流学科，所得到的成果大都是在配合主流学科的进程中取得的，比较分散，不容易出较大的成果。陆婉珍一生鲜有高级别的奖励，大都是部级的二等和三等科技进步奖，且以三等奖居多。对此，陆婉珍常以淡泊豁达的态度处之。她常给中青年科技人员讲：分析是科研和生产的眼睛，是为科研提供信息的，属于后勤服务性质，直接产生成果的机会少，与名利的缘分不多，因此就要求我们这些同志要有全局观念，要有协作精神，还要有坚定信念。她这些语重心长的话及她身体力行的做法，启发教育了一代又一代分析科技工作者，使他们安心本职工作，刻苦钻研，努力工作，做出成绩。

手稿1-19　《新青胜蓝惟所盼——陆婉珍传》序言

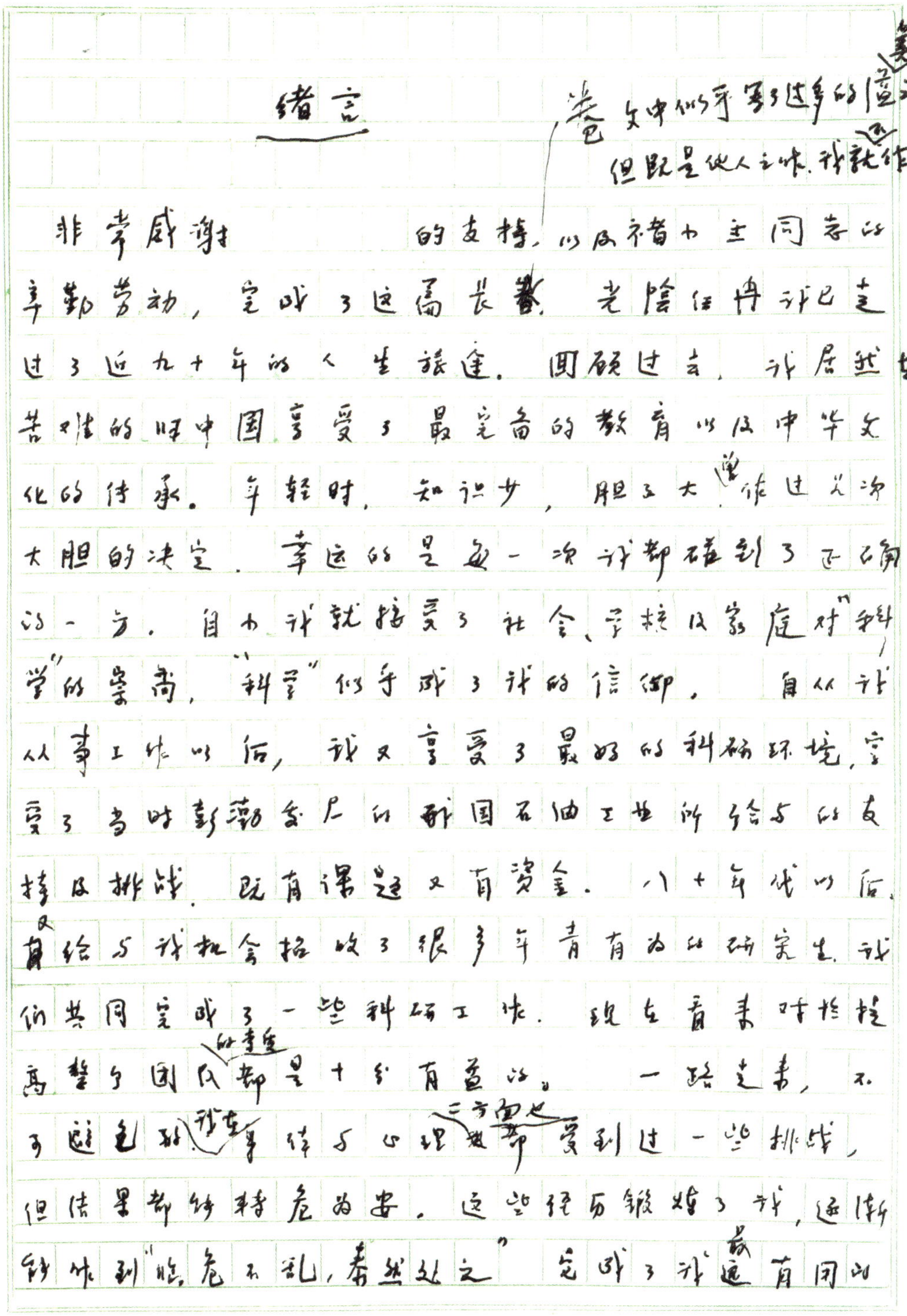

绪言

卷文中似乎写了过多的溢美之词，但既是他人之作，我就不作过多修改了

非常感谢　　　的支持，以及褚小立同志的辛勤劳动，完成了这篇长卷。光阴似箭，我已走过了近九十年的人生旅途。回顾过去，我虽然在苦难的旧中国享受了最完备的教育以及中华文化的传承。年轻时，知识少，胆子大，作过几次大胆的决定，幸运的是每一次我都碰到了正确的一方。自小我就接受了社会、学校及家庭对"科学"的崇尚，"科学"似乎成了我的信仰。自从我从事工作以后，我又享受了最好的科研环境，享受了当时蓬勃发展的新中国石油工业所给与的支持及挑战，既有课题又有资金。八十年代以后，又给与我机会培养了很多年青有为的研究生，我们共同完成了一些科研工作。现在看来对于提高整个国民的素质都是十分有益的。一路走来，不可避免地在事业中受到过一些挑战，但结果都能转危为安。这些经历锻炼了我，逐渐能做到"临危不乱，泰然处之"，完成了我最近有用的

20×20＝400　　　　石油化工科学研究院

注　这是2012年陆婉珍院士为《新青胜蓝惟所盼——陆婉珍传》写的序言。陆婉珍出生在军阀混战的旧中国，经历了日寇肆虐和兵临城下的耻辱，却有幸接受了完备的中学和大学教育。她自幼感受社会、家庭和学校对"科学"的崇尚，大学毕业后毅然决然地走上科学报国之路。1947年陆婉珍只身到美国求学，八年后与丈夫闵恩泽辗转香港，学成而归，报效祖国。从此，陆婉珍与石油分析结下不解之缘，为之奋斗不止，鞠躬尽瘁。在色谱、光谱和核磁等分析领域，都有独特的建树，几十年引领我国石油分析技术的发展，她永远是我国石油分析界同仁心中的一座丰碑。

第　　页

~~信念~~处世信条。

自从工作以来，我的工作内容虽然比较分散，但总的方向是围绕着这么一个针对时下快问的分析手段的工作的。几十年来，这个手段的水平在很多同志的共同努力下，也日益完善。当年我绝不会想到"分析化学"这一学科会发展这么神速。当年我们要一星期才能完成的工作，现在只需要一二小时，甚至一二分钟就够了。我们对任何物质的各种形态都有可能测得。因此不论是产品的质量控制，或生产过程的变化，我们现在都已掌握了一双十分敏锐的眼睛。只要我们用心作，我们都有可能解决任何问题。

很多人都说分析是信息的源头。为了使源头的信息，能更好为人民服务，为现代化工服务，同人们又在研究分析所得的信息如何管理、储存，以及检索的问题。幸运的是近廿年来，由于计算机技术的快速发展，我们也曾在"实验室信息管理"以及数据库方面作了一些初步的工作。这些初步工作使我们看到了完善的分析结果的效用，而且也可以成为分析工作的有力助手。我几乎可以看到十

第　　页

年或廿年后，公司主管的面前的屏幕上，不仅是各种产品的数字，而且也会有相应的图示数据。大家期望的科学管理会更有效、更精细。

20世纪90年代中后期，陆婉珍院士年逾七十，却独具慧眼，将研究方向的重点放在近红外光谱分析技术上。为推动这项技术在我国的发展，她培养研究生、撰写论文、编写专著、倡议召开全国性学术会议、领导成立学术团体、召集筹备香山科学会议、设立奖项，处处体现出一位科学大家的远见卓识与智慧。如今，我国在这一领域呈现出的欣欣向荣局面，是陆婉珍辛勤劳作的成果，她的丰功伟绩将永远载入史册。

2013年出版的《新青胜蓝惟所盼——陆婉珍传》

序

非常感谢“老科学家学术成长资料采集工程”项目的资助和褚小立博士的辛勤劳动，完成了这篇长卷。文中似乎写了过多的溢美之词，但既是他人之作，我就不作过多的修改了。

光阴荏苒，我已走过了近九十年的人生旅途。回顾过去，我居然能在苦难的旧中国享受了最完备的教育，并接受了中华优秀文化的传承。年轻时，我知识少、胆子大，曾做过几次冒险的决定，幸运的是每一次我的决定都是正确的。自幼我就感受到社会、家庭和学校对“科学”的崇尚，“科学”似乎成了我的信仰。20 世纪 50 年代，我留学回国参加工作后，享受到了当时最好的科研环境和当时我国蓬勃发展的石油工业给予的支持，既有资金又有课题。从 20 世纪 80 年代起，国家又给予我招收研究生的机会，我们共同完成了一些科研工作。现在看来，这对于提高整个团队的素质都是十分有益的。一路走来，我的身体与心理受到了一些挑战，有些甚至是生离死别，但结果都能转危为安。这些经历锻炼了我，我逐渐能做到“临危不乱、泰然处之”，而这句话也成为我最有用的处世信条。

自从参加工作以来，我的工作内容虽然比较分散，但总的方向是围绕着建立一个能及时解决问题的分析平台而展开的。几十年来，这个平台在几代人、无数科研人员的共同努力下已日益完善。当年我绝不会想到分析化

序 7

新青胜蓝惟所盼 陆婉珍传

学这一学科会发展得这么神速。那时候我们要两个星期加班加点完成的工作，现在只需要一两个小时，甚至一两分钟就完成了，而且对任何物质的成分及形态都有可能测试。因此，无论是产品的质量控制或是生产过程的变化，我们现在都已具备了一双十分敏锐的眼睛，只要我们继续努力去做，就有可能解决更多、更难的问题。

很多人都说分析化学是信息的源头。为了使源头的信息能真正为科研和生产服务，人们又在研究如何更有效地利用这些来之不易的分析数据。幸运的是，近二十年来，由于计算机技术的快速发展，我们曾在“实验室信息管理系统”和“化学计量学”方面作了一些初步的工作，这些工作不但进一步发挥了分析结果的效用，而且也成为了分析工作的有力助手。我几乎可以看到，在几年后，公司主管面前的显示屏上，将不仅有原料、中间物料和产品的数量信息，而且也会有相应的质量数据，现代生产管理会更有效、更精细。

是为序。

陆婉珍

2012 年 8 月 29 日

8

陆婉珍院士为《新青胜蓝惟所盼——陆婉珍传》撰写的序

2004年，为庆祝陆婉珍诞辰80周年，编辑出版的《陆婉珍论文集》一书，侯祥麟院士题写书名

自述

我于1924年出生于天津，当时家父在天津塘沽一家纺织厂任总工程师。以后全家经济南迁至常州。到常州之前，我家请了一位启蒙老师姓刘，他教我认字识数，同时让我知道了很多自然现象产生的道理。如：天为什么会下雨？夏天白天为什么比冬天长等等。很幸运的是我留下一张他的相片。在常州我读完了小学，当时常州是一个旧式城市，但住在城郊仍不失幽静，江南的秀丽给我留下十分美好的记忆。1936年，我去苏州女子师范读初中一年级。1937年日寇入侵，沿海各地沦为敌占区，我随全家辗转入川。在四川重庆我读完了中学（南开）和大学（前中央大学化工系）。当时重庆虽然是蒋介石政府所在地，但日军的轰炸以及平民生活的艰苦，激发着学生们要救国、要革命的激情。这对我以后人生道路的选择还是有一定影响的。

1946年，我又随家人回到上海，在上海原中纺印染一厂工作了一年，就去了美国依利诺大学攻读化学硕士学位，1949年转入俄亥俄州立大学，于1951年夏获得哲学博士学位（主修无机化学），1952～1953年在美国西北大学作博士后。1953年夏去了美国一家玉米产品精制公司，从事分析研究工作。

在美国8年间，我以一个初具科学知识的大学生，逐渐接触到了发达国家的社会、人文、科研工作及人才培养的全过程。他们那时的科研工作大部分已十分重视市场的需求，在人才培养方面则较注重基础知识的掌握，经常采用各种交流方式来提高学生对科学以及新鲜事物的兴趣。我记得1953年春，气相色谱的创始人Martin就被请到西北大学来作报告。大家对这一技术还不了解其发展前景，但为Martin作介绍的教授就指出了要大家注意，新的发现是怎样在艰苦的工作基础上生长起来的。Martin为了分离一些混合物曾用循环抽提法做了两年艰苦的实验才创造出色谱技术。

1955年，我与闵恩泽得到了一个去香港工作的机会，从而取得美国政府的同意让我们离境。那时还是美国政府允许中国留学生离境的前夕。经过8年的远行，我的父母仍然健在，全家团聚十分高兴。但是以美国的生活及建设水平为参照，感到祖国太需要变革了！

以后我应聘于当时的石油工业部，为即将成立的石油炼制研究所从事筹建工作。随着我国石油工业的发展，这个研究所发展成了研究院，一直为炼油及化工工业服务。

从那时开始至今已近半个世纪，我一直在该单位从事与炼油及化工有关的分析工作。开始因为我从来没有接触过石油，的确是困难重重。领导叫我去参阅由很多专家制订“全国科学规划”，其中对于石油分析的规划十分详细。规划内容包括了各种色谱、光谱、质谱等近代物理仪器分析。在具体开展工作时，我遇到了一个难以解决的问题，就是用这些仪器去做什么研究。经过几十年的琢磨，我逐渐理解这是要建立一个从分子水平上认识石化产品及各种有关催化剂及添加剂的平台。我们要利用这个平台解决工艺及科研中出现的问题，同时提出合理改进意见。

自述

建立仪器分析方法，首先是购置仪器，在各种杂志上可以看到很多广告，但因为西方国家对我们的禁运封锁，不能直接采购仪器。我记得第一台红外光谱仪是经瑞典辗转购得的。这种仪器不能得到任何生产商的售后服务及零配件供应。从那时起我就一直期盼着国内仪器工业能尽快兴起。在工作中我逐渐发现气相色谱在石油化工中的用途极广，而且在国内大量生产仪器是可能的，因此在很长一段时间内，我的工作重点在气相色谱的开发方面。

大概是在20世纪60年代初，领导把原油评价的任务合并到了这个专题中。这是一个十分令人兴奋的安排。原油评价工作可以充分发挥上述平台的作用。原油评价的工作内容大部分是采用早期炼油工业中经常采用的性质分析，是用规定的仪器与按规定的方法测定的数据的积累。但这些性质经常是可以在分子水平上进行解释的，这项工作我们一直在研究。

为了充分发挥这个平台的作用，在同志们的鼓励下，我曾介入了一些炼厂工艺的研究，如循环水处理方法的研究、催化裂化中所需钝化剂的研究以及润滑油中添加剂组分的研究等。但分析工作是一种专业，做好它必须付出全部时间和精力。如果要兼顾一些工艺生产，甚至商务工作，结果只能顾此失彼。成功的课题研究只能在充分协调多兵种、多专业的基础上完成。

近代分析化学，基本上是在原有的化学分析基础上，采用仪器分析来实现高通量、高灵敏度及高精确度的测量。要建筑好上述平台，选择合适的仪器方法是关键之一。各种分析技术的改进主要源于仪器的改进。遗憾的是我国的分析仪器的生产及发展远较应用技术的发展要缓慢，跟不上我国生产力的快速进展。我在一段时期内鼓励部分同志积极与生产单位合作，研究元素分析用的库仑仪及发光仪，在他们的努力下取得了一些成果，并为近年来清洁石油产品的测定尽了一份力。20世纪90年代中期，由于几位青年同志的鼓励，我介入了近红外光谱仪的研究及应用。这是一项依靠计算技术而发展起来的分析技术，对于我来讲已显得力不从心。我只是帮助他们组建一个题目，找了一些协作者。因为这项技术在石油化学工业中的应用无可限量，故发展尚属顺利。

所谓的平台必须随着石油化学工业的发展而不断深化，因此除了仪器外，能够充分利用这个平台的人才成了最重要的要素。文化大革命结束的第二年，国家领导重新提出招收研究生，我从自己在作研究生时的受益深感研究生制度是目前培养科研人才的最有效办法。作为一个工业研究院培养研究生有一定的难度，但是各方面给予了支持。从1979年以来我院研究生队伍日渐扩大，为后继人才的培养起到了无可替代的作用。这本文选中大部分材料都是我指导的研究生的工作，我始终觉得对研究生来讲这些文章只是代表了他们受到的训练；对我本人来讲，发表文章并不是我主要工作，我的主要任务是建好这个平台，让更多的成果能借这个平台而产生。

陆婉珍

2004年6月

陆婉珍院士为《陆婉珍论文集》撰写的自述

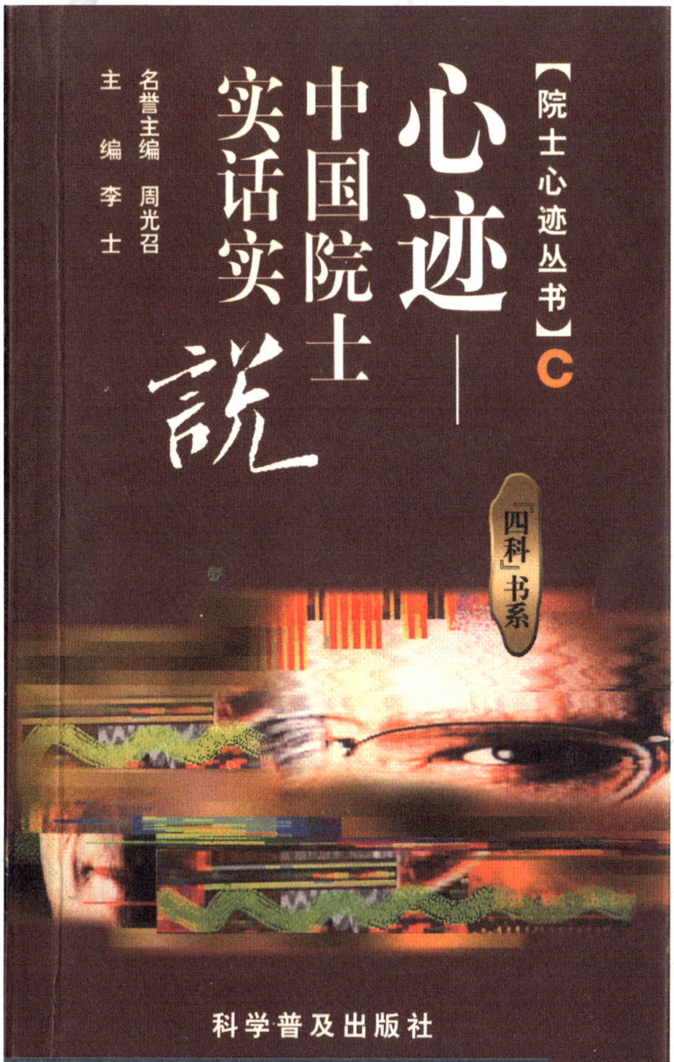

摘自：李士主编，《心迹——中国院士实话实说》，科学普及出版社，2000。

保持平静的心境

——中国科学院院士陆婉珍

我相信，做成一件事或整个人生过程是一定会遇到挫折的，也就是“否极泰来”。

出生年月：1924年9月。　　血　型：O型。
籍　贯：上海。　　最喜欢的颜色：蓝色。
学　历：1946年重庆中央大学毕业，1948年美国伊利诺大学硕士；1951年美国俄亥俄州立大学博士。

您的人生格言？

有恒心的人，一定能做出成绩。

您最大的优点和缺点？

优点：能保持平静的心情；缺点：已经日益衰老。

您最钦佩的人？

邓小平。

您最大的心愿？

把我的工作好好地做出总结。

您最不愿做的事？

在交通拥挤的路上赶路。

您最后悔和最伤心的事？

同意让一位极有前途的青年科技工作者改行去从事不重要的管理工作。

您的性格是属于内向还是外向？

外向。

您最喜欢的着装？

深色套装。

童年与回忆

您童年时代最喜欢做的事是什么？

养小猫。

您童年最美好、最难忘的事是什么？

是每天放学以后，走过一片桑树林边吃桑

葚，边与同学们谈笑。

您小时候最听谁的话？

我的父亲。

您小时候对什么好奇？喜欢拆东西（玩具）吗？童年时代的玩具哪些您还有印象？

并不拆东西，那时做过一些刺绣还有印象。

您是否接受过学前教育？您什么时候开始读书，第一本书是什么？

没有接受过学前教育，六岁开始读书。第一本书是当时的小学课本。

您在什么地方上的小学、初中、中学、大学，您认为一定要上名牌学校吗？

在常州师范附小上小学，在重庆南开中学上中学，在重庆中央大学上大学，中学以后的学校及老师是能影响一个人以后的人生道路的。

您童年时代的理想和志向是什么？

当一名好医生。

是什么原因使您对科学产生了兴趣？

大部分是由于科学救国的思潮。

您父母的文化程度，父母对您有哪些影响？

父亲曾留学日本学纺织工业，母亲毕业于中等师范，他们都鼓励我要好好学习。

学生时代哪位老师对您的影响最大？

数学教师。

在中学时，您最喜欢哪科？是否偏科？

数学，并不偏科。

您上学时怎样处理基础课与专业课的关系？

当时基础课与专业课都同样给学分，因此也就同样对待。

理想与事业

您所从事的专业是自己选择的，还是受长辈、朋友的影响？

受到过老师及父母的影响。

您大学所学的专业是什么？后来又从事了哪些学科的研究？

所学专业是化工，以后从事无机化学的研究生训练，再以后就一直在从事石油化学及分析化学的研究。

您能否用最通俗的话告诉读者您所从事的科学研究的内涵？

我从事的工作是采用现在较先进的分析仪器及分析方法，解决石油化工工业中出现的、以及即将出现的组成或性质测定问题。

在人生的几个阶段中，哪个阶段所受的教育对您走上科学研究的道路有重大影响？

中学教育。

什么时候、什么原因使您产生对科学研究的兴趣？

我在读研究生时发现，科学研究可能做出的创造或发现是无限的。

您在什么年龄段思维最活跃？

35～72岁。

您在科研和教学工作中最出成绩的年龄？

50～62岁。

您是怎样培养科研能力的？

首先要有深厚的科学知识或基础知识，如中英文、数理化等，其次可以通过完成一个或二个科研题目，了解从事科学研究的基本程序，例如如何充分利用各方面的信息，如何设计科研步骤等，最后是培养科研的兴趣。

您怎样确立科研目标？

在产业部门目标必须与实际结合，即首先有需要；然后是有先进性，最后是目标有可能达到。

在科研工作上，您认为自己的长处和短处各是什么？您是如何做到扬长避短的？

长处是能及时了解外围需求，有重点地进行工作；短处是基础仍显不足，为了避短只好不断地去请教专门人才帮助。

您认为哪些问题是您取得科研成功的障碍？

不能及时掌握最新信息。

当您提出的科学理论或建议不被别人理解时，您是怎么做的？

暂时放一放，或者写成论文发表或先保存起来。

您已经是院士了，并已取得了很大成绩，那么您今后还有什么追求吗？

只要我的体力允许，还可以帮助青年同志完成一些研究课题。

您最感自豪的事情是什么？

经过肾癌切除仍很健康。

您目前最想做的事？

有一片小花园从事花草种植。

情感与生活

您最思念的人和最思念您的人？

是我的女儿。

您的心里话最先向谁倾诉？

朋友。

您怎样看待美满的婚姻？您认为家庭对您的事业发展有何影响？

美满的婚姻是能营造一个安静的港湾；家庭对事业发展肯定是有助的。

您对子女的基本要求是什么？您对子孙教育有什么成功经验？

基本要求：能独立的自信的人；成功的经验：从小就让他知道做人的标准（自己应达到的）。

您在子女心目中是什么样的？

可以依靠的人。

您将给子女留下什么？

主要是精神的，希望他们不要忘掉中国人这个根。

一天中，您最喜欢何时工作？其他时间如何支配？

早上8:00~12:00工作。其他时间：休息或处理生活琐事，包括来往信件的处理、朋友间访问及与年轻人的交流等。

您最喜欢的娱乐和休闲方式？

阅读一些有趣的书籍。

您最喜欢的书籍？

小说或《科技导报》这类科学读物。

您常看的报纸是哪几种？

《科学时报》。

您最喜欢的电视节目？

《焦点访谈》。

您对什么音乐感兴趣？

古典音乐及好听的流行音乐。

您对什么样的体育活动感兴趣？

游泳。

在紧张和高强度的科研工作中，您认为保持身体健康的秘诀是什么？

一定不要过分疲劳或紧张，这样工作会取得较好的效果。

为人与处世

您做人的准则是什么？

正直，绝不虚假。

您认为作为一名科学家应具备的最基本的素质是什么？

不计名利并对所研究的领域有最大的

热情。

当您工作或生活遇到挫折时，您凭着怎样的信念坚持过来的？

我相信做成一件事或整个人生过程是一定会遇到挫折的，也就是“否极泰来”。

现代社会纷繁复杂，您是如何保持内心宁静与平和而专心致力于您的科研目标的？

当然，一个安静的环境是重要的，至于其他社会现状只要不致侵犯我的生活和工作环境，则没有必要去让它们影响自己。

您是如何与其他人员保持良好的协作关系的？

1.把协作关系讲清楚，包括工作内容、目标、利益分配、论文发表与否等等。

2.尽可能多做一些工作，如样品的预处理、事先及事后的计算等。

您最喜欢的人和最反感的人？

喜欢有一定素养、且能为别人考虑的人；反感庸俗自以为是的人。

您对青年一代有什么寄语？

青年时代的光阴十分宝贵，一定要争分夺秒地利用它。

观点与看法

您是如何看待个人创造力在科研工作中的作用的？

个人的创造力是很重要的，但这种创造力的来源及最终的体现都不能是孤立的。

可否谈谈您是怎样培养和挑选学科接班人的？

接班人必须对科研是有兴趣的，并能对我这个专业是有兴趣的；其次是能团结同志共同工作，并能不断在创新中克服困难。

您觉得天资与勤奋，对学习各有多大影响？

天资可以使一个人喜欢学习，因此也可以促进勤奋，但勤奋又能启发天资。

世界诺贝尔奖获得者中不乏美籍华人，您认为我国何时才会产生"土生土长"的诺贝尔奖获得者？

目前的条件下，一些重实验的学科如生物、化学、物理等，可能会晚一点；但在文学、考古学等方面，只要政策完善在5年内是可能的。

对如何发展我国"大科学"（指投资较大的大科学工程）和"小科学"，并处理好两者的关系，您有什么建议？

"大科学"中必然有"小科学"，"大科学"可以带动"小科学"。重要的是要有全面的组织人才，做好规划及财物安排。

中国目前一个很严峻的也很现实的问题是年轻人才的外流，您认为国家对此现象应采取怎样的措施？

按劳计酬，让国外的人员充分了解国内的

情况，继续调整现有的人事结构。

解放前我国大学教授与普通工人的工资比例大约为40:1，您认为现在应多大比例为好？

暂时先达到20:1。

您认为政府职能的转变是否到位，还有哪些方面值得改进？

没有到位，很多方面尚需改进。

对您的一生产生重大影响的事件是什么？

是1955年我由美国回来。

有人认为"遗传决定个性，家长不要刻意地去改变孩子"，您怎么看？

个性不一定是遗传决定的，家长可以影响孩子的个性，但要有合适的办法。

您能否就年轻的家长在子女教育方面的困惑，给他们一些启示？

小孩的独立能力及生活能力是十分强大的，常常不能为我们所理解，但千万不要压抑他们与生俱来的天赋。

您对减轻学生的学业负担有何建议？

请教师们了解一下我们这代学生的学业负担。

您认为怎样才能培养能参与21世纪竞争的创新人才？

有扎实的科学基础，有健康的身体，对新事

物较敏感，能团结人共同工作，有不断进取并创新的意愿。

未来与思考

您认为解决我国人口问题的关键是什么？

加快教育水平。

您认为解决我国农业问题的关键是什么？

节水及各个环节的科学进步。

您认为解决我国环境问题的关键是什么？

大城市中的交通问题；小城镇中的工业污染问题；为了解决我国的环境问题应尽可能的寻一个创新之路。

您认为解决我国资源问题的关键是什么？

我国资源最短缺的可能是能源，应尽快提倡节能工作。我国资源最丰富的是人力，因此应提倡并奖励能充分利用人力资源的人或事。

您认为我国教育界亟待解决的问题是什么？

了解什么是素质教育。

您认为我国科技界亟待解决的问题是什么？

好的战略人才，大批能组织及启发人们潜力的组织者。

您认为解决我国老龄化社会到来的关键是什么？

充分发挥老龄人员这一宝贵人力资源。

您认为我国知识经济的战略突破口选在哪些领域？

信息产业及金融产业。

陆婉珍　分析化学和石油化学专家，中国科学院院士。她自1956年以来一直从事石油分析及有关的研究工作，为石油研究院的分析中心从建立到完善进行了大量工作，建立了从天然气、汽油、柴油、煤油、润滑油及渣油、催化剂等整套分析方法，提供了大量数据并为生产多次解决了实际问题。曾系统评价国内及各种进口原油，主持出版了《中国原油评价》共8册。她还结合石油分析的需要，长期从事色谱研究，是我国色谱法的少数几位创始人之一。1995年以来从事近红外分析技术的研究，并已取得成果。她多次获得中国石油化学工业总公司二等奖和三等奖，还获得国家科技进步四等奖。

任命 陆 婉 珍 为

中国石油化工总公司石油

化工科学研究院总工程师

总经理 陈锦华

一九八五年一月一日

第 000177 号

中国科学院

陆婉珍 教授：

经选举并报请国务院批准，您于一九九一年十一月当选为中国科学院（化学部）学部委员。

特此通知并致祝贺！

中国科学院

一九九一年十二月二十八日

附录3

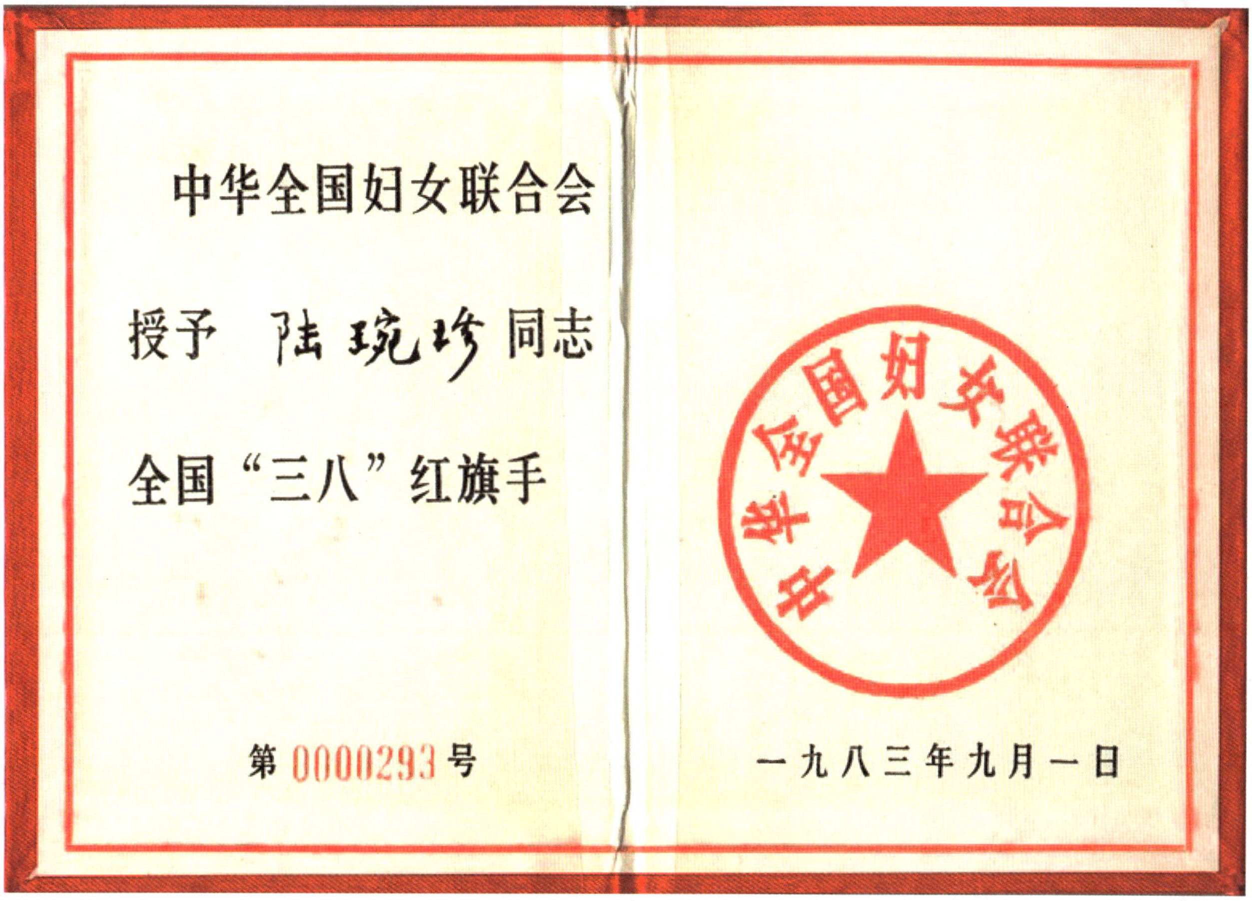

中华全国妇女联合会

授予 陆琬珍 同志

全国“三八”红旗手

第0000293号

一九八三年九月一日

证书

陆婉珍同志：

为了表彰您为发展我国科学研究事业做出的突出贡献，特决定从一九九〇年七月起发给政府特殊津贴并颁发证书。

国务院

中华人民共和国国务院

政府特殊津贴第(91)513004号

一九九一年十月一日

第二篇 笔记手稿

陆婉珍院士学习、工作勤奋刻苦，在很多重大科研攻关的日子里，身为指挥员，她从来没有离开过科研第一线，与大家一起攻克科研难题，为此常常忙得通宵达旦。每次研究室在新开课题之前，陆婉珍都会对每个课题做全面详细的文献调研，亲自摘编国际发表的最新文献资料，并把重要文献的研读心得和体会记录下来，分发给相关技术人员参考学习。

本篇整理筛选出陆婉珍院士1977—2009年的笔记手稿20件，主要是陆婉珍从事石油化学、核磁共振、光谱、化学计量学研究时的读书笔记。

手稿2-1　摘编的文献卡片

编号：　　　　**文献摘录卡片** 中文：外文：　　　　类别

著(译)者：　R. William c.

题目：Solvent for cleaning well bores flowlines etc.

杂志或书名：U.S. 3,718,586

卷　期　页　1973 年　月　日

摘录内容：

A solvent for paraffins and waxy sludges consists of a liquefied petroleum gas, a liq. arom. hydrocarbon, a liq petroleum sulfonate, a surfactant, and ethylene glycol (I). Each of 5 oil wells plugged with paraffin was cleaned by ~30 min. treatment with 600 gal of solvent contg. 250 vols. liquified petroleum gas / vol. of as ~~mixt.~~ mixt. of arom. compds (Sc Solvent NO. 100) ~80, I 2,

京卡21—1508

C.A. 70 116906z

Removing paraffin from oil wells with heated solvent
U.S. 3,437,146. (1969)

Injecting a hot (>150°F) solvent into an oil well improved the well production by dissolving paraffin in the well bore. A typical solvent includes 4200 gal of xylene bottom b. 308°F and 110 gal. of additive contg. CS_2 30, naphthalene 22, oil soluble surfactant 30, H_2O-sol. surfactant 10, combined oil-H_2O surfactant 13, terpene H.C. 5 and kerosine 8% by wt.

The oil and H_2O soluble surfactant were Atpet 200 and Renex 646 and the combin surfact

注　这是陆婉珍院士1985年之前摘编的文献卡片，内容涉及石油分析、石油化学和催化剂表征等多个研究领域。文化大革命结束后，陆婉珍回到了她亲手组建起来的分析研究室，并恢复了副总工程师的职务，逐

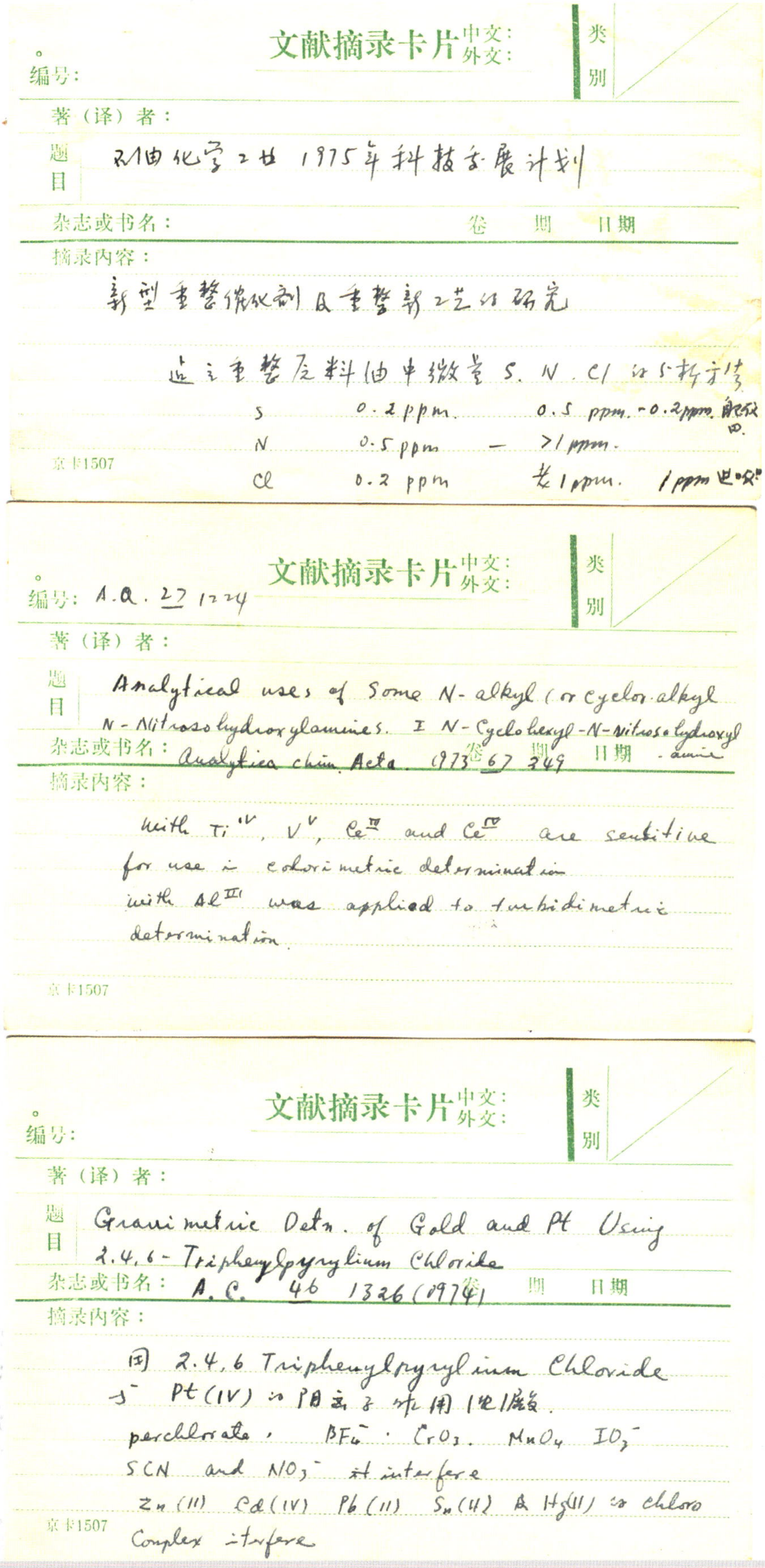

文献摘录卡片 中文： 外文：
类别
编号：
著（译）者：
题目 石油化学工业1975年科技发展计划
杂志或书名： 卷 期 日期
摘录内容：
新型重整催化剂及重整新工艺的研究
近注重整原料油中微量S. N. Cl 的分析方法
S 0.2ppm 0.5 ppm.-0.2ppm
N 0.5ppm — >1ppm.
Cl 0.2 ppm 1ppm. 1ppm
京卡1507
文献摘录卡片 中文： 外文：
类别
编号： A.Q. 27 1224
著（译）者：
题目 Analytical uses of some N-alkyl (or cyclo-alkyl N-Nitrosohydroxylamines. I N-Cyclohexyl-N-Nitrosohydroxylamine
杂志或书名： Analytica chim. Acta. 1973 67 349 卷 期 日期
摘录内容：
with Ti^IV, V^V, Ce^III and Ce^IV are sensitive
for use in colorimetric determination
with Al^III was applied to turbidimetric
determination.
京卡1507
文献摘录卡片 中文： 外文：
类别
编号：
著（译）者：
题目 Gravimetric Detn. of Gold and Pt Using 2,4,6-Triphenylpyrylium Chloride
杂志或书名： A.C. 46 1326 (1974) 卷 期 日期
摘录内容：
用 2,4,6 Triphenylpyrylium Chloride
与 Pt(IV) 的阴离子作用沉淀.
perchlorate, BF4-, CrO3, MnO4, IO3-
SCN and NO3- interfere
Zn(II) Cd(IV) Pb(II) Sn(IV) & Hg(II) in chloro
Complex interfere
京卡1507

渐开始参与分析研究室的科研和组织管理工作。她系统查阅国外相关的文献资料，紧跟国际科研活动的最前沿，这期间陆婉珍撰写的文献卡片多达千余张。

陆婉珍院士的文献卡片收集盒

手稿2-2　分子结构与辛烷值的关系

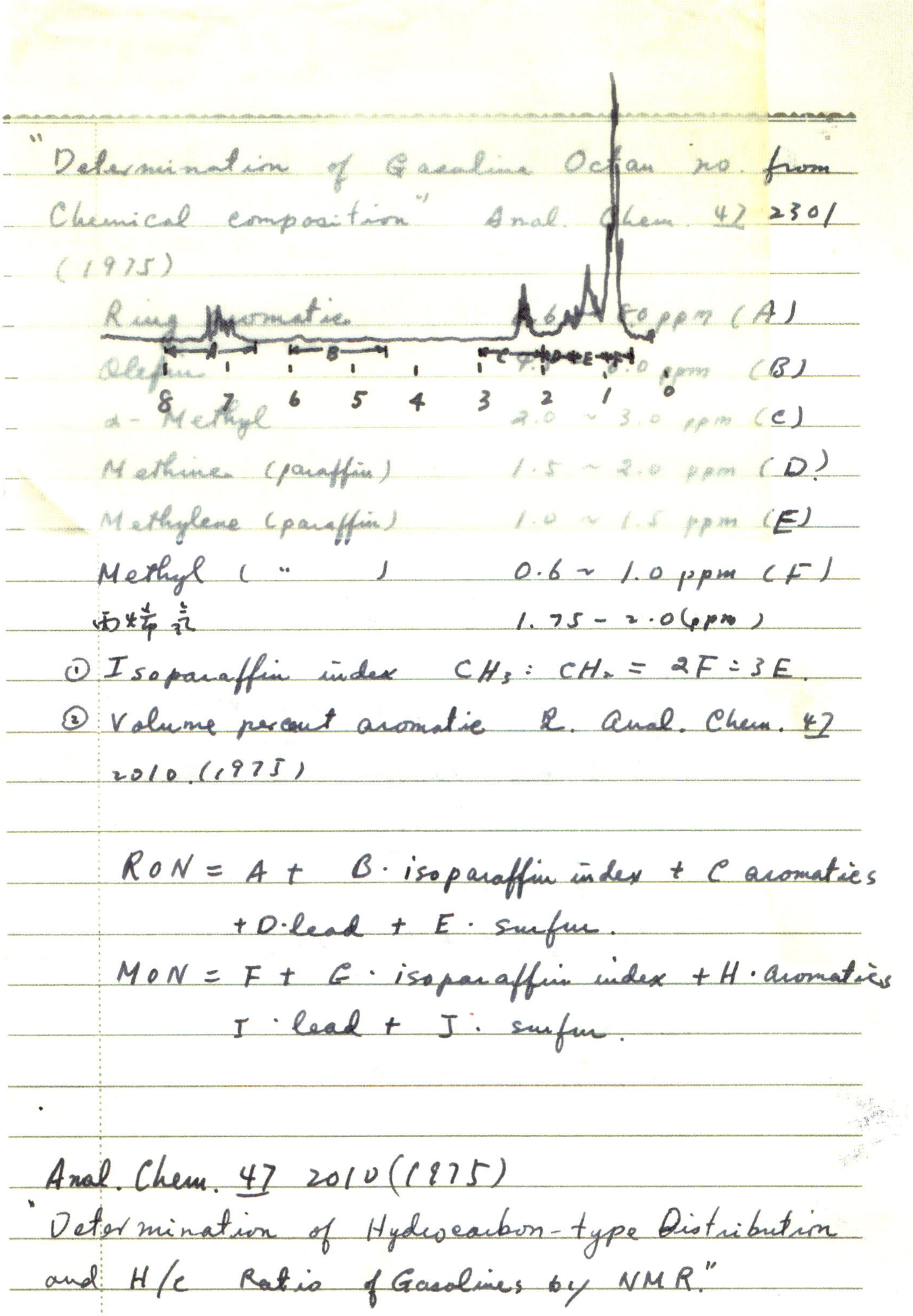
"Determination of Gasoline Octane no. from Chemical composition" Anal. Chem. 47 2301 (1975)

Ring aromatic 6.[illegible] ~ 8.0 ppm (A)

Olefin [illegible] ~ 6.0 ppm (B)

α-Methyl 2.0 ~ 3.0 ppm (C)

Methine (paraffin) 1.5 ~ 2.0 ppm (D)

Methylene (paraffin) 1.0 ~ 1.5 ppm (E)

Methyl (") 0.6 ~ 1.0 ppm (F)

丙烯氢 1.75 – 2.0 (ppm)

① Isoparaffin index $CH_3 : CH_2 = 2F : 3E$.

② Volume percent aromatic R. Anal. Chem. 47 2010. (1975)

RON = A + B · isoparaffin index + C aromatics + D · lead + E · sulfur.

MON = F + G · isoparaffin index + H · aromatics + I · lead + J · sulfur.

Anal. Chem. 47 2010 (1975)

"Determination of Hydrocarbon-type Distribution and H/C Ratio of Gasolines by NMR."

注　这是陆婉珍院士1980年记录的汽油分子结构与辛烷值之间关系的读书笔记。从1978年开始，陆婉珍就指导研究生彭朴开展了利用核磁共振快速测定汽油辛烷值和族组成的研究工作。他们进行了大量的文献调研，归纳整理出了烃类分子结构与辛烷值之间的关系，他们发表的论文“汽油辛烷值与组成的关系”（石油炼制与化工，1981年第6期），至今仍被广泛引用。

"Octane Blending Effects of Aromatics"

by William E. Morris 1980 NPRA annual meeting.

Blending values for aromatic H.C. in unleaded gasoline range from about 110 for m-xylene to 96 for o-xylene. A C_9 aromatic mixture is better than toluene in increasing the octane no. of an unleaded gasoline blend. The paper 指出16种芳烃或芳烃调合物的 octane effect, 并且用 interaction blending equations.

节省铅剂数以使用芳烃以增加ON.

可是, 不同芳烃的RON (Mon) 不同, 感铅性也不同. Sensitivity 也不同. Blending value 也不同.

因而认为

it become dangerous to speak of the blending character of 某一族烃. 例如烷、烯、芳或环烷.

用 interaction coefficient. 公式如下.

R表不加铅的

$$(R+M)/2 = 84.8\,(\text{fraction of base oil}) + 111.8\,(\text{fraction of toluene}) + (-10.7)\,(\text{fraction of base oil}) \times (\text{fraction of toluene})$$

Naphthenes —cracking→ Olefins —H-transfer→ Paraffins

Olefins —isomerization→ Branched Olefins

Naphthenes —dehydrogenation→ Cycloolefins + (H_2) → Aromatic + (H_2)

Aromatic —cracking→ unsubstituted Ring + Olefin

Aromatic —dehydrogenation, alkylation→ Coke or Heavy Heterocyclic aromatics.

Figure 3 Octane Value as a Function of H.C. Type.

↑

烯烃含量
芳烃含量

烯烃分支增加
烯烃双键向分子中间移动
芳环取代数增加
烷链分支增加

Octane

↓

烷烃含量

烷烃分子量增加
烯烃分子量增加
芳烃侧链长度增加
环烷环增大
环烷侧链增长
环烷环数增加.

手稿2-3　核磁共振谱表征油品分子结构

Hirsch:

floating pts 当是已知分子时，则可以计算出这些 floating pts.

如果计算出来的任一数值是负的，则表示所用 floating pt 不能用，因而限制了 floating pt 的范围.

作者建议：应用于真实体系时，可以选取很多 FC，FD，FB 及 Φ，并决定用它们在什么范围。计算机可以在1分钟内计算20～30次，约1hr

有数据表示，比重的数据必须十分准确，要准到第小数点后第5位

NMR数据的精度要求为 ±0.01%～0.02%

Φ = 0.8　　FC =　　FB = 0.4　　FD =

如果求得一组数据都是可用的，则取中间数值

Φ = 0.8　　FC = 1.00　　FD = 0.145　　FB = 0.5 ×, 0.4, 0.3 ✓, 0.2, 0.1 ×　　(5)

Φ = 0.8　　FC = 1.0　　FD = 0.4, 0.3, 0.2, 0.15 ✓, 0.1　　FB = 0.3　　(4)

Φ = 0.8　　FC = 1.0, 0.9, 0.8　　FD = 0.15　　FB = 0.3　　(3)

Φ = 0.9, 0.8, 0.7, 0.6　　FC = 1.0　　FD = 0.15　　FB = 0.3　　(4)

注　这是陆婉珍院士1981年记录的采用核磁共振谱表征油品分子结构的文献笔记，这期间陆婉珍指导科研人员建立了核磁共振谱表征重质馏分油平均分子结构的方法，并将这种方法用于催化裂化原料油、循环油

$$\frac{9}{21+9}=\frac{9}{30}=0.3$$

芳环

CPA 外芳炭个数

CIA 内芳炭

CA 总芳炭

CPT 外环(芳A环)炭

CIT 内环炭

CR 总环炭

CN 环炭(NO.芳C)

CP 环上烷C

CF 二环中间的烷C

CAL αC

CL γC

CBL = C − αC − γC

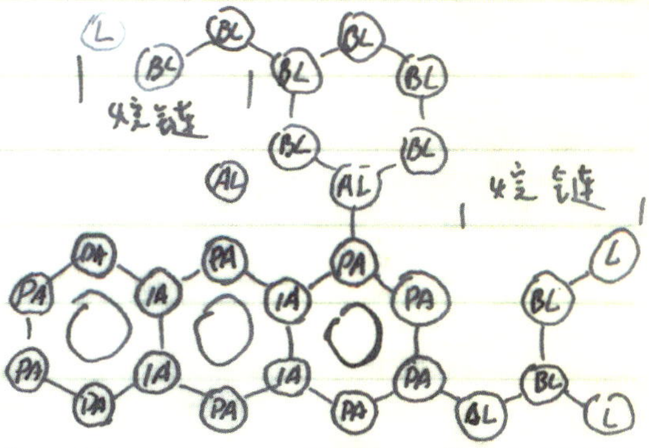

(3) 其他因子

M = 缩合的堆数

R = 总环数

RA = 芳环数

RN = 环烷环数

N = 链数

L = 个环连接的桥数

∴ L − N = 连接二堆环的链数 = M − 1

$$A=\frac{CA}{CPT}$$

V 补偿了杂原子后的分子体积

VRS — 烷链体的分子体积

VRR — 环体 " " " "

和澄清油的化学组成的结构表征，证实了我国大多数原油的常压渣油有较好的裂化性能，是良好的催化裂化原料，多数减压渣油可掺入减压蜡油作为催化裂化原料。

手稿2-4　重质油的加工与利用

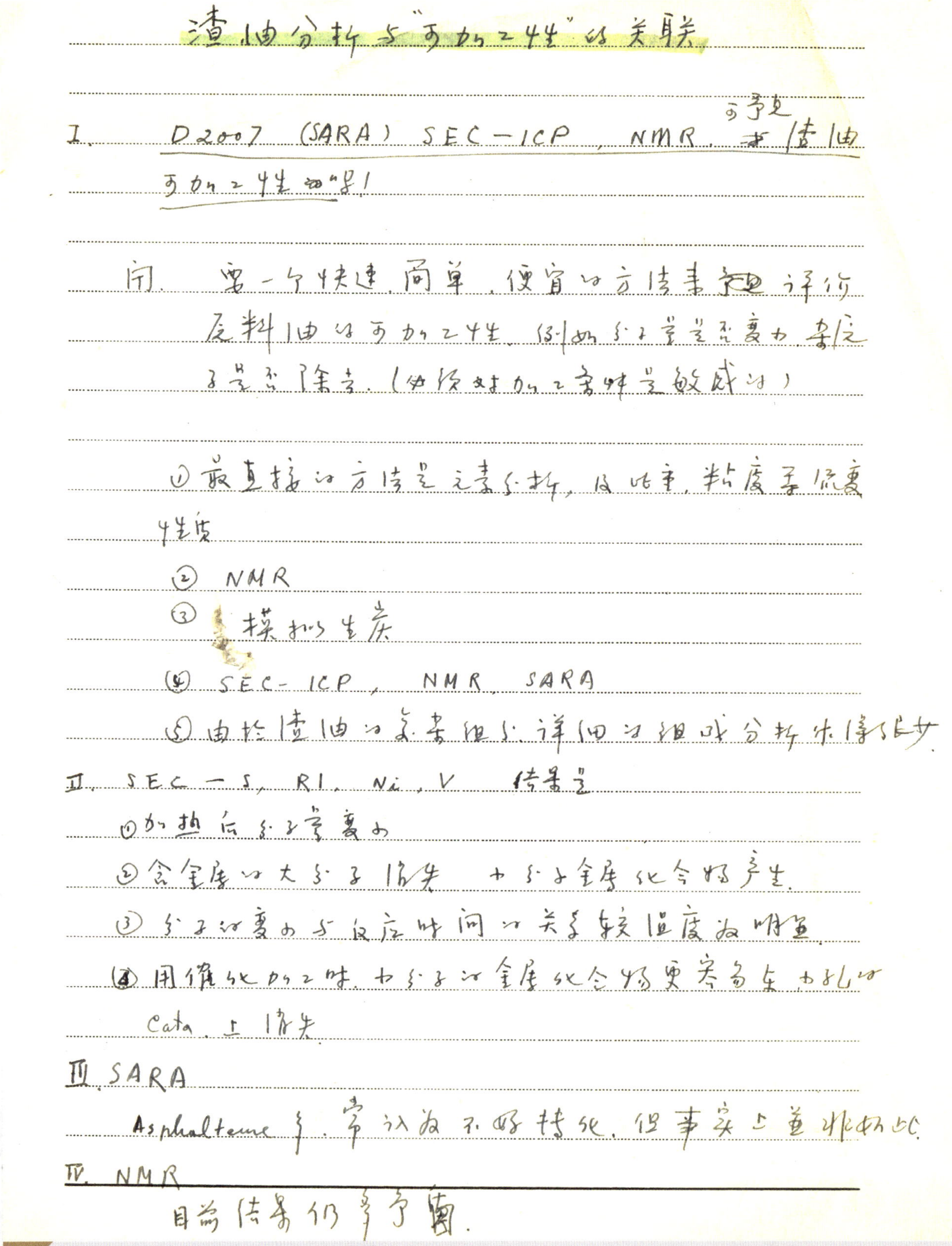

渣油分析与"可加工性"的关联

I. D2007 (SARA) SEC-ICP, NMR 可予见 与渣油可加工性的关联!

问. 需一个快速、简单、便宜的方法来预测、评价原料油的可加工性。例如分子量是否变小，杂原子是否除去。（必须对加工条件是敏感的）

① 最直接的方法是元素分析，H/C比，粘度等流变性质

② NMR

③ 模拟生产

④ SEC-ICP, NMR, SARA

⑤ 由於渣油的复杂组分，详细的组成分析尚很少。

II. SEC-S, RI, Ni, V 信号图

① 加热后分子量变小

② 含金属的大分子消失，小分子金属化合物产生。

③ 分子量变小与反应时间的关系较温度为明显。

④ 用催化加工时，小分子的金属化合物更容易在小孔的 cata. 上消失。

III. SARA

Asphaltene 等常认为不好转化，但事实上并非如此。

IV. NMR

目前结果仍多矛盾。

注　我国原油的特点之一是重质油品含量高，大部分原油中渣油的含量在35%～60%之间，除少量用于沥青生产外，大部分重质馏分油需要深度加工，转化为轻质油品。陆婉珍非常关注重质油的加工与利用，这是20世纪90年代初，她对重质油加工与利用文献的研读笔记。

三. 减粘原料的结构 (Mobil, T.Y. Yen)

Feed stock.	Mixed R.	Bastan crude	Arabic Heavy Residue
API. 比重	6.1	10.0	4.8
CCR wt%	19	16	21
Asphaltenes wt%	9.2	14.1	26.2
V. cS at			
130°F			
212°F	2,342	3,786	12000
Coking Propensity			
wt%/sec. ×10⁻³.	2.1	4.2	7.3

在减粘过程.

① resin (peptizing reagent) → light product + Asphaltene

② aromatic lost side chain

③ Asphaltene → dealkylated and deH. → Coke precursor

③ Oil → cracked

Coke 的产随 log 1/T 的增加减少

原料与 Coke formation 的关系

① wt% coke vs. log 1/T 是直线且含油的原料有别

② 强度用停留时间表示. (eg. Residence Time E.R.T)

活化能 = 40,000 BTU/# mol

③ $C = P \cdot S$ 　　 S at 800°F = ERT at 800°F

Coke yield wt% ↑ 　 Coking Propensity ↑ 　 Severity ↑ 　　 $= k_T / k_{800} \times \theta$

$k_T = k_{800} \exp.[\Delta E/R (1/T - 1/1260)$

NO. ⑥

DATE

(重油加工) CA 检索

"Det'n of Solvent-insoluble components in heavy oil by two-wavelength absorption photometry"

Petrotech (Tokyo) (1989) 12 #8 p 642-4

504 (321B)

石化所

"Method for identification of Spectra of Multicomponent stochastic natural and homogeneous mixtures" Luminescence of polyatomic organic molecule

Zh. Prikl. Spektrosk. (1991) 55 #3 369 (F512)

CA 115 (22) 247186 K

→

"Can Size exclusion Chrom. ..."

Fuel Sci. Technol. Int. (1991) 9 45. 613

Spectr. lett. (1985) 18 #9 731 (181)

" " (1987) 20 #1 67-80

Rev. Sci. Instrument (1984) 55 #2 182

- during their excitation by electron beam in the d.c. pulse, high-frequency, beam plasma and non-self maintained discharge.

8mm × 27

陆婉珍院士手迹选

手稿2-5　沥青质絮凝

PAGE. 1　　　　DATE.

Fuel 1992 Vol.71 March 299.

by Eric Y. Sheu

"Aggregation and Kinetics of Asphaltenes in Organic Solvents"

结果与Yen T.F 不同。

① 沥青质的分子并不比其他分子大，如过去所设想的在胶质分子包围沥青质分子而且使之peptized，二者大小基本相同。由MS, surface tension 及NMR可以证明。

但Yen认为的沥青质分子可以自聚，其分子量与他们的状态与聚合度有关。

沥青质分子可以spontaneously自聚，形成micelle，直径约为60Å

Ratawi 减压渣油中的

C_5S (C_5 soluble)是沥青馏分，在有机溶剂中起与surfactant分子相似可以自聚

注　20世纪90年代中期，陆婉珍院士针对重质稠油乳化问题，指导博士研究生杨小莉从胶体化学入手，对原油乳化液稳定性与沥青及胶质成膜的物理化学现象进行了研究，她们对沥青质及胶质表面膜及界面膜性质进行了定量测定，从而进一步肯定了沥青质对原油乳状液的稳定作用。同时发现由于胶质分子小，但结

PAGE.　　　　DATE.

都有明显的CMC. Andersen & Birdi 的微分热焓值也表明不同的沥青都有明显的CM. 在胶束形成过程中的表面张力的动力学表明的稳定后可以看成一个简单的关系的表达动力学数据. 如采用一个参数的表示速率

由此我们看出 沥青质的动力学 有二个过程. 即分吸过程和成胶束的过程. 在C_7（C_7不溶物）的浓度大于CMC时. 分吸速率较聚集过程快得多. 当浓度增加时分吸速率增加. 可以用分子运动的自由能来描述

从Fig 1–4看，沥青的表面张力比C_5S

要高.

构与沥青质相似，且极性强，因而容易和沥青质互溶，胶质能分散、溶解沥青质，从而影响了沥青质成膜的强度和黏度。据此她们提出了破乳剂应具备的分子结构和特点，并按照这一思路，研制出了两种新型的破乳剂。本手稿是该时期陆婉珍在沥青质絮凝研究方面的研读笔记。

手稿2-6　分子筛催化剂的酸性

"Acidity Catalysts with Zeolite"

by D. Barthomeuf.

from Zeolite: Science & Technology

1.F. Uses of Zeolites as Acidic Catalysts

2 Main Parameters which Det'n Catalytic Properties in Acid Zeolite.

2.1. Al content.

Al多 酸性多 但：Al的位置十分重要.

X-zeolite. Si/Al = 1.25 less active

Y-zeolite Si/Al = 2.4

原因是 X上的 efficiency of site 少

此外，在ZSM-5中，

Al由10 ppm增到10000 ppm，催化活性随之增加.

对 faujasite Si/Al = 4～8

Mordenates Si/Al = 8～25

Sanderson electronegativity

Si/Al 大的话．OH的距离增大．故热稳定性好．如果用加热剂可用H型

2.2. 阳离子

> 注　炼油和石油化工催化剂的研究自石科院建院一直是重点工作，在催化剂的整个开发过程中，物化表征技术始终发挥着“眼睛”的作用，并随着催化剂研究水平的提高而得到不断完善和发展。基于催化剂表征分析平台，陆婉珍院士指导研究生和科研人员开展过很多研究工作，该手稿是1985年陆婉珍阅读一篇催化剂论文撰写的笔记。

在高温时B及L酸都能存在。faujasites在873°K生成dehydration这样会减少B酸，增加L酸。

(44) J. Catal. (1968) 11 251

4.3 zeolite中的OH

faujasites有二种OH 一个在supercage 一个在sodalite

cumene cracking主要3650 cm^{-1}这一个OH。(365°C)

3550 cm^{-1}只是在sodalite笼中才存在

用阳离子交换性弱酸先被碱(Na)中和。只有30%的酸属于这种弱酸。

Electrostatic field created by nearest 0.会干扰附近的OH的IR吸收波长。

这种波长的改变与H—O间距离的平方成反比。

4.4 酸性中心的数目：

zeolite中可以存在的中心数与Al的量有关。但实际上样品中的中心数总是小于Al的数。因为，结晶状态，脱OH的程度，及阳离子的中和都有影响。再加有的酸是不可及的。（如OH在小cage中）有的酸的强度不够。对。在faujasite中最多有16个OH/unit cell

滴定法所得结果是B+L acid，但增加一个H（取代阳离子）只有不到一个酸性中心会增加。Al愈多，这一个比例(α)愈小。

4.5 酸强度

3. 催化性与酸性间的关系

(45 Ward J. Cat. (1968) 13 321)

46. C. R. Acad. Sci. Paris (1971) 272 363.]

大部分的酸催化反应是与B酸有关。但与L酸的关系不清楚。

同时，质子酸与很多因素有关。

Zeolite Acidity

Zeolite 由 AlO_4 及 SiO_4 四面体构成，可以吸附分子。分子反应在分子孔洞里。

4.1 Acidity Study Method.

酸性测定因素包括 ① no. ② nature ③ strength ④ location ⑤ enviroment & lifetime

红外光谱　用吡啶或 NH_3 以测定酸的类型。

2.6二me吡啶是比较有选择性的，来测定 Bronsted acid strength.

UV (55, 56) 以测定 pyridine 与 Py 离子，质子及 Lewis site 的反应。

NMR (60, 61.)

Assignment IR Bands of Pyridine (Py) Absorbed on Bronsted (H^+) or Lewis acid (L)

Vibration mode		PyH^+	PyL
8a	V_{CC} (N)	1655	1595
8b	V_{CC} (N)	1627	1575
19a	V_{CC} (N)	1490	1490
19b	V_{CC} (N)	1550	1455–1442.

手稿2-7　化学计量学算法

手稿2-7A　线性代数

线性代数.

矩阵m维.　　$A_{m\times n}$（行？）

$$\begin{vmatrix} a_{11} & a_{12} & a_{13} & \cdots & a_{1n} \\ a_{21} & a_{22} & \cdots & \cdots & a_{2n} \\ a_{31} & & \cdots & \cdots & \cdot \\ \vdots & \vdots & & & \\ a_{m1} & a_{m2} & & & a_{mn} \end{vmatrix}$$

a_{11} 为元素.

n阶方阵.　$m=n$.

$$\begin{vmatrix} \cos\alpha & -\sin\alpha \\ \sin\alpha & \cos\alpha \end{vmatrix}$$ 是2阶矩阵

列向量

$$\begin{vmatrix} \cos\alpha \\ \sin\alpha \end{vmatrix}$$ 2维列向量.

行向量 列向量.

注　1994年，70岁的陆婉珍决定组建一支新的研发团队，开展一项新型分析技术的研究工作，即在当时很多人并不看好的近红外光谱分析技术。实际上，陆婉珍已关注近红外光谱多年，该技术省时、省钱又省人力，凭借对油品的认识、炼油工业对分析技术的需求以及对光谱结合统计学理论的掌握，她清楚认识到，这是一项极具发展和应用前景的技术，尤其是在石化分析领域，极有可能掀起一场分析效率的技术革命。

运算

① 相等

② 数乘 $aA = a\begin{vmatrix} a_{11} & a_{12} \\ a_{21} & a_{22} \end{vmatrix} = \begin{vmatrix} aa_{11} & aa_{12} \\ aa_{21} & aa_{22} \end{vmatrix}$

③ 加法 $A+B = [a_{ij}]+[b_{ij}] \triangleq [a_{ij}+b_{ij}]$

A与B同维

④ 转置 (Transpose) A^T or A' (行变列)

$A^T = A$ 对称阵矩阵

$\therefore a_{ij} = a_{ji}$ 行变列

$A^T = -A$ 反对称矩阵

$a_{ij} = -a_{ji}$

即 $B = \begin{vmatrix} 0 & -5 & 4 \\ 5 & 0 & 1 \\ -4 & -1 & 0 \end{vmatrix}$ 反对称矩阵

$A = \begin{vmatrix} 1 & 4 & 7 \\ 4 & 2 & 6 \\ 7 & 6 & 3 \end{vmatrix}$ 对称阵

这期间，陆婉珍与课题组的科研人员一起，从基本的矩阵运算和统计学学起，研读经典化学计量学书籍，查阅最新化学计量学算法，很快就掌握了用于近红外光谱分析的所有基本算法。在此基础上，1997年近红外光谱课题组成功开发出RIPP化学计量学软件。上述手稿是陆婉珍研读化学计量学算法时撰写的读书笔记。

手稿2-7B 傅立叶变换和小波变换算法

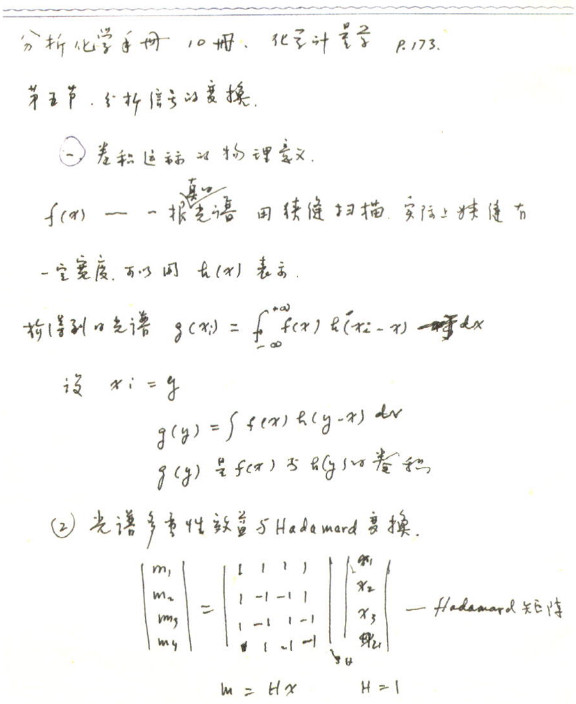
分析化学手册 10册、化学计量学 P.173.

第五节. 分析信号的变换.

(一) 卷积运算的物理意义.

$f(x)$ —— 一根真正光谱 用狭缝扫描. 实际上狭缝有一定宽度. 可以用 $h(x)$ 表示.

检得到的光谱 $g(x_i)=\int_{-\infty}^{+\infty} f(x)\,h(x_i-x)\,dx$

设 $x_i=y$

$$g(y)=\int f(x)\,h(y-x)\,dx$$

$g(y)$ 是 $f(x)$ 与 $h(y)$ 的卷积

(2) 光谱多重性致益与Hadamard变换.

$$\begin{vmatrix} m_1\\ m_2\\ m_3\\ m_4 \end{vmatrix} = \begin{vmatrix} 1 & 1 & 1 & 1\\ 1 & -1 & -1 & 1\\ 1 & -1 & 1 & -1\\ 1 & 1 & -1 & -1 \end{vmatrix} \begin{vmatrix} x_1\\ x_2\\ x_3\\ x_4 \end{vmatrix}$$ —— Hadamard矩阵

$m=Hx$ $H=1$

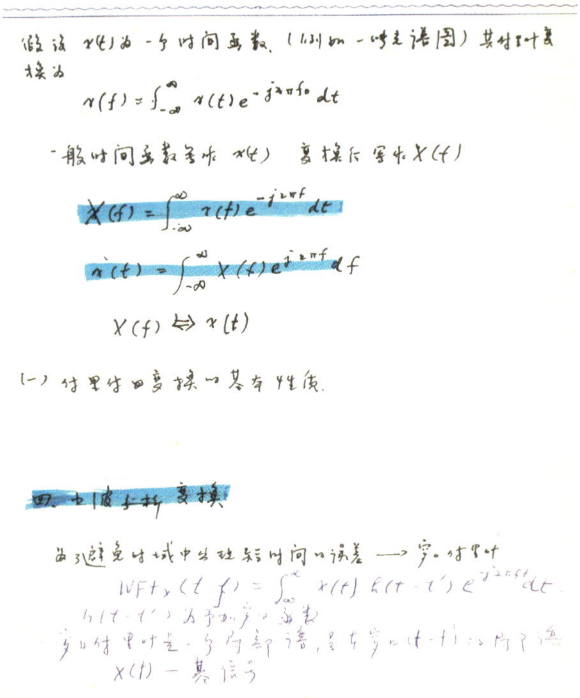
假设 $x(t)$ 为一个时间函数 (例如一张光谱图) 其傅立叶变换为

$$x(f)=\int_{-\infty}^{\infty} x(t)\,e^{-j2\pi ft}\,dt$$

一般时间函数写作 $x(t)$ 变换后写作 $X(f)$

$$X(f)=\int_{-\infty}^{\infty} x(t)\,e^{-j2\pi ft}\,dt$$

$$x(t)=\int_{-\infty}^{\infty} X(f)\,e^{j2\pi ft}\,df$$

$$X(f)\Leftrightarrow x(t)$$

(一) 傅里叶变换的基本性质.

四、小波分析变换

为了避免时域中出现较大时间的误差 —— 窗口傅里叶

$$WFT_x(t,f)=\int_{-\infty}^{\infty} x(t)\,h(t-t')\,e^{-j2\pi ft}\,dt$$

$h(t-t')$ 为平移窗口函数

窗口傅里叶是一个局部谱,是在窗口 $h(t-t')$ 内的……

$X(t)$ —— 某信号

手稿2-7C 人工神经网络方法

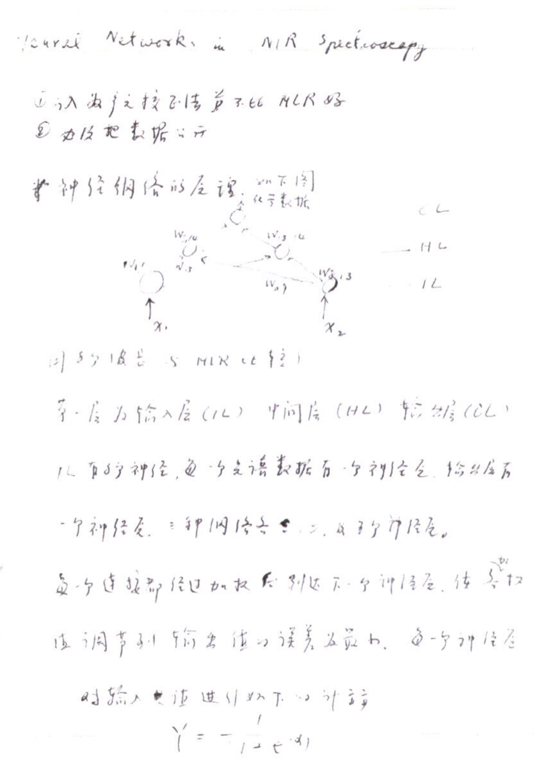
Neural Networks in NIR Spectroscopy

① 认为对复杂的体系 不比 MLR 好
② 为何把数据分开

神经网络的原理. 如下图 化学数据

用5个波长与MLR比较

第一层为输入层 (IL) 中间层 (HL) 输出层 (OL)

IL 有5个神经, 每一个光谱数据有一个神经元. 输出层有一个神经元. 三种网络含二, 三, 四个神经元.

每一个连接都经过加权后到达下一个神经元. 使各权值调节到输出值的误差最小. 每一个神经元对输入之值进行如下的计算

$$Y=\frac{1}{1+e^{-x}}$$

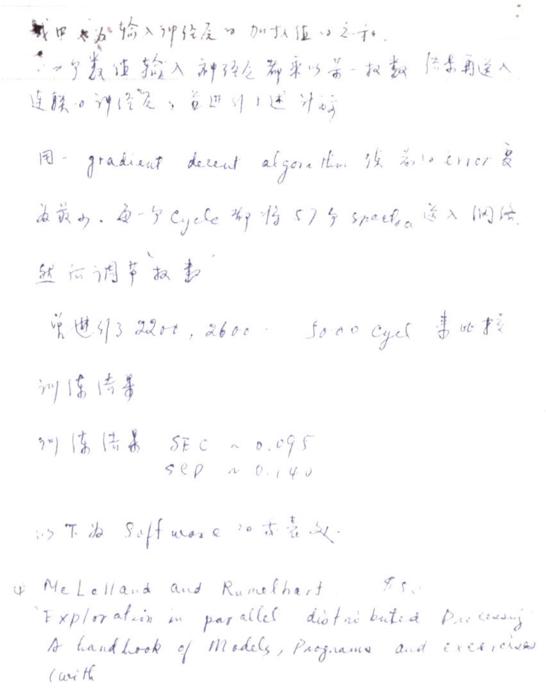
式中 x 为输入神经元的加权值之和.

每一个数值输入神经元都乘以第一权数 结果再送入连接的神经元, 并进行上述计算

用 gradient decent algorithm 使各项 error 变为最小. 每一个 cycle 都将 57 个 spectra 送入网络 然后调节权数

曾进行 2200, 2600, 5000 cycle 来比较

训练结果

训练结果 SEC ~ 0.095
SEP ~ 0.140

以下为 Software 的方面意义.

④ McLelland and Rumelhart 85.
Exploration in parallel distributed Processing
A handbook of Models, Programs and exercises
(with

手稿2-7D　模式识别方法

No.
Date

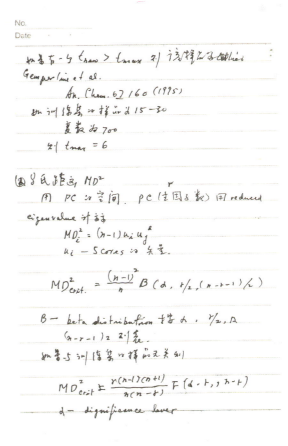

Model Updating for the Identification of NIR Spectra from a Parmaceutical Excipient.

by Massart.

Applied Spectroscopy 54 No.1 (2000), 48

定性模型首先对每一种物质用训练集建立一个模型，然后用待测样品的数据建立一个空间，测试样品在此空间内为何属于这一类.

有三种方法

① Wavelength Distance Method

② Mahalanobis Distance " 马氏距离

③ SIMCA residual variance method.

① $\bar{x}_j$ — 平均光谱（训练集）

s_j — 标准偏差光谱（"）

z_{new} — residual spectrum

$z_{new} = (x_j - \bar{x}_j)/s_j$

$t_{new} = z_{new}[n/(n+1)]^{1/2}$

如果 $t_{new} \le t_{max}$ （成立）

t_{max} 由 t-test 查到.

No.
Date

如果有一个 $t_{new} > t_{max}$ 则该样品不属于此类

Gemperline et al.

An. Chem. 67 160 (1995)

如训练集的样品为15-30

变数为700

则 $t_{max} = 6$

② 马氏距离 MD^2

用 PC 的空间，PC (主因子数 r) 用 reduced eigenvalue 计算

$MD_i^2 = (n-1)u_i u_i'$

u_i — scores 的矢量.

$$MD^2_{crit} = \frac{(n-1)^2}{n} B(\alpha, r/2, (n-r-1)/2)$$

B — beta distribution 按 α, r/2, (n-r-1)/2 列表.

如果为训练集外样品是判别

$$MD^2_{crit} = \frac{r(n-1)(n+1)}{n(n-r)} F(\alpha, r, n-r)$$

α — significance level

手稿2-7E　ASTM E1655多元校正方法规范

Standard Practice of IR, Multivariate, Quantitative analysis (E1655-95 ASTM)

1. Scope　仅为 IR (NIR 780-2500nm; MIR 4000-400cm⁻¹)

① 光谱测定物质指标性质时，多元校正法的规范.

② 对应于 MIR 及 NIR 范围的定量分析

③ 包含一些有关多元校正的问题

2. 有关参考

ASTM D1265

D4057

D4177

D4855　比较测试方法

E131　分子光谱的名词

E168　红外光谱分析的一般技术

E275　UV, vis, NIR 的测定方法

E334

E456　有关质量及统计的名词.

3. 名词

1

2. 本标准的名词（技术词汇）

1. 分析 — 用校正方法将一个吸收光谱以估计某一组份浓度或性质.

2. 校正

3. 校正模型

4. 校正样本 (calibration samples)

5. 预测 (estimation) — 某一组份的浓度或性质是从一个未知的光谱由校正模型得到的

6. 模型的检验 (validation) 测定某一模型预测值与参考方法的测定值间的差，来估计二者的吻合程度

7. 多元校正方法

8. 参考方法 (reference method)

9. 参考值

10. 检验样品 (validation samples)

4. Summary of Practice

① MLR, PCR, PLS 以外的计算法可能不符合这个

② 有 Outliers 的统计方法

③ 如用模型的外延的结果，使用统计方法检验.

④ 红外分析仪性能有前述方法，以及与标准方法间的吻合程度可以给出

5. Significance and Uses

① 对未知样品的可靠性必须了解和考虑

② 可以用于 MIR + NIR

③ 校正方法除定量可靠的测定范围包括样品

物化性质，物质类型 适于模型用的样品

6. 多元校正的描述

① 包括以下步骤

a. 选择校正集（或训练集）必须代表将用于分析的样品（见1.7）

b. 测定校正样品的性质或组成

c. 收集红外光谱，条件必须相同，否则将会造成误差。

d. 计算模型 12—线性，16 优化模型 16 参考文献。

e. 验证模型 18.

f. 未知样品的应用 16. 如外延，则加以考虑参考文献。

g. 日常分析中监控，必须随时监控（22）仍须有一个评价模型的指标。

h. 模型传递 必须测定样品在传递以后用已知的统计方法，同时对比用的统计方法也须使用

7. 红外光谱 E132 ASTM（光谱仪）

二种光谱仪 ①连续扫描 ②滤光片式（光度计）

8 IR Spectra Analysis

9. Reference Method and Reference Material

10. Simple procedure to Develop a Feasibility Calibration

先看可行性，即用30~50样本，性质组成范围应是5倍~3倍 refrence analysis 的S（标准误差）

如果操作过程中有条件的变化则应包括在内。

用SECV或PRESS选择 再增加样品 作为外部验证集是否 validate 见13，14，15.

11. Data Processing

用同样的 Processing 方法于校正，验证及未知样品，大多数采用中心化

当分析未知样品时，必须从样品光谱中减去校正集的…

1999年陆婉珍院士与近红外光谱课题组成员

2013年陆婉珍院士指导研究生从事近红外光谱分析技术研究与应用

科技日報

SCIENCE AND TECHNOLOGY DAILY 网址：http://www.stdaily.com

999年12月13日 星期一 己卯年十一月初六 总第4858期 今日8版 国内统一刊号 CN11-0078 代号 1-97

国家重

本报讯 记者谢耕发报
重点基础研究发展规划》199
施会，12月9日在京召开。
委会副委员长、《规划》专家
周光召和科技部部长朱丽兰
讲话，会议由科技部副部
持，朱丽兰为第一批启动实
席科学家颁发了证书。

在《规划》项目的遴选
坚持专家咨询与政府决策相
机制，建立了专家系统，成
召同志为组长的专家顾问组

分析技术的一场效率革命

本报记者 吴金明 摄影报道

记者近日在一篇题为《近红外光谱技术正在掀起一场分析效率革命》的论文中看到如下阐述："一些常规分析工作，往往涉及使用大量各种分析仪器设备和分析方法"，而"有些分析过程短则几个小时，多则几天，分析效率很低"。现在"近红外光谱分析技术能够有效地解决上述问题……如仅需一个人使用一台近红外光谱仪在1秒到2分钟之内就可以同时完成上述的一个汽油全性质（十几种）数据的测量"。这种被誉为分析巨人的近红外光谱仪，已经被中科院院士陆婉珍和她领导的科研组与深圳英贤仪器实业有限公司合

使用近红外光谱仪的"吃螃蟹者"。马忠惠告诉记者，该厂原用于分析测试的辛烷值机是从美国进口的，价格约合人民币180万元，每年用于分析测试消耗的标准燃料合人民币3.6万元，测定一种方法的辛烷值就需要两个小时，而采用近红外光谱仪，只需5分钟。由于近红外光谱仪分析快速准确，今年5月25日和6月15日曾两次在日常检测过程中为该厂避免了质量事故的发生。记者在沧州炼油厂化验室见到了近红外分析仪和美国进口的庞然大物——辛烷值机（下图），反差之大给人留下了深刻印象。

陆婉珍院士带领一批年轻科研人员，从1995年白手起家，经过近5年的努力与深圳英贤仪器实业有限公司合作研制成NIR—2000近红外光谱仪。今年11月初，这项成果荣获了我国1999年度仪器仪表行业的最高荣誉——BCEIA金奖，这标志着我国在这一领域已跨人世界先进行列。

1999年12月13日《科技日报》头版报道陆婉珍院士团队研制的近红外光谱分析技术

手稿2-8　漫反射近红外光谱学

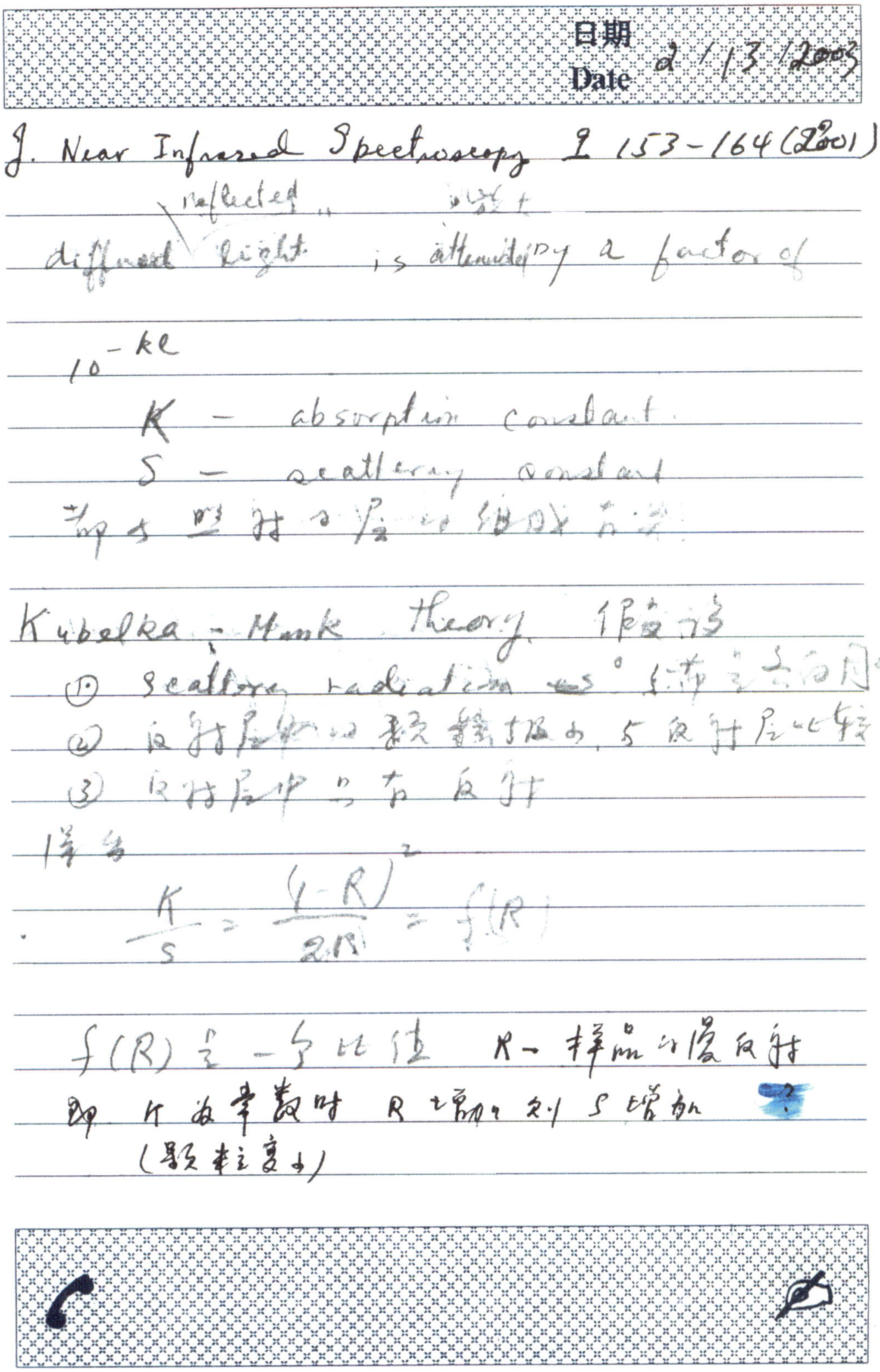
日期 Date 2/13/2003

J. Near Infrared Spectroscopy 9 153-164 (2001)

diffused reflected light is attenuated by a factor of

10^{-kl}

K — absorption constant

S — scattering constant

与照射下层的组成有关

Kubelka-Munk theory 假设

① scattering radiation 均匀地分布于各个方向

② 反射层中的颗粒粒度很小，与反射层比较

③ 反射层中只有反射

得出

$$\frac{K}{S}=\frac{(1-R)^2}{2R}=f(R)$$

f(R) 是一个比值　R — 样品的漫反射

即 K 为常数时 R 增加，则 S 增加 ?

(颗粒变小)

注　陆婉珍院士在研发近红外光谱分析技术过程中，非常重视光谱学的研究，她曾向出版社推荐翻译《近红外光谱解析实用指南》一书（褚小立，许育鹏，田高友译. 化学工业出版社，2009），本手稿是2003年陆婉珍在指导博士研究生吴艳萍进行快速预测聚丙烯物性研究时，对漫反射近红外光谱学的读书笔记。

日期 Date / /

但实验数据与 KM 方程有较大偏差

$K/S > 0.13$ 对单分布球形物质的 K_T 为

$$K_T = -\frac{3\varphi(D_m)\ln\left[1-\frac{D*(1-T_d)}{\varphi(D_m)}\right]}{2d}$$

d = particle size

D = packing density

$\varphi(D_m)$ = function of maximum packing density

T_d = trasmitance of a single particle

K_R (absorption coef. of ~~reflection~~ transmission) ∝ K_T

∴ K_T ∝ K_R ∝ particeale size

$$S \propto \frac{1}{d} \propto \frac{1}{l}$$

d↑ S↓ K_R↓ radiation 透

深入 即 l↑

平均粒度，粒度分布，颗粒形状，堆积密度及

表面性状 等因素都将影响散射系数 以及

样品反射

手稿2-9　近红外光谱技术已报导的应用

NIR已报导的应用.

(1) 文献统计 在1990～1997 大量增长.
1980～90′ 开始增长.

(2) 有其特殊的优点. —— 表面上看NIR光谱是非常简单的 但信息量极大. 且干扰少. 样品不必处理. 速度极快(30 sec.), 仪器精确, 仪器较简单. 操作空间小。

可以同时测定多个性质及组成.

(3) 可以作定性. 也可以作定量. 但必须基于已知样品的测定数据. 应用范围随着研究工作的进展会不断增加

(4) 应用领域:

(a) 农业及食品工业. — 最早使用 主要用漫反射技术. 包括原料的分析和鉴定, 产品的质量控制. 及新产品的研制等方面.
对象: 粮食, 饲料, 水果, 蔬菜, 肉类. 奶制品及各种液体饮料.
测定的内容: 水分, 淀粉, 蛋白质. 油脂. 糖分, 纤维, 及(灰分) 麦的硬度等. 木质素. 配料等

注　在研究近红外光谱分析技术过程中，陆婉珍院士不仅关注该技术在石化领域的应用，而且一直关注近红外光谱技术在全行业的应用进展，本手稿是1999年陆婉珍在编写近红外光谱分析技术专著时，做的读书笔记整理。

✓对于鱼类及肉类可以用透射式测定季节的变化
✓控制奶粉的加工过程 ✓奶牛良种的培育
✓水果及蔬菜的甜度、酸度、水分、脆度等
土壤的选择

(b) 高分子工业中的应用

测定的内容：分子量，（水分）残余单体含量、凝固的速度和程度（熔融点）交联度和密度、晶体、聚合物的组成、聚合物的结构。
在线控制高分子的聚合，一可用于有毒环境。

(C) 纺织工业中的应用

应用的对象：棉花、毛羊，各种纱线、合成纤维、成品，地毯
测定的内容：杂质含量、纯纤维的含量、组成、棉花的成熟度，（碱化度）湿度、糖含量、纱不同纤维、染色的均匀度等（在线）

(D) 烟草工业中的应用（大多利用漫反射）

测定的内容：尼古丁，还原糖、糖，水分、甲醇、总氮、甘油类化合物、烟草梗及叶、多元酚、焦油产量、无机物、过滤嘴中的粘剂

(E) 在药物~~中的应用~~——近十五年开始发展起来

对象：原料的鉴定，活性组分、片剂及胶囊、粉剂。
内容：颗粒大小分布 湿度、均匀度、密度、结晶度及光学异构体，片剂表面包裹物、硬度等，在线监控。

(F) 临床 人的骨骼、肌肉，脂肪、皮肤及体液在700～1000 nm处是相对透明的

内容：肌肉中氧合血红蛋白和无氧血红蛋白的浓度、血液的体积，血流速度、耗氧量、皮性质、组成，氧合作用，脑部的供氧量，人体脂肪总量。
血浆中，病人中的蛋白质，血脂、葡萄糖、胆甾醇、甘油三酸脂。

(G) 石油化工

对象：汽油，煤油，柴油、润滑油、原油、各种重油、芳烃混合物、各种含氧化合物等
内容：MON，RON，（+十六烷值）蒸气压，API密度、冰点，倾点，闪点、芳烃%、苯含量、MTBE%、PIONA%、二甲苯异构体、各种化合物纯度及组成、馏值、平均分子量。在线监控已有很大的经济效益。

2000/7. 石化院

"赴欧洲清洁燃料评价技术考察团工作报告"

欧盟现行无铅汽油标准 EN228-1998

		规格		方法
RON	不小于	90.0	95.0	EN25164
MON	不小于	80.0	85.0	EN25163
Pb g/l	不大于	0.013		EN237
苯 %(V/V)	〃	5.0		EN238
密度 kg/m^3		725~780		EN ISO 3675
S % m/m	不大于	0.05		EN24260
诱导期 min		360		EN ISO 7536
铜片腐蚀 级		1		EN ISO 2160
实际胶质 mg/100ml	大	5.0		EN ISO 2646

欧盟现行车用柴油标准 EN590-1998(1st)

		规格	试验方法
闪点 ℃	大	55	EN22719
灰分 %(m/m)	小	0.01	EN ISO 6245
残炭 %(m/m)	小	0.30	〃 10370
水分 mg/kg	小	200	〃 12937
铜片腐蚀 级	小	1	〃 2160
氧化安定性 %(m/m)	小	25	〃 12205
S % (m/m)	小	0.05	EN 24260

注　陆婉珍院士密切关注清洁油品指标的变化及其对分析技术的需求，本手稿是2000年陆婉珍查阅国外油品规格相关数据的笔记。这期间，陆婉珍指导的博士后徐广通和博士研究生高秀香，根据国内外汽油分析的发展趋势及我国汽油组成分布的特点，基于硝酸银改性硅藻土材料的烯烃捕集阱技术路线，研制出了专

欧盟2000年及2005年车用汽油规格

			2000	2005
苯	%(V/V)	大	1.0	1.0
芳烃	%(V/V)	大	42	35
烯烃	%(V/V)	大	18	18
S	ppm	大	150	50
O	%(m/m)	大	2.7	2.3
蒸汽压	KPa	不大于	60	60

欧盟2000年及2005年柴油规格（欧Ⅲ）

		2000	2005
S ppm	大	350	50
多环芳烃	大	11	1
十六烷值	小	51	58
95%馏出温度℃	大	360	340

门测定汽油中烯烃总量、芳烃总量和苯含量的多维气相色谱方法，该方法是我国石化分析领域自行制订的首个ASTM标准方法（ASTM D7753-12），为国内先进分析方法的国际标准化迈出了重要一步，也为之后该领域国际标准的制订积累了经验。

手稿2-11　聚丙烯专用分析仪的参数

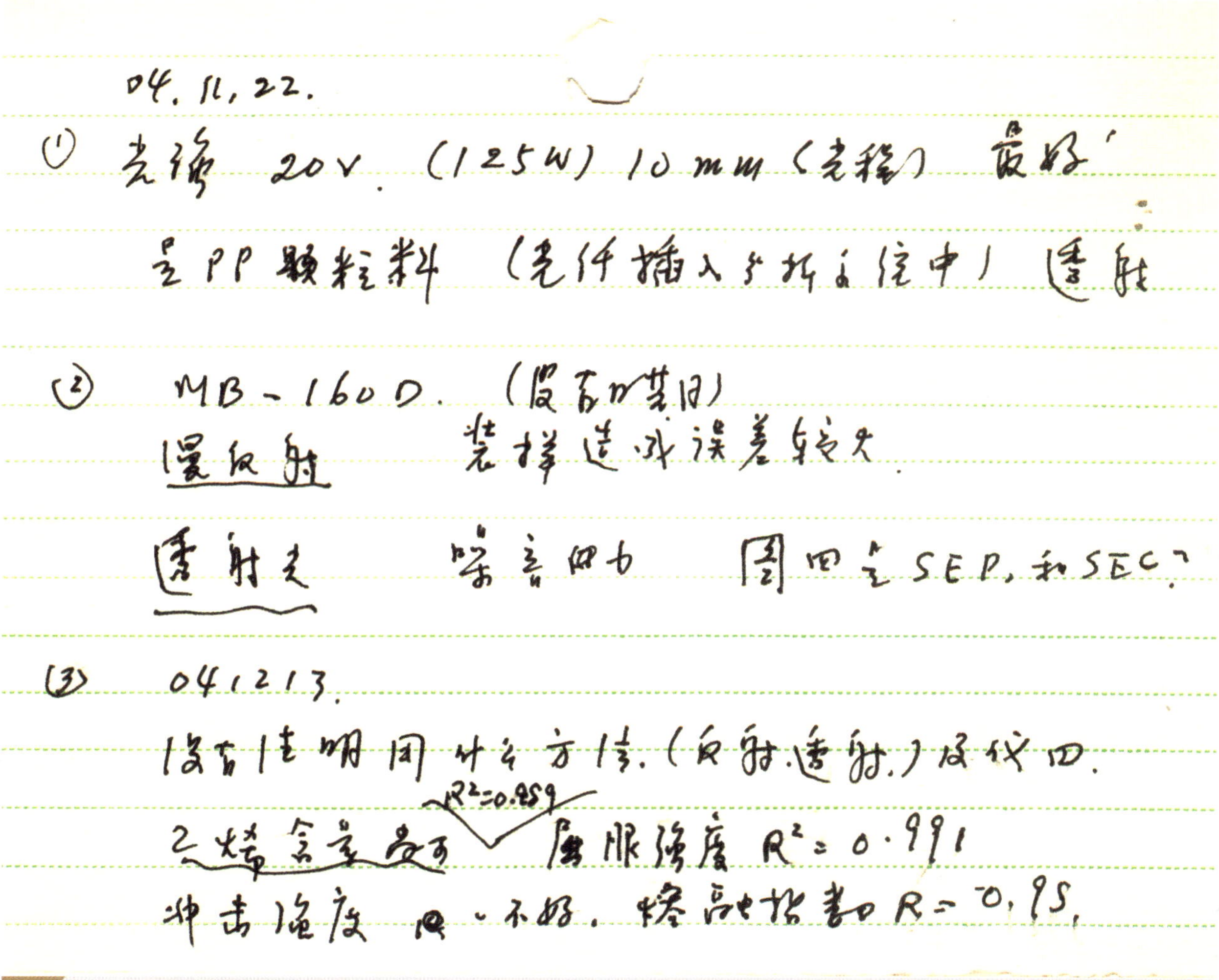
04.11.22.

① 光源 20V (125W) 10mm（光程） 最好

是PP颗粒料 （光纤插入分析系统中） 透射

② MB-160D. （最高扫描）

漫反射 装样造成误差较大.

透射光 噪音大 同时是SEP和SEC?

③ 041213.

请告诉明同什么方法.（反射、透射.）及仪器.

乙烯含量 最好 $R^2=0.859$ 屈服强度 $R^2=0.991$

冲击强度 R 不好. 熔融指数 R=0.95.

注　陆婉珍院士在指导科研人员研制近红外光谱仪器时，讨论软硬件参数非常认真细致。本手稿是2004年陆婉珍指导博士后孙岩峰参与“十五”科技攻关课题“专用近红外光谱仪的研制与开发”，研制聚丙烯专用分析仪时记录的一些参数和技术问题。

2008年安装在广州石化聚丙烯装置上的在线近红外分析仪

手稿2-12　汽油自动调合技术

手稿2-12A　汽油调合技术推广计划

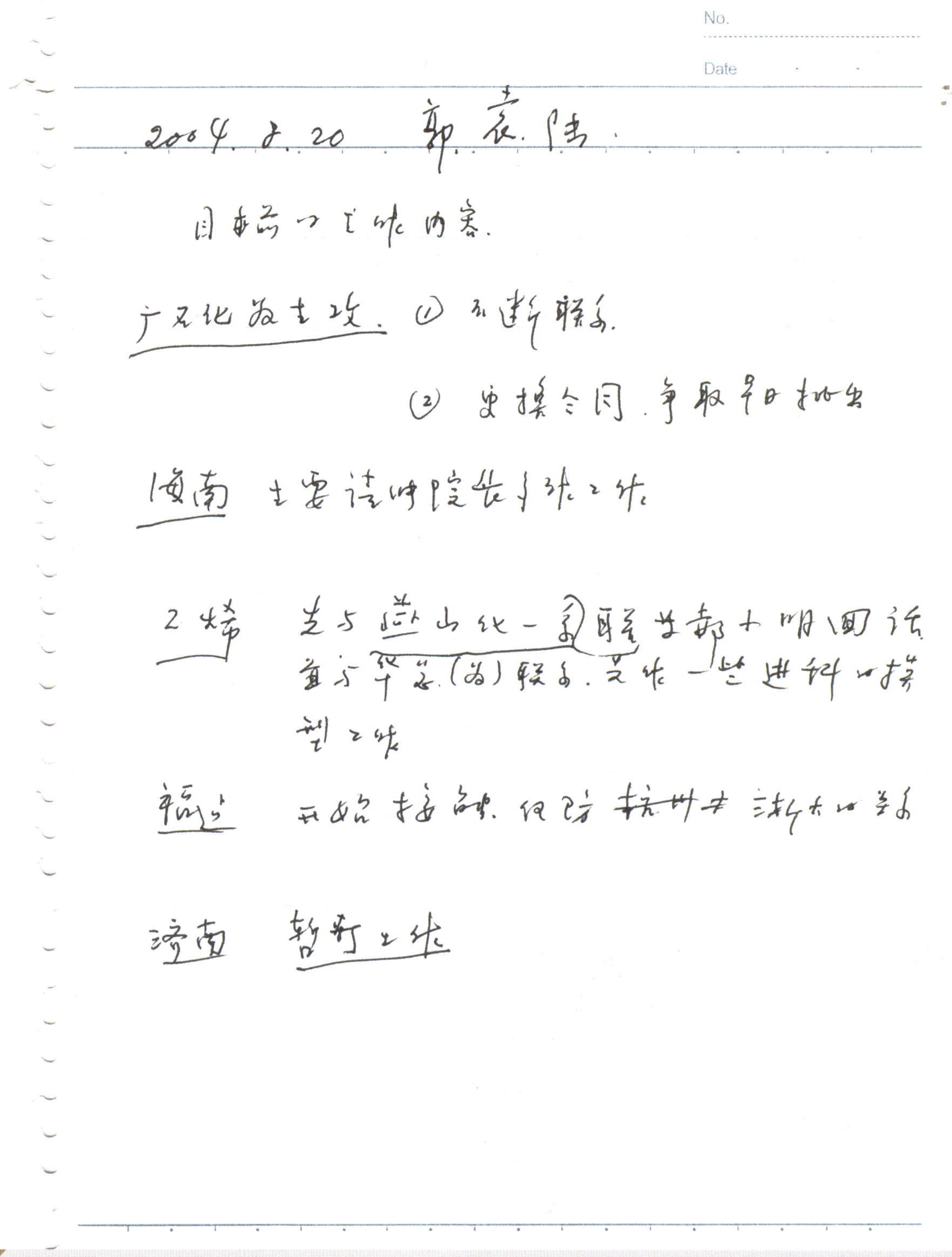
No.
Date
2004.8.20　郭 袁 陆
目前的工作内容
广石化为主攻　① 不断联系
② 要按合同，争取早日验收
海南　主要请研院做好工作
2炼　先与燕山化一厂联系，李部长明四，请查示华东（南）联系，先做一些进料的模型工作
福建　开始接触，但防杭州大 浙大的关系
济南　暂停工作

注　陆婉珍院士力推汽油自动调合技术在我国炼厂的应用，她指导的该技术于2008年通过中石化股份公司的技术鉴定，2009年获中石化科技进步二等奖。经过近20年的应用实践，如今在线近红外光谱分析仪已成为汽油自动调合装置的标准配置，与汽油管道调合优化与控制系统软件相结合，能够显著提高汽油调合生产的技术水平，提高生产效率和生产能力，在减少产品质量过剩、节约高辛烷值组分、提高调合产品质量

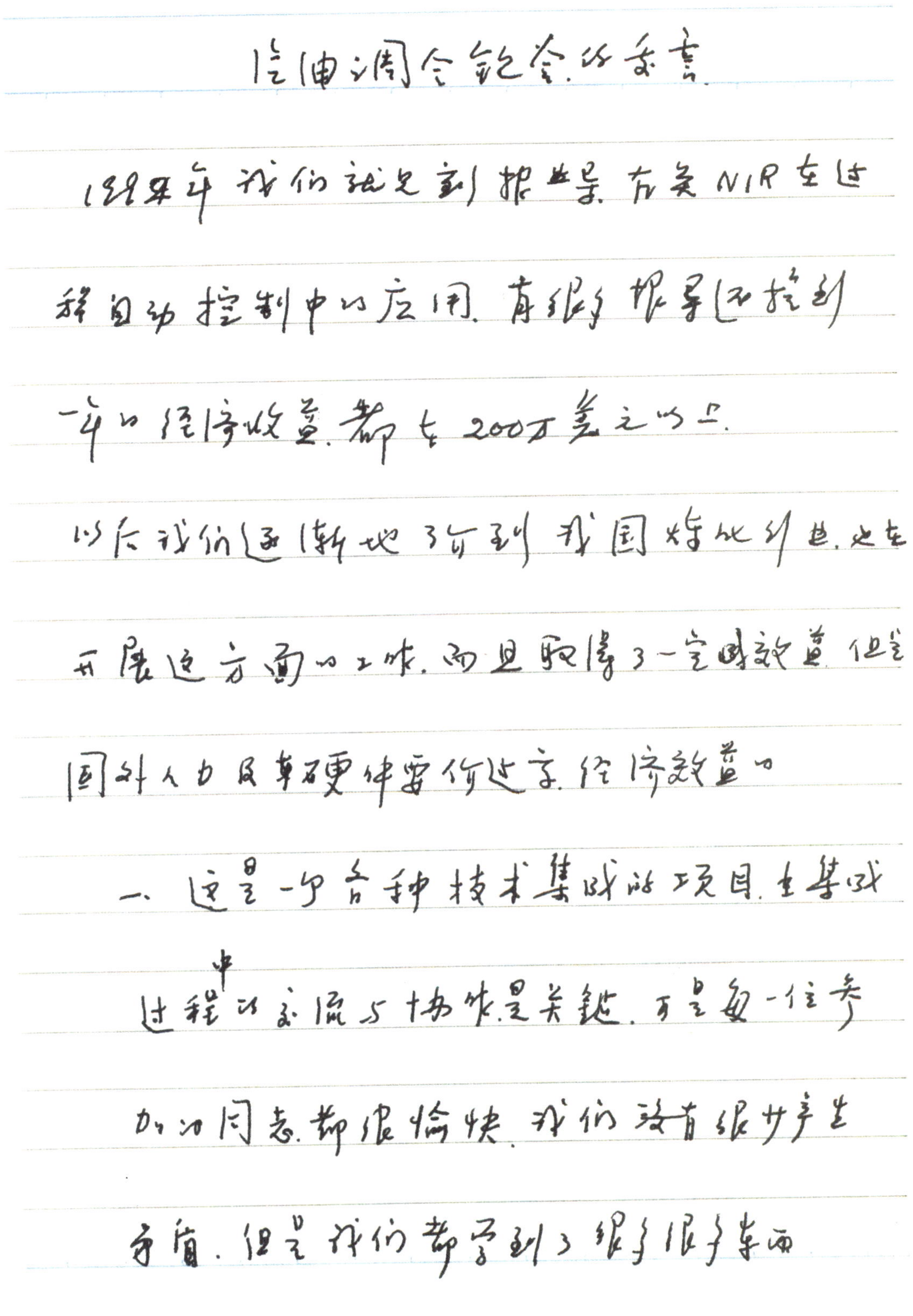
汽油调合鉴定会的发言

1998年我们就知道利用某方法NIR在过程自动控制中的应用，有很多报导报道到一年的经济收益，都在200万美元以上。

以后我们逐渐地了解到我国炼化行业也在开展这方面的工作，而且取得了一定的效益，但是国外人力及其硬件要价过高，经济效益的

一、这是一个多种技术集成的项目，在集成过程中的交流与协作是关键，可是每一位参加同志都很愉快，我们很少产生矛盾，但是我们都学到了很多很多东西

合格率等方面，有明显的降低生产成本和提高经济效益的作用。本手稿是陆婉珍院士2004年与石科院郭锦标副总和袁洪福教授，讨论汽油调合技术推广的记录笔记（手稿2-12A），以及2008年在广州技术鉴定会上的发言稿手稿（手稿2-12B）。

同时又是一个极富中国特色的系统。实际情况要求我们注意在底曲面的协合问题。系统运营会要依我们的具有自己系统特色的模型。

2. 这(个)成果暂时看起来够用，且可用了。但是技术的进步没有止境，我们一边做，一边总结，还有很多不完善的地方，还有很多新技术可以采用，也就是说我们在工作中又积累了很多新课题要去做。

3. 我想再强调一下维护工作的重要性。大家对于一些看得见，摸得着的东西，须要维护容易理解，而对于模型、程序这类软的东西需要的维护常常会被忽视。因此软件的经常维护和周常的没有地方去。模型维护人员得不到培训以及奖励。需要建立个系统的(会)检验。

随着科技的进步，我们必须在观念上有一个转变

4. 这项工作历经6年多，在期间(通过袁峰也、冉石秋)培养训练了一个门类较齐全的队伍，有能力继续发展此工程服务。在这里我想同时表扬一下这个队伍，鼓励他们为这类系统继续做一些服务的工作。

2008年陆婉珍院士参加在广州举行的“汽油管道调合工艺成套技术的开发及工业应用”鉴定会

广州石化汽油管道调合装置现场图

手稿2-13　学习国家大政方针

手稿2-13A　“三个代表”重要思想指引科研路线的选择

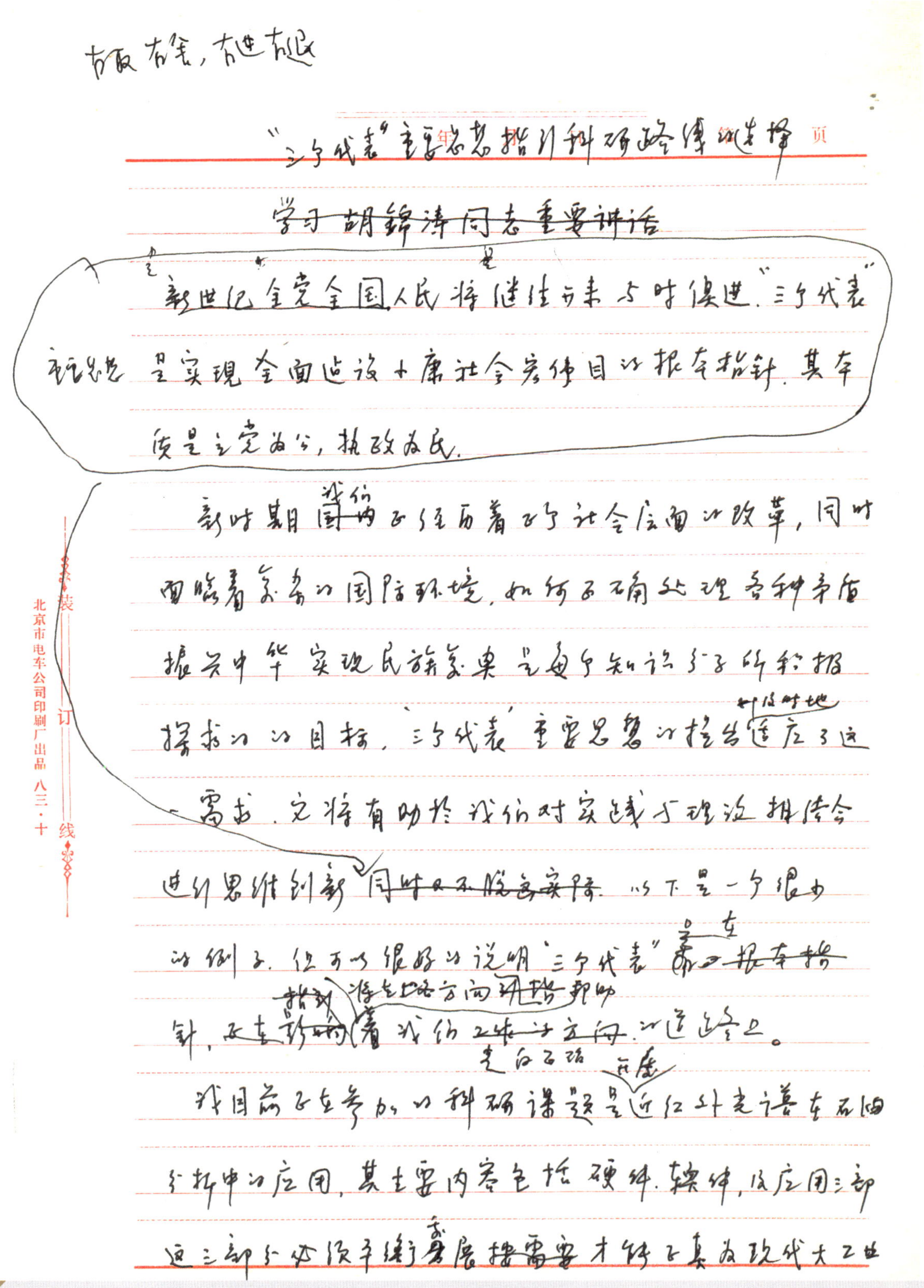
“三个代表”重要思想指引科研路线的选择

~~学习胡锦涛同志重要讲话~~

新世纪全党全国人民将继往开来与时俱进。“三个代表”重要思想是实现全面建设小康社会宏伟目标的根本指针，其本质是立党为公，执政为民。

新时期我们正经历着一场社会各方面的改革，同时面临着复杂的国际环境，如何正确处理各种矛盾，振兴中华，实现民族复兴是每个知识分子所关切探求的目标。“三个代表”重要思想的提出适应了这一需求，它将有助于我们对实践与理论进行思维创新。以下是一个很小的例子，它可以很好的说明“三个代表”是在指引着我们走向正确的道路上。

我目前正在参加的科研课题是近红外光谱在石油分析中的应用，其主要内容包括硬件、软件，及应用三部分，这三部分必须平衡发展才能形成现代大工业

注　陆婉珍院士坚持学习国家大政方针，并将其与从事的科研活动密切结合起来。本手稿是2003年陆婉珍学习“三个代表”重要思想结合近红外光谱分析技术研究撰写的笔记（手稿2-13A），2007年陆婉珍学习

服务。三部分都有一定的难度，但如果埋头於计算模块的开发则比较容易出文章，出成果。但是独立的计算模块如果不结合实际问题，则常常是一篇空空的文章，并没实用。在前期工作中，三部分工作是平衡发展的。但是近期题组出现一种偏向，即花很大量的时间在埋头搞计算机上编新的计算法，而忽视了实际数据的来源以及计算结果的应用价值。要扭转这一倾向是我们决定能否取得新成果的方向。同时我们他也很动摇，因为很多同志们不知道，以往计算到处寻新的计算方法十分辛苦。三个代表，为人民的指导思想，即帮我坚定了应当的想法。我们的目的是为现代工业服务，三部分必须平衡发展，出文章是需要的，但不能偏废。

国际领先的核心技术。

十七大报告与未来炼厂趋势（对原油快速评价的需求）的读书笔记（手稿2-13B），以及在未来炼厂中实施原油快速分析的技术路线思考（手稿2-13C）。

NOTES

十七大 十大亮点

7. 进入创新型国家行列

单纯依靠廉价劳动力、做生产的低附加值经济发展道路必须尽快改变。

10. 生态文明：基本形成节约能源资源和保护生态环境的产业结构、增长方式。

未来的炼厂

原油进厂的分析控制在任何时候(特别是未来)的炼油将扮演愈来愈重要的角色

BP 计划开发一种工具 用来帮助炼油厂在购进或进行加工前弄清楚原料的性质，并帮助炼厂在随后的加工中优化效益。

第一步是对于原油的快速分析，卡边的原油再进一步分析其中的金属污染程度及酸值

NOTES

即以科学家的精确原油的分析可以在30秒内完成

有了（进厂）原油的质量信息，可以改进加工过程的灵活性，而这方面是决定炼厂创效的最大因素。炼油企业需要增加同时变换产品的能力并且适应最大多个进厂原油符合炼产品的需要

提高效率和生产率的方法之一是自动化
自动化手段在炼厂已经很普及，从装置生产过程控制、安全、资产质量到信息手段等方面协助着炼油厂的运转。
~~可以~~诊断仪器和控制设备在不断改进，尺寸可以方便地与各种产品及信号连接，分析系统铺予的，可以用一种仪器准确地分析更多的物料性质。它能够自我判断出问题，甚至可以在事情变得更严重之前进行诊断

无线网络的分布，使得以上信息能直接与炼厂或公司的监管

原油分析或识别

I 对纯原油 如有200个详细评价，NIR可以作到

✓ II 对混合原油

先要判别是定性——用归类？用拟合？

其次是定量，可以用S、Ni、V、标志物等。

III 对现有数据一个充分了解

缺什么，那些需修正。

IV 必须详细评价的数据？

用生物标志物，正构烃（减去一个两个）

用沥青质的NIR.

另 加一20方法.

油、沥青、化工（烯）

第三篇 论文手稿

在科学研究中，陆婉珍院士主张“研以致用、以用促研”，她认为写论文不是研究目的，研究是为了开发出新技术和新产品，促进生产力的更大解放。陆婉珍在2004年出版的《陆婉珍论文集》“自述”中写道：“从1979年以来我院研究生队伍日渐扩大，为后继人才的培养起到了无可替代的作用。这本文选中大部分材料都是我指导的研究生的工作，我始终觉得对研究生来讲这些文章只是代表了他们受到的训练；对我个人来讲，发表文章并不是我的主要工作，我的主要任务是建好这个平台，让更多的成果能借这个平台而产生。”

本篇整理筛选出陆婉珍院士1978—2012年撰写的论文手稿14件，涉及原油评价、色谱、元素分析、光谱和分析仪器等诸多领域。

手稿3-1　我国原油组成的特点

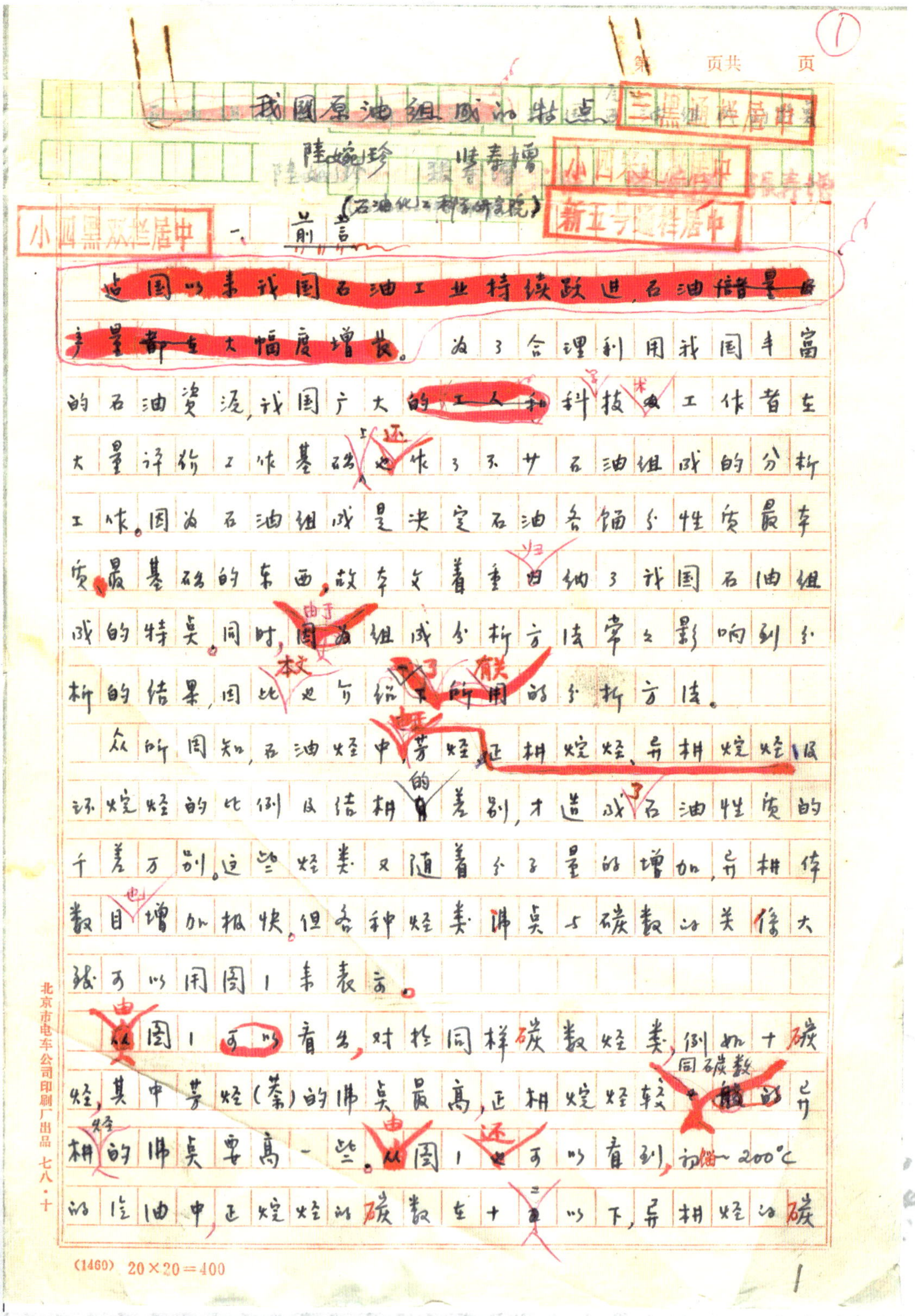

第　页共　页

我国原油组成的特点

陆婉珍　张寿增

（石油化工科学研究院）

一、前言

建国以来我国石油工业持续跃进，石油储量和产量都在大幅度增长。为了合理利用我国丰富的石油资源，我国广大的工人和科技工作者在大量评价工作基础上作了不少石油组成的分析工作。因为石油组成是决定石油各种性质最本质最基础的东西，故本文着重归纳了我国石油组成的特点。同时，因为组成分析方法常常影响到分析的结果，因此也介绍了所用的分析方法。

众所周知，石油烃中芳烃、正构烷烃、异构烷烃及环烷烃的比例及结构差别，才造成石油性质的千差万别。这些烃类又随着分子量的增加，异构体数目增加极快，但各种烃类沸点与碳数的关系大致可以用图1来表示。

从图1可以看出，对于同样碳数烃类，例如十碳烃，其中芳烃（萘）的沸点最高，正构烷烃较一般的异构的沸点要高一些。从图1可以看到，初馏～200℃的汽油中正烷烃的碳数在十二以下，异构烃的碳

（1460）20×20＝400

北京市电车公司印刷厂出品　七八·十

[1] 陆婉珍，张寿增．我国原油组成的特点[J]．石油炼制，1979（07）：1-9.

注　这是1978年陆婉珍院士撰写的“我国原油组成的特点”论文手稿。“文化大革命”后期，陆婉珍带领张寿增等人基于前期的原油评价数据，系统整理和归纳出了我国原油的特点，即轻质油收率较低，裂化原料及渣油收率高，渣油中沥青质少；原油中烷烃多，其中正构烷烃含量高，所以蜡含量高，同时芳烃少和

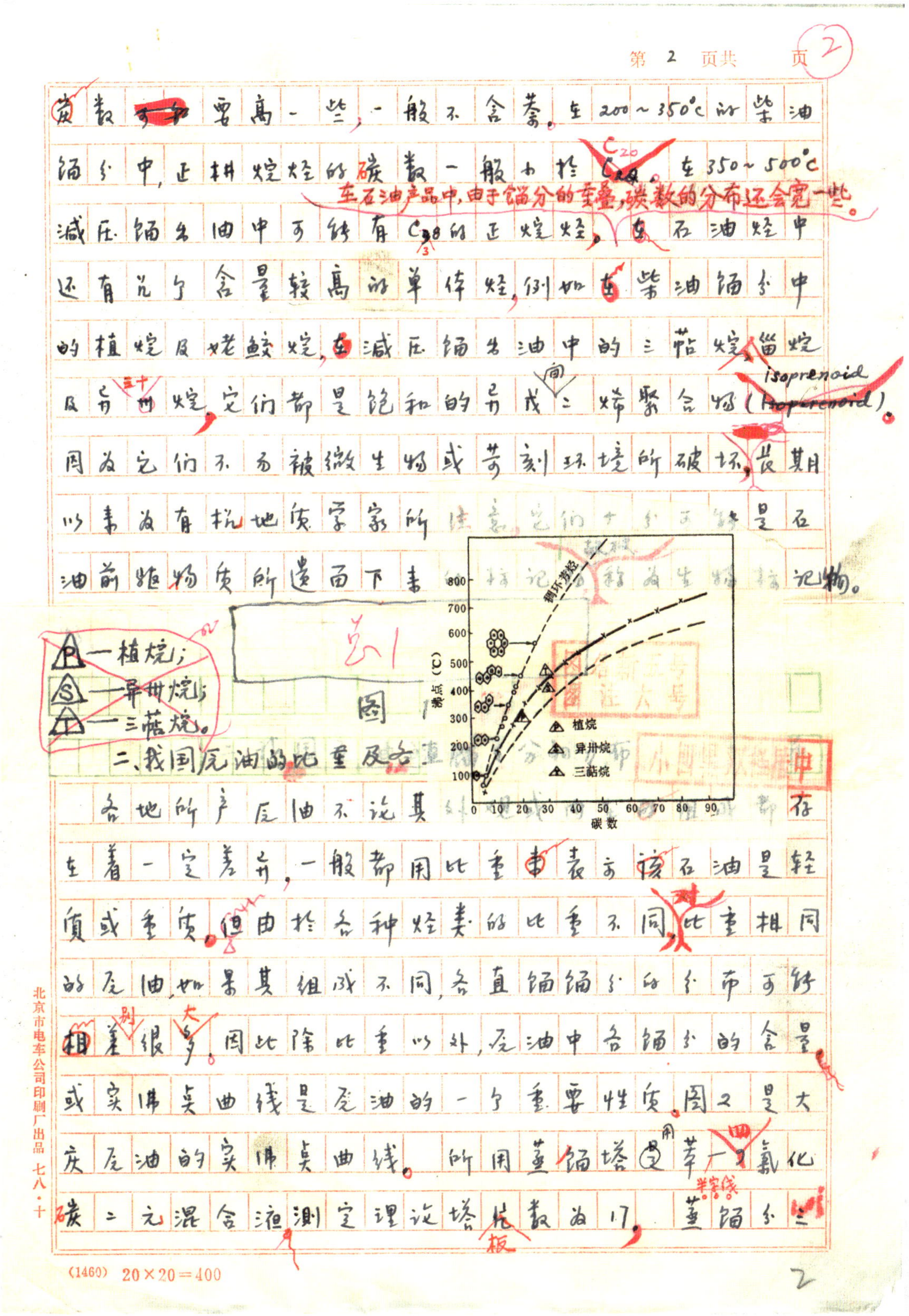
第 2 页共 页 ②
碳数要高一些，一般不含萘。在200~350°C的柴油
馏分中，正构烷烃的碳数一般小于C20。在350~500°C
在石油产品中，由于馏分的交叠，碳数的分布还会宽一些。
减压馏分油中可能有C33的正烷烃。在石油烃中
还有几个含量较高的单体烃，例如在柴油馏分中
的植烷及姥鲛烷，在减压馏分油中的三萜烷、甾烷
及异三十烷，它们都是饱和的异戊二烯聚合物(isoprenoid)。
因为它们不易被微生物或苛刻环境所破坏，长期
以来为有机地质学家所注意，它们十分可能是石
油前驱物质所遗留下来的标记，称为生物标记化物。
图1
P—植烷；
S—异卅烷；
T—三萜烷。
稠环芳烃
沸点(°C)
碳数
植烷
异卅烷
三萜烷
二、我国原油的比重及分馏分布
各地所产原油不论其外观或组成都存
在着一定差异，一般都用比重来表示该石油是轻
质或重质。但由于各种烃类的比重不同，比重相同
的原油如果其组成不同，各直馏馏分的分布可能
相差很大。因此除比重以外，原油中各馏分的含量
或实沸点曲线是原油的一个重要性质。图2是大
庆原油的实沸点曲线。所用蒸馏塔是用苯-四氯化
碳二元混合液测定理论塔板数为17。蒸馏分之
北京市电车公司印刷厂出品 七八·十
(1460) 20×20=400
2

氢碳比高，汽油馏分中环烷含量也偏高；原油中硫含量低，氮含量偏高，钒含量很低，镍含量一般，所以镍/钒比高。这篇“我国原油组成的特点”的学术论文发表在1979年第7期《石油炼制》杂志上，并被日本《石油与石油化学》杂志译载，迄今仍被广泛引用，是陆婉珍经典的学术代表作之一。

1985年陆婉珍主持编写的《中国原油的评价》（1～8册）

注

《中国原油的评价》系统汇集了大庆、胜利、大港、辽河、扶余、华北、新疆、江汉、玉门、长庆、青海、延长等几乎我国所有油区的原油评价数据，其中绝大部分数据都是在陆婉珍领导建立的分析平台上完成的。该书把零散的各地区原油评价报告汇编成册，这些系统完整的评价数据为合理利用我国原油资源发挥了重要的作用，深受炼厂企业尤其是生产管理部门的欢迎。当时该书印制了1000套，在很短的时间内就销售和分发完毕，此项工作获得了中石化科技进步成果三等奖。

手稿3-2　色谱在石油化工领域的发展动向

色谱在石油化工领域的发展动向

色谱这一技术长期以来为石油工作者所重视，并且在很多方面推动了这一技术的发展。近年来在石油化工领域中的发展动向约可分为以下三个方面。

一、色谱技术的发展使人们对于石油组成的了解在不断深入，因而其应用的领域也在扩大

(一) 高效气体色谱的发展使200°C以前汽油馏分中数百单体的组成分析有可能在几小时内完成，柴油馏分中高含量的组分如正构烷烃、姥鲛烷、植烷等定量结果可以更快速得到。因而有可能在石油地质中应用于石油成因、石油运移等研究。在石油炼制中应用于油品性质、催化加工及石油对海洋污染等研究。对于应用色谱还在石油中发现了金刚烷、萜烷、甾烷等生物标记物，使人们对于石油的成因有了进一步认识。石油中含氮及含硫化合物也是影响油品性质的重要组成，利用高效毛细管色谱及选择性鉴定器等新技术研究工作也在不断深入。

全谱 1973 16 No.1. 51-58

如原馏油 柴油中的正构烷烃 (anal. chem. 50 379 (1978)

Analytical pyrolysis p.211

Advance in Organic Geochemistry 1977

Anal. Chem. 48 1562 (1976)

如102烃色谱

(二) 高压液体色谱的发展使尤其是在石油领域中广泛采用的柱色谱法，变得更高效快速，例如在

[1] 陆婉珍．色谱在石油化工领域的发展动向[C]//中国科学院1979年色谱学术报告会论文摘要集．北京：科学出版社，1981：1-2.

注　这是1979年陆婉珍院士撰写的“色谱在石油化工领域的发展动向”论文手稿，这篇综述论文详细归纳总结了国外气相色谱在油品分析尤其是轻质油品分析中的应用进展，除了测定油品的组成外，重点介绍了

油中烷烃、芳烃、胶质的快速测定，润滑油中添加剂的快速分离及监控，汽油中烷烃、烯烃及芳烃的分析都有可能在几分钟之内得到结果。高压液体色谱对于石油污水的监控及分析也提供了有效的途径。凝胶色谱的应用，为石油工作者研究渣油及沥青提供了分离及分析的手段。

Preprints. 1976. No.21 No.1 p.15~ fig.5.

③综合的色谱方法仍旧是研究石油重组分的方法。370-535°C馏分油可以采用大孔阴离子，大孔阳离子交换树脂，三氯化铁，硅胶、氧化铝作为吸附剂用吸附柱色谱法分出各种非烃化合物，饱和烃，单环芳烃、双环芳烃、三环芳烃及多环芳烃，再经由凝胶色谱按分子量分离后用质谱分析，可以得到十分详细的组成分析结果。

气体色谱法在石油产品标准试验方法中大量的采用

二、充分利用气体色谱所能提供的信息，有可能改变石油产品物理性质的测定方法。

在产品规格测试方面近代气体色谱技术所能起的作用，在石油工业中受到了较多的重视。其中主要的方面即计算与汽油挥发度有关的物理性质。这些性质素来是用恩氏蒸馏，蒸汽压及一定温度下的蒸汽液体比等方法测定的。1973年用气体色

气相色谱在测定油品物性（如辛烷值、馏程、闪点和蒸气压等）等方面的技术现状。这之后，在陆婉珍的带领下，石科院开展了系统的色谱应用技术研究，在紧随世界的脚步阔步前进的同时，有不少是他们自行研发的独创技术。

手稿3-3　多孔层开管柱分析复杂气体

第 1 页共　页

多孔层毛细管柱分析气体

（摘要）

陈鸿基　邹乃忠　陆婉珍

（石油化工科学研究院）

自从色谱法的提出，解决了大部分气体分析的课题。但对于较复杂的组分，尤其是最常见的天然气及炼厂气，仍不能用一根色谱柱在室温以上得到各组分的分离，以致造成分析手续及仪器复杂化。13X分子筛多孔层毛细管柱配合程序升温曾用来分析汽油馏分中各组分（已知13X分子筛填充柱可以分析氧、氮、一氧化碳及甲烷等轻质气体），近来改进这类气固色谱柱的制造，有了较大的进展。

采用多孔层毛细管柱，固相颗粒极小（小于2μ），涂层薄（0.05克/厘米²~0.065克/厘米²），不但消除了一般填充柱的涡流扩散，同时减少了固相传质的阻力，使戊烷以前的烃类可以在250°C以下流出。配合微型热导池及程序升温，可以用一根色谱柱，在十分钟内使N_2、O_2、CH_4、CO、C_2H_6、CO_2、C_3H_8、i-C_4H_{10}、n-C_4H_{10}、i-C_5H_{12}及n-C_5H_{12}完全分离，并得到定量结果。

北京市电车公司印刷厂出品 八〇·六

[1] 陈鸿基，邹乃忠，陆婉珍．多孔层开管柱分析复杂气体[J]．分析化学，1983（07）：508-511.

注　这是1983年陆婉珍院士撰写的“多孔层开管柱分析复杂气体”论文手稿。20世纪80年代初期，陆婉珍基于这一时期毛细管柱发展的趋势，及时提出了开发多孔层毛细管色谱柱（PLOT）分析气体组成的解决色谱柱为12米长，内径为0.28毫米的不锈钢毛细管。洗净后、先用有机胶作为粘合剂，再用动态法涂渍13X分子筛与10X分子筛的混合悬浮液。为了使N_2及O_2能完全分离，固定相涂渍层必须够厚。一般要用多次涂渍的方法以增厚涂层。经420°C高温处理以后即可以作分析用。

为了与毛细管色谱柱匹配，并能分析测氧、氮及一氧化碳等无机气体组分，自制了微型热导池。池体积为25微升，热敏元件为镀金铼钨丝，阻值为100欧姆。在桥流为140毫安时，对丙烷的响应值要高于1900毫伏/毫升/毫克。池体保持在室温，参比池与分析测池并联，当色谱柱程序升温至250°C时，基线平滑，漂移不大于0.1毫伏。

涂好的色谱柱与热导池之间用30厘米长的不锈钢毛细管相接（降温用），载气为氦，采用不分流进样。最佳线速比壁涂渍毛细管（WCOT）柱的载气流速高三倍，为100厘米/秒。因而分析时间快，死空间的问题小。要求对稳流阀的稳流范围也较适宜。在100°C恒温下，以丙烷等计算理论板数高于2000。柱负荷较大，可以使20微升空气达到氧及氮的完

北京市电车公司印刷厂出品 八〇·六

方案。1982年，陆婉珍指导研究生陈鸿基在国内首次研发出了用于天然气分析的13X分子筛多孔层毛细管色谱柱。该柱负荷高，不分流进样，可在高载气流速下操作，不用吹尾，与自制的微体积热导池联用，在程序升温的条件下，所有天然气中的永久气体和烃类都得到了分离，基本实现了一根柱子对天然气的全分析。

手稿3-4 目前国际石英毛细管色谱柱的生产情况

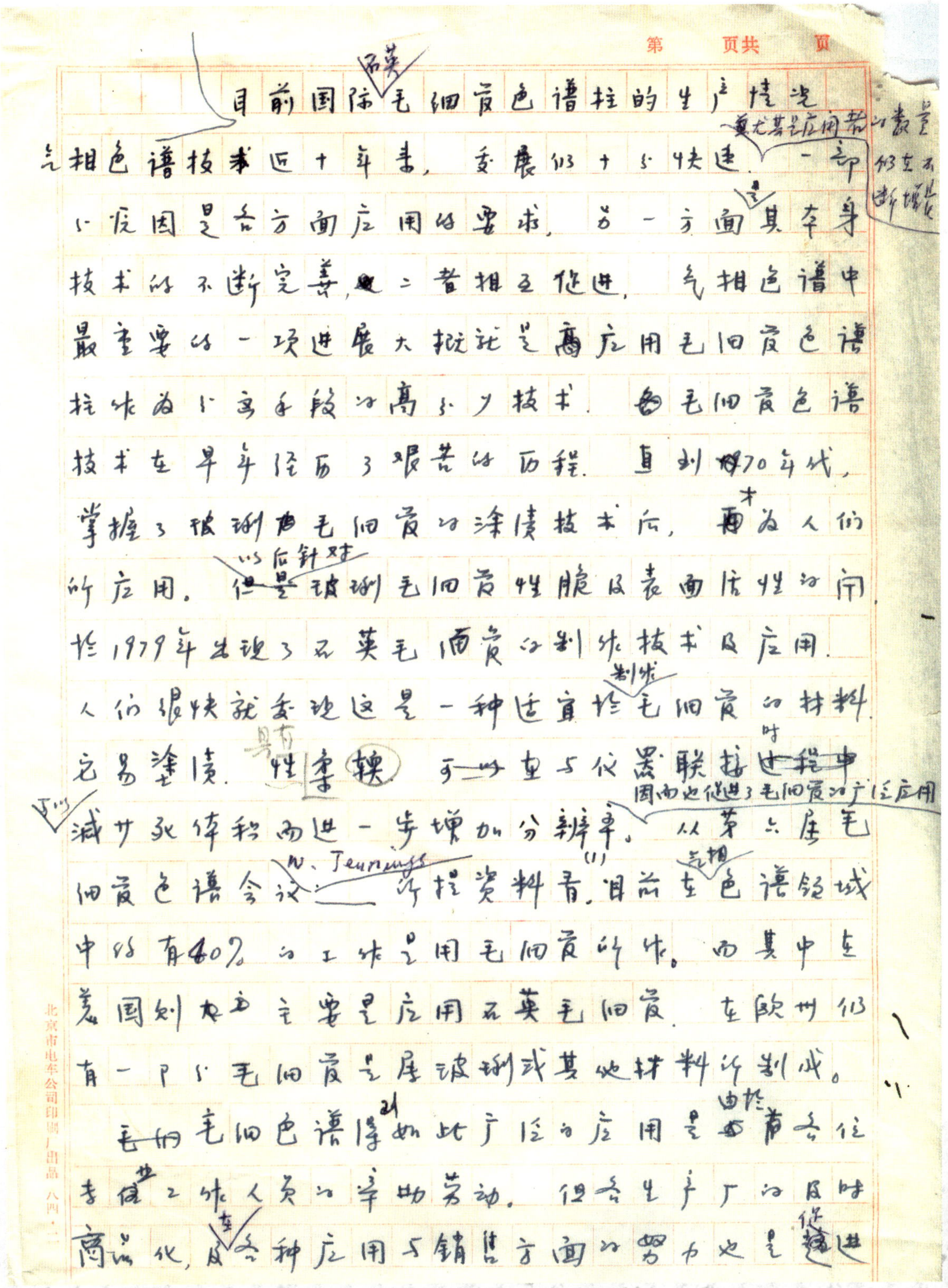
目前国际石英毛细管色谱柱的生产情况

气相色谱技术近十年来，发展的十分快速，一方面是因是各方面应用的要求，另一方面其本身技术的不断完善，二者相互促进。气相色谱中最重要的一项进展大概就是高效用毛细管色谱柱作为分离手段的高分子技术。毛细管色谱技术在早年经历了艰苦的历程。直到1970年代，掌握了玻璃毛细管的涂渍技术后，才为人们所应用。以后针对玻璃毛细管性脆及表面活性的问题，1979年出现了石英毛细管的制作技术及应用。人们很快就发现这是一种适宜于制作毛细管的材料，容易涂渍，性柔韧，……减少死体积而进一步增加分辨率。从第六届毛细管色谱会议 W. Jennings 的报告资料看，目前在色谱领域中约有40%的工作是用毛细管所作。而其中在美国则主要是应用石英毛细管。在欧洲仍有一部分毛细管是用玻璃或其他材料所制成。

毛细管色谱得到如此广泛的应用是由于……

[1] 陆婉珍，孙加和. 目前国际石英毛细管色谱柱的一些生产情况[J]. 色谱，1986（03）：188-189.

注 这是1986年陆婉珍院士撰写的“目前国际石英毛细管色谱柱的生产情况”论文手稿。20世纪70年代末，陆婉珍带领科研人员在我国首次开发成功弹性石英毛细管色谱柱，1980年这项技术通过了技术鉴定，当时即达到国际先进水平，为毛细管色谱技术立足国内开辟了先河。从此之后，石英毛细管色谱柱逐步在也还缺乏报导，但从各厂商给出的有效数字看估计公差应在 0.01 μm 以内。近年来不少从事毛细管色谱的学者对液膜厚度对分析结果影响作了不少研究(3)。大致的观点是厚液膜柱负载增加，故进样量可以增加，同时有利于低沸点物的分离。另外塔板数会有所下降，但(n-1/n+1)增大。因此常用较短的柱子，厚液膜可对低沸点物质有可能保持良好的分离，而分析时间可以大大缩短。基于这些考虑，商品色谱柱厚液膜已在1984年出现，最厚的液膜厚度可达 8 μm。在很多商厂的广告中宣传这是一种既交链又与管壁材料结合的固定相。通常液膜厚度为 0.025—0.3 μm 为一般标准，0.3—1.0 μm 时为厚液膜，大于 1 μm 时称非常厚液膜。

(5) 毛细管色谱柱的支架。

这类色谱柱因为体积小又柔韧故常是绕成环状安装在支架上出售，以便用户直接与仪器联接不再作任何几何形状的更改。目前各生产厂所用支架虽然各异，但都趋于轻便化，并注意金属支架受热后膨胀不至于影响柱子的应力。绕成的圆环直径大部分为

(续毛细管)

我国得到了广泛的研究和应用，色谱柱的种类不断增加，性能也逐渐提高，为促进我国气相色谱分析技术的长足进步发挥了极其重要的作用。

手稿3-5　气相色谱分析汽油族组成

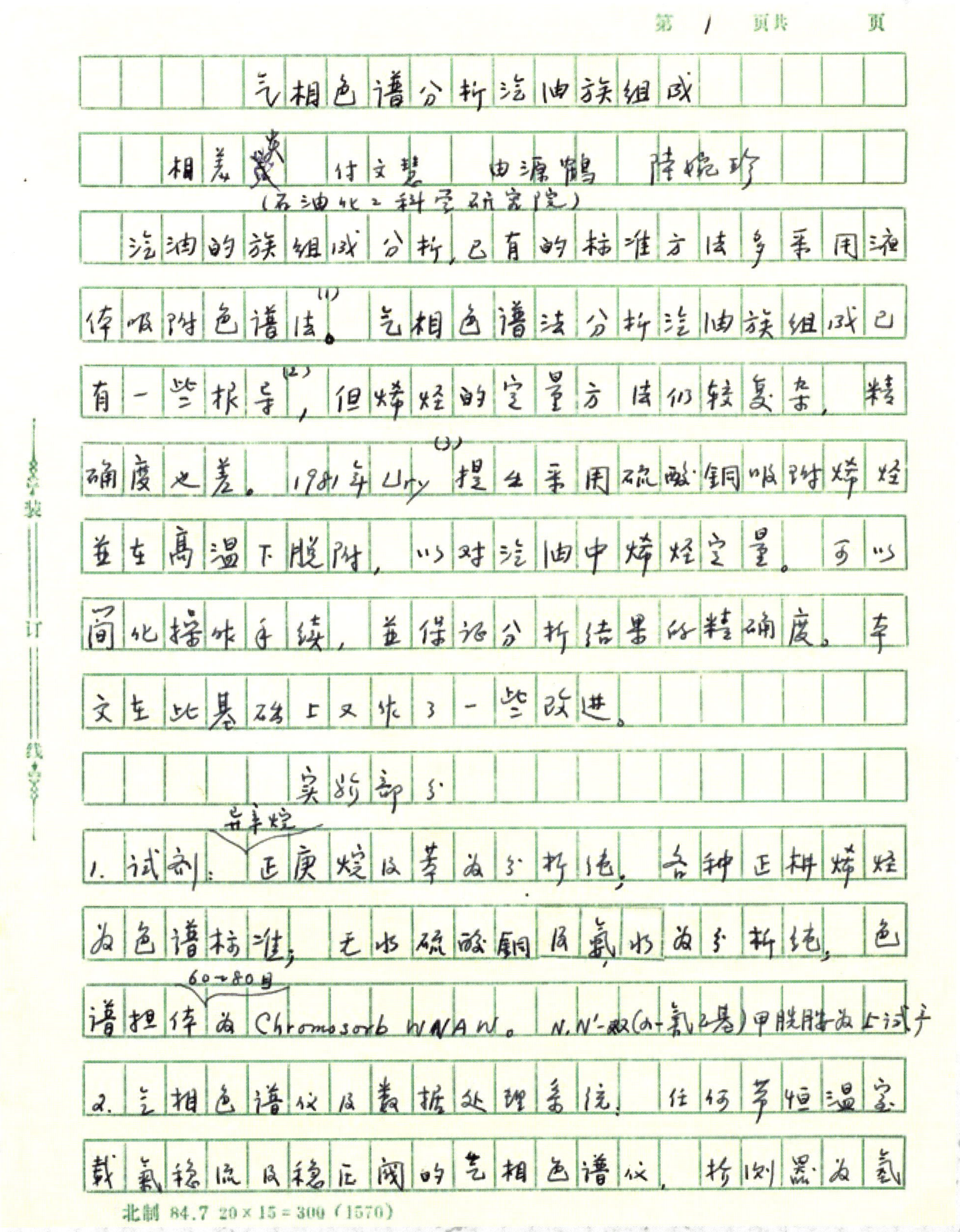
第 1 页共 页

气相色谱分析汽油族组成

杨美炎　付文慧　由源鹤　陆婉珍

（石油化工科学研究院）

汽油的族组成分析，已有的标准方法多采用液体吸附色谱法(1)。气相色谱法分析汽油族组成已有一些报导(2)，但烯烃的定量方法仍较复杂，精确度也差。1981年Ury(3)提出采用硫酸铜吸附烯烃并在高温下脱附，以对汽油中烯烃定量。可以简化操作手续，并保证分析结果的精确度。本文在此基础上又作了一些改进。

实验部分

1. 试剂：正庚烷、异辛烷及苯为分析纯；各种正构烯烃为色谱标准；无水硫酸铜及氨水为分析纯；色谱担体为60~80目Chromosorb WNAW。N,N'-双(α-氰乙基)甲酰胺为上试产

2. 气相色谱仪及数据处理系统：任何带恒温室载气稳流及稳压阀的气相色谱仪，检测器为氢

北制 84.7 20×15=300 (1570)

[1] 杨美炎，傅文慧，由源鹤，陆婉珍．气相色谱分析汽油族组成[J]．色谱，1987（02）：100-102.

注　这是1987年陆婉珍院士撰写的“气相色谱分析汽油族组成”论文手稿。20世纪80年代中期，陆婉珍曾指导科研人员研制出用硫酸铜作烯烃吸附剂的色谱柱，但这种类型的吸附柱具有一定的不可逆吸附性，高

第三篇　论文手稿

验结果表明烯烃收率只能达到70%。由于硅胶的强吸附性，部分烃烯不能定量解吸。采用表面惰性的玻璃珠为担体时，由于$CuSO_4$附载量小，故烯烃的吸附量也很小，脱附时峰形略偏平。白色担体为极性较小的担体，同时表面积大，可以附载较多$CuSO_4$。当$CuSO_4$与担体的重量比达到79/100时，可以得到满意的结果。吸附过程主要是Cu^+离子与烯烃的络合反应，有一定平衡关系，$CuSO_4$的含量必须达到79/100才能得到定量结果，否则吸附不完全。吸附温度低会有利于烯烃的吸附，但过低温度会使烷烃冷凝而不能得到定量结果。不同碳数的烯烃脱附不同：低碳数的烯烃的脱附温度较低。己烯-1的脱附温度在220°C左右，辛烯-1的脱附温度在260°C左右。为了要使汽油中的烯烃完全脱附，选用的温度是310°C。柱温如果再高达350°C以后，吸附

北制 84.7 20×15=300（1570）

碳数烃回收率较低，柱子的稳定性相对较差。20世纪90年代初，陆婉珍指导研究生研制出了用于液相色谱分离柴油烯烃的银型磺酸键合硅胶柱，证实了银离子与烯烃双键电子之间存在配位作用。上述这些研究工作，为新时期研制新型汽油烯烃捕集阱在科学认识和技术上做了充足而必要的准备。

样品预处理

陆婉珍 朱玉霞
石油化工科学研究院 北京 100083

一　样品处理在分析工作中的重要性

科学仪器已经成为现代生活各方面必不可少的一种重要工具

近年来在分析领域中，仪器分析占据日益重要的地位。各种标准方法如ASTM、ISO

但目前除少数分析方法（如电弧/火花原子发射光谱法，x光荧光光谱法)可直接分析固体外，多数分析方法都要求在分析前将试样进行适当的化学处理，使之转化为可供分析的溶液。或浓度 都已在大量采用仪器分析。

改进样品处理方法的重要性:

（1）仪器分析的发展要求样品以一定形态及浓度进入仪器；一适合下一步应用

（2）样品处理过程中待测元素的污染或挥发损失对分析结果的准确性有很大影响；一不失真

（3）随着大型快速分析仪器的出现（AAS，ICP/AES），测定一个制备好的样品溶液，只需数分钟就能完成，而样品处理过程则需数小时甚至一天的时间。因此可见，样品处理过程已成为整个分析过程的瓶颈，只有缩短样品处理时间，才能加快分析速度。一快速

二 分析样品的形态及样品的处理方法

我们在日常分析中所接触到的样品形态是多种多样的。

（1）气体：如大气、石油气、天然气等。例如大气中微量元素及H2S、NOx、SOx等的监测，石油气中有害元素如As的分析等。

注　这是1996年陆婉珍院士改写的“样品预处理”论文手稿，该论文发表在《96元素分析样品预处理技术研讨会论文集》（1996，北京）。为满足新的生产和科研给石油元素分析提出的新需求，陆婉珍一直关注速度快、自动化操作程度高、试剂消耗量少的样品预处理技术。

手稿3-7　必须重视仪器生产

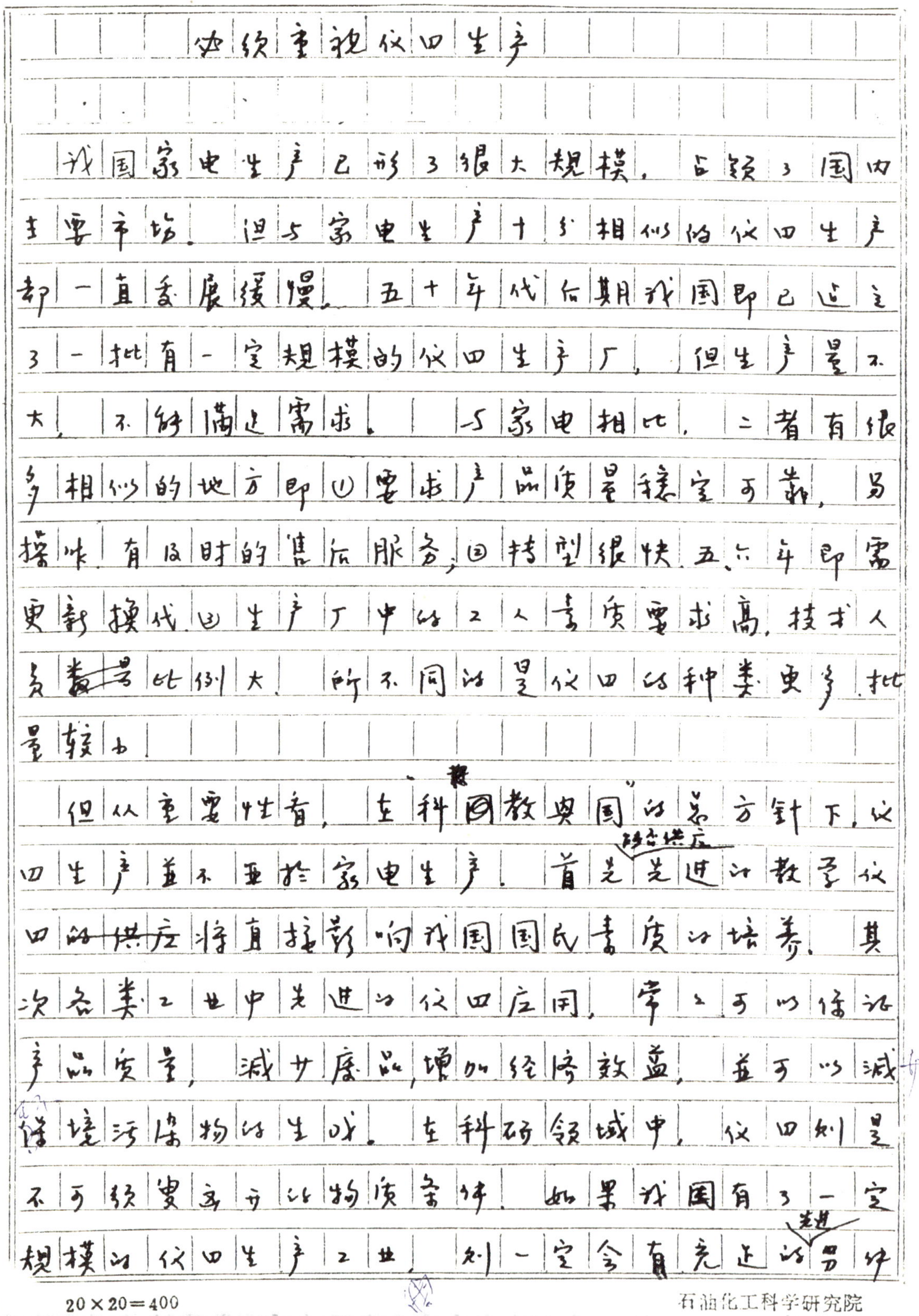

必须重视仪器生产

我国家电生产已形成很大规模，占领了国内主要市场。但与家电生产十分相似的仪器生产却一直发展缓慢。五十年代后期我国即已建立了一批有一定规模的仪器生产厂，但生产量不大，不能满足需求。与家电相比，二者有很多相似的地方即①要求产品质量稳定可靠，另搭配有及时的售后服务，②转型很快，五、六年即需更新换代，③生产厂中的工人素质要求高，技术人员比例大。所不同的是仪器的种类更多，批量较小。

但从重要性看，在"科教兴国"的总方针下，仪器生产并不亚于家电生产。首先能否供应先进的教学仪器将直接影响我国国民素质的培养。其次各类工业中先进的仪器应用，常常可以保证产品质量，减少废品，增加经济效益，并可以减少环境污染物的生成。在科研领域中，仪器则是不可缺少的物质条件。如果我国有了一定规模的仪器生产工业，则一定会有充足的先进器件

20×20=400　　石油化工科学研究院

[1] 陆婉珍. 必须重视仪器生产[J]. 教育仪器设备，1997（04）：39.

注　这是1997年陆婉珍院士撰写的"必须重视仪器生产"论文手稿。"工欲善其事，必先利其器"是陆婉珍常说的一句话，她是使用分析仪器开展研究工作的分析化学家，也是一个研制仪器的热心倡导者和勇敢

及器件的供应。这类器件的供应将是创造新理论及新技术的重要前提。

1995年已有31位中科院院士向中央领导建议振兴我国仪器工业。机械工业部及科委也已在进行组织，但进度仍赶不上需求。建议与此同时可以更多的作一些宣传，并对有志于发展仪器生产的企业家给与鼓励，逐渐形成有我国特色的仪器生产企业集团。

陆婉珍 1997.3.17

20×20=400　　石油化工科学研究院

实践者。如何提升国产仪器的技术水平和市场竞争力是她长期思考和关注的问题。针对国产仪器发展的问题，陆婉珍曾在多个公开场合发表了自己的观点和建议，为分析仪器的国产化和产业化带来了很多的思索和借鉴。

手稿3-8 分析仪器的作用与发展史

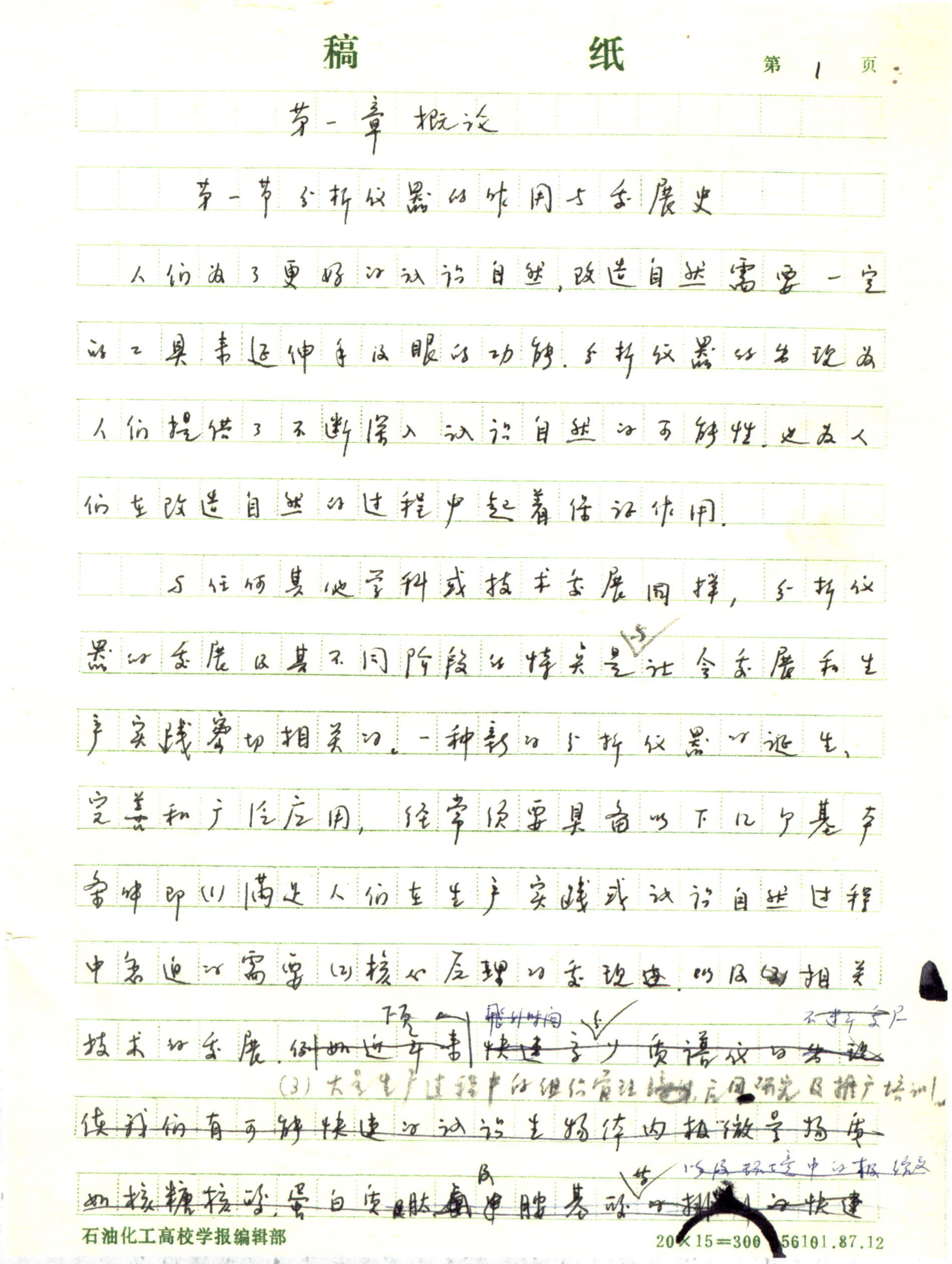

稿 纸 第 1 页
第一章 概论
第一节 分析仪器的作用与发展史
人们为了更好地认识自然，改造自然需要一定的工具来延伸手及眼的功能。分析仪器的发现为人们提供了不断深入认识自然的可能性，也为人们在改造自然的过程中起着保证的作用。
与任何其他学科或技术发展同样，分析仪器的发展及其不同阶段的特点是与社会发展和生产实践密切相关的。一种新的分析仪器的诞生、完善和广泛应用，经常须要具备以下几个基本条件即(1)满足人们在生产实践或认识自然过程中急迫的需要(2)核心原理的发现以及相关技术的发展。例如近年来快速离子质谱仪的出现
(3)大量生产过程中的组分监控、应用研究及推广培训。
使我们有可能快速的认识生物体内极微量物质
如核糖核酸、蛋白质、肽、多肽基酸
石油化工高校学报编辑部
20×15=300 56101.87.12

[1] 陆婉珍．分析仪器的作用与发展史[M]//朱良漪．分析仪器手册．北京：化学工业出版社，1997：1-4.

注 这是1997年陆婉珍院士受我国著名仪器仪表科学家朱良漪先生邀请，为《分析仪器手册》撰写的第一章第一节“分析仪器的作用与发展史”书稿手稿。分析仪器是仪器仪表行业中一个较小的专业，但在国家

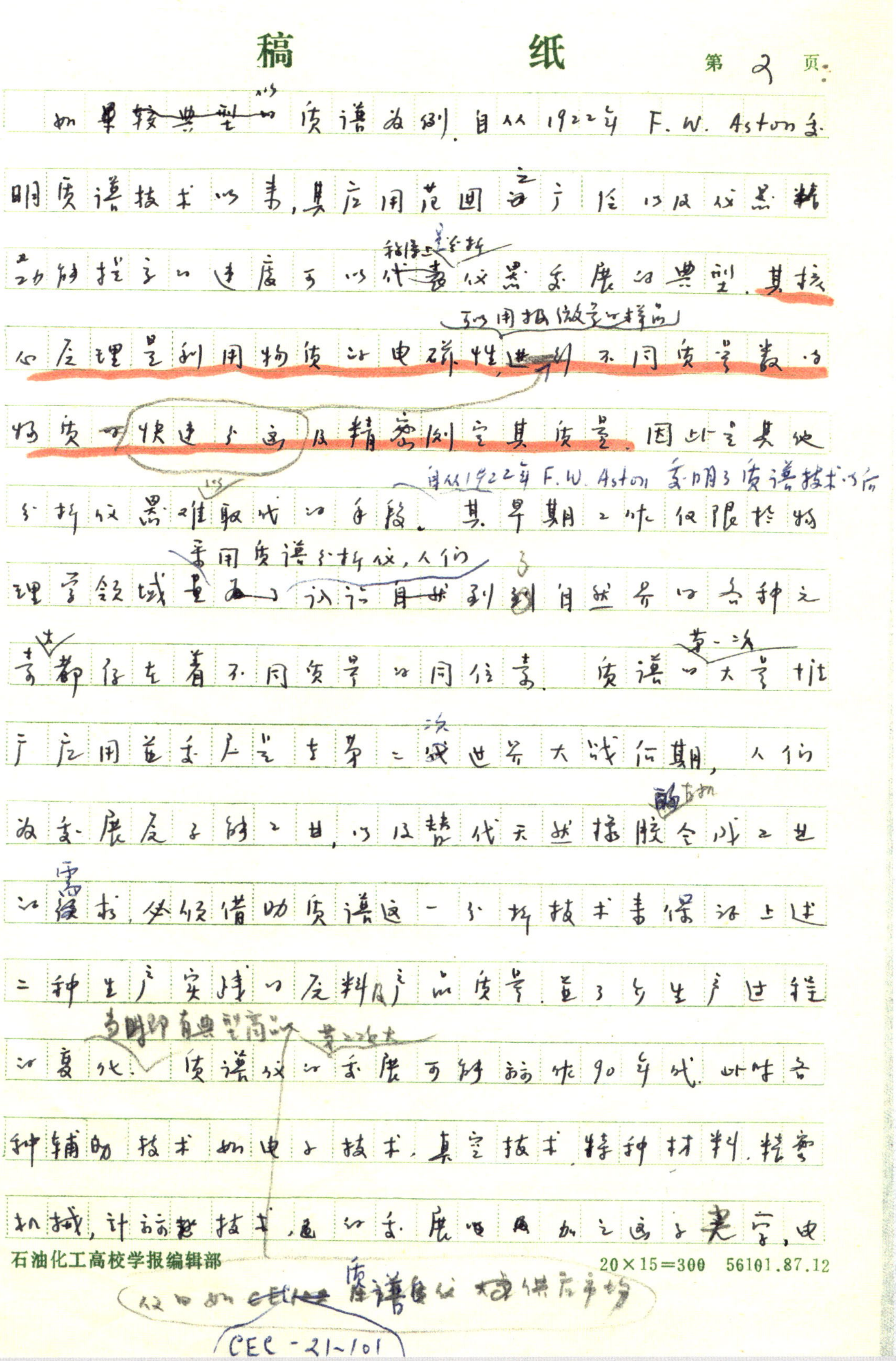

稿　纸　第2页

如果以质谱为例，自从1922年F. W. Aston发明质谱技术以来，其应用范围之广、仪器精确度、灵敏度和速度可以称得上是分析仪器发展的典型。其核心原理是利用物质的电磁性，将不同质量数的物质快速分离，及精密测定其质量。因此它是其他分析仪器难取代的手段。其早期工作仅限于物理学领域，采用质谱分析仪，人们认识到自然界的各种元素都存在着不同质量的同位素。质谱第一次大量地广泛应用是在第二次世界大战后期，人们为发展原子能工业，以及替代天然橡胶合成工业的需求，必须借助质谱这一分析技术来保证上述二种生产实践的原料产品质量，直至生产过程的变化。质谱仪的发展可能始于90年代，此时各种辅助技术如电子技术、真空技术、特种材料、精密机械、计算机技术，随着发展而加速了其完善，由

石油化工高校学报编辑部　20×15=300　56101.87.12

CEC-21-101

的经济发展、科学研究、国防战争、国计民生中却有着“四两拨千斤”的作用。自20世纪至今，已有近30位与分析仪器的发明或深入研究有关的科学家获得了诺贝尔奖。

手稿3-9　采用现代信息技术改造炼厂传统工艺

采用现代信息技术改造炼厂传统工艺

---近红外光谱过程分析技术在炼厂工艺技术改造中的应用

袁洪福，陆婉珍

石油化工科学研究院，北京，100083

一、引言

回顾世界炼油工业近十年来技术快速发展的历程，炼油企业为降低生产成本，提高生产效率和经济效益，增强市场竞争能力，在新增装置或对传统工艺改造过程中，不断地采用先进技术如计算机全厂一体化信息管理系统和先进过程控制技术（APC）等。这些技术的成功应用都离不开现代信息技术的进步，其中，一种先进信息提取技术----近红外光谱（NIR）过程分析技术—用于炼厂传统工艺技术改造的效果特别引人注目，产生了巨大的经济效益和社会效益[1,2]。

NIR 分析采用信息提取技术--化学计量学方法，将光谱与性质直接关联，建立两者之间的函数关系（或称模型）。近红外光谱反映了含氢基团（C-H，N-H，O-H 等）的分子振动信息，所以非常适合测量石化产品性质[1,3,4]，如辛烷值、十六烷值、凝点、闪点、馏程、烯烃、芳烃等。NIR 在应用中，根据测量光谱和模型计算得到所需的性质数据。NIR 测量速度很快（几十秒）；如果建立了很多种模型，则通过一张光谱测量可快速得到多种性质（多达十几种）；因此，一台 NIR 仪器具有可替代多种其它仪器设备的功能；近红外光可以通过长距离光纤传输，可方便实现远离仪器的现场过程测量。自 90 年代初，NIR 在炼油过程中应用技术发展很快[5~15]。

NIR 过程分析技术在炼厂应用情况有：（1）为炼油过程提供单一实时质量检测；（2）向过程优化控制系统实时反馈分析数据；（3）与 APC 技术结合对生产过程进行自动优化控制。被广泛地用于炼厂燃料调和、原油蒸馏、FCC、加氢裂化、润滑油、乙烯裂解和石油化工等主要工艺。作为信息技术，具有以下主要作用：（1）及时向生产过程控制系统提供原料性质信息，作为确定装置最佳操作条件依据；（2）实时检测装置各馏出口产品及中间产物性质，作为装置操作条件即时调整和质量卡边控制的依据；以下对各种工艺的应用情况作详细综述。

二、调和工艺

1.汽油调和

NIR过程分析技术在炼厂传统工艺技术改造中，最早成功也是最广泛的应用是汽油调和工艺。这项技术最初在世界各大石油公司如Ashland Oil、Amoco、Exxon、BP、General Motors等中开发成功的[10]。其开发原因是这项技术的应用对于企业有巨大利润可图，主要来自以下三个方面：（1）清洁空气法案（EPA）的实施，环保部门对炼厂生产的不同规格的汽油产品征收不同的环保税，如在我国台湾地区，不同规格汽油产品的环保税征收情况：I类油（0元台币/公升），II类油（0.1元台币/公升），III类油（0.3元台币/公升）。CPC每年为汽油产品支付3亿元台币环保费用。因此，汽油调和工艺技术改造项目具有明显可图的利润空间。

（2）用先进优化控制技术改造汽油调和工艺，能够最大限度地使用价格低和库存充裕的组分，价格贵的组分用量最小化，也避免某些重要质量指标如辛烷值的富裕情况造成汽油调和产品的质量“白送”（give away），减少炼厂利益损失，也有很大的可图利润空间。

（3）质量分析在汽油调和工艺中起着关键作用。现代信息技术的应用可以节省大量分析费用（设备与试剂）和人力；同时汽油产品可以直接装船，有效利用储罐资源，可节省的资金数量也是相当可观的。

因此，在发达国家和地区炼油工业中，大多积极采用 NIR 过程分析技术与控制技术对传统汽油调和工艺进行了技术改造，如法国的 LAVERA，波兰的 Petrochemia Plock。以下是 2 个采用现代信息技术对汽油调和工艺改造的实际案例：

注　这是2002年陆婉珍院士改写的“采用现代信息技术改造炼厂传统工艺”论文手稿，发表于《中国石化集团公司科学技术委员会论文选（2002）》，同年陆婉珍还执笔为刊物《中国石化》撰写了“为炼厂装上NIR信息神经”，这些论文在对石化领域普及近红外光谱技术知识以及引领我国该技术发展等方面起到了积极的作用。

手稿3-10　汽油工业生产在线全自动化调合将浮出水面

汽油工业生产在线全自动化调合将浮出水面

访中国科学院院士、中石化北京石科院陆婉珍教授

自去年 12 月 11 日我国的成品油零售市场全面开放后，我们还将迎来明年底批发市场的开放，这是我国政府对“入世”后的承诺。我国参加签署的《东京议定书》业已在全世界生效，加强环境保护、维持生态平衡已被世人所共识，等等这些都体现出我国逐渐融入世界、置身于全球经济。届时，必将出现“国际竞争国内化、国内市场国际化”的局面。石油石化更是排头兵，油价飚升牵动着国民经济和社会的神经，如何将黑色的石油生产出更多绿色的燃料，尤其是生产清洁燃料，如新配方汽油（国外已出现），低硫、低烯烃、低芳烃的清洁汽油，此刻，汽油屑尚需调合后方能进入市场，方能成为社会所需的商品汽油，进而有效地参与竞争。围绕汽油出厂前最后一道关键工序，亦是汽油质量把关的工序一调合，我采访了中国科学院院士、中国石化北京石油化工科学研究院陆婉珍教授。

陈伟立：陆婉珍院士，您好！我在一九五八年就涉足了石油和以后发展起来的石化领域，主要侧重于石油的炼制工艺和其加工工程设计。如业内人士所知，成品油的生产是在管道中密闭进行的，鉴于油品的易燃、易爆等极具危险的特点，对其质量的控制实属非常严格，以致于达到全过程精心监控的地步，即使是半成品，如汽油组份生产出来后，要成为出厂后提供给社会的商品，就必须进行调合，这里面就有很多文章可做啊！请您介绍一下好吗？

陆婉珍：可以！商品汽油是有多种牌号的，根据辛烷值的多少而定其相应辛烷值的牌号，如 93 号汽油，即是辛烷值为 93；97 号汽油，辛烷值为 97，它体现出一种抗爆的能力。一般来说，出厂前的汽油是需要进行调合的。这里的学问就更大了，之所以如此说，是因为汽油的多种组份如何搭配，有如中药的配伍，不能抓错，尤其是量的多少很有讲究，马虎不得，药，是人命关天的，而汽油牌号是用户极为关心的，作为动力燃料的汽油的好坏，对机器来说也是致命的。

陈伟立：您所说汽油的好坏，我理解是牌号的大小，如公共汽车适宜的牌号，决不能用于小轿车上，高级卧车上的高标号汽油倒可以用在公共汽车上，这就是浪费了，或者说是不经济了。常人思维的方式是：为了确保辛烷值的指标，可以

[1] 陈伟立. 汽油工业生产在线全自动化调合将指日可待?——中国科学院院士，中石化北京石科院陆婉珍教授访谈录[J]. 石油知识，2005（3）：2.

注　这是2005年陆婉珍院士改写的“汽油工业生产在线全自动化调合将浮出水面”访谈手稿。2005年，在陆婉珍的建议下，中石化正式立项，结合广州石化千万吨改造项目，由石科院负责研制具有我国自主知识

超量保护，即生产 90#汽油，调合时可过头一点，以 92# 确保 90#，或以 99#确保 97#，是吗？

陆婉珍： 虽然可以如此进行调合生产。但在市场经济条件下，卖方是吃亏的，高牌号卖高价位。~~但是，国家的汽油牌号不可能规定的如此细啊！如 92、93、94、95、96~~。

~~所以，~~要求企业生产准确牌号的汽油，以获取合理的利润和经济效益。这就引进了科学的、定量配比的自动调合技术或自动调合工艺。这里的关键技术之一，就是汽油在线质量分析仪，它是负责实时测定各调合组分与成品汽油的性质，及时将测量数据反馈 / 前馈给在线优化与控制软件，从而实现我们所企盼的汽油全自动调合工业生产的目标。

陈伟立： 在线质量分析技术有很多种，我知道国外近几年发达工业国家已有用先进的在线红外线的分析技术了。您是我国石油石化领域知名的、又是资源的分析学界权威，是否介绍一下这方面技术的特点和优越性。

陆婉珍： 许多在线质量分析技术中，我认为近红外光谱（NIR）快速分析技术是其中的一只奇葩。它主要反映了含氢基团，如 C－H、O－H、N－H 等的特征信息，若与化学计量学相结合，则特别适合于油品的分析，也就是说，可测定油品的多种物理化学性质方面的参数，如汽油的辛烷值、馏程、芳烃和烯烃组成，苯和氧化物含量，以及柴油十六烷值、族组成和煤油冰点等。近红外光谱不但测量速度快，而且该波段的光，能透过玻璃或石英材料，用光纤进行传输。若与光多路转换器结合，还可实现一台光谱仪同时进行多个测量点的监测，非常适用于在线分析。近几年来，近红外光谱仪已被用于包括汽油调合在内的几乎所有主要石化工艺过程（如原油蒸馏、催化裂化、催化重整、蒸汽裂解、氢氟酸烷基化等）的在线控制与优化。近几年发达工业国家兴建的汽油调和装置几乎都采用了在线近红外线分析技术。

用于管道自动调合的这种分析仪主要包括：测量各被测油品近红外光谱的主机、光纤测量附件、样品预处理系统、必须的防爆系统、在线化学计量学软件和近红外线分析模型。光谱仪是整个在线分析系统的心脏，由于炼油石化生产过程中很多是 24 小时连续运行，因此，在选择时，抗环境干扰以保持自身稳定性的性能指标很重要，~~因此，~~测量速度快，长期稳定性方面具有较强优势，~~且内部~~无移动光学

2

陆婉珍院士手迹选

产权的“汽油管道调合工艺成套技术”。经过两年的多学科多专业科研人员的共同协调研发，历经需求分析、整体设计、详细设计、工程实施、试运行等多个阶段，终于研制出了拥有我国自主知识产权的汽油管道调合工艺成套技术，并于2007年在广州石化得到成功实施和应用。

手稿3-11 Application of NIR Spectroscopy in Petroleum Industry

Application of NIR Spectroscopy in Petroleum Industry

Lu Wanzhen & Yuan Hongfu

(Research Institute of Petroleum Processing, SINOPEC

Beijing, 100083, China)

We started to work with this technique in 1995. ~~Three~~ The work includes three parts.

1. Instrument development. The NIR spectrometer with linear CCD detector was designed. The diagram of optics is shown in Figure 1. The configuration is simpler than the conventional NIR spectrometer. A high scanning rate and a very good reproducibilities were obtained. Followings are the specification of the four prototype instruments

wave length	700 - 1100 nm
Resolution	0.5 nm.
Reproducibility of wave length	< 0.05 (ten scans)
Scanning rate	20 ms (single scan from 700 - 1100 nm)
straight light	< 0.1 %T. (700 nm)
measurement range	0.1 - 110.0 %T
光栅	600 L/mm
CCD	2040 element
light source	12 v. 50 w. tungsten halium lamp
data system	(higher than) 586 PC. 166 M/16 M.
CRT	1024 × 768, ~~24~~
Software	DOS 6.0 / window 96 (Chinese, C++ 4.0)

20×20=400 5/IV 2000 石油化工科学研究院

注 这是2004年陆婉珍院士撰写的“Application of NIR Spectroscopy in Petroleum Industry”论文手稿，该文受《Journal of Near Infrared Spectroscopy》期刊之邀撰写，介绍中国近红外光谱分析技术在炼油工业中的应用情况，但由于种种原因未能公开发表。

~~Since 19~~ In the begining of 80's   analytical technique in many field.

NIR spectroscopy become a popular ~~in many fi~~ because of. As people

~~1. Fast~~ find that it has ~~the very~~ following various advantages, which

is ~~hard~~ suppior than any other analytical technique.

1. Very fast. — less than 1 min for single run. and

is ~~possible~~ easy to obtain several ~~co~~ sample massage from

a single spectrum.

2. No pretreatment is needed for Most of the samples, ~~doesn't have to~~ and the

3. ~~T~~ Simple instrument is needed. most of the optical parts are glass or quartz. and strange light source can be used in ~~bonds~~ order to increasing S/N.

4. Compounds containing C-H, N-H, O-H, have special absorption, but not interfered by the ~~bonds~~ compounds with heavier element.

5. Ordinary optical fiber can be used for long distance detection.

6. The penetration power of NIR radiation, made it possible to analyze solid, slurry, and viscous sample by difuse reflectance, ~~without pre~~ o any pretreatment.

Most of the object analysed in petroleum Industry are containing C-H, O-H or N-H bond. Therefore very

手稿3-12　近红外光谱分析技术必须继续发展

第 1 页共　页

近红外光谱分析技术必须继续发展

陆婉珍

自从2006年第一届近红外光谱会议以来，这项分析技术已得到了广大科技工作者的注意，并在几十个专业中得到了应用。但是若认为一项既快捷又廉价的分析技术，其应用范围仍未达应有的广泛程度。一方面是由于宣传力度不够（一般大学分析专业的学生尚有少部分同学了解这一技术），与此同时在技术上也还存在着一些需待完善的课题。例如：

(1) 大量适宜于长期应用的分析模型

近红外光谱分析技术的成功，其前提有一个适用的模型。但模型的建立需要付出很多劳动及投资。人们一般不愿意在得到分析结果前，作如此大的付出。为了解决这个课题，我们经

20×15=300　（电开26）

注　这是陆婉珍院士2008年撰写的“近红外光谱分析技术必须继续发展”论文手稿，该文发表在《全国第二届近红外光谱学术会议论文集》（长沙，2008）。为了让国内有更多的人了解、掌握并应用近红外光谱分析技术，陆婉珍在我国的多个层面上做了大量的工作，这些工作在引领近红外光谱分析技术发展、普及

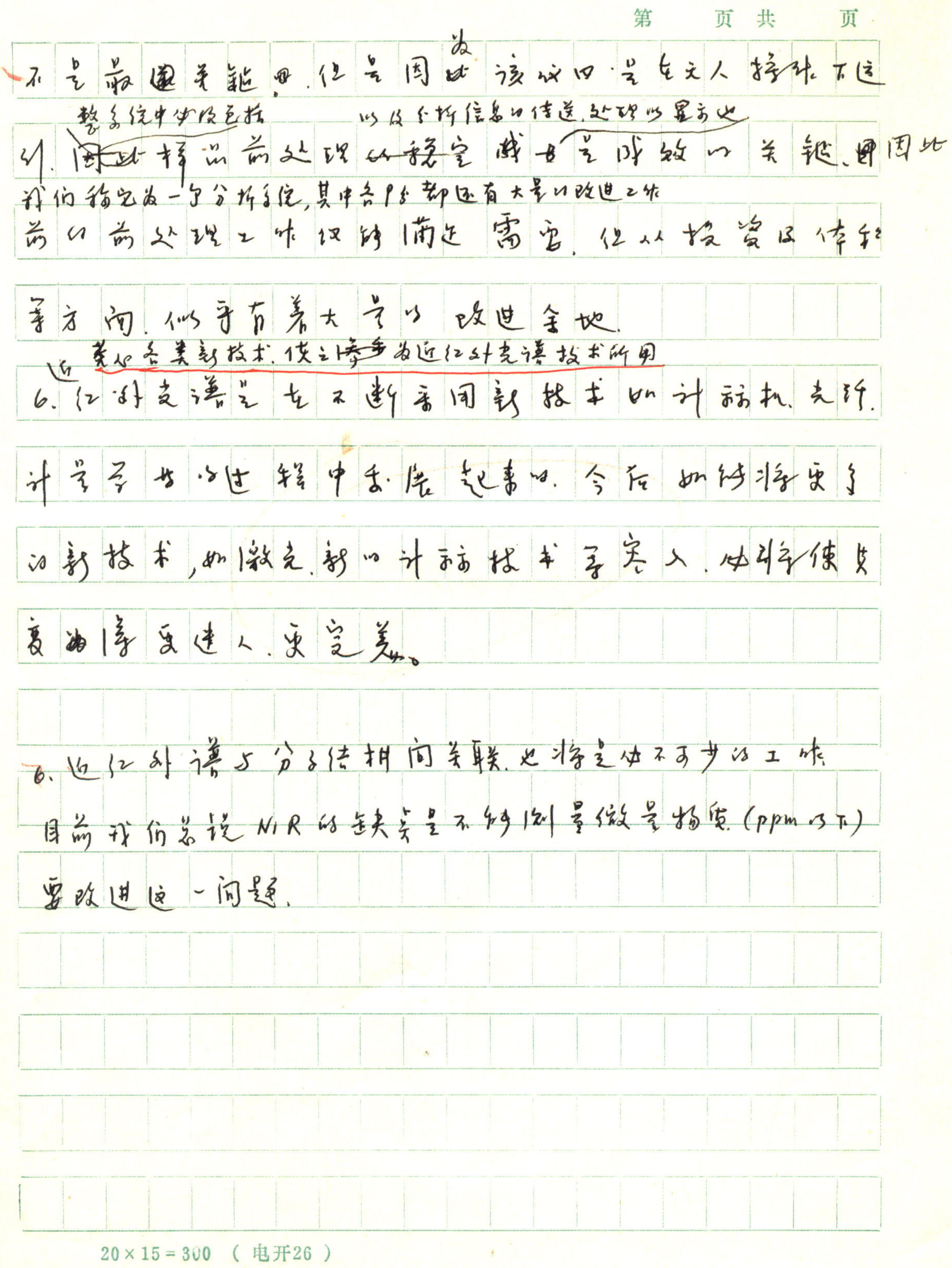

近红外光谱技术知识、培育我国近红外光谱的应用市场、培养我国近红外光谱专业技术人才等方面都起到了极其重要的作用。

手稿3-13　分析工作中的故事

第 1 页

分析工作中的故事

陆婉珍

近几十年来分析技术的发展可以说是神速。我们所能想象的大部分物质的组成或形态，都可以在很短时间内，使用先进的分析技术，检测出来，因此，分析技术在很多时候可以像福尔摩斯手中的显微镜一样，及时判断工业中出现的问题。以下：我记录几件多年来，我们如何利用分析技术侦破的几件石化工业中出现的问题。

(一) <u>重整装置的积炭</u>　在炼油厂中重整工艺是一个较重要的加工过程，它的主要用途是使汽油中的炭氢化合物(烃)，转化为芳香烃，即苯、甲苯、二甲苯等。因为这类化合物可以进一步作塑料、炸药等有价值的产品。同时也可以提高汽油的质量。1985年，在个别炼油中这一装置的反应口出口出现了严重的结焦，致使所用催化剂的输送管线被生成的炭堵塞。导致装置停工，经济损失严重。我们接受了这项任务。首先对生成的积炭进行了

第 2 页

较全面的形态分析，透射电镜观察表明，该积炭为典型的丝状炭，且每一根状炭的顶尖部有金属铁粒子以及少量的镍。X-射线分析结果表明，积炭为石墨形炭。与我们遇到过的：在高温以及还原气氛中，烃类物质与金属铁镍接触后生成的炭，结构形状相同。这类丝状炭的生成过程是：当条件适合时，烃类物质首先被吸附在反应器的铁金属表面上，并产生脱氢反应，生成原子炭，同时熔于金属晶粒中，新生的炭粒又继续催化这一反应的进行，致使丝状炭变得更长，最终生成大量的炭丝（积炭）以致堵塞反应器。为了使上述反应不发生，即不产生积炭，最简单的办法是使金属表面中毒，而含硫化物是最好的中毒物质。用这个推理，很快就找到了防止积炭产生的方案。

二、产品为什么不合格

60年代，我国自行设计，安装了第一套上述重整装置，因为这是我国自主研发的工艺，为了确保其顺利开工，组织了各方面的专业人员参加

注　这是2011年陆婉珍院士撰写的“分析工作中的故事”论文手稿，该文发表在《分析测试这十年》（机械工业出版社，2012）。文中陆婉珍通俗易懂地讲述了她亲自参与的利用现代分析技术结合一定的科学推理解决石化领域技术难题的故事，包括“防止重整装置的积炭”“产品为什么不合格”“催化剂不催化了”“润滑油缘何不能抗氧化”“汽油油路为何堵塞”等。20世纪60年代初，我国开发出了被誉为“五朵

开工，工期进展很快，不到一个月时间各项工作都已顺利完成。但剩下了一种产品，经过反复检测其质量未能达到要求，不能出厂。因为开工地点在北方，时间正值寒冬，新年即将来临，人人都盼着早日完工，我们好回家过年，但是这一关过不去，阻碍了大家的行程。那时气相色谱作为辅助手段也参加了各类产品的检测。因为色谱的高灵敏度以及分辨率，我们承认不合格的产品与合标准物质间~~的确有~~的色谱图的确有着细微的差别。即在基线上由不合格的产品，总会多一些杂小的色谱峰。而这些小峰的比例与进料油（原料油）大致相似，很明显我们可以理解为这一产品中混入了原料油，所以质量不合格。这一提示立即使工程设备安装人员想起，该产品的流出管线上的确接有一根原料油管线，但在开工前已关死，大概是当时天冷，而在管线中极少量的水结成的冰把这个阀门关闭了，而开工以后，热油把这些冰又化开了，阀门实际并没有关好。紧急动手把阀门关死了，问题也就迎刃而解了！

金花”的炼油新技术，在这些技术工业试生产时，陆婉珍多次带队下厂，指导建立分析手段，培训分析人员。工艺上遇到疑难时，她经常亲自整理分析数据，帮助查找原因。例如，第一套重整装置在大庆开车时，几种产品都合格了，唯有二甲苯不行。她指导用色谱做成分分析，很快做出判断，生产系统中混进了汽油。工艺人员按照她的指点，果然找到了漏油部位，问题迎刃而解。

陆婉珍 女士
中国科学院院士

分析技术 “侦破”石化工业“奇案”

近几十年来，分析检测技术的发展可以说是神速的。我们能想象的大部分物质的组成或形态，都可以在很短时间内，使用先进的分析技术检测出来。因此，分析技术在很多时候可以像福尔摩斯手中的显微镜一样，及时判断工业中出现的问题，提高效率，避免损失。以下是几则小故事，利用现代分析技术，结合一定的推理，解决了很多看似奇怪的问题。

防止重整装置的积炭

在炼油厂中重整工艺是一个重要的加工过程，它的主要用途是使汽油中的碳氢化合物（烃），转化为芳香烃，即苯、甲苯、二甲苯等。因为这类化合物可以进一步加工成塑料、炸药等有价值的产品，同时也可以提高汽油的质量。1985 年，在个别炼厂中这一装置的反应器出口出现了严重的结焦，致使所用催化剂的输送管线被生成的炭堵塞，导致装置停工，经济损失严重。我们接受了这项任务，首先对生成的积炭进行了较全面的形态分析，透射电镜观察表明，该积炭为典型的丝状炭，且每一根丝炭的顶端都有金属铁粒子以及少量的镍。X- 射线分析结果表明，积炭为石墨形炭，与我们遇到过的在高温以及还原气氛中，烃类物质与金属铁镍接触后生成的炭，结构形状相同。这类丝状炭的生成过程是：当条件

摘自《分析测试这十年》（机械工业出版社，2012）

手稿3-14　原油的快速评价

第　　页

原油的快速评价

陆婉珍，褚小立

（石油化工科学研究院，北京 100083）

一、原油评价的意义及内容

二、快速评价的需求

三、较实用的近红外吸收光谱法

四、中红外吸收光谱在评价原油中的应用研究

[1] 陆婉珍，褚小立. 原油的快速评价[J]. 西南石油大学学报（自然科学版），2012，34（01）：1-5.

注　这是2012年陆婉珍院士撰写的“原油的快速评价”论文手稿，是陆婉珍亲手撰写的最后一篇学术论文。20世纪末，我国进口原油量逐年递增，原油种类也变得越来越繁杂，炼厂加工混合原油已成常态化，亟需一种对原油进行快速评价的分析技术。1998年，陆婉珍就指导博士研究生王艳斌，采用近红外光谱技

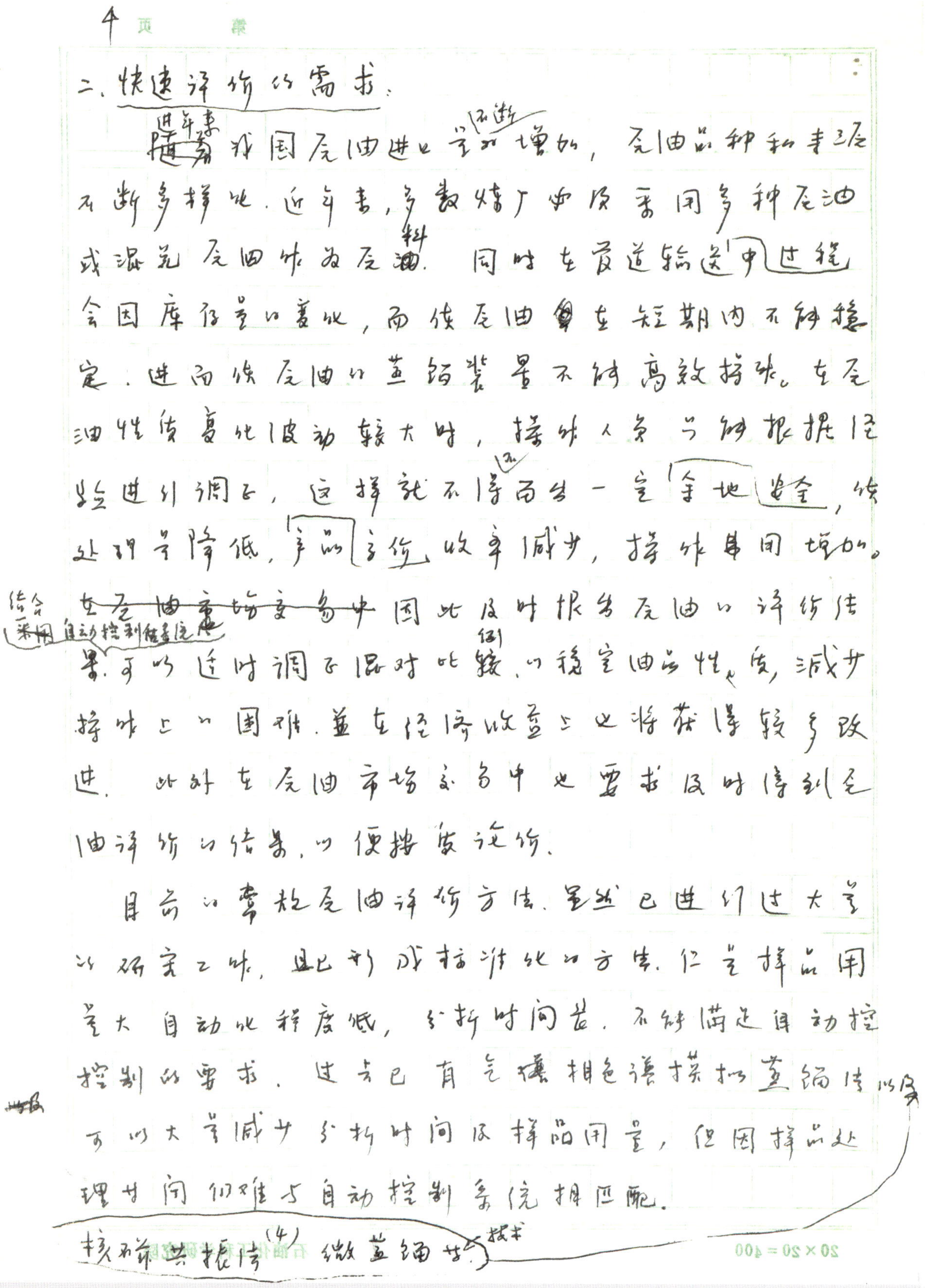
4 页

二、快速评价的需求

随着近年来我国原油进口量不断增加，原油品种和来源不断多样化。近年来，多数炼厂也须采用多种原油或混兑原油作为原料。同时在贮运输送过程中会因库存量的变化，而使原油在短期内不能稳定，进而使原油的蒸馏装置不能高效操作。在原油性质变化波动较大时，操作人员只能根据经验进行调整，这样就不得不留一定余地，使处理量降低，产品收率减少，操作费用增加。综合采用自动控制和优化 因此及时根据原油的评价结果，可以进行调整混对比例，以稳定油品性质，减少操作上的困难，并在经济效益上也将获得较多改进。此外在原油市场交易中也要求及时得到原油评价的结果，以便接受定价。

目前的常规原油评价方法虽然已进行过大量的研究工作，且已形成标准化的方法，但是样品用量大，自动化程度低，分析时间长，不能满足自动控制的要求。过去已有气相色谱模拟蒸馏法可以大量减少分析时间及样品用量，但因样品处理时间仍难与自动控制系统相匹配。

核磁共振法(4) 微蒸馏技术

20×20=400

术对原油的实沸点蒸馏数据进行预测分析研究。2007年，在陆婉珍指导下，石科院建立了完善的原油近红外光谱数据库，提出了快速识别原油以及对混兑原油进行光谱拟合的方法，成功研制出了拥有我国自主知识产权的近红外光谱原油快评技术。

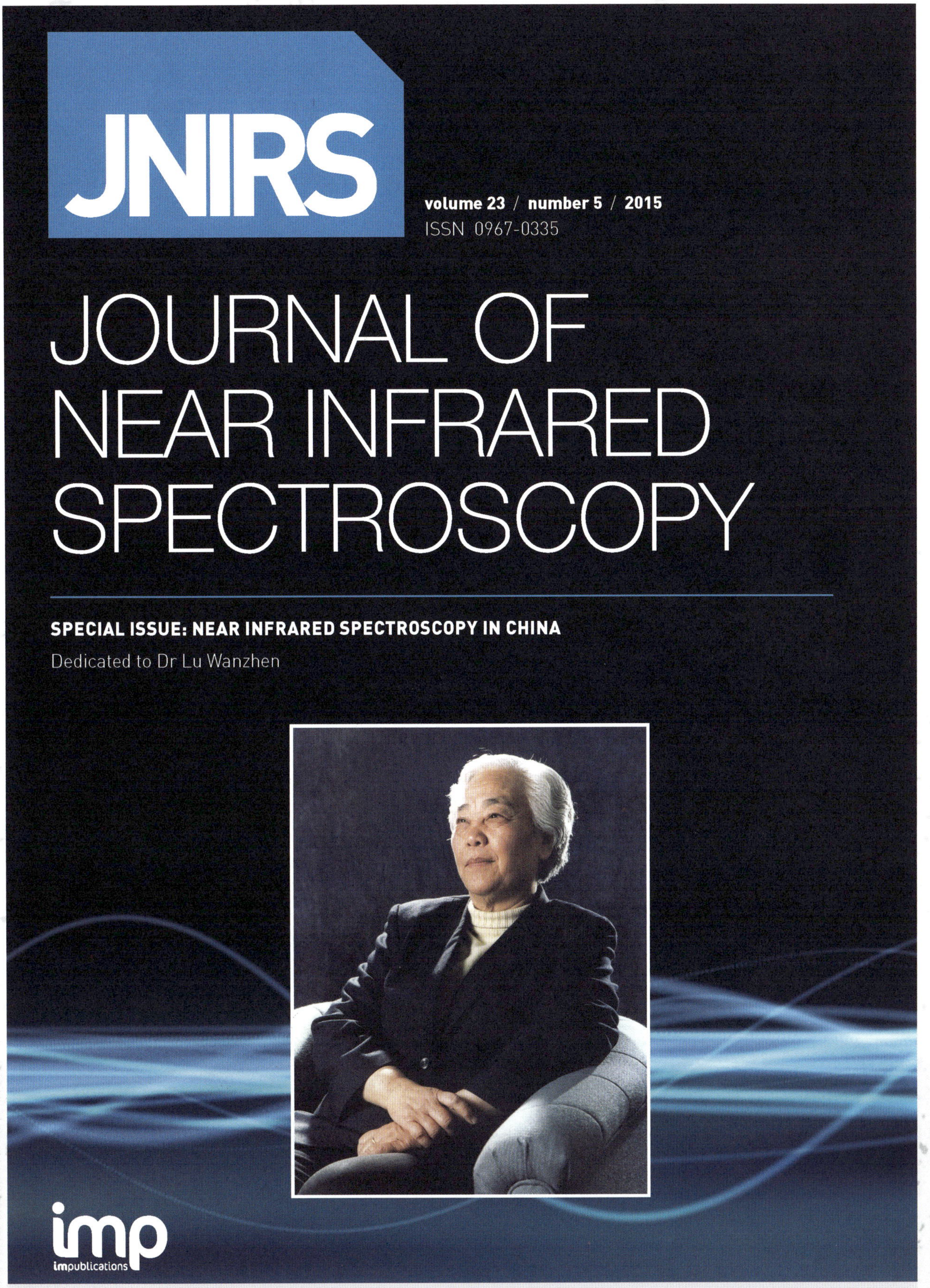

2015年《Journal of Near Infrared Spectroscopy》期刊为悼念陆婉珍院士逝世出版的中国近红外光谱专刊，以及发表的中英文对照版悼念文章。

Xiaoli Chu and Qian Wang, *J. Near Infrared Spectrosc.* **23,** 267–268 (2015)

JNIRS JOURNAL OF NEAR INFRARED SPECTROSCOPY
Special Issue: Near Infrared Spectroscopy in China

In memory of Dr Lu Wanzhen, champion and pioneer for the adoption of near infrared technologies in China

Xiaoli Chu[a] and Qian Wang[b]

[a]Research Institute of Petroleum Processing, Beijing 100083, China
[b]Galaxy Scientific, Inc., 14 Celina Ave, Unit 17, Nashua, New Hampshire 03063, USA

On 21 November 2015, in Beijing, more than one thousand people attended the funeral service for Dr Lu Wanzhen, a fellow of the Chinese Academy of Sciences and former Chief Engineer of the Research Institute of Petroleum Processing (RIPP), who passed away on 17 November 2015 at the age of 92. Among family members, friends and former students were scientists, engineers and other professionals from the near infrared (NIR) scientific field and instrumentation industry, who came in person to pay their final respects to the highly accomplished scientist and much admired mentor.

Dr Lu had an inspiring life and career with many great accomplishments. Born in Tianjin, China, on 29 September 1924, she was among the few female scientists of that time with an advanced education, having obtained her BS degree in Chemical Engineering from the Chongqing Central University in 1946, her MS degree in Chemistry from the University of Illinois in 1948 and her PhD in Chemistry from Ohio State University in 1951. Following her post-doctoral research at Northwestern University, she worked at Corn Products Refining Company in USA as a senior research scientist from 1953 to 1955.

Upon returning to China in 1955, she started what became her life-long career in the petroleum industry, where she pioneered the development of numerous analytical technologies in such areas as ultraviolet spectroscopy, infrared spectroscopy, gas chromatography, NMR spectroscopy and mass spectrometry. An early example of her success in solving a critical developmental problem in China's petrochemical industry was her application of analytical investigative methods to raw materials and intermediate and finished

Dr Lu Wanzhen, 29 September 1924 to 17 November 2015

ISSN: 0967-0335
doi: 10.1255/jnirs.1182

JNIRS JOURNAL OF NEAR INFRARED SPECTROSCOPY
Special Issue: Near Infrared Spectroscopy in China

深切缅怀中国近红外光谱技术的先驱者—陆婉珍院士

褚小立[a] 王茜[b]

[a]中国石化石油化工科学研究院，北京100083，中国
[b]银河科技公司，纳舒厄市，新罕布什尔州，03062 美国

2015年11月17日凌晨2时，中国著名的分析化学家陆婉珍院士因病在家中去世，享年92岁。2015年11月21日，上千位来自石油化工、分析化学以及仪器仪表等领域的社会各界人士前往北京八宝山送别陆婉珍院士，深深悼念这位为中国分析化学和石油化学事业做出突出贡献的科学家。

陆婉珍院士的一生是光辉、卓越的一生。1924年9月29日陆婉珍院士生于天津。1946年重庆中央大学化工系大学毕业，1949年获得美国伊利诺大学化学硕士学位，1951年获得美国俄亥俄州立大学化学博士学位，并于1952至1953年在美国西北大学从事博士后研究工作，1953年后期，在美国玉米产品精炼公司任研究员。

1955年10月，陆婉珍院士回到中国，将毕生精力投入分析化学和石油化学研究。当时中国仪器分析尚在起步阶段，她在短短几年时间内组织建立了气体分析、油品分析、元素分析和光谱分析等分析方法，搭建起了较为完整的油品分析技术平台，为科研和生产提供了大量的分析数据，并为炼油企业生产提供了分析技术支撑。例如，她在烃类燃烧过程中对镍铬合金腐蚀机理研究；我国第一套催化重整装置催化剂痕量砷中毒失活原因分析；油井压裂液研制；催化裂化助燃剂研制；特种油品氟油的研制；重油中硫分析及对油品抗氧化性能研究；轧制液质量控制；高碱度磺酸盐添加剂研制等项口中都发挥了关键作用。

上世纪80年代初，在她组织和领导下，我国首次成功开发出了弹性石英毛细管色谱柱，这是我国气相色谱技术发展的一个里程碑。随后，针对复杂炼厂气和汽油中不同烃类组成，研制出了多孔层毛细管柱和填充毛细管柱，为我国重大新型炼油工艺的开发及时准确地提供了分析数据。上世纪80年代中后期，她指导研究生们解决了液相色谱中定量检测的问题，可对分离所得的各类烃类直接进行定量分析，以后又在液相色谱柱研制方面做了大量有创新性的研究和应用工作。

上世纪90年代中后期，七十岁高龄的陆婉珍院士将研究方向的重点放在近红外光谱分析技术上。1994年她组建了研发团队，采用产学研结合的方式，完成了该技术必备的硬件、软件及油品分析模型的研究和商品化，研制出了成套的实验室型和在线型近红外光谱仪。目前，在她的指导下已建成了包括原油

陆婉珍院士 1924年9月29日- 2015年11月17日

ISSN: 0967-0335
doi: 10.1255/jnirs.1186

在内的较为完备的油品近红外模型数据库，所研发的在线近红外光谱技术已在我国十余家炼厂的多套装置上得到成功应用，为炼油工业装置的平稳和优化运行发挥着重要的作用。

陆婉珍院士还鼓励和指导其他领域开展近红外光谱技术研究和应用工作。例如，她积极支持和推动中国食品药品监督局领导和组织的以近红外光谱为核心技术的药品检测车研制项目，目前在中国已装备400余辆药品检测车，实现了现场对药品质量的快速筛查，提高了药品监管工作的效率和质量。这项工作受到了WHO、FDA和USP等国际组织的高度赞扬。

陆婉珍院士是公认的中国近红外光谱应用技术的领路人。为推动近红外光谱技术在中国发展，她在多个层面上做了大量的工作。她撰写了多篇有影响力的综述性论文；1999年她组织编写了第一部全面介绍近红外光谱技术的专著，成为中国近红外光谱领域的经典之作。2006年在她的倡议和组织下，召开了中国第一届近红外光谱学术会议，目前已举办了五届会议。2009年在陆婉珍院士的积极倡导下，成立了中国近红外光谱学会，这对增进我国近红外光谱科技工作者之间的交流与合作，促进该技术在我国健康快速地发展起到了非常重要的作用。2015年，中国近红外光谱学会设立了“陆婉珍近红外光谱奖”，激发更多人投身近红外光谱研究与应用工作。

陆婉珍院士一生学识渊博，成果丰硕。多次获得国家和中国石化科技奖；授权专利31项；发表论文232篇，出版专著11部；1991年当选为中科院化学部学部委员（院士）。陆婉珍院士严谨求实、无私奉献、桃李满天下。陆婉珍院士悉心教育，1978年陆婉珍被聘博士生导师，曾先后培养了50余名博士、硕士研究生和博士后，培养了一批石化分析和石油化学学术带头人和技术骨干。她不仅在学术上是他们的导师，也是他们生活上值得信赖的、睿智的长者。她待人和蔼、谦虚，性格正直、开朗，深受周围年青人的爱戴。她经常告诫身边的年青学者：“科学成绩是常年的积累，而不是一朝一夕的辉煌。”

不仅在中国，全球近红外光谱领域的工作者也都对陆婉珍院士的去世表示沉痛哀悼。格雷姆 D. 巴滕博士在悼词中写道：“获悉陆博士去世的消息，我感到十分悲痛。我在近红外光谱领域工作多年，并担任近红外光谱杂志主编10年， 我高度赞赏我们近红外光谱领域的先驱者陆博士做出了卓越贡献。陆婉珍博士是很多人的导师和睿智的引路人，她的一生影响了世界各地的许多人以及他们工作。此时，很多澳大利亚的近红外同行都在深切悼念陆博士”。澄夫河野教授代表日本近红外光谱学会撰写的悼函上说：“我们对陆婉珍教授的去世感到深深的悲哀，她是中国近红外光谱技术的创始人之一。她将永远的活在我们心中”。尾崎幸洋教授写道，“陆教授是不仅是一位非常了不起的科学家，而且也是一个具有伟大胸怀的人。我从心底尊重她。我很荣幸能有两次机会同她会晤并就很多事情进行了交谈。陆教授还送给了我一本有她亲笔签名的近红外光谱著作，这本书是她留给我的珍贵纪念。她不仅是中国，也是日本、亚洲和世界各地的宝贵财富。我们都将永久怀念她。”

陆婉珍院士的逝世，我们失去了一位令人尊敬的专家、师长。她对事业的热爱，对科学执着的探求精神，对工作认真负责、鞠躬尽瘁的优秀品格，将永远留在我们心中。

第四篇 专著手稿

本篇收录了陆婉珍院士编写的4部专著的手稿，其中2000年出版的《现代近红外光谱分析技术》是陆婉珍院士的代表作之一。该书受到了业界一致好评，成为近红外光谱分析专业的必备参考书，该书曾在2002年脱销，出版社后又加印了两次。

20世纪80年代中期，陆婉珍院士与汪燮卿院士合著的《近代物理分析方法及其在石油工业中的应用》（上下册），是国内石油分析专业的必备参考书，该书至今仍是一些科研院所博士生招生指定的重要参考书。

20世纪80年代和90年代陆婉珍院士还组织编写出版了《重整工艺分析方法汇编》《催化裂化工艺分析方法汇编》《石油化工分析方法汇编》和《石油化工分析方法（RIPP试验方法）》等著作。

本篇整理筛选出陆婉珍院士1982—2010年撰写的著作手稿6件，主要涉及《近代物理分析方法及其在石油工业中的应用》和近红外光谱分析技术系列图书。

手稿4-1 《近代物理分析方法及其在石油工业中的应用》

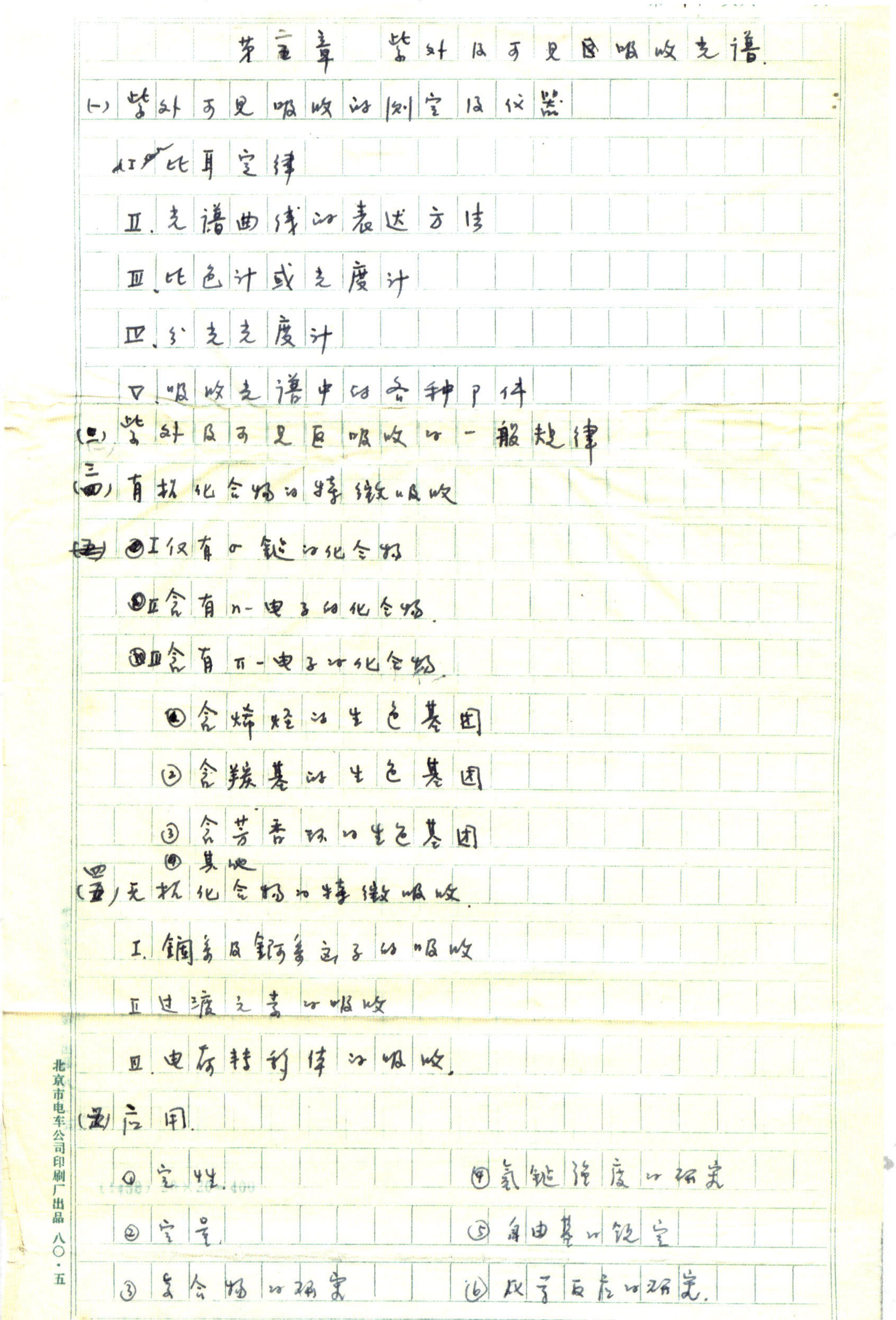

第五章 紫外及可见区吸收光谱

(一) 紫外可见吸收的测定及仪器

I 比耳定律

II 光谱曲线的表述方法

III 比色计或光度计

IV 分光光度计

V 吸收光谱中的各种[illegible]件

(二) 紫外及可见区吸收的一般规律

(三) 有机化合物的特征吸收

I 仅有σ键的化合物

II 含有n-电子的化合物

III 含有π-电子的化合物

① 含烯烃的生色基团

② 含羰基的生色基团

③ 含芳香环的生色基团

④ 其他

(四) 无机化合物的特征吸收

I 镧系及锕系离子的吸收

II 过渡元素的吸收

III 电荷转移体的吸收

(五) 应用

① 定性 ④ 氢键强度的研究

② 定量 ⑤ 自由基的鉴定

③ 复合物的研究 ⑥ 化学反应的研究

北京市电车公司印刷厂出品 八〇・五

注 这是1982年陆婉珍院士编著《近代物理分析方法及其在石油工业中的应用》的手稿，该书与汪燮卿院士合著，分为上下两册，上册1984年由石油工业出版社出版，下册1990年由烃加工出版社（现中国石化出版社）出版，是国内石油分析专业的必备参考书，该书至今仍是一些科研院所博士生招生指定的重要参考书。

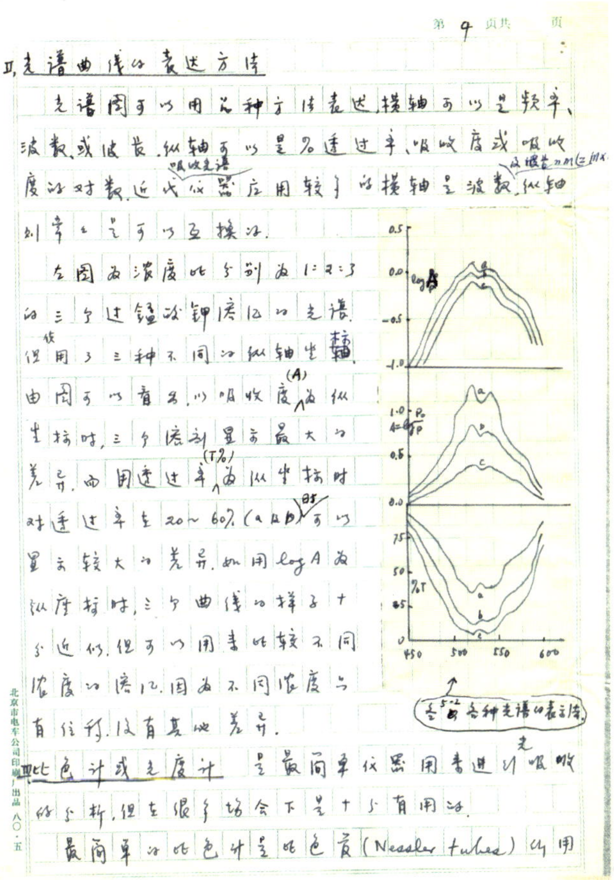

第 9 页共 页

II. 光谱曲线的表述方法

光谱图可以用几种方法表述。横轴可以是频率、波数或波长，纵轴可以是透过率、吸收度或吸收度的对数。近代仪器应用较多的横轴是波数，纵轴则常常是可以互换的。

左图为浓度比分别为1:2:3的三个过锰酸钾溶液的光谱，但用了三种不同的纵轴坐标。由图可以看出以吸收度(A)为纵坐标时，三个溶液显示最大的差异。而用透过率(T%)为纵坐标时，对透过率在20~60%(a及b)时可以显示较大的差异。如用log A为纵座标时，三个曲线的样子十分近似，但可以用来比较不同浓度的溶液，因为不同浓度只有位移，没有真正差异。

图5-2 各种光谱的表示法

III. 比色计或光度计 是最简单仪器用来进行光吸收的分析，但在很多场合下是十分有用的。

最简单的比色计是比色管(Nessler tubes)，以用

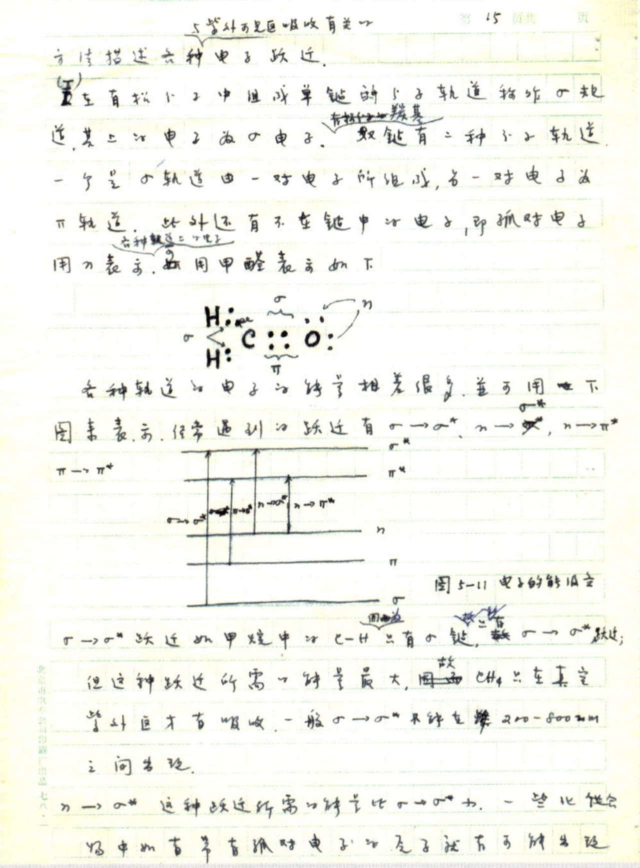

第 15 页共 页

方法描述六种电子跃迁。

(I) 在有机分子中组成单键的分子轨道称作σ轨道，其上的电子为σ电子。羰基等双键有二种分子轨道，一个是σ轨道由一对电子所组成，另一对电子为π轨道。此外还有不在键中的电子，即孤对电子，用n表示。例用甲醛表示如下

各种轨道的电子的能量相差很多，并可用下图来表示。经常遇到的跃迁有σ→σ*，n→σ*，n→π*，π→π*

图5-11 电子的能级图

σ→σ* 跃迁如甲烷中的C-H只有σ键，故只有σ→σ*跃迁；但这种跃迁所需的能量最大，因此CH₄只在真空紫外区才有吸收。一般σ→σ*只能在200–800nm之间发现。

n→σ* 这种跃迁所需的能量比σ→σ*少。一些化合物中如有带有孤对电子的原子就有可能发现

20世纪80年代和90年代陆婉珍院士还组织编写出版了《重整工艺分析方法汇编》《催化裂化工艺分析方法汇编》《石油化工分析方法汇编》和《石油化工分析方法（RIPP试验方法）》等著作。

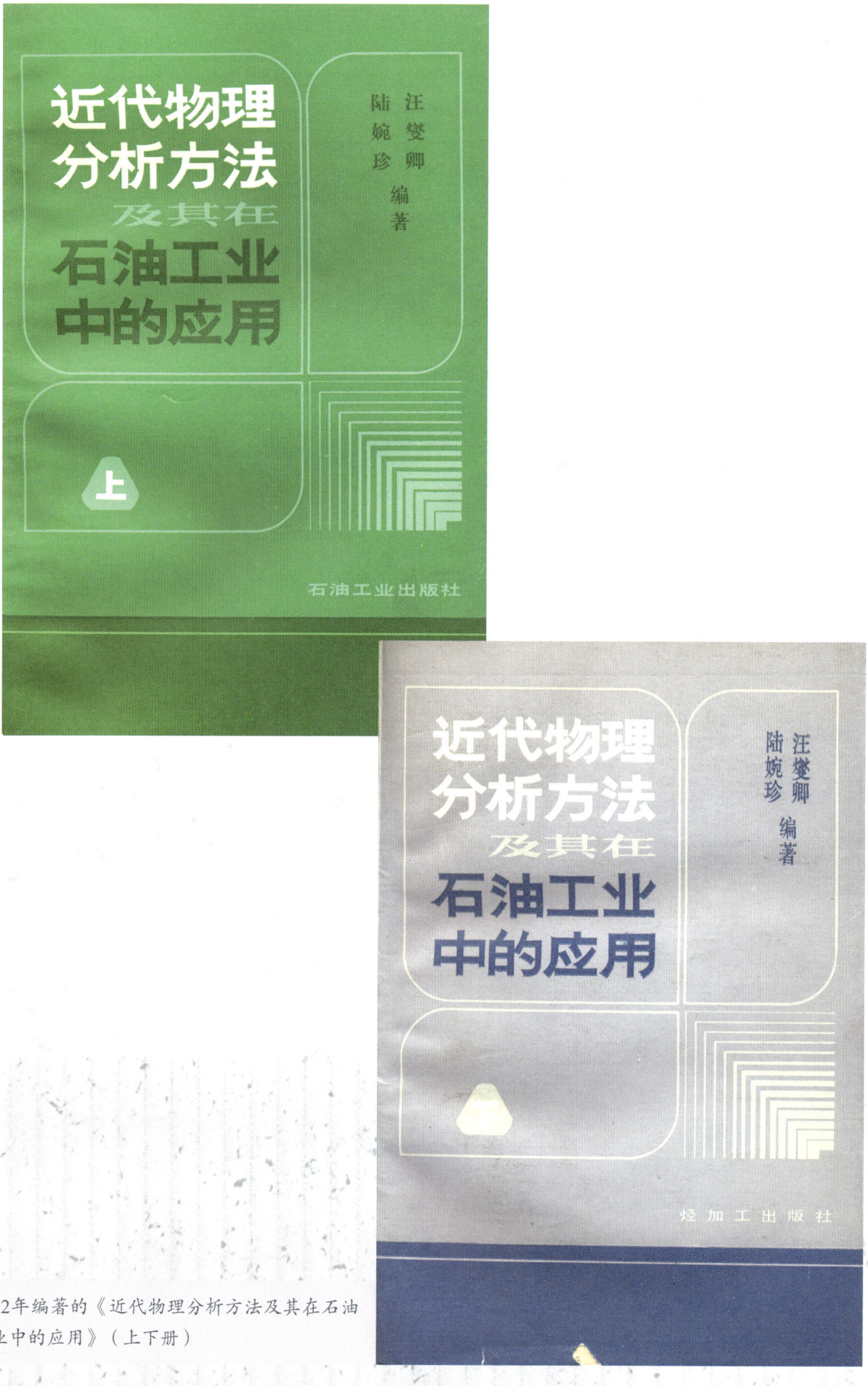

1982年编著的《近代物理分析方法及其在石油工业中的应用》（上下册）

陆婉珍院士组织编写的石油化工分析方法系列图书

1986年出版的《重整工艺分析方法汇编》

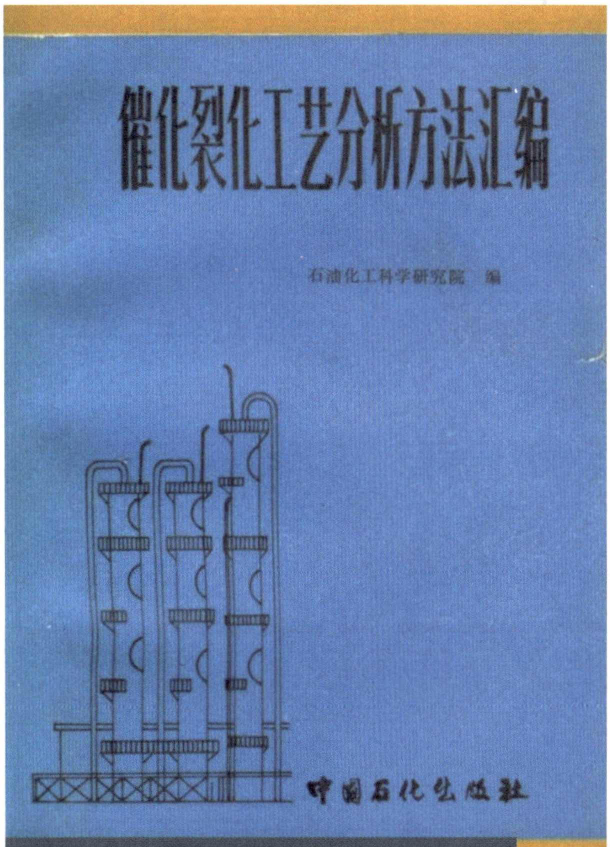

1993年出版的《催化裂化工艺分析方法汇编》

1983年出版的《石油化工分析方法汇编》

1990年出版的《石油化工分析方法（RIPP试验方法）》

手稿4-2　《现代近红外光谱分析技术》

手稿4-2A　《现代近红外光谱分析技术》（序言）

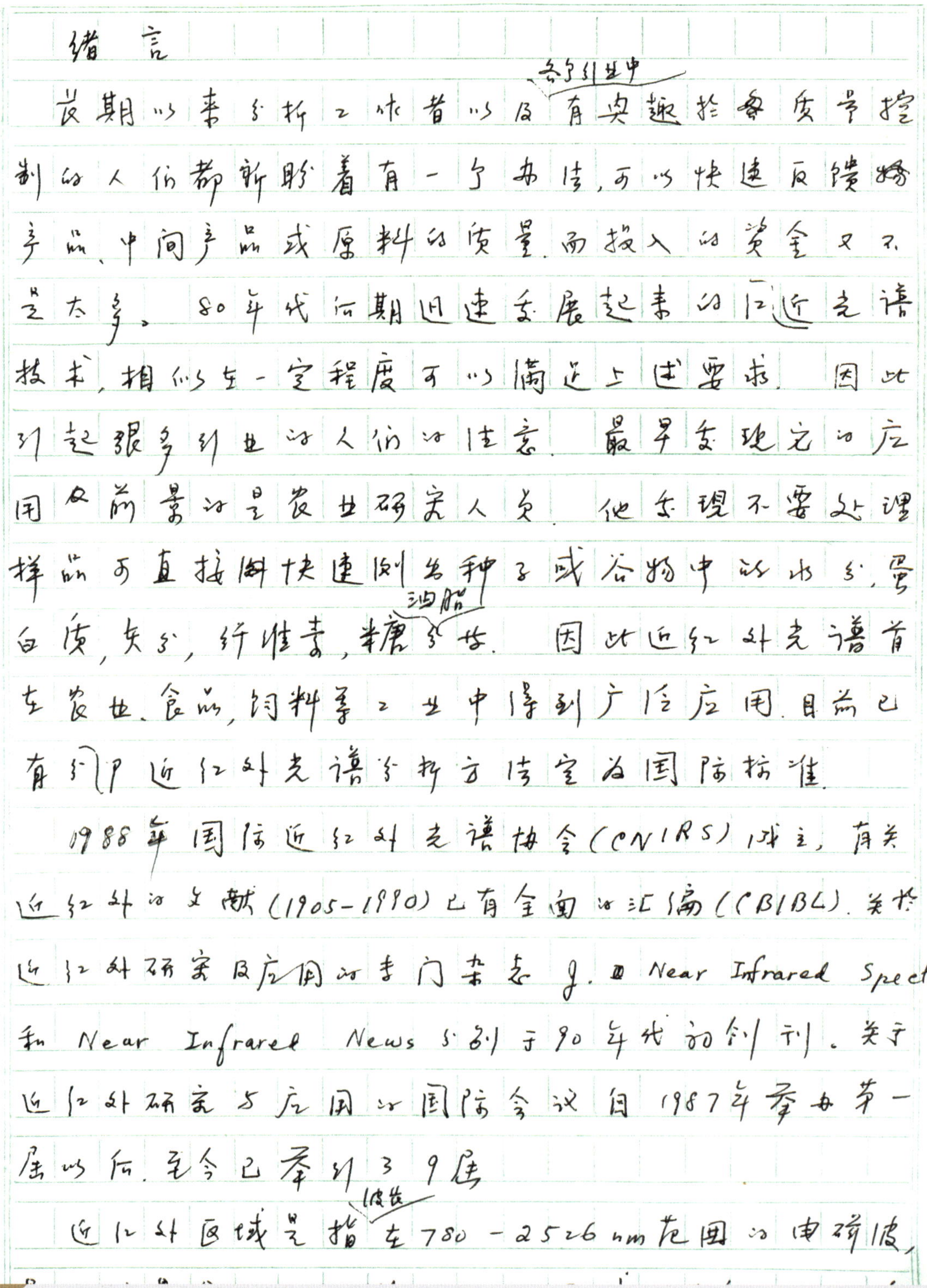
绪言

长期以来分析工作者以及各行业中有兴趣于质量控制的人们都希望着有一个方法，可以快速反馈成品、中间产品或原料的质量，而投入的资金又不是太多。80年代后期迅速发展起来的近红外光谱技术，相信在一定程度可以满足上述要求。因此引起很多行业的人们的注意。最早发现它的应用前景的是农业研究人员，他发现不要处理样品可直接快速测出各种子或谷物中的水分、蛋白质、灰分、纤维素、油脂、糖分等。因此近红外光谱首先在农业、食品、饲料等工业中得到广泛应用。目前已有几个近红外光谱分析方法定为国际标准。

1988年国际近红外光谱协会（CNIRS）成立，有关近红外的文献（1905-1990）已有全面的汇编（CBIBL）。关于近红外研究及应用的专门杂志J. Near Infrared Spectroscopy和Near Infrared News分别于90年代初创刊。关于近红外研究与应用的国际会议自1987年举办第一届以后，至今已举行9届。

近红外区域是指波长在780-2526nm范围的电磁波，

注　这是1999年陆婉珍院士编著《现代近红外光谱分析技术》专著的手稿，手稿4-2A是陆婉珍撰写的序言，手稿4-2B是撰写的章节，手稿4-2C是书稿清样修改手迹。1998年，在对近红外光谱技术取得阶段性研究成果，并对其有了较为完整的理解和掌握后，陆婉珍决定编写一部全面介绍现代近红外光谱技术的专业书籍。

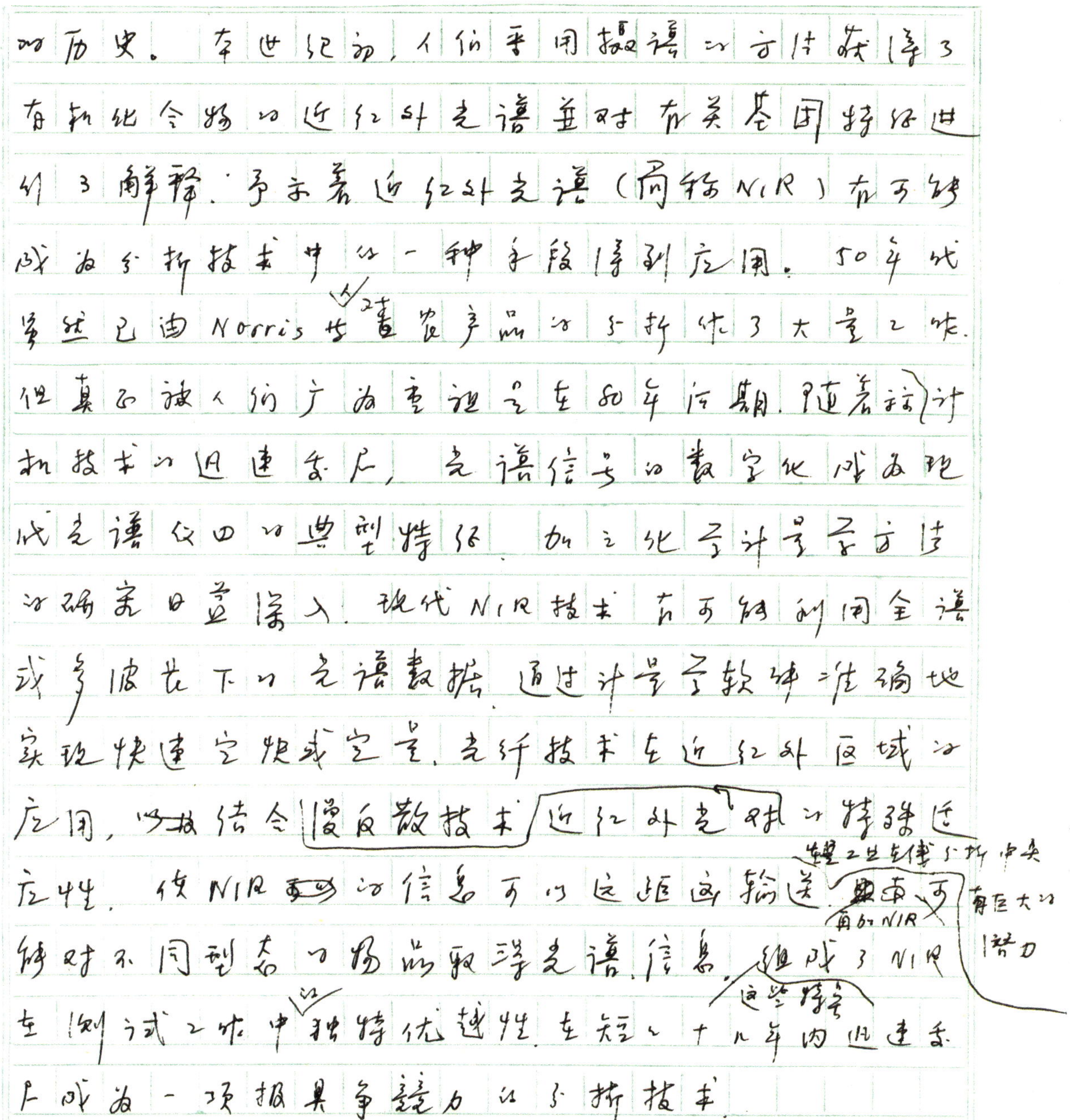
的历史。本世纪初，人们采用摄谱的方法获得了
有机化合物的近红外光谱并对有关基团特征进
行了解释。于是近红外光谱（简称NIR）有可能
成为分析技术中的一种手段得到应用。50年代
虽然已由Norris等人在农产品的分析作了大量工作。
但真正被人们广为重视是在80年代后期。随着计
机技术的迅速发展，光谱信号的数字化成为现
代光谱仪器的典型特征。加之化学计量学方法
的研究日益深入。现代NIR技术有可能利用全谱
或多波长下的光谱数据，通过计量学软件准确地
实现快速定性或定量。光纤技术在近红外区域的
应用，以及结合漫反射技术，近红外光谱的特殊适
应性，使NIR的信息可以远距离输送，有可
能对不同型态的物品取得光谱信息。组成了NIR
在测试工作中独特优越性。在短短十几年内迅速发
展成为一项极具竞争力的分析技术。
我国对NIR技术的研究及应用起步较晚，但近五年
来已取得了一定进展。我们结合近几年来在仪器、
硬件、软件及应用方面的实践，参考各种已发
表的文献，撰写了本书，希望能供初刚进入这
石油化工科学研究院 20×20=400

在陆婉珍的策划和组织下，与袁洪福、徐广通和强冬梅等人在不到1年的时间内就写出了初稿，全书包括九章，其中有两章是陆婉珍亲自撰写的。书稿经过陆婉珍全面审定后，由中国石化出版社于2000年出版。该书受到了业界一致好评，成为近红外专业的必备参考书，该书曾在2002年脱销，后又加印了两次。

领域的同志或是对这一技术有兴趣的同志们参考。

全书共分九章。为了便于阅读，第一章对红外光谱技术的概况作一个扼要介绍。第二章介绍了近红外的特征。第三、四、五、及七章是关于仪器及实验技术。第八及九章是各应用领域的介绍，因为本书的作者目前都从事石化方面的应用，因此在第八章中单列了一章。第六章是有关数学方法的简单介绍，因为近红外光谱的操作及应用推广都是与光谱信息的提取分不开的，而信息的提取必须用到一些数学方法，可能对一部分读者尚不够熟悉。

本书在出版过程中承蒙石化出版社的大力协助，以及科院[illegible]室胡明睿主任的鼓励，以及一室104组全体工作人员的协助，在此一并表示感谢。

由于水平所限，全书编写时间较仓促，书中错误及缺点在所难免，敬请读者批评指正。

作者

1999年于北京石科院

①

第七章 定量及定性分析 (1)(2)

7.1 定量分析的步骤

7.1.1 选择校正用样品（训练集及检验用样品）

7.1.2 用标准方法测定样品物化性质

7.1.3. 收集光谱数据

7.1.4 光谱数据的预处理

7.1.5 建立数学模型

7.1.6 ~~分析样品~~ 数学模型的检验

7.1.7 分析样品

7.1.8 定量分析的流程

7.1.9 定量分析的实例

7.2 近红外光谱分析的误差来源

7.3 定性判别分析

7.3.1 基于有限波长的方法

7.3.2 基于全谱的方法

（①定出某类物质的位置 ②定出某一样品是否属于某类物质）

①直接测余弦

②直接比较光谱相似性

③用主成分得分的方法

④用主成分得分计算马氏距离

⑤其他模式识别的方法

7.3.3 具体分析步骤

20×20=400 石油化工科学研究院

由于近红外光谱中各组分的光谱重叠严重，一个单波长不能用来预测样品的物化性质（如某一组分的浓度）。更何况在近红外分析中常常需要测定一个以上的物化性质，所以必须采用多元校正方法（建立模型）。最常用的多元校正方法有：多元线性回归（MLR），主成分回归（PCR）及偏最小二乘法（PLS）三种。其计算方法在第六章中都有叙述。其中以多元线性回归的计算最简单，但必须选择一定的波长，取其吸光度建立吸光度矩阵。主成分回归也曾用于模型的建立并得到了一定成功，其优点是不需要选择波长，可以用全谱的数据。但分析者必须决定应该在模型中使用多少主成分。第六章中已介绍了主成分数的决定方法。偏最小二乘是另一种多元校正方法，对于多数样品这种校正方法的结果误差最小，因此在编写软件时常有三种方法以供选择。为了解决某些光谱数据与物化性质不用线性时的模型建立，常使用神经网络计算等新的方法。

7.1.6 样品分析

欲分析的样品与训练样品同样收集谱图数据，并同处理，代入已有的模型求出某一物化性

7.1.8 定量分析的流程：

进行定量分析的过程也可以用本图7.1来表示。图7.2为分析软件模块的排队

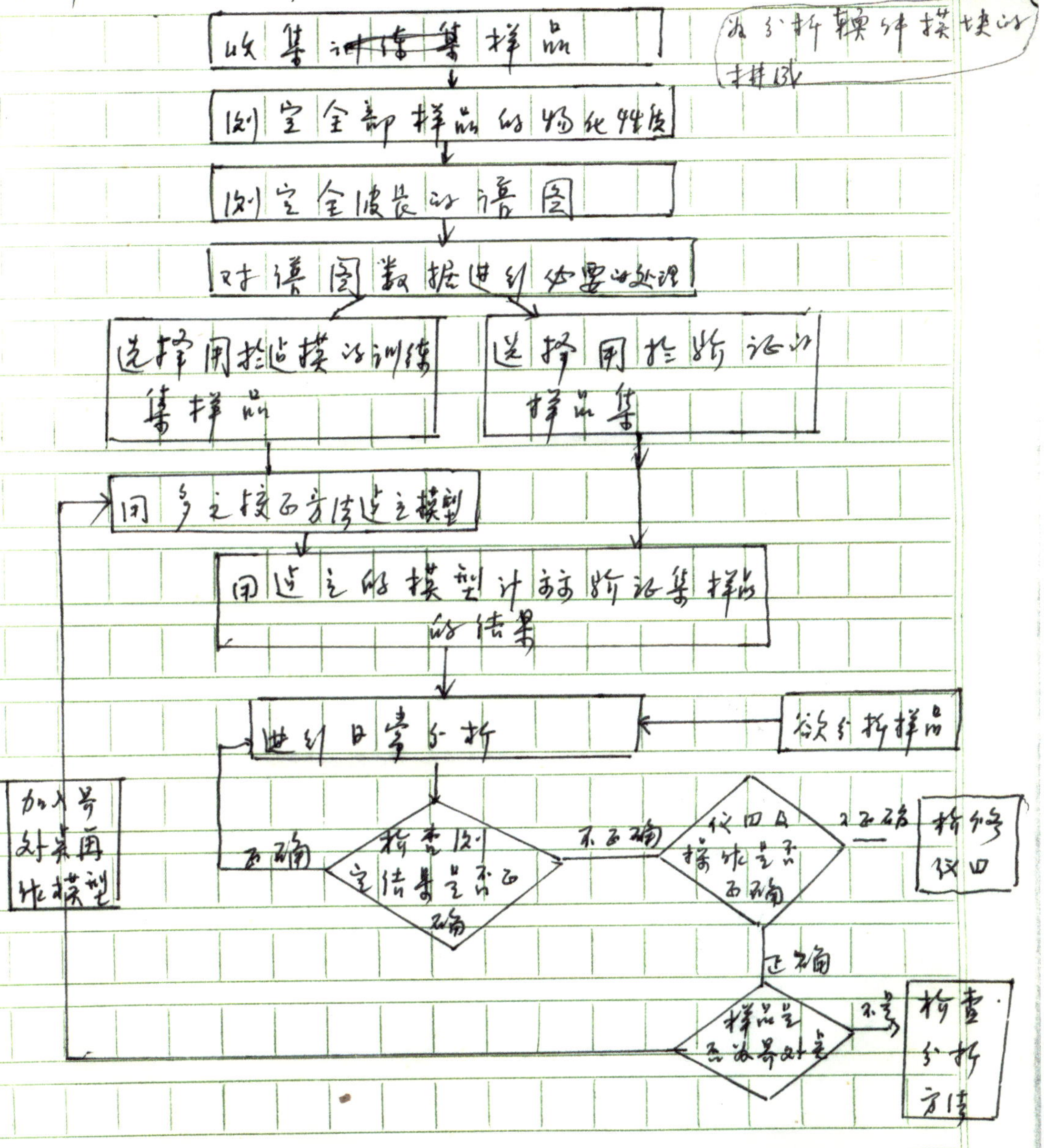

图7.1 定量分析的流程.

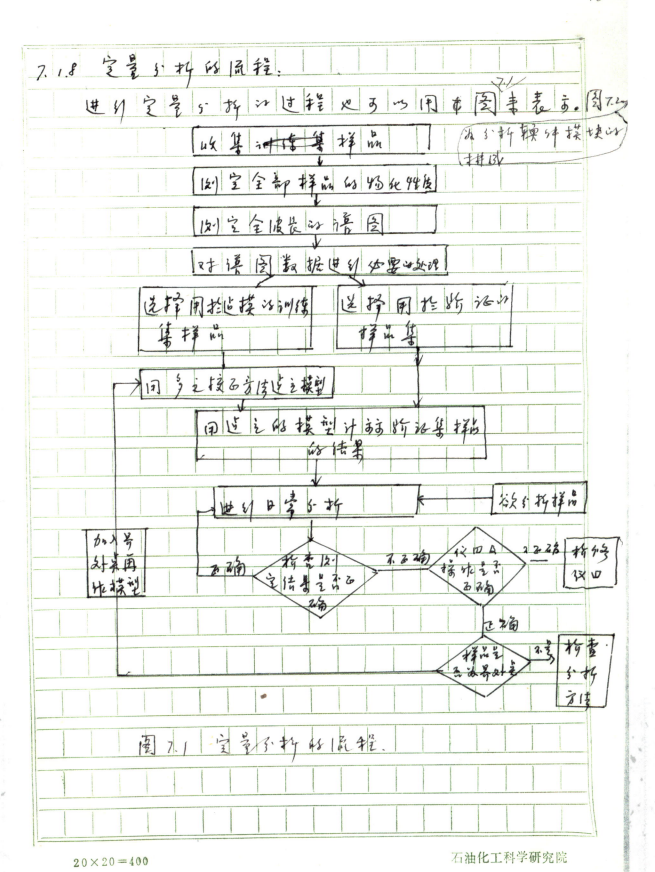

式、储存方式、分样及掺杂物质的影响等。

1. **取样位置：** 要保证样品的代表性，确定一个合理的取样位置非常重要。对大宗的样品必须采用多点取样，混匀后再按一定的规则分样以获得有代表性的样品，对过程分析，取样的位置选择就要根据过程的具体要求和控制的目的选择合理的取样位置。如在对谷物等农产品分析中，不同储位的样品其状态往往有所不同，测定指标的结果如水分含量也就可能不同，如在粮食入库或出仓过程中在传送带上取样检测可能最能反映某一时刻或某一批次粮食的具体情况。

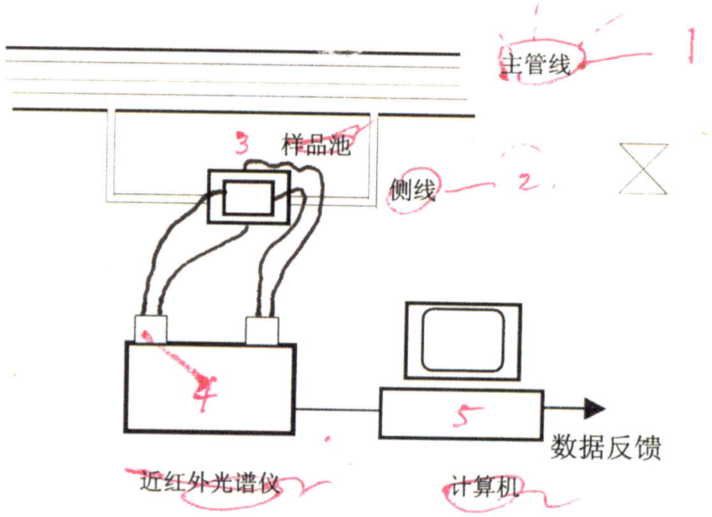

图 4-1 油品质量控制自动取样系统

2. **取样方式：** 取样通常有人工取样和自动取样两种方式。人工取样，相对速度慢一些，但可根据实际情况进行多点采样，这对对削减取样造成的偏差也许更有利，但对一些工业过程，人工取样往往具有一定的危险性。由于近红外光谱多用于过程分析，自动取样在近红外分析中广为使用。根据测试样品类型、物性及形态的不同可以选择不同类型的自动取样设备。如图 4-1 为用于油品质量监控的自动取样分析系统示意图。

1—主管线；2—侧线；3—样品池；
4—近红外光谱仪；5—计算机

2

4.5.4 光纤测样器件与光谱仪器的连接

由于光纤的定位对其导光的能量有很大的影响，在使用光纤器件测定样品的近红外光谱时，为了保证光纤器件与光谱仪有效的连接，一般都采用标准的 SMA 接口，在光谱仪器上已留有 SMA 穿插口，将光纤器件的 SMA 口插入仪器的穿插口，再用固定螺丝锁定即可，见图 4-14。如发现光纤导光能量没有达到指标要求，要注意检查插接的位置是否合适，以进行适当的调整。

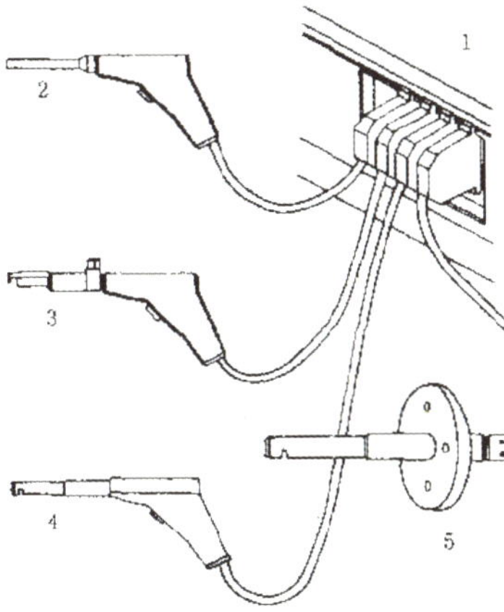

图 4-14 光纤器件与光谱仪连接示意图

在使用光纤器件时应注意以下几点：（1）光纤探头的窗片或透镜表面不能被污染，尤其在多尘环境或分析粘稠样品时更应注意，否则会影响光通量使灵敏度降低；（2）测试过程中应避免外来光的干扰，使检测的信噪比和灵敏度下降；（3）对不同直径的光纤要注意其允许的最小弯曲半径，否则会导致光纤的损坏。

由于光纤的应用，使近红外技术有可能在更广泛的领域中应用，如微量样品的测定，水中油的测定等，都有可能利用光纤来完成

手稿4-3　《现代近红外光谱分析技术》（第二版）

现代近红外光谱分析技术

陆婉珍 主编

内容提要	同第一版
前言	同第一版
再版绪言	附上（请打印）
目录	请按各章前的目录合併，并附作者.

工作，都曾是由褚小立同志完成，特此致谢

注　这是2009年陆婉珍院士主编《现代近红外光谱分析技术》（第二版）的手稿。随着国内近红外光谱技术的发展和应用，尤其是在线分析技术得到广泛的关注，2005年底，陆婉珍组织褚小立和王艳斌等人对

再版绪言

"现代近红外光谱分析技术"是2000年出版的。当时因为应用的需要，希望能在很短时间内赶印出来，以便使用该技术的同志们参考。再读第一版"现代近红外光谱分析技术"深感有太多不足。

随着我国经济的快速发展，国内近红外光谱分析技术的应用也呈日有增加。目前虽然还没有一个专业组织或专门的刊物，但从各类科学期刊上，我们已检索到200多篇有关文献。应用的领域很广。有关仪器生产也已受到了多方关注，国产仪器已进入了大范围推广阶段。近红外光谱仪中不可缺少的计算软件也发展了不同版本，各具特色。

这次再版的内容，除对第一版中出现的错误进行了修改外，增加了第五章"近红外光谱化学计量学的软件"，在第四章"近红外光谱仪"中补充了各种测样附件的介绍；第六章"红外光谱定量与定性分析"中着重介绍了ASTM已经发表的标准方法，NIR作为二次分析方法。希望在一定规范的基础上，保证定量和定性结果的准确

《现代近红外光谱分析技术》进行了重新编写，《现代近红外光谱分析技术》（第二版）在内容的广度和深度上都有了显著提升。

性。第七章"近红外光谱过程分析技术"中增加了作者的实了个实践经验。由于专业知识的局限性，再版中的应用部分仍然着眼于石化领域中的应用，第九章"近红外光谱在聚合物中的应用"则只是文献中报导的材料。（各章的作者都列在目录中）因为近红外光谱的应用几乎涉及所有科技领域，要作全面的检索工作浩瀚。读者如有兴趣可以参阅以下文献

(1) 严衍禄等"近红外光谱分析基础及应用"中国轻工业出版社，2005年

(2) 褚小立等"近年来我国近红外光谱分析技术的研究及应用"分析仪器 2006年2期 1-10页.

由于作者水平所限，书中错误及缺点仍有不少，敬请读者批评指正。

陆婉珍

2006.6.

20×20=400　　石油化工科学研究院

手稿4-4 《近红外光谱仪器》

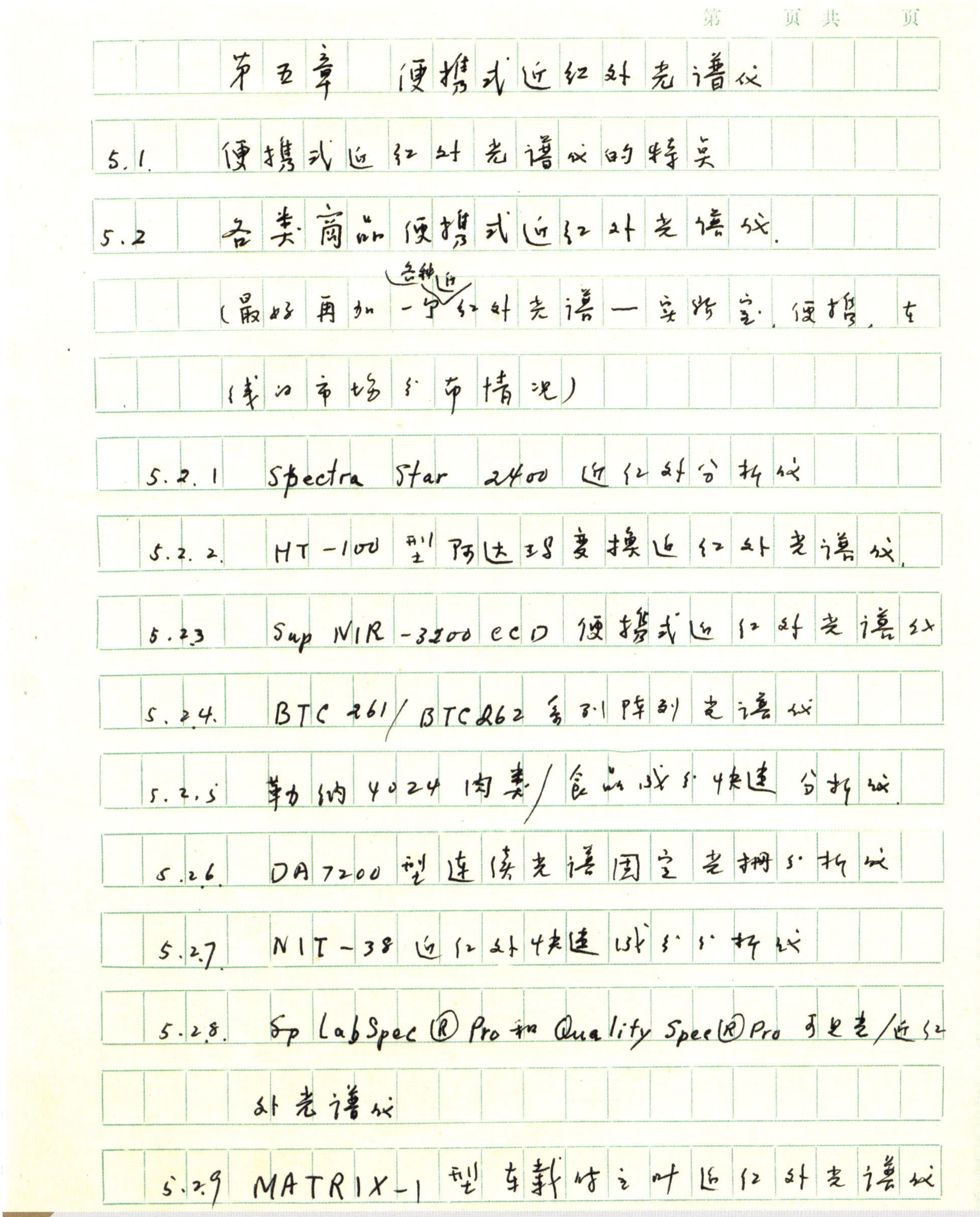
第　页共　页

第五章 便携式近红外光谱仪

5.1. 便携式近红外光谱仪的特点

5.2 各类商品便携式近红外光谱仪.

(最好再加一节各种近红外光谱—实验室、便携、在线的市场分布情况)

5.2.1 Spectra Star 2400 近红外分析仪

5.2.2. HT-100型阿达玛变换近红外光谱仪.

5.2.3 SupNIR-3200 CCD 便携式近红外光谱仪

5.2.4. BTC261/BTC262 系列阵列光谱仪

5.2.5 勒纳 4024 肉类/食品成分快速分析仪.

5.2.6. DA7200型连续光谱固定光栅分析仪

5.2.7 NIT-38 近红外快速成分分析仪

5.2.8. Sp LabSpec® Pro 和 QualitySpec® Pro 可见光/近红外光谱仪

5.2.9 MATRIX-1型车载傅立叶近红外光谱仪

注 这是2010年陆婉珍院士主编《近红外光谱仪器》的手稿。2009年，受化学工业出版社的委托，陆婉珍与袁洪福等人编写了“分析仪器使用与维护丛书”中的《近红外光谱仪器》一书。陆婉珍非常重视微小型近红外光谱仪器发展的情况，与实验室台式仪器相比，手持式或便携式现场快速分析是一种更经济、更高效、更灵活的方法，具有小体积、低功耗、低成本、便于二次开发等优点，如今这类仪器在农业、食品、医药、石油化工和安全等众多领域获得了广泛的应用。

5.2.10　Antaris MX 傅立叶近红外过程快速分析仪。

5.2.11 ZDJ1PB-1 及 ZDJ1PB-2 便携式近红外光谱分析仪（南京中地仪器有限公司生产）

5.2.12　S400近红外农产品品质分析仪

5.2.13　IntegraSpec™ 系列近红外光谱仪

5.3.　应用实例。

第五章 便携式近红外光谱仪

随着近红外光谱技术在各个领域的广泛应用，其简易、快捷的特点，促使人们逐渐地将其应用推广到各种分散型实物的现场分析。各家仪器制造厂为这种需求制造了特定的专用仪器。这类仪器体积较小，便于携带。人们把这类仪器统称为便携式近红外光谱仪。

5.1 便携式近红外光谱仪的特点

便携式近红外光谱仪的基本构成与实验室所用仪器并无太大区别，都是由光源、分光系统、样品、检测器、仪器控制及数据处理及显示系统所组成。其特点是①体积小、重量轻，②备有专用的检测附件及计算模型，（特定的仪器仅应用于某一类样品。）③对环境温度

20×15=300 （电开26）

度、深度（的抗震的）适应范围较宽，所用分光系统常采较先进的技术。

从2006年国际便携式红外分析仪的销售情况来看（如图5.1），有近一半的市场在农业和食品领域。其中世界各地生产便携式的厂家在逐年

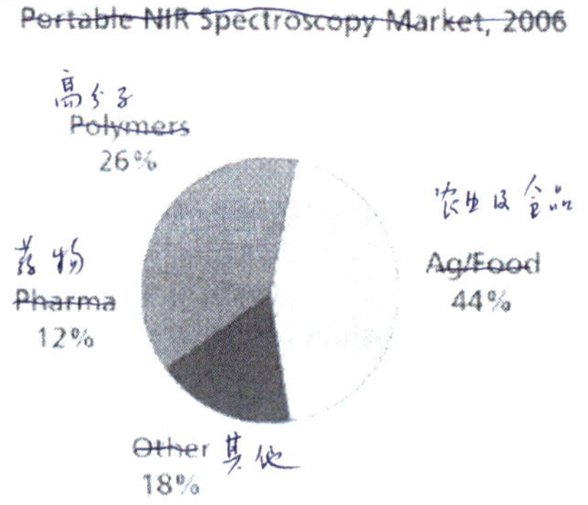

图 1 2006 便携式近红外分析仪的市场销售分布图

~~从 2006 年国际便携式近红外分析仪的销售情况来看（如图 1 所示），有近一半的市~~

加。以下介绍几种典型的商品仪的介绍，实际商品针对多样所列内容。

5.2 各类商品便携式近红外光谱仪

5.2.1 SpectraStar 2400近红外分析仪

其中的分光器件采用了AOTF技术，外表如图

~~5.2~~ ~~(5.10)~~

① Sirinnapa Saranwong, Sumio Kawano, NIR news 2005 16, (2), 27-30.

20 × 15 = 300 （电开26）

②

陆婉珍院士手迹选

陆婉珍院士组织编写的近红外光谱分析技术系列图书

2000年出版的《现代近红外光谱分析技术》

2006年出版的《当代中国近红外光谱技术》

2006年出版的《现代近红外光谱分析技术》（第二版）

2010年出版的《近红外光谱仪器》

第五篇

学术会议手稿

陆婉珍院士非常重视学术会议交流活动，除了参加国际和国内有影响力的学术会议外，她还亲自组织召开全国性或行业性的学术研讨会，例如她倡议并负责组织召开的“全国石油化工色谱学术报告会”（1984年第一届）和“全国近红外光谱学术会议”（2006年第一届），都延续至今，并出版了20余本会议论文集。这些学术会议的召开，对增进我国相关学科科技工作者之间的交流与合作，促进我国分析化学和分析仪器等事业的发展起到了非常重要的作用。

本篇收录了陆婉珍院士组织、参加的国内外学术会议的讲话稿、论文集序言、大会报告ppt等手稿15件，能从一个侧面反映出陆婉珍院士自20世纪80年代以后从事学术会议交流的活动情况。

手稿5-1　全国石油化工色谱学术报告会

手稿5-1A　第一届全国石油化工色谱学术报告会

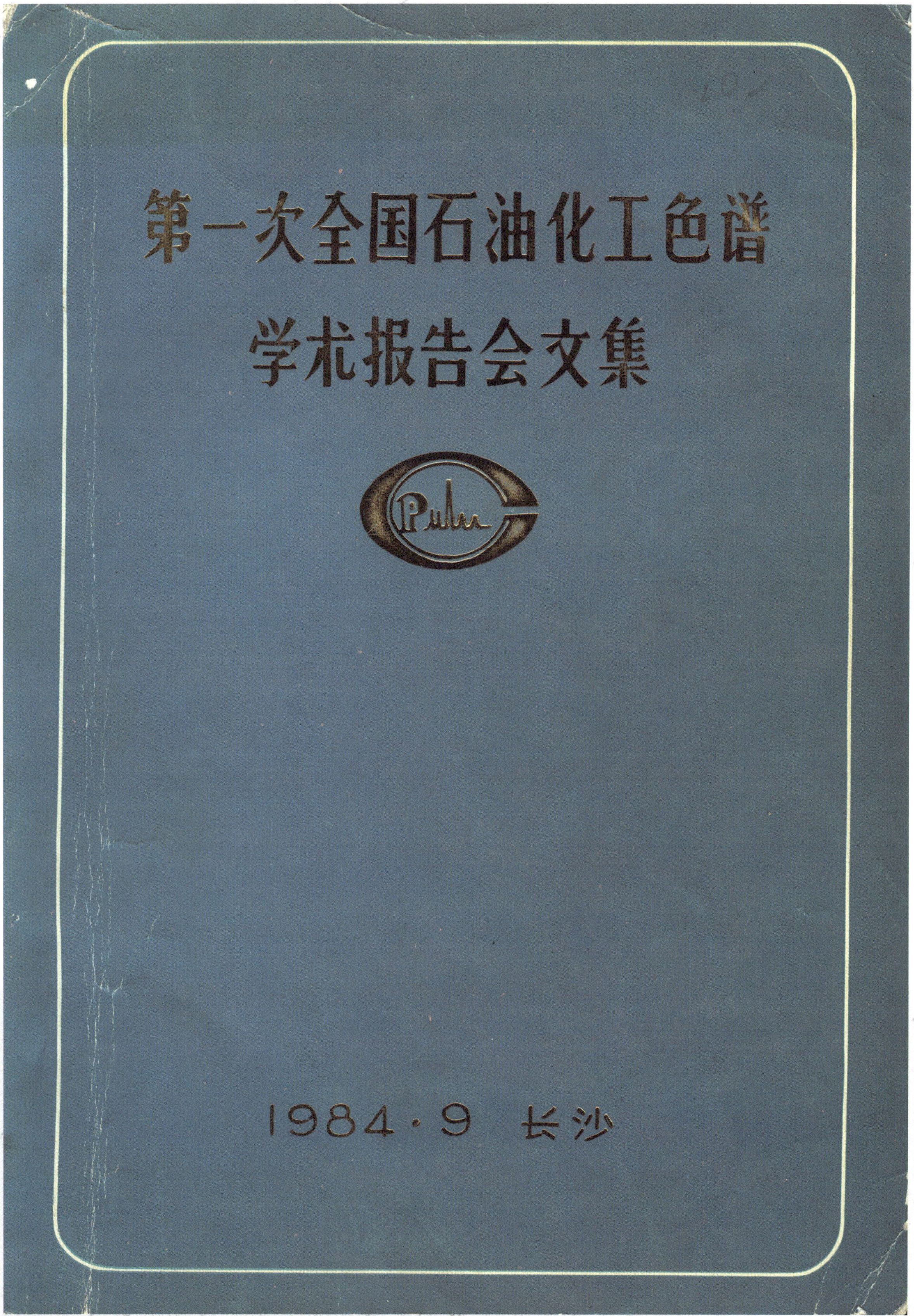

前　言

第一届石油化工色谱报告会在化学会色谱组、湖南省科委、石油学会及石油部的支持下，于九月十六日～二十一日在长沙召开。这是一次蕴酿很久，也是石油化工领域中的色谱工作者们盼望很久的会议。会前收到了不少稿件，经初步审稿，在本文集中收入了119篇。其中综述性论文10篇；研究报告109篇。这些论文反映了石油化工领域中色谱工作的水平。尽管离四化建设的要求还有不少差距，但可以看到这是一个很好的开端。尤其这些稿件出自基层工作同志之手，都很具实用价值，能适应我国当前已有的条件及环境。

色谱是一门发展很快的学科，尽管有人认为它几乎达到了平稳时期，但仍然存在一些尚待解决的课题，发展肯定是会继续的。促进色谱技术发展的因素很多，其中最有活力的因素是活跃在各个领域中的真正实践者。石油化工领域中拥有为数众多的实践者。因此，我们坚信色谱技术的蓬勃的发展将是形势的必然。

本文集经这次会议的秘书组审阅，由岳阳石油化工总厂研究院于胜实同志编辑。因时间仓促，稿件内容除部分曾要求原作者压缩篇幅外，大部分按原稿登出。

陸婉珍　一九八四年九月

注　手稿5-1A是1984年陆婉珍院士为第一届全国石油化工色谱学术报告会文集撰写的前言（非本人手迹），手稿5-1B是2004年陆婉珍院士为第七届全国石油化工色谱学术报告会论文集撰写的前言。“第一届石油化工色谱学术报告会”在石油工业部、中国石油学会及湖南省科委的支持下，由陆婉珍组织召开。全国石油化工色谱学术报告会延续至今，2023年已召开了第十三届。

学术活动简讯

全国首届石油化工色谱学术会议在长沙举行

中国石油学会、石油工业部以及湖南省科委联合举办的第一届石油化工色谱学术报告会，在中国化学会色谱专业组、岳阳石油化工总厂等单位的支持下，于1984年9月16日至9月20日在湖南省长沙市举行。

参加会议的有来自全国各地的石油化工专业的研究，生产单位以及高等院校共一百七十多个单位近260名代表。其中，有全国知名的专家，还有不少中、青年科技工作者。大家济济一堂，各抒己见，互相学习，表示愿为振兴中华贡献自己的最大力量。

在会议上报告的119篇论文已编印成“文集”，这些论文基本上反映了我国当前石油化工领域中色谱科学技术的水平，很有实用价值。

在开幕式上，陆婉珍同志致开幕词，湖南省科委付主任翁辉同志，省科协顾问戈明同志到会讲了话，勉励代表们为石油化工色谱技术的发展多做贡献，湖南省石油学会还为大会寄来了贺信。（穆禾）

[1] 穆禾．全国首届石油化工色谱学术会议在长沙举行[J]．色谱，1984（2）：96.

1989年陆婉珍主持第三届全国石油化工色谱学术报告会

1

前言

全国石油化工色谱学会自从1980年的第一届开始已经连续召开了六次。今年将召开第七届会议。大家的投稿仍十分踊跃。色谱技术由于它所具备的高分辨，高灵敏并快速等特点，一开始就受到了石化事业人员的重视。目前已在所有的石化行业中得到了无法取代的地位。虽然近年来，色谱技术在生命科学以及环境保护等领域中出现了惊人的进展，似乎掩盖了它过去在石化行业中的辉煌。但在石化领域内色谱技术的发展也一直没有停顿。近年来，我个人感到的石化领域中色谱的发展，大约有以下几方面：

①继续提高分析速度。气相色谱方面出现了高压气相色谱，并为适应高压条件，也促进了仪器的改进

②继续创造痕量分析的记录，使固相萃取技术与色谱的配合达到了十分完美的程度。选择性检测器的应用也解决了大量痕量分析的问题。

③多维色谱以及与其他分析手段的联用日趋

石油化工科学研究院　20×20=400

问题。使我们对十分复杂的石油组分分析要较前更细致，更清楚了。

④计算机技术不但帮助了色谱数据的处理，而且使色谱条件的优化以及信息的传递都出现了日新月异的进展。~~在这次会议中，有一部分~~其中尤其是对是实验室信息管理系统的促进~~讨论~~。~~希望色谱提供的大量信息能及时到达各需要的工程技术及管理人员手中~~。

⑤除了气相色谱以外，各类色谱技术如液相、电泳、离子色谱、纸色谱等都得到了广泛应用。

⑥消耗品及试剂的供应渠道畅通，也许不是纯技术问题，但它们为色谱技术的发展起到了十分重要的作用。

以上的认识肯定有很多遗漏，我只是希望全体石化领域中从事色谱工作的同事们一定要看到科学技术发展的无限前景，但愿这次交流能继续促进大家的创新思维。

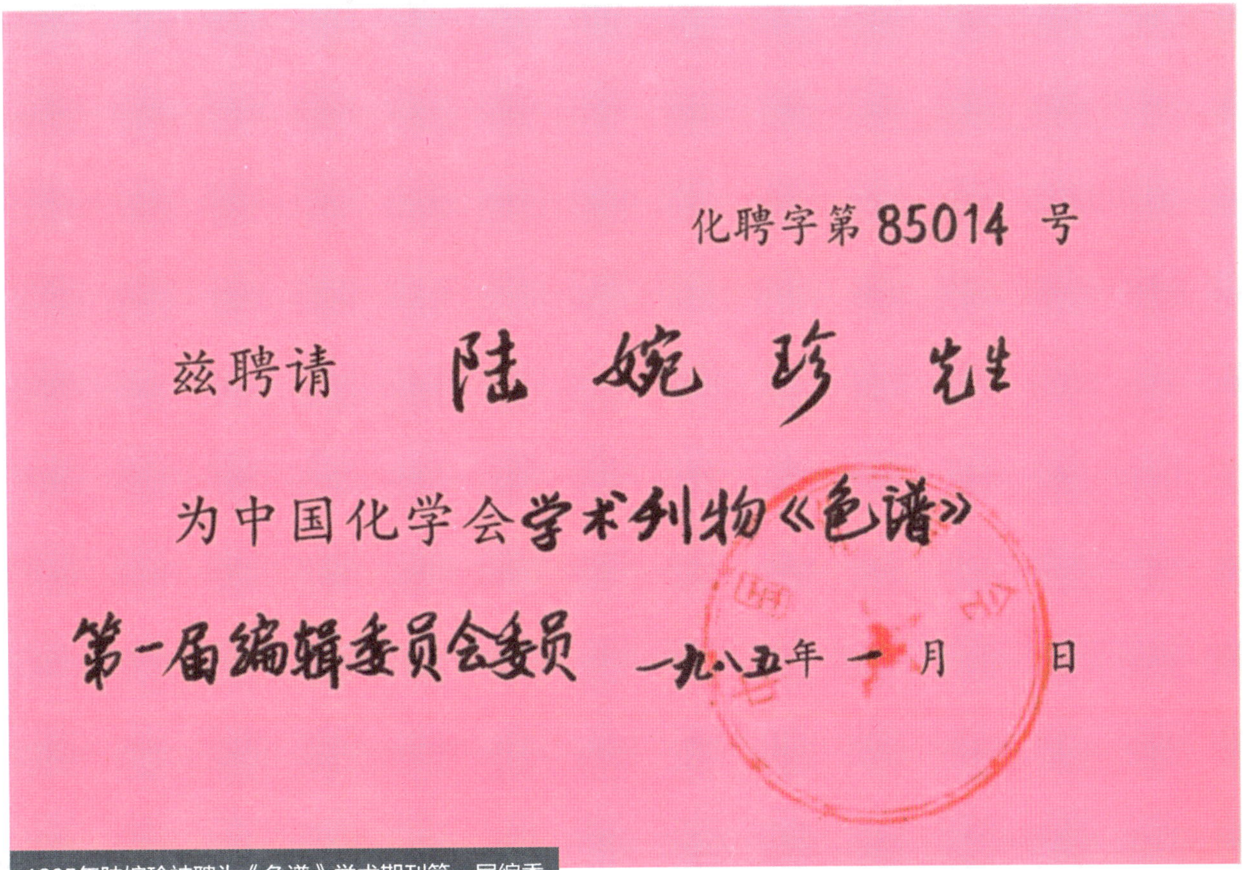
化聘字第85014号

兹聘请 陆婉珍 先生

为中国化学会学术刊物《色谱》

第一届编辑委员会委员 一九八五年一月 日

1985年陆婉珍被聘为《色谱》学术期刊第一届编委

陆婉珍院士2013年获首届“中国色谱贡献奖”

手稿5-2　我国润滑油资源特点

我国润滑油资源的特点

一、组成特点（第一组等）

二、安定性与硫化物（朗级等）

三、孤岛与辽河原油的石油羧酸
（吴文辉，李贺春，时菁）

3

表II　硅胶吸附色谱分离馏分的S化物

		馏分 1	2	3	4	5	6	7	8	9
	烃族	←饱和烃		→	←芳烃		→	←胶质		→
含%	D-500	30.99	30.0	16.2	17.0	1.96	1.5	0.3	1.2	0.05
	U-500	30.0	22.2	4.3	28.9	1.9	1.86	0.22	0.74	0.04
平均分子量	D-500	469	460	462	449	501	450			
	U-500	503	501	461	460	469	458			
S m%	D-500	140ppm	78ppm	80ppm	0.25	0.28	0.26	0.46	1.60	1.00
	U-500	.00 "	100ppm	500ppm	2.62	2.78	2.69	2.80	2.70	4.00
S化物 m% 对油样	D-500	0.05	0.03	0.02	0.59	0.08	0.05	0.02	0.46	0.01
	U-500	0.05	0.05	0.10	10.36	0.78	[illegible]	0.09	0.32	0.01

几种500SN中性油的组成

组成	BP	LZ	七J	东炼	济南1600
链烷	[illegible]	24.8	23.8	18.3	13.7
一环	17.6	13.3	19.7	9.6	6.9
二环	12.7	13.5	17.7	10.2	11.3
三环	9.2	11.2	13.1	11.3	24.50
四环	6.4	7.7	8.5	34.0	21.58
五环	2.5	2.3	4.1	3.5	4.3
六环	0.3	0.2	0.4	1.7	1.5
总环烷	46.3	48.2	63.5	70.3	70.16
单芳	18.6	18.1	6.2 ~~2.5~~	7.5 ~~3.8~~	11.1
双环芳	5.0	5.2	2.5	1.7 ~~2.5~~	2.46
三环芳	1.8	1.7	0.8	0.3 ~~1~~	0.29
四环芳	0.1	0	0.1	0	0.06
五环芳	2.1	0.1	0.2	0	0.11
总喹啉	0.7 (1.0)	1.1 (0.8)	0.2 (0.3)	0.1 (0.8)	0.76 (1.43)
胶质	3.1	-	2.4	0.8	0.45

① BP及LZ 500SN中芳烃较多，环烷少

② 大庆芳烃少，环烷多（单芳及双环芳烃占比较高）

③ 东炼(85)中四环环烷很多，胶质喹啉少

④ 济南喹啉多，（三环+四环环烷）多。

注　这是1990年陆婉珍院士参加原油评价年会做的“我国润滑油资源特点”的学术报告胶片手稿。20世纪80年代中后期，大量的高酸值原油被开采出来，同时国内一些老油田（例如胜利油田、辽河油田和克拉玛依油田）开采的原油酸值也呈不断上升的趋势。我国的原油资源发生了较大改变，重质稠油增多，原油的酸值增加。陆婉珍指导科研人员，从石油酸的分离和表征入手，对原油各馏分中的羧酸分子结构类型进行

三、各馏分的酸值

馏分名称	孤岛 沸点范围 ℃	孤岛 占原油 %	孤岛 酸值 mgKOH/g	辽河 沸点范围 ℃	辽河 占原油 %	辽河 酸值 mgKOH/g
常一	140~240℃	7.9	0.05	150~250	7.7	0.13
常二	240~320	14.8	0.84	250~330	10.2	1.03
常三	320~380	3.8	2.33	330~370	5.7	1.57
常四	330~420	4.7	2.03	370~400	2.27	2.00
减一	250~400	3.2	1.63	400~500	26.21	1.36
减二	370~420	9.4	2.56			
减三	390~500	8.0	2.00			
减四	400~500	6.6	1.76			
减渣	>500	35.9	0.96	>500	45.55	0.51

① 环烷酸大量集中在常三、常四及减二、减三馏分中，减一的沸点轻，酸值也小。

② 蒸馏以后总酸值减少，部分原因是羧酸在高温下分解：

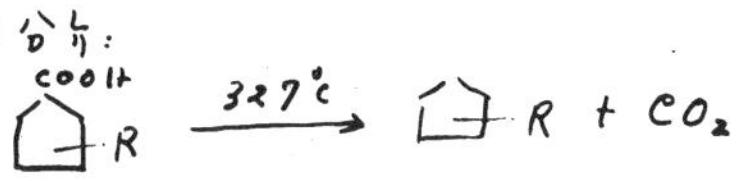

环烷酸的详细结构（250~390℃

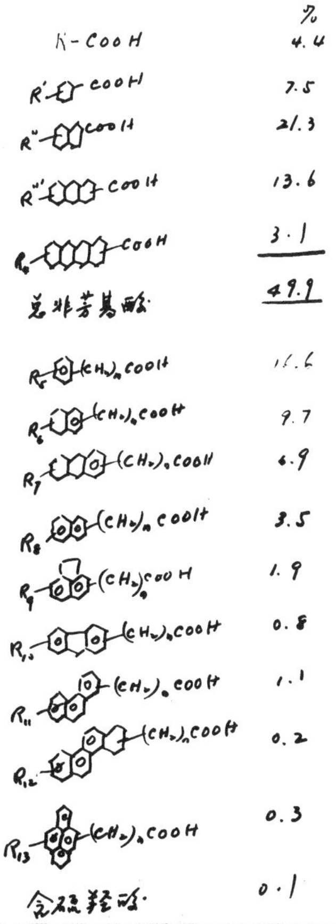

了全面分析表征。证明了我国辽河原油中的羧酸主要为环烷酸，脂肪酸的含量都小于5%，石油酸主要集中在中间和重馏分段中，尤其以330~450℃馏分段最高。同时，他们的分析数据发现原油中的酸值与各馏分油中的酸值总量不平衡，并给出了可能的合理解释，即原油蒸馏过程中发生了脱羧基反应。这些研究成果对更进一步认识我国含酸和高酸原油资源起到了非常重要的作用。

1996年陆婉珍院士在第十五届世界石油大会的墙报前

注 在这次石油大会上，陆婉珍院士交流的论文是“中国的腐蚀性原油”，主要是对含酸原油的种类、数量、危害及解决办法的论述。论文提出了碱抽提环烷酸的工艺改进路线，进而提高含酸原油的经济效益，当时此类研究国际上还很少有人提及。

手稿5-3　第二届中德色谱报告会

参加中德科学论坛(分析及分离技术座谈会)及去瑞士Spectrospin公司技术讨论会的情况报告.

时间　1990年5月27～6月9日.

内容:

中德科学论坛会是中国大连色谱技术研究开发中心与联邦德国吐宾根大学教授E. Bayer联合主办于1990年5月28日至31日在联邦德国吐宾根大学召开。我以中国色谱学会会长身份被邀请参加。会中共有报告30多篇。

德方报告着重介绍了几种新技术如毛细管电泳技术、高效液体色谱、核磁共振技术、超临界抽提及高效薄层色谱等对环境化学、胺基酸及生物肽等分离分析中的应用。我国大连化物所色谱技术开发中心着重介绍了智能色谱的开发。我院提出了"中国毛细管色谱的发展"报告。来自各大学及中科院的同志们还介绍了非线性液体色谱、运动员使用兴奋剂的检测及微量农药的检测等。会议期间还参观了E. Bayer教授的实验室。Bayer教授是联邦德国最

北京市电车公司印刷厂出品 八六·一

注　这是1990年陆婉珍院士参加在德国图宾根大学召开的第二届中德色谱报告会的总结报告。在这次会议上，陆婉珍做了"Development of Capillary Chromatography in China"的学术报告。1981年陆婉珍曾参加在大连举办的首届中德色谱报告会，报告题目为"Capillary Columns Made from Chinese Quartz"。20世纪80

早使用色谱技术的学者。目前研究重点为生命科学，也从事其他联邦德国急需的化工工艺研究。例如最近建成了成套流化床焚烧垃圾的化工工艺，可以提供一定能源，并解决城市垃圾处理问题，为各城市所重视。

会议中也进行了自由讨论。随着生命科学的进展而发展起来的上述各种分离分析技术对于石油，尤其是重质油品的进一步认识有较多参考价值。例如素普公司提出的超临界萃取装置，可以应用于不同压力下的CO_2，并可以加入不同的改进剂以改善其抽提效果。我国原油中金属镍的抽提问题有可能采这一方法得到改善。

6月2日上述会议结束后，我应瑞士Spectrospin公司的邀请去该公司参观并讨论一些技术问题。该公司主要生产傅利叶红外光谱、高分辨质谱及高分辨核磁共振仪。该公司介绍了上述各种仪器的性能及应用范围并邀请参观了核磁共振仪的校正、总安装及部分关键部件的制作。该公司将在近期内与我国波谱公司合资，前期先进行200兆周仪器的校验与部分组装工作。该公司为我院现有300兆周仪器提供(适用)了易损零件：固体探头的接头及干燥器的脱水装置。

石油化工科学研究院

陆婉珍 1990.6.27

年代初，陆婉珍带领科研人员在我国首次开发成功了弹性石英毛细管色谱柱，当时即达到国际先进水平，为毛细管色谱技术立足国内开辟了先河。

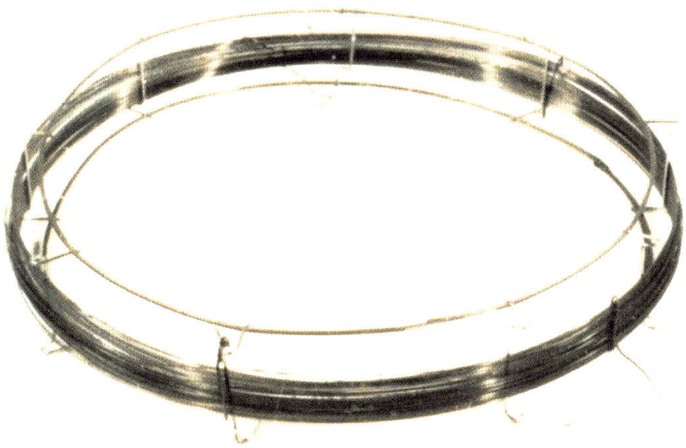

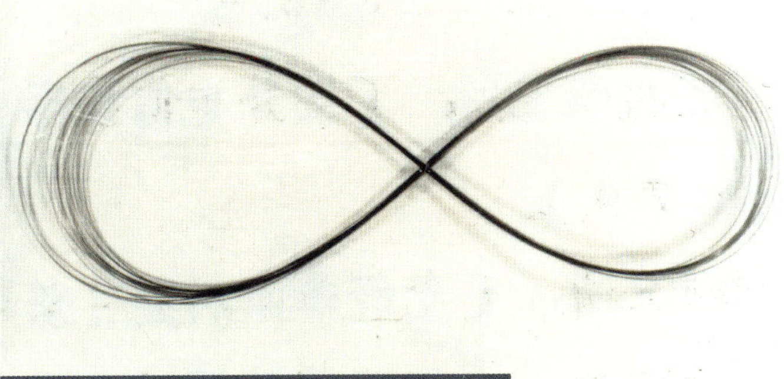

1980年首次拉制成的弹性石英毛细管柱

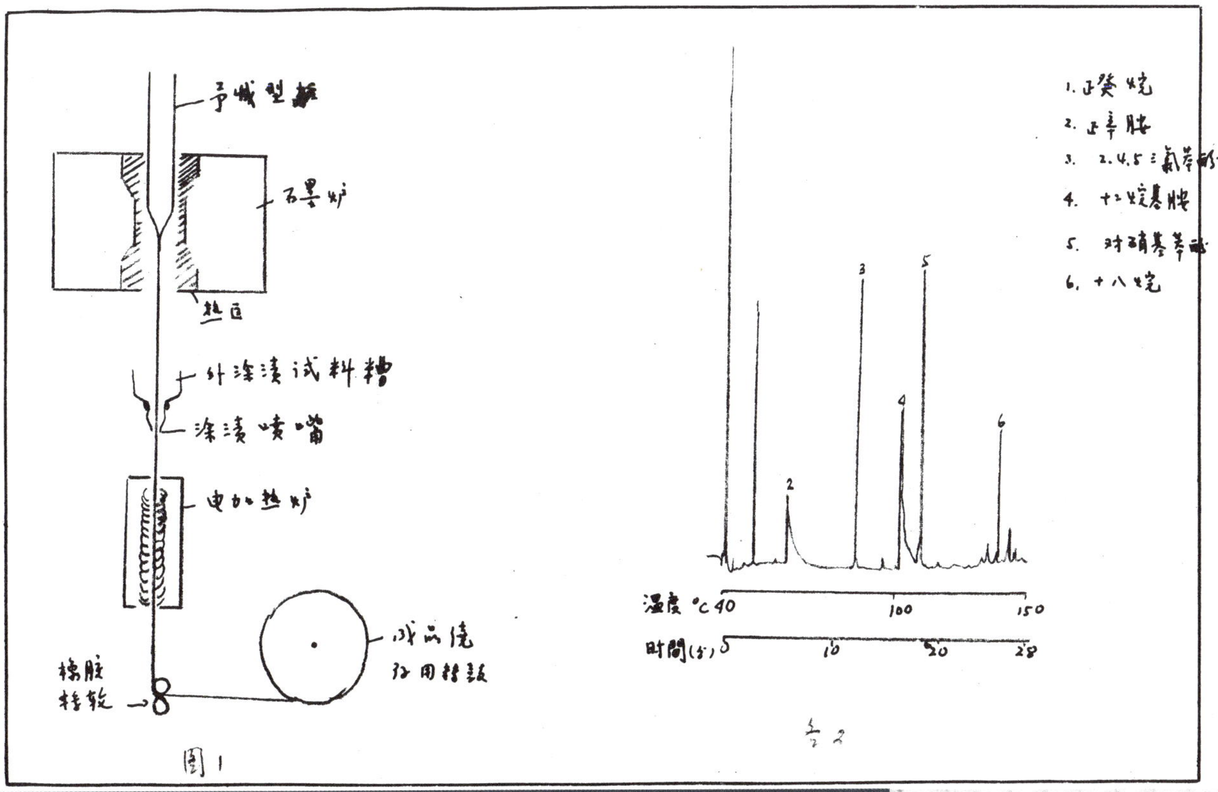

1980年陆婉珍绘制的石英毛细管拉制设备流程图以及毛细管柱对混合物分离的色谱图

手稿5-4　核磁共振在石油化工中的应用专题报告和学术交流会

前　言

随着我国石油、石油化工和化学工业的发展，核磁共振技术在上述领域中已成为不可缺少的分析手段，并已作出了一定成绩。

本次会议由中国化工学会石油化工学会主持，1991年 4月24日在北京召开。共有十篇专题报告及由中国科学院和中国石化总公司所属科研院所提供的研究报告十多篇。在一定程度上展现了核磁共振技术在石化领域中的应用概貌。参加这次会议的代表有来自各石化企业的科研单位，省市分析测试中心和大专院校，充分显示了大家对核磁共振技术前景的关心。

为了便于交流，兹将报告内容摘要汇编成论文集，希望通过本次报告会的交流，核磁共振技术能在更大范围内得到应用并提高。

中国化工学会石油化工学会分析专业组

陆婉珍

一九九一年四月二十日

注　这是1991年陆婉珍院士为《核磁共振在石油化工中的应用专题报告和学术交流会论文集》撰写的前言。该报告会由中国化工学会石油化工学会主办，在这次会议上石科院核磁共振课题组系统完整地总结了核磁共振在炼油及石化分析领域的作用，以及他们在核磁共振应用技术上所做的工作和取得的成果，陆婉珍做了大会报告“核磁共振在石油化工分析中的作用与位置”，受到与会者的一致认可。

手稿5-5　石油化工中色谱技术面临的挑战

存在的问题

1. 分析方法的标准化

使不同实验室得到的数据能在已知的误差范围内

标准化的仪器

标准化的计算方法

大量实验室参加同一方法的对比

2. 已有方法的完善

• 例如汽油的 PONA 如用现有的毛细管技术仍有很多物质不能分开——族分析结果可能更现实（已有的分析方法 FIA，Br. NO. 不完善）

• 柴油中烯烃的分析尚少经过考验的方法

• 润滑油中 A_1 A_2 A_3^+ 的分析仍不够完善

• 润滑油中添加剂的分析缺乏快速的，结果没有遗漏的方法

注　这是1993年陆婉珍院士参加色谱学术会议做的“石油化工中色谱技术面临的挑战”学术报告胶片手稿。在这次会议上，陆婉珍系统梳理和总结了色谱等分析技术在石油化工领域所取得的成绩及存在的不足，基于前期已打下的基础，她提出了分析技术要紧密配合石油化工中重大生产问题和科研开发项目，努力提升分析学科研究水平的发展目标。

· 对我国原油中占40%左右的渣油的组成分析
有待进一步深化
例如 深拔以后油品的性质
加工以后油品组成的变化

3. 我国石化资源的调查及分析.
如 二次加工油中 偏三甲苯
(CC循环油, 均四甲苯
蒸汽裂合焦油等) 萘
2,6-二甲萘的潜含量

特种原油的石化资源

4. 有害组分的分析鉴定甚至分离措施
如 诱发结焦的大环芳烃(晕苯, 卵苯等)
使酸性催化剂中毒的含氮化合物(AED
使贵金属中毒的砷化物 -ICP)

5. 色谱分析与反应物料间的联结
如 · 聚合过程的水及氧
· 微型反应器产物的快速分析, 以便
真正模拟大装置
① 快速
② 面对宽沸程的产物
· 在线分析的实现(不能在瞬间得到
全部信息)
6. 要求分析工作提出概念, 解决问题
7. 化工产品及原料的纯度及有害物质
间二甲酸 磷酸酯.

陆婉珍院士手迹选

手稿5-6　美国分析仪器协会高级主管会议

STATUS OF PRC PETROCHEMICAL AND PETROLEUM INDUSTRY AND
ITS INSTRUMENTATION NEEDS

BY Lu Wanzhen, Chief engineer
Research Institute of Petroleum Processing (RIPP)
one of the subsidiaries
SINOPEC
China Petrochemical Corporation

Presentation on

Analytical Instrument Association's senior
executives conference, May 15-17, 1994
Oak Brook, Illinois

注　这是1994年陆婉珍院士赴美参加美国分析仪器协会高级主管会议做的"Status of PRC Petrochemical and Petroleum Industry and Its Intrumentation Needs"学术报告手稿。1994年应美国分析仪器协会（AIA）之约，陆婉珍赴美国芝加哥参加学术会议，陆婉珍的报告让世界了解了现代分析技术在中国炼油和石化领域的应用现状，这对国际间仪器分析技术交流和分析仪器贸易往来起到了促进作用。这期间她还访问了美国惠普公司（现安捷伦公司）总部。

People's Republic of China

STATUS OF PRC PETROCHEMICAL AND PETROLEUM INDUSTRY AND ITS INSTRUMENTATION NEEDS

INTRODUCTION

A brief review of our history of petrochemical and petroleum industry would be helpful for you to know the progress of our development. In 1950's China devoted major efforts ~~both to~~ exploitation of natural petroleum and also invest on these plants for ~~and~~ syncrude production. The annual output of crude oil plus syncrude was only 210 kt, and most of the domestic consumption for petroleum products were imported. The refinery technologies were very simple and primitive such as distllation, thermocracking and small scale hydrocracking, dewaxing and Fisher Tropsch synthesis for snycrude based on oil shale and coal. At that time Very little attention was ~~is~~ paid to petrochemical industry.

most of them are shale oil processing, and a small plant of F. T synthesis.

In the early 60's, the discovery of Daqing Oil field made a big leap forward to the crude oil production which accelerated the development of petroleum industry. In a few years, a number of modern technologies, such as fluid catalytic cracking, delayed coking, catalytic reforming and lube oil manufacturing were developed relied on our own R & D efforts. Refineries with millions of tons capacity were designed and constructed. China realized the self-sufficiency in petroleum products consumption. At the same time small plants of petrochemical and synthetic ammonia were established.

· 2 ·

PRESENT

During the last decade, the amount of crude oil processed in China is depicted in Figure 1 (in which SINOPEC accounts for approximately 90% of the total (Figure 2). Figure 3 and 4 show the production of gasoline, kerosene, diesel fuel and lubricant oil. The following report about the statuts of Chinese petroleum and petrochemical industry will be mostly refer to ~~about~~ SINOPEC's development. In 1994, SINOPEC's total assets reached 123.2 billion yuan ($13.5 billon) Figure 5 shows the locations of SINOPEC's petrochemical enterprises. There are more than one thousand production units owened by SINOPEC. Approximately half of them are used for petroleum processing. and the rest are used for petrochemical.

1993 is 112 million t. Fig 1 is graph we usually used to show in progress in the establishment of SINOPEC

It is well known that most of Chinese crudes are on heavy side, in order to meet our domestic consumption, a deep up-grading of heavy fraction is of great importance for petroleum processing. Therefore, other than the ordinary distillation process, a series of modern processing technologies including fluid catalytic cracking, delayed coking, visbreaking, hydrofining etc are developed and industrial units according to these technologies are installed and in operation now. Table 1 shows the status of major processing units in China.

Fig is not really in proportion

172
108

· 4 ·

手稿5-7　96元素分析样品预处理技术研讨会

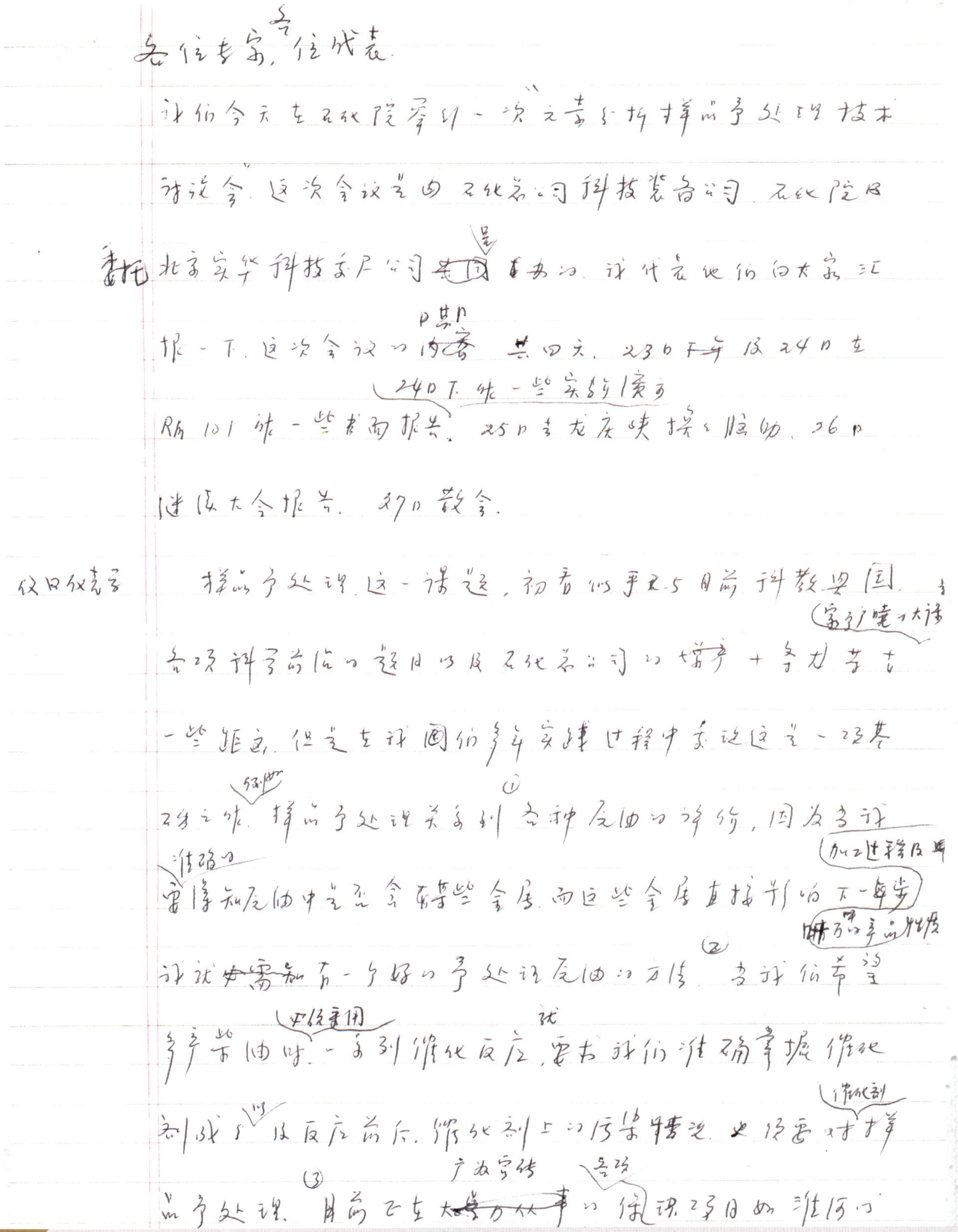

各位专家、各位代表：

我们今天在石化院举行一次元素分析样品预处理技术研讨会。这次会议是由石化总公司科技装备公司、石化院及北京实华科技开发公司共同主办的。我代表他们向大家汇报一下这次会议的日程。共四天。23日下午及24日在RM101作一些专题报告，24日下午作一些实验演示，25日去龙庆峡参观游览，26日进行大会报告，27日散会。

（仪器仪表学会）样品预处理这一课题，初看似乎是5月前科技部、国家重大项目及各项科学前沿的题目以及石化总公司的指令+多方学者一些推动，但是在我国多年实践过程中发现这是一项基础工作。①样品预处理关系到各种原油的评价，因为我们准确知道原油中是否含有哪些金属，而这些金属直接影响到下一步加工过程及产品性质，就需要有一个好的预处理原油的方法。②我们希望多产出油时，就要用到催化反应，要求我们准确掌握催化剂在使用前后的污染情况，也需要对催化剂样品预处理。③目前正在广泛宣传各项的保护项目，如准确的

注　这是1996年陆婉珍院士为“96元素分析样品预处理技术研讨会”撰写的开幕词手稿。陆婉珍非常重视分析化学相关的实验技术的进展，她一再强调做好各类分析工作有很大难度，一个好的分析工作者不仅要熟练掌握本学科的基本理论、实验技巧和发展趋势，还必须深入了解所服务的工艺流程，才能及时提供可靠和有用的分析数据，真正发挥分析“眼睛”的作用，否则只能是隔靴搔痒，无济于事。

的管理，报告太湖流域污染情况的调查也需要样品前处理。

④ 我们借此机会也了解到我们出口食品及药品的商检工作也对样品前处理很关心。⑤为了儿童保健，医学研究者向对儿童头发中的Zn、Ca等调查，也要求较准确的样品处理。等等。

①到会单位

我们希望能有更多的人来关心这些基础工作，推动这项基础向着更完善的方向发展。我们今日有幸请来了原机械工业部仪表局总工程师朱良漪同志，我们知道朱总是全国的仪表工业的奠基人，直到现在以七十多岁的高龄，仍旧战在第一线，从事着大量基础的工作。中国科学院生态环境~~化学~~研究所黄骏雄研究员也多年从生态环境着眼，一直都很关心样品处理的发展，今天首将介绍他多年来的研究心得。为了更好的交流，会议还邀请了在各个领域中~~较多~~关心样品前处理，并对样品前处理有一定研究的同志。~~参加~~

这次会议将较好的介绍~~从我们制造的~~做法的介绍，汇交各方面前处理样品的经验及应用情况。由于专业的限制目前我们了解

2004年陆婉珍院士参加“MSP-100D化学用微波样品制备系统鉴定会”

手稿5-8　第五届中德色谱报告会

Impact of Clean Fuel on Chromatographic Work

Lu Wanzhen

(Research Institute of Petroleum Processing)

The awareness of environmental importance on human life, consequently leads our attention to the quality of fuels used in motor vehicles. Therefore New regulations on the ~~properties and~~ compositions of gasoline and diesel are published. For gasoline, the most important limitations are content of benzene, olefins, sulfur and sometimes oxygen-containing chemicals. For diesel, they are sulfur and aromatics. Before these products were put to the market, accurate measurements for their compositions have to be carried out and an accurate, fast, also easy to be standardized methods were looked for. Column chromatography has been used for compositional analysis for a long time as a standard method, however, the time require of the analysis is too long, (1) and ~~usually is hard~~ the ~~repeatability can be obtained is too large~~ is very hard usually. Gas chromatographic method ~~was~~ has been published(2), but can met our domestic gasoline samples containing high (olefins) content of studied for this purpose. Silver ion is used as the absorbing reagent for olefins, and some interesting phenomena are found for this column.

Since sulfur is restricted at very low level, the desulfurization processes for fuels become a popular field of investigation. At the same time, detail

注　这是2000年陆婉珍院士参加在大连举办的第五届中德色谱报告会做的"Impact of Clean Fuel on Chromatographic Work"学术报告ppt手稿。20世纪90年代末，随着我国加工进口高硫原油量的递增，人们对环境质量的要求越来越高，生产更清洁的、对环境更友好的车用燃料已成为当时我国炼油工作者义不容辞的责任。这期间，陆婉珍指导科研人员建立了一套较为完整的测定汽油和柴油中各种结构硫化物的定性及定量色谱方法，为脱硫相关炼油工艺的开发提供基础数据。

Chromatogram of Gasoline

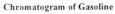

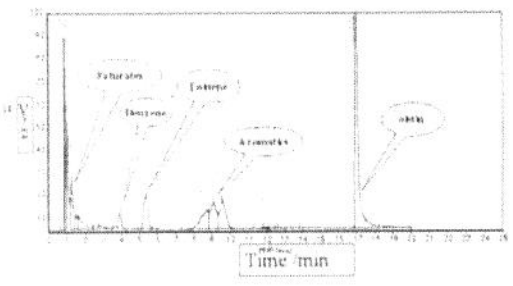

20 min.

(1) ½ hr analytical time
(2) take are separated automatic
(3) A prototype of the GC system is commercial
(4) We hope the GC can become a standard method together with the std standard

Accuracy

No.	Saturate	Olefin	Aromatic
known	45.0	35.0	20.0
1	44.0	35.5	20.5
2	45.1	34.0	20.9
3	43.2	36.1	21.5
Average	44.1	35.2	20.8

0.9

Repeatability

No	Aaturate	Olefin	Aromatics	Benzene	Toluene
1	32.1	41.7	26.2	1.80	5.72
2	31.1	41.7	27.2	1.78	5.76
3	30.5	41.4	28.1	1.72	5.76
4	30.2	42.0	27.8	1.73	5.67
5	31.6	41.5	26.9	1.77	5.77
6	31.4	41.4	27.2	1.77	5.80
average	31.2	41.6	27.2	1.76	5.74
STD	0.71	0.23	0.67	0.03	0.05

less than 0.71

System of PFPD

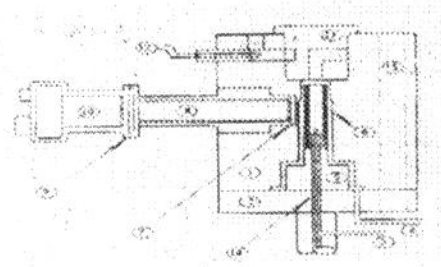

(1) PFPD body; (2) GC heated detector; (3) central hydrogen rich H2/air mixture tube leading to the combustion tube; (4) outer bypass H2/air mixture tube; (5) holder; (6)quartz combustion tube; (7) sapphire window; (8) light guide; (9) glass filter; (10) photomultiplier; (11) light shield; (12) ignite wire; (13) assembly guiding rod in a guiding hole; (14)column.

Used pure compd chemical extraction and from their Bpt and the Rt. & literature and compare the samples at various H₂ process FCC gasoline high with 2,3 MeT and Me₃T

even the sulfur content is different difference come from RSH

Chromatograms of sulfur compound in FCC gasoline by GC-AED

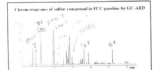

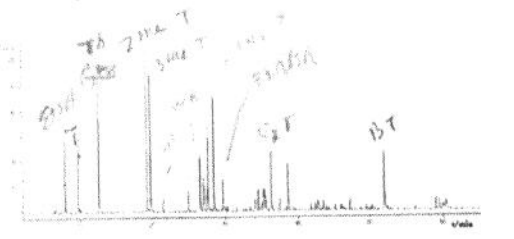

Conditions: column, PONA column (50m×0.20 mm×0.50μm) oven: 30°C, then increased at 2 °C/min up to 170°C, flow rate, 0.7mL/min.. Injection volume,1μL, split ratio, 100:1. The temperature of the transfer line and cavity was 250°C, H_2 and O_2 was used as reagent gas.

Chromatograms of sulfur compound in FCC diesel by GC-AED

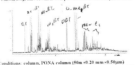

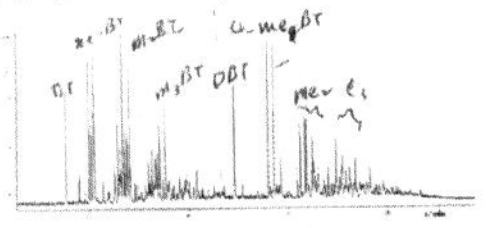

Conditions: column, PONA column (50m ×0.20 mm×0.50μm) oven: 120°C, then increased at 1.5 °C/min up to 270°C, flow rate, 0.8mL/min. Injection volume,0.5μL split ratio, 150:1. The temperature of the transfer line and cavity was 280°C, H_2 and O_2 was used as reagent gas.

after drastic hydrod.S at the sulfur compd left are mostly DBT.

第五篇　学术会议手稿

2000年陆婉珍院士参加第五届中德色谱会议（前排右三为陆婉珍）

手稿5-9 第六届石油和石化系统光谱分析技术报告会

前　言

自1983年以来，由中国石油炼制委员会和中国石油科技装备委员会共同主办的“石油和石化系统光谱分析技术报告会”，每4年举行一次，已分别在大庆、杭州、桂林、无锡等地连续举办过5届会议。由于计算机和信息技术发展迅速，使得光谱分析技术日新月异。国际上，光谱分析技术在石油与化工领域的应用效果特别引人注目，如在线近红外光谱技术用于汽油调和等炼油工艺中的应用。国内光谱分析技术研究和在石化中的应用也相当活跃，继1998年无锡会议之后，又取得了不少成就，同时在技术应用中也发现了诸多新课题。为此，2002年10月在北京举办第6届会议，报告内容集中反映了近红外、红外等吸收光谱，原子光谱（ICP及原子吸收等）和X荧光光谱分析技术的最新进展及其在石油和石化领域中的应用。其中，光谱分析技术在清洁燃料分析中的应用和光谱在线分析技术将成为会议的新靓点之一。我们将参加会议的论文汇集和编制成本论文集。以便从事光谱分析的专业工作人员和有关技术管理人员进行技术交流与联系。特别提及的是，这次报告会是继新千年之后的首届会议，正处在会议代表老新交接时期，有着承前启后，继往开来的重要意义。希望通过这次会议，大家能够深入交流与相互切磋，使现代光谱分析技术在我国石油和石化领域得以更好的普及与发展。

本论文集是由陆婉珍、张卓勇、刘慧颖、袁洪福、徐广通、杨玉蕊、王艳斌、褚小立、何京、王霞、颜景杰和高萍等审稿和汇编，杨玉蕊和王艳斌在稿件的征集和排版印刷方面作了大量的工作。文集中如有不足地方，敬请各位指正！

陆婉珍

2002年10月11日

注　这是2002年陆婉珍院士为“第六届石油和石化系统光谱分析技术报告会”论文集撰写的前言。石油和石化系统光谱分析技术报告会由中国石油学会石油炼制分会和石油科技装备专业委员会举办，每4年举行一次，往届5次会议主要以原子光谱分析技术为主，第六届会议则以近红外光谱分析技术为主，这次会议的成功举办也为全国第一届近红外光谱学术会议的筹办奠定了基础。

手稿5-10　全国第一届近红外光谱学术会议

前言

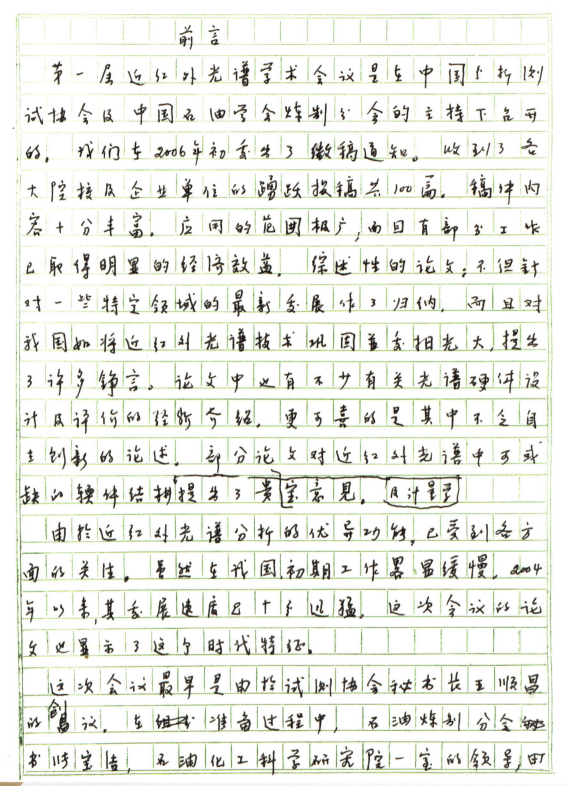

第一届近红外光谱学术会议是在中国分析测试协会及中国石油学会炼制分会的主持下召开的。我们在2006年初发出了征稿通知。收到了各大院校及企业单位的踊跃投稿共100篇。稿件内容十分丰富。应用的范围极广，而且有部分工作已取得明显的经济效益。综述性的论文，不但针对一些特定领域的最新发展作了归纳，而且对我国如将近红外光谱技术巩固并发扬光大，提出了许多诤言。论文中也有不少有关光谱硬件设计及评价的经验介绍。更可喜的是其中不乏自主创新的论述。部分论文对近红外光谱中可或缺的硬件结构提出了贵宝意见。及计量学

由于近红外光谱分析的优异功能，已受到各方面的关注。虽然在我国初期工作略显缓慢，2004年以来，其发展速度十分迅猛。这次会议的论文也显示了这个时代特征。

这次会议最早是由分析测试协会秘书长王顺昌的创议。在~~组织~~准备过程中，石油炼制分会~~秘~~书时宝洁，石油化工科学研究院一室的领导，田

注　这是2006年陆婉珍院士为全国第一届近红外光谱学术会议论文集撰写的前言。2005年，中国分析测试协会秘书长王顺昌先生向陆婉珍建议，鉴于我国近红外光谱技术的现状与发展趋势，应该召开一次全国性的近红外光谱学术会议，以进一步推动这项技术在我国快速健康地发展。这一建议立即得到了陆婉珍的采纳，在她的组织和领导下，2006年“全国第一届近红外光谱学术会议”在北京成功召开。全国大专院

杜柏、相海鹰同志都给了各方面支持。

为了便于有兴趣于这一技术的同志们参考，现将论文稿件汇编成文集。出版前曾由汪正范、袁洪福、严衍禄、时卓勇、黄汉民、刘慧颖、陆婉珍、褚小立及许育鹏九位同志进行了认真审稿，并对少许稿件作了必要的修改。但因时间仓促，仍不免有遗漏及错误。请读者随时指正。

本论文集曾得到布鲁克光谱仪器公司的经财务支持，在此一并致谢。

编者

2006.7.

校、科研院所和工矿企业近100个单位的200余位专家学者及科技人士参加了这次会议。这次会议对增进我国近红外光谱科技工作者之间的交流与合作，促进我国近红外光谱事业的发展起到了非常重要的作用。应该说，这次会议是我国近红外光谱技术发展过程中的一个重要里程碑。

2006年陆婉珍院士主持召开的全国第一届近红外光谱学术会议

2009年陆婉珍院士参加中国仪器仪表学会分析仪器分会近红外光谱专业委员会成立大会

手稿5-11　军队油料专业第一届红外光谱分析技术学术会

No.

Date　　.　　.

祝贺军队油料专业第一届红外光谱分析技术学术会的召开。我们作为老百姓，感到了我国在军事方面，尤其是军事科学方面的发展及推进速度在增加。这次会议的召开也是这种感受的一个证明。下面我就十年来我们研究院在近红外光谱分析方面的经历作一些介绍。希望能对~~这~~到次会议的同志们有一些帮助。

注　这是2005年陆婉珍院士在“军队油料专业第一届红外光谱分析技术学术会”上的讲话手稿。陆婉珍重视现代光谱技术在军队油料分析中的应用，2003年她被聘为总后勤部油料部技术专家，先后指导研制出“军用燃料质量快速检测车”和“战场油料质量监控系统”，这两项技术分别获得了国家科技进步二等奖和军队科技进步一等奖等奖项。

2006年全国第一届近红外光谱学术会议期间陆婉珍院士与军队科研人员合影

2010年陆婉珍院士参加2010军用油料快速分析测试技术论坛

2012年军队科研人员庆贺陆婉珍院士八十八华诞

手稿5-12　在线近红外光谱技术的应用

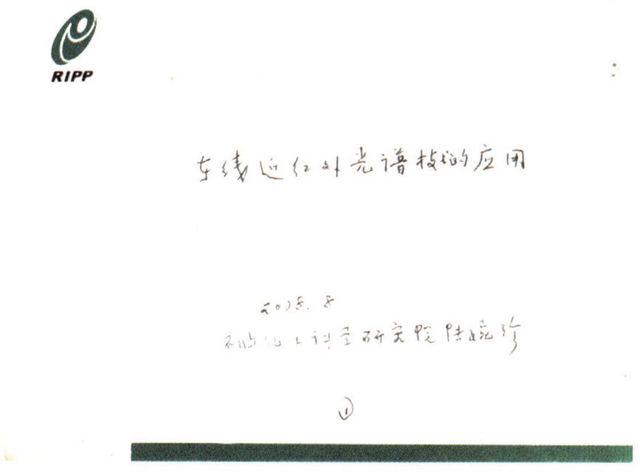

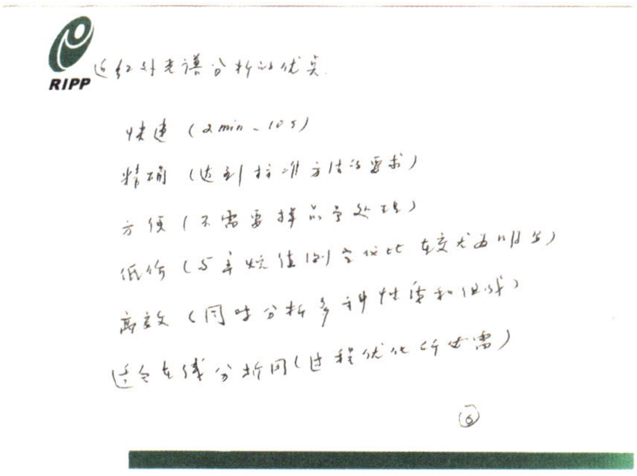

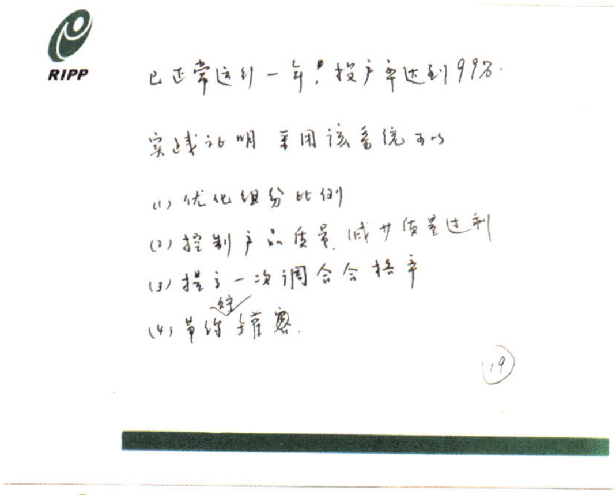

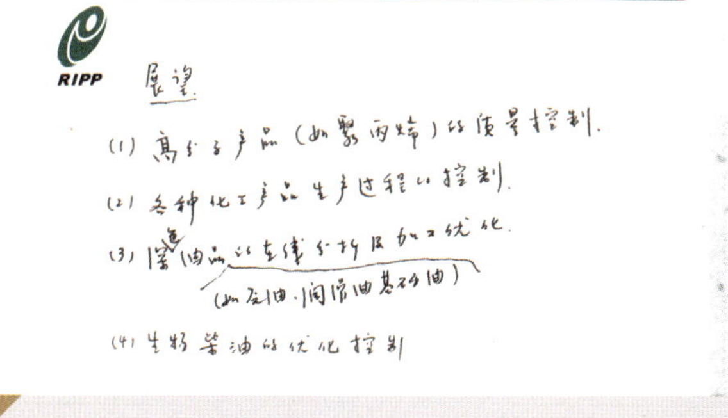

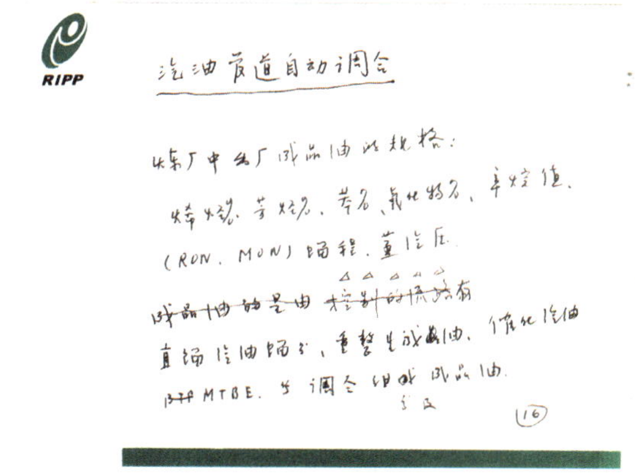

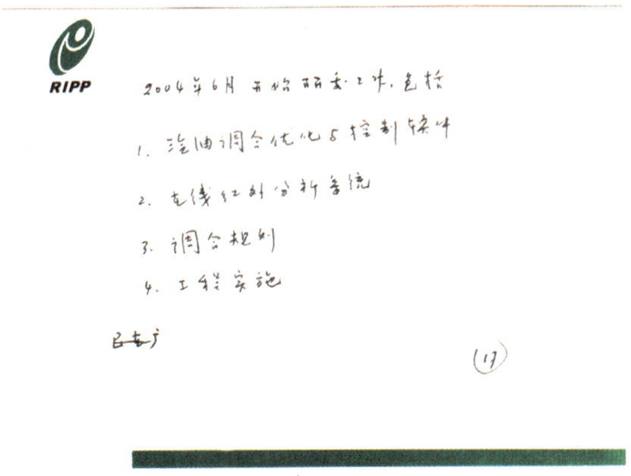

注　这是2008年陆婉珍院士参加中石化在线分析技术学术会议做的“在线近红外光谱技术的应用”报告ppt手稿。陆婉珍非常重视在线分析技术，2003年她还为科学出版社组织编写的《分析化学的明天——学科发展前沿与挑战》一书撰写“过程分析技术应受到关注”一章，这些工作在普及近红外光谱技术知识以及引领我国该技术发展等方面都起到了积极的作用。

手稿5-13　全国第三届近红外光谱学术会议

第　页共　页

近红外光谱分析技术在实际应用的课题

陆婉珍（石油化工科学研究院）

自从80年代人们认识到近红外光谱在质量控制方面的特殊优越性后，经过不懈的努力，这一技术在多个领域中已成为成熟的，且为人们广泛应用的一项新技术（实例）。但是一些成果得来并不容易。原因是它要求大量的前期工作，如：

①十分稳定的仪器装备

②大量数据的累积

③对计算模型的不断修正

④长期成功应用的实例

⑤一支包括软硬件的维护队伍

⑥从开始就需要一定的资金支持。

20×15=300　（电开26　）

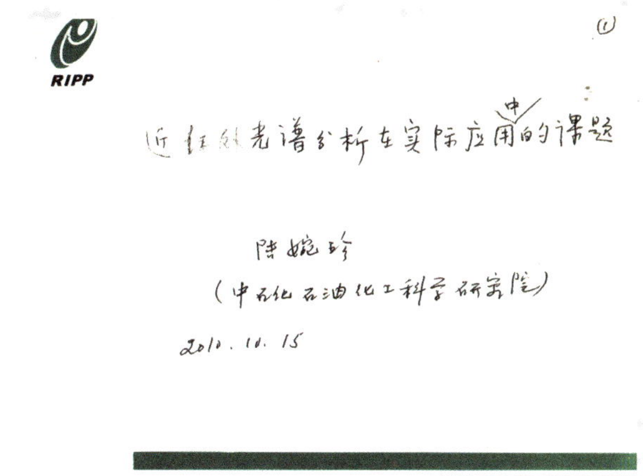
①

近红外光谱分析在实际应用中的课题

陆婉珍

（中石化石油化工科学研究院）

2010.10.15

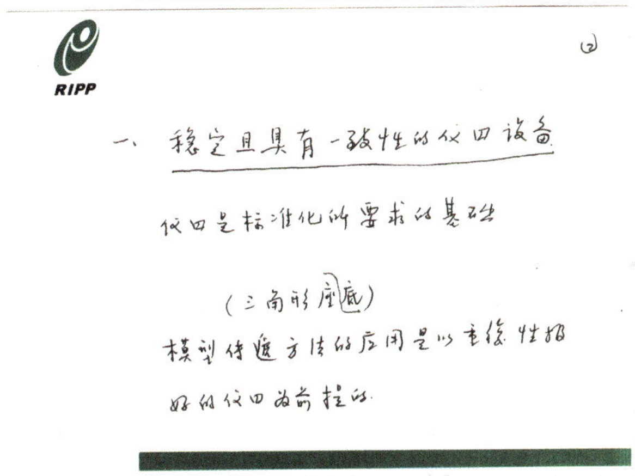
②

一、稳定且具有一致性的仪器设备

仪器是标准化所要求的基础

（三角形底座）

模型传递方法的应用是以重复性好的仪器为前提的

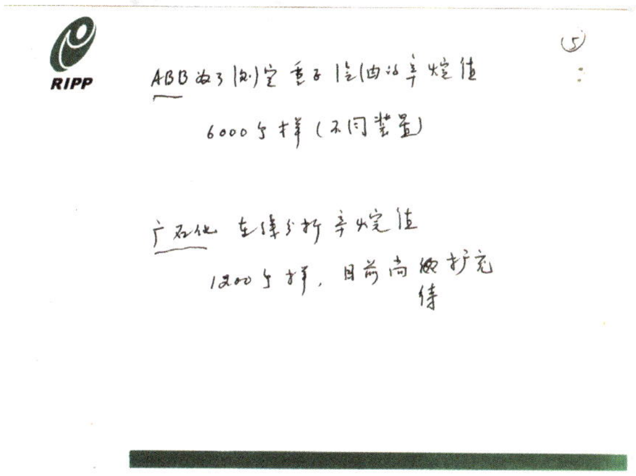
⑤

ABB公司测定重整汽油辛烷值

6000个样（不同装置）

广石化 在线分析辛烷值

1200个样，目前尚在扩充

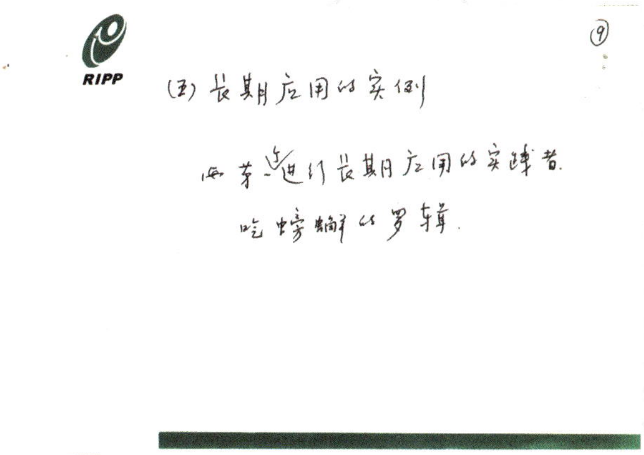
⑨

（五）长期应用的实例

要等进行长期应用的实践者.

吃螃蟹的罗辑

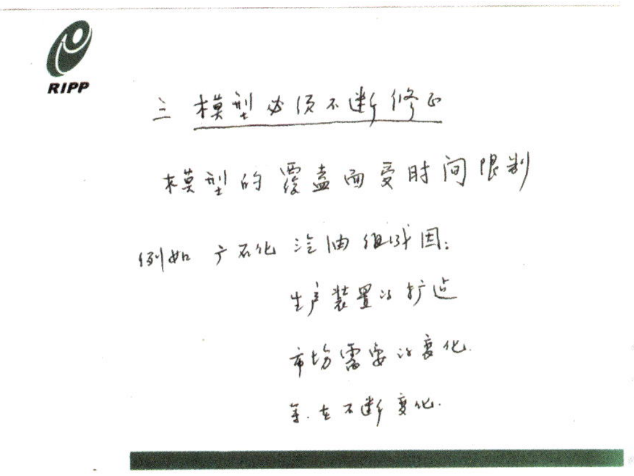
三 模型必须不断修正

模型的覆盖面受时间限制

例如 广石化 汽油组成因：

生产装置的扩建

市场需要的变化

等在不断变化

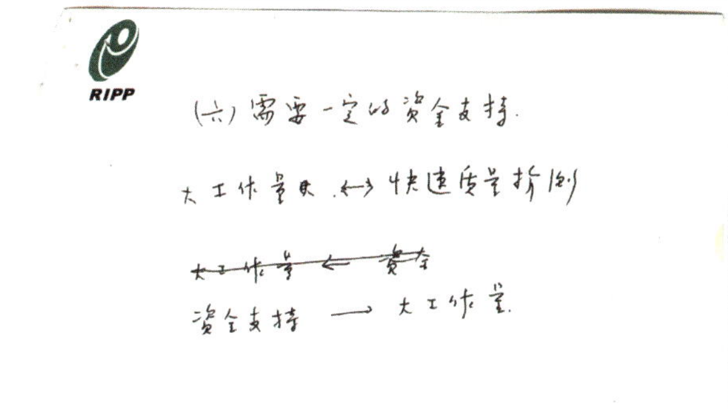
（六）需要一定的资金支持

大工作量 ⟷ 快速质量控制

~~大工作量 ← 资金~~

资金支持 ⟶ 大工作量

注　这是2010年陆婉珍院士参加在上海举办的全国第三届近红外光谱学术会议做的“近红外光谱在实际应用中的课题”大会报告的手稿。第二届亚洲近红外光谱学术会议也在上海同期举办，期间，陆婉珍会见了国际近红外光谱学会主席Pierre Dardenne博士和亚洲近红外光谱学会主席Yukihiro Ozaki教授，向他们表达了想在中国举办一届国际近红外光谱学术会议的意愿。正是在陆婉珍院士的鼓励和影响下，经过两代中国近红外人的不懈努力，2021年我国成功举办了第20届国际近红外光谱学术会议。

2010年陆婉珍院士参加全国第三届近红外光谱学术会议

2010年陆婉珍院士会见国际近红外光谱学会主席Pierre Dardenne博士

第一届全国近红外光谱分析技术培训班
2010.08 北京

2010年陆婉珍院士参加第一届全国近红外光谱培训班

2014年陆婉珍院士在全国第五届近红外光谱学术会议晚宴上（恰逢陆婉珍院士九十华诞）

2007年陆婉珍院士在北京会见日本Ozaki教授

手稿5-14　全国第四届近红外光谱学术会议

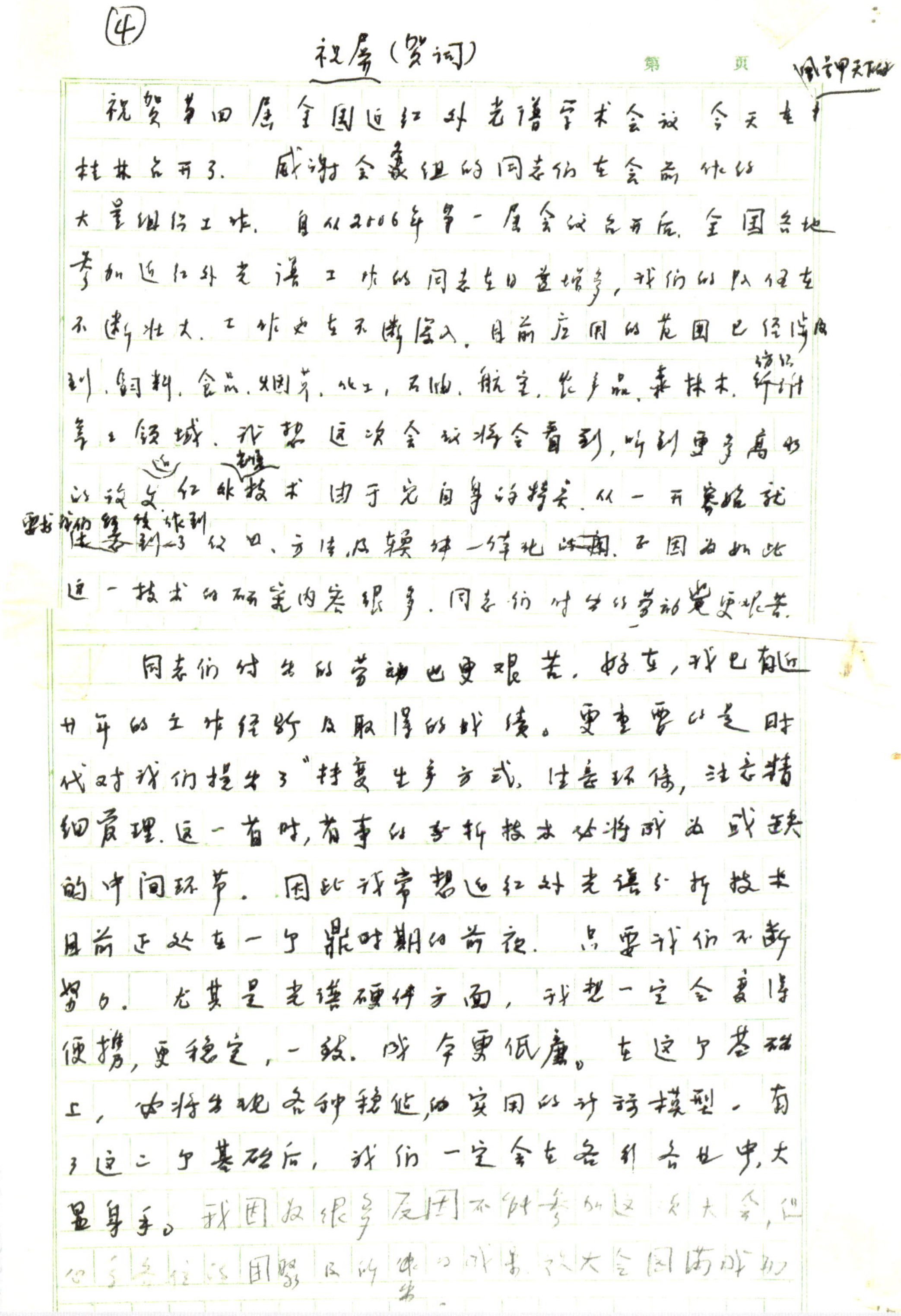
④

祝辞（贺词）

第　页

祝贺第四届全国近红外光谱学术会议今天在桂林召开了。感谢全体组织的同志们在会前作的大量细致工作。自从2006年第一届会议召开后，全国各地参加近红外光谱工作的同志在日益增多，我们的队伍在不断壮大，工作也在不断深入。目前应用的范围已经涉及到饲料、食品、烟草、化工，石油、航空、农产品、森林木、纺织等等领域。我想这次会议将会看到、听到更多高水平的论文。近红外技术由于它自身的特点，从一开始就受到了仪器、方法及软件一样重视。……近一技术的研究内容很多，同志们付出的劳动更艰苦。

同志们付出的劳动也更艰苦。好在，我已看到近廿年的工作经验及取得的成绩。更重要的是时代对我们提出了"转变生产方式，注意环保，注意精细管理"这一当口时，当事的分析技术必将成为一个关键的中间环节。因此我常想近红外光谱分析技术目前正处在一个最好时期的前夜。只要我们不断努力。尤其是光谱硬件方面，我想一定会更便携，更稳定，一致，成本更低廉。在这个基础上，必将出现各种稳定的实用的计算模型。有了这二个基础后，我们一定会在各行各业中大显身手。

注　这是2012年陆婉珍院士祝贺全国第四届近红外光谱学术会议召开撰写的贺词手稿。此届会议在桂林召开，因种种原因陆婉珍没能赶到会议现场，她特意录制了视频讲话，为奋战在第一线的近红外科技人员加油鼓劲。在这次视频讲话中，她指出，在近红外光谱技术研发和应用方面，我国已经具备相当深厚的基础，只要我们持之以恒、奋斗不止，一定能研制出稳定、可靠的仪器硬件和实用性强的分析模型，使近红外光谱技术在各行各业中大显身手。

第六篇 科研与管理手稿

陆婉珍院士在担任研究室主任和石科院总工程师期间，几乎每篇科研报告和论文都经过她的修改，对于待审阅的报告，她都会认真地逐字逐句修改，遇到不清楚的地方，她会找到当事人询问或细心讨论后，再作修改，取得编写人的认同。对于研究人员自身不清晰的地方，她总能提出建设性的改进意见。有些论文经过她的修改，几易其稿，不少工作甚至是按照她的实验设计推倒重做的。有些刊物和出版社约陆婉珍写稿，她都让给年轻人去写，连自己多年积累的资料和参考文献也一并送去供他们参考。但在论文和成果署名上，除了以指导教师的署名外，其余的她却执意不肯写上自己的姓名。学高为师，身正为范，以德服人。在陆婉珍带领的队伍中，鲜有争名争利的情况发生，她的“勤奋、严谨、求实”的学风深深地影响和教育着几代人。

本篇整理收录了陆婉珍院士撰写的科研报告和工作总结手稿18件，涉及原油评价、元素分析、核磁共振、实验室组建与管理、发展规划以及炼厂化学品剖析、研制与开发等方面。

手稿6-1　石油及添加剂中微量氮的测定方法

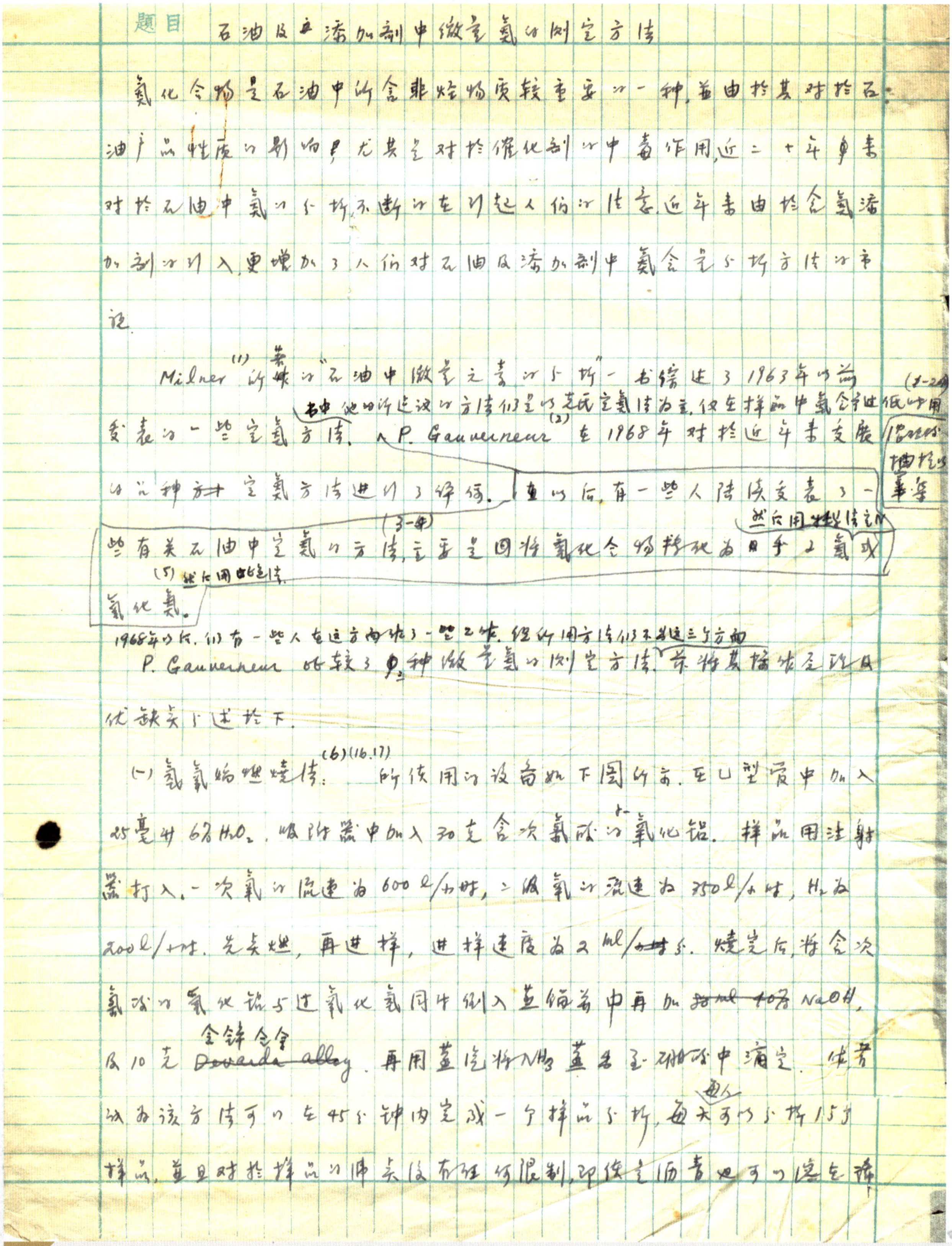
题目　石油及添加剂中微量氮的测定方法

氮化合物是石油中所含非烃物质较重要的一种，并由于其对于石油产品性质的影响，尤其是对于催化剂的中毒作用，近二十年来对于石油中氮的分析不断的在引起人们的注意。近年来由于含氮添加剂的引入，更增加了人们对石油及添加剂中氮含量分析方法的重视。

Milner[1]所著的"石油中微量元素的分析"一书综述了1963年以前发表的一些定氮方法。书中他的所述的方法仍是以克氏定氮法为主，仅在样品中氮含量过低时用（1-2）……P. Gauvreneur[2]在1968年对于近年来发展的几种定氮方法进行了评价。自此以后，有一些人陆续发表了一些有关石油中定氮的方法（3-4），主要是用将氮化合物转化为……氮或（5）……氨化氮。

1968年以后，仍有一些人在这方面作了一些工作，但所用方法仍不出这三个方面。

P. Gauvreneur比较了五种微量氮的测定方法，并将其优缺点叙述于下。

（一）氢氧焰燃烧法[(6)(16.17)]：所使用的设备如下图所示。在U型管中加入25毫升6% H_2O_2，吸收器中加入30克含次氯酸的氧化铝。样品用注射器打入，一次氧的流速为600 l/小时，二次氧的流速为350 l/小时，H_2为200 l/小时。先点燃，再进样，进样速度为2 ml/分。烧完后将含次氯酸的氧化铝与过氧化氢同时倒入蒸馏器中，再加NaOH，及10克~~Devarda alloy~~铜锌合金，再用蒸汽将NH_3蒸出至硼酸中滴定。作者认为该方法可以在45分钟内完成一个样品分析，每人每天可以分析15个样品，并且对于样品的沸点没有任何限制，即使是沥青也可以燃烧。

注　这是1978年陆婉珍院士撰写的"石油及添加剂中微量氮的测定方法"科研报告手稿。硫、氮、氯等非碳氢元素的存在直接影响原油的加工方式和石油产品的性质，对这些非烃元素的定性和定量分析研究一直是普遍关注的问题。20世纪80年代，为满足生产和科研对原油元素分析提出的新需求，在陆婉珍的支持和

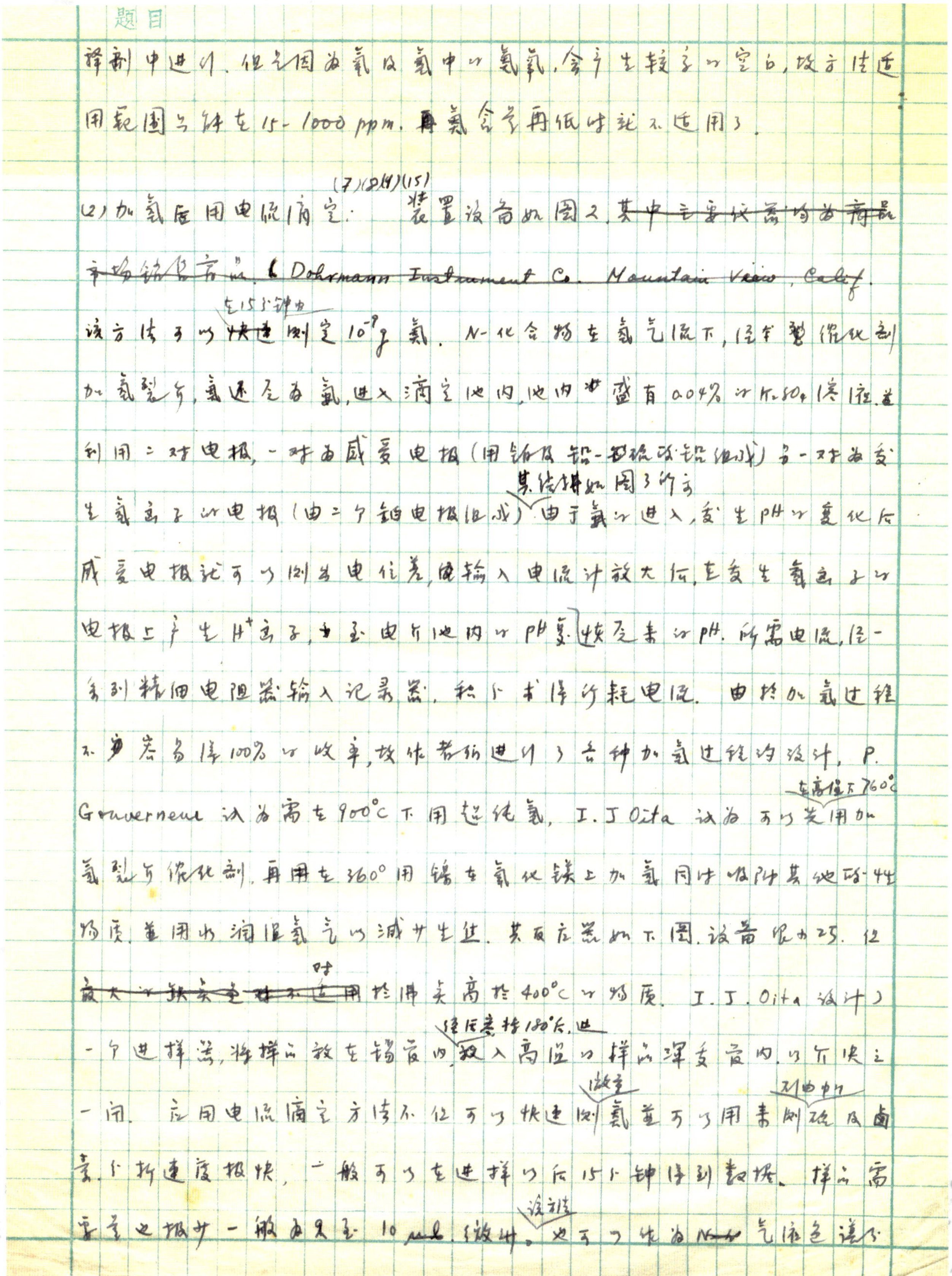
题目

释剂中进行。但它因为氧及氮中的氢氧，会产生较多的空白，故方法适用范围只能在15-1000 ppm。再氮含量再低时就不适用了。

(2) 加氢后用电流滴定：(7)(8)(14)(15) 装置设备如图2，~~其中主要仪器均为商品市场销售产品 (Dohrmann Instrument Co. Mountain View, Calif.)~~

该方法可以~~快速~~在15分钟内测定10^{-9}g氮。N-化合物在氢气流下，经催化剂加氢裂解，氮还原为氨，进入滴定池内，池内盛有0.04%的K_2SO_4溶液，并利用二对电极，一对为感受电极（用铂及铅-硫酸铅组成）另一对为发生氢离子的电极（由二个铂电极组成）其结构如图3所示。由于氨的进入，发生pH的变化后感受电极就可以测出电位差，经输入电流计放大后，在发生氢离子的电极上产生H^+离子，直至电解池内的pH恢复原来的pH。所需电流，经一系列精细电阻器输入记录器，积分求得所耗电流。由于加氢过程不易完全得到100%的收率，故作者们进行了各种加氢过程的设计。P. Gouverneur认为需在900°C下用超纯氢，I. J. Oita认为可以在高温下760°C先用加氢裂解催化剂，再用在360°C用镍在氧化镁上加氢同时吸附其他酸性物质，并用水润湿氢气以减少生焦。其反应器如下图。设备见文献25。但~~[illegible]~~对沸点高于400°C的物质（I. J. Oita设计）一个进样器，将样品放在镍舟内，经压差将180°C后，进入高温的样品蒸发舟内，以便快速之一闪。应用电流滴定方法不但可以快速测微量氮并可以用来测硫及卤素。分析速度极快，一般可以在进样后15分钟得到数据。样品需要量也极少，一般为5至10 μl（微升）。也可以作为~~[illegible]~~气相色谱

指导下，以张金锐为首的几位骨干科研人员进入了新型石油元素分析仪器研制领域。他们研制出的硫、氮元素分析仪具有分析速度快、灵敏度高、自动化操作程度高、试剂消耗量少等特点，受到炼厂一线元素分析工作者的欢迎，得到了迅速的发展和使用。

手稿6-2　国外油井防蜡剂的发展情况

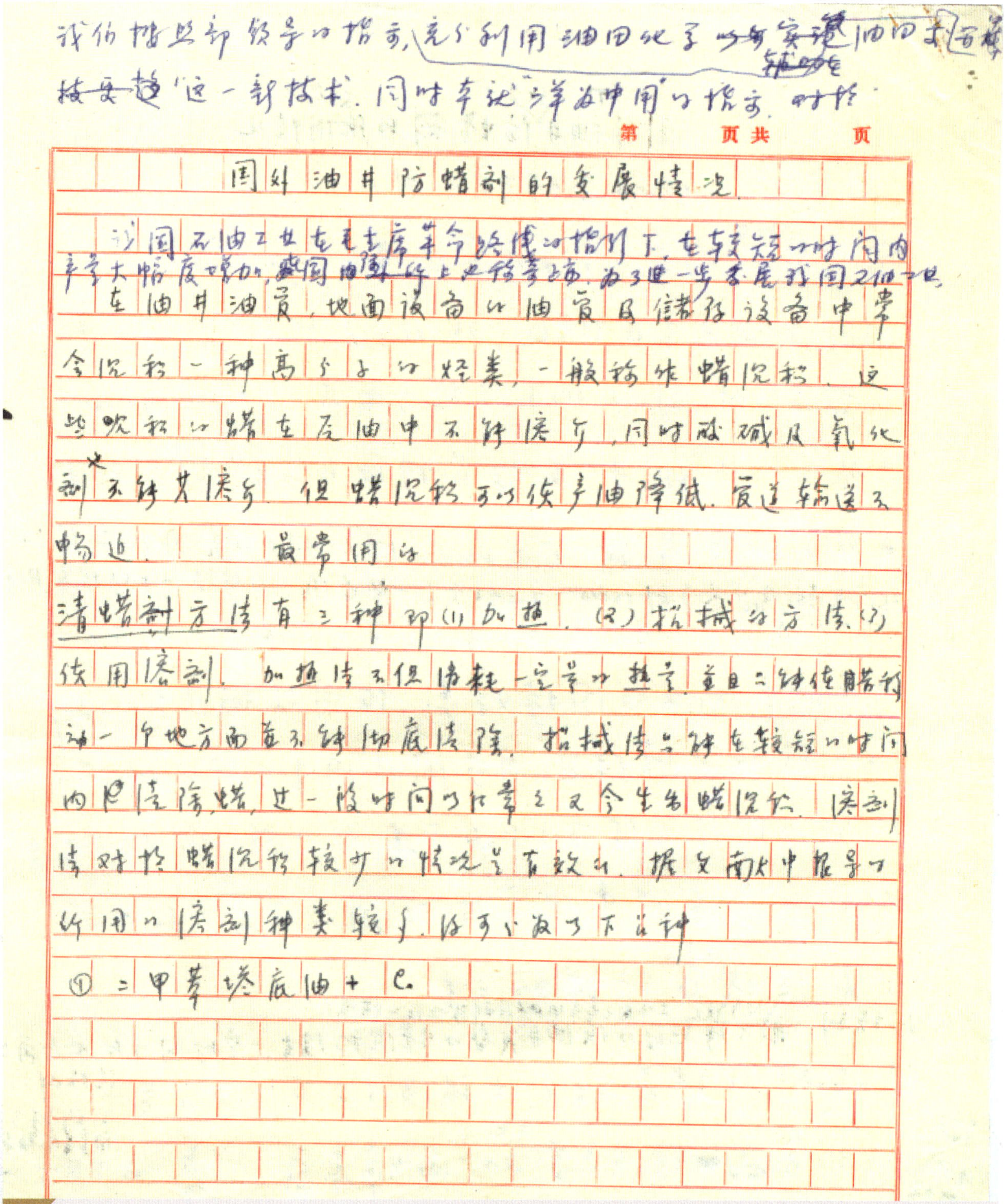

注　这是1978年陆婉珍院士撰写的“国外油井防蜡剂的发展情况”科研报告手稿。由于化学品的解剖分析是一项综合性很强的研究工作，涉及的知识面很宽，用到的实验技术和分析仪器也较多，一两个人很难掌握所有的剖析技术。陆婉珍组织分析研究室核磁共振谱、质谱、红外光谱和紫外光谱等领域的骨干技术人员，借助于层析色谱、高压液相色谱、精密分馏等分离手段，提出了一整套用于添加剂和化学品等鉴定的工作流程和方法，在工作形式上实行矩阵网络组织，在较短时间内，就成功对一些工业急用的商品化学剂进行了剖析鉴定，为配合新产品的研发、改进、生产和工业化应用做出了很大的贡献。

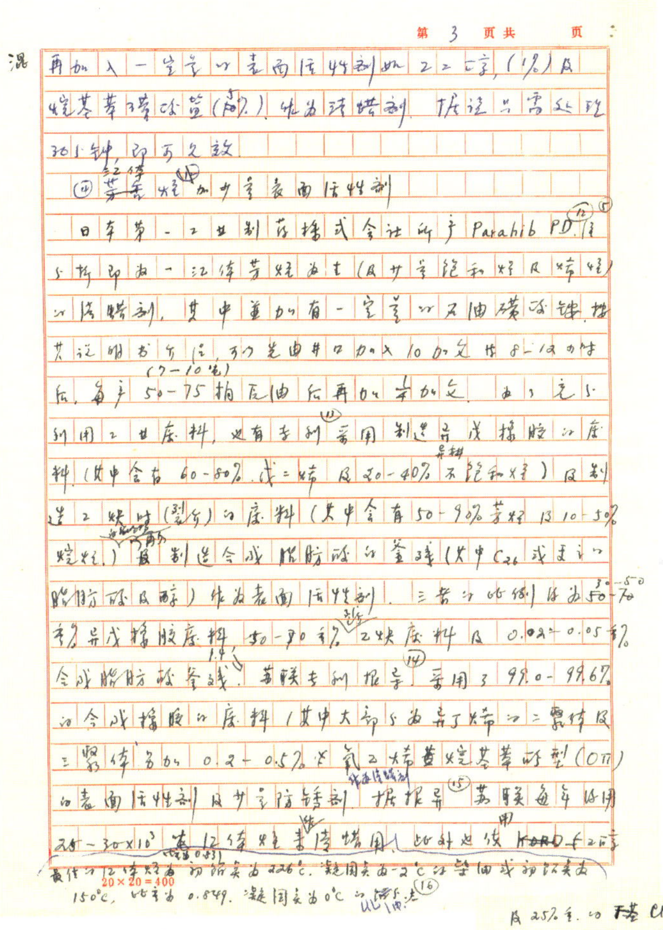

第 3 页共 页

混 再加入一定量的表面活性剂如2-乙基己醇(1%)及烷基苯磺酸盐(5%),作为清蜡剂。据说只需处理30小时,即可见效。

(四)轻馏芳香烃加少量表面活性剂

日本第一工业制药株式会社所产 Parahib PD,据分析即为一轻馏芳烃为主(及少量饱和烃及烯烃)的清蜡剂,其中并加有一定量的石油磺酸钠。按其说明书介绍,可先由井口加入10加仑,经8~12小时后,每产50~75桶原油后再加1加仑(7~10升)。另有专利利用乙烯废料,也有专利采用制造异戊橡胶的废料(其中含有60~80%戊二烯及20~40%不饱和烃)及制造乙烯时(裂解)的废料(其中含有50~90%芳烃及10~50%烷烃)及制造合成脂肪酸的釜残(其中C26或更高的脂肪酸及醇)作为表面活性剂。三者的比例依次为50~70(30~50)重%异戊橡胶废料,30~50重%乙烯废料及0.02~0.05重%合成脂肪酸釜残。苏联专利报导采用了99.0~99.6%的合成橡胶的废料(其中大部分为异丁烯的二聚体及三聚体)另加0.2~0.5%氧乙烯基烷基苯酚型(OП)的表面活性剂及少量防锈剂。据报导苏联每年使用25~30×10³吨轻馏烃来清蜡用,[illegible]

最佳的轻馏烃为初馏点为226℃,凝固点为-2℃的柴油或初馏点为150℃,比重为0.849,凝固点为0℃的[illegible]

20×20=400

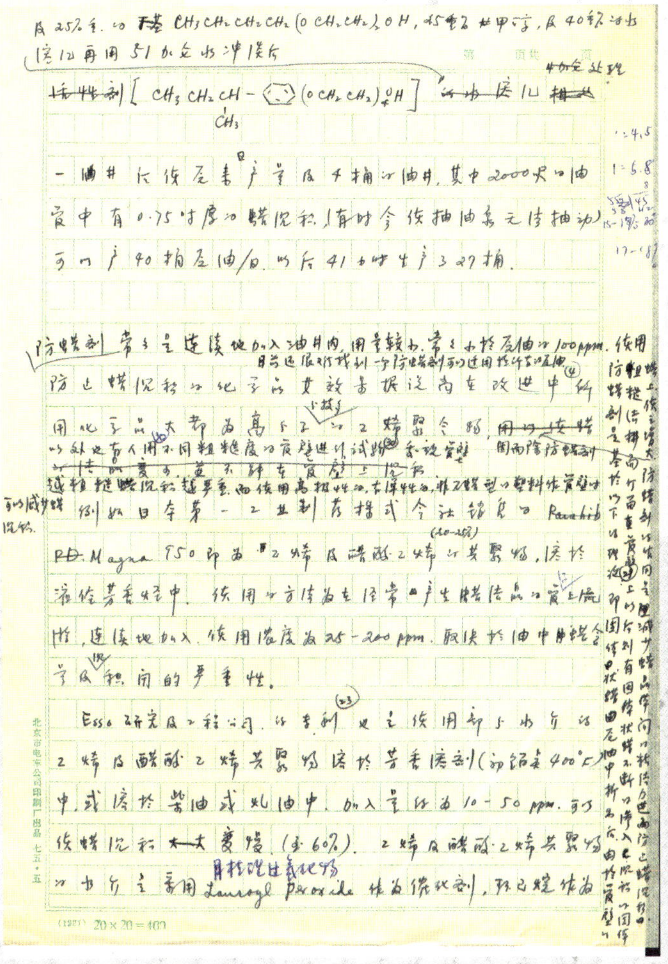

及25%重的丁基 $CH_3CH_2CH_2CH_2(OCH_2CH_2)_2OH$,45重%的甲苯,及40重%的水,清蜡后再用51加仑水冲洗后

活性剂 [$CH_3CH_2CH(CH_3)-C_6H_4-(OCH_2CH_2)_nOH$] [illegible]

一油井原使用者日产量4桶的油井,其中2000英尺的油管中有0.75吋厚的蜡沉积(有时会使抽油系统停抽),可以产40桶原油/日,处理41小时生产了27桶。

防蜡剂 常是连续地加入油井内,用量较小,常小于原油的100ppm。使用防止蜡沉积的化学品其效果据说尚在改进中,所用化学品大都为高分子的乙烯聚合物,[illegible]

例如日本第一工业制药株式会社的 Parahib Magna 750 即为乙烯及醋酸乙烯的共聚物,溶于溶剂芳香烃中。使用的方法为在经常产生蜡结晶的上流处,连续地加入,使用浓度为25~200ppm,取决于油中的含蜡量及积间的严重性。

Esso研究及工程公司的专利也主使用部分水解的乙烯及醋酸乙烯共聚物溶于芳香溶剂(初馏点400℃)中,或溶于柴油或燃油中,加入量约为10~50ppm,可使蜡沉积大大减少(至60%)。乙烯及醋酸乙烯共聚物的制备主要用月桂酰过氧化物 Lauroyl Peroxide 作为催化剂,环己烷作为

北京市电车公司印刷厂出品 七五·五

(1281) 20×20=400

手稿6-3　石油组成的分析方法及我国石油组成的特点

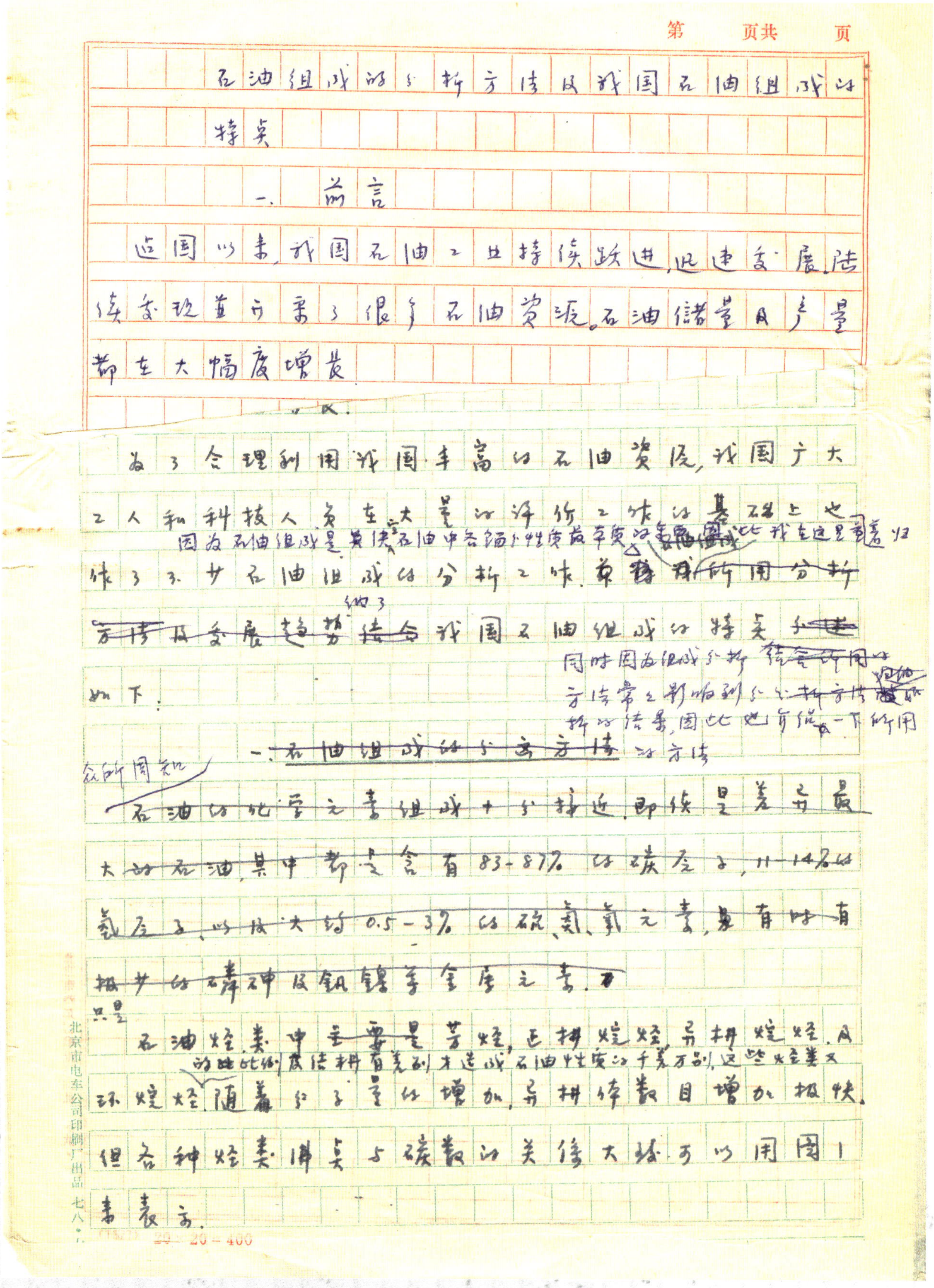

第　页共　页

石油组成的分析方法及我国石油组成的特点

一、前言

近十年来，我国石油工业持续跃进，迅速发展。陆续发现并开采了很多石油资源。石油储量及产量都在大幅度增长。

二、

为了合理利用我国丰富的石油资源，我国广大工人和科技人员在大量的评价工作的基础上也作了不少石油组成的分析工作。因为石油组成是决定石油中各馏分性质最本质的因素……兹将所用分析方法及发展趋势结合我国石油组成的特点介绍如下：

同时因为组成分析结果常常影响到分析方法……因此也介绍一下所用分析的方法

一、石油组成的分析方法

众所周知，石油的化学元素组成十分接近，即使是差异最大的石油，其中都含有83-87%的碳原子，11-14%的氢原子，以及大约0.5-3%的硫、氮、氧元素，其有时有极少的磷、砷及钒、镍等金属元素。

石油烃类中主要是芳烃、正构烷烃、异构烷烃及环烷烃，它们的比例及结构有差别才造成石油性质的千差万别，这些烃类又随着分子量的增加，异构体数目增加极快。但各种烃类沸点与碳数的关系大致可以用图1来表示。

北京市电车公司印刷厂出品　七八.7　20×20=400

从图1可以看出对于同样炭数的烃类，例如十炭烃，其中芳（萘）烃的沸点最高，正烷烃较一般的异构烃的沸点要高一些。从图1也可以看到初～200°C的汽油包含（的烃）3n-C_{12}～异C_{13}～芳C_{10}的烃类。200°C～350°C的柴油中正烷烃的炭数一般小于C_{24}。（正-C_{25}极少）350-500°C减压馏出油中可能有C_{40}的正烷烃。在整个（石油）原烃中还有几个含量较高的单体烃，例如在柴油馏分中的植烷及姥鲛烷，在减压馏出油中的三萜烷、甾烷及异戊烷，它们都是（饱和的）异戊二烯的聚（合）体（isoprenoid）（至高级微生物或芳香剂所提纯的），有长期以来为有机地质学家所注意，因为它们有着生物标记物的特点，可认定它们可能是原石油前驱物质所遗下来的标记。

二、我国原油的比重及各直馏馏分分布

各地所产石油不论其外观或内在的组成都存在着（很大）的差异，一般都用比重来表示该石油是轻质或重质。但由于各种烃类的比重不同，因此比重相同的原油，因为其中组成的不同，其直馏馏分的分布有时可能相差很多。（例如科威特原油与大庆原油的比重都是0.86左右，而科威特原油中的汽油收率为18.1，柴油收率为25.3，而大庆与之相应的馏分是8.7及18.6）

北京市西城区印刷厂出品　七九·一

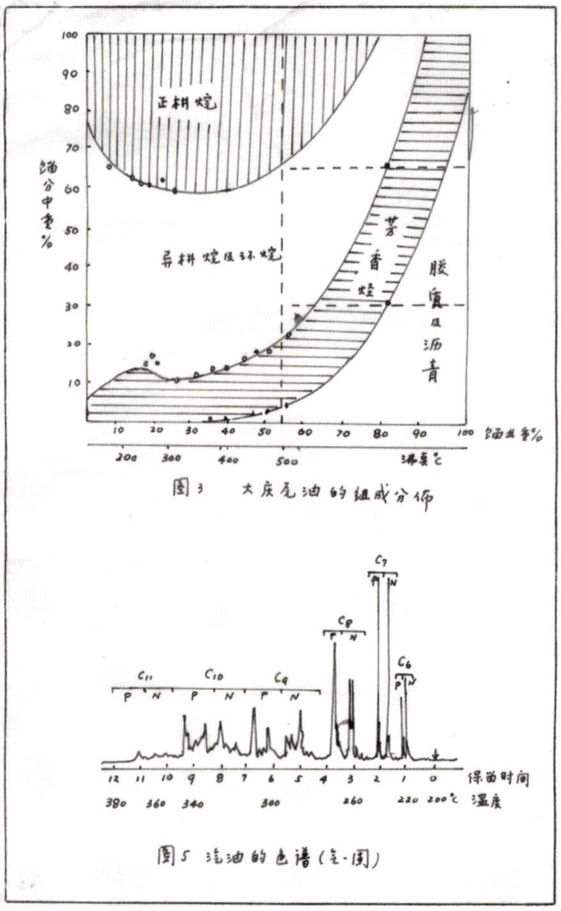

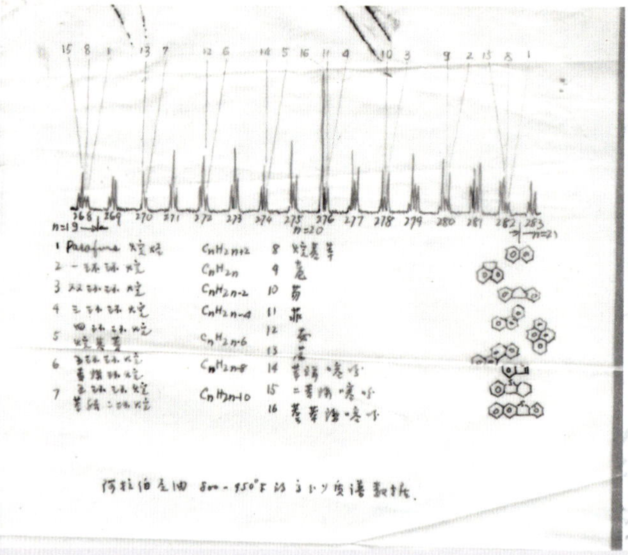

注 这是1980年陆婉珍院士撰写的“石油组成的分析方法及我国石油组成的特点”科研报告手稿。从20世纪70年代末开始，在陆婉珍领导和直接参与下，结合分析平台上的气相色谱、液相色谱、核磁共振、红外光谱和质谱等近现代分析技术，根据炼厂工艺和科学研究对原油评价内容提出的新需求，分析工作开始深入到原油各馏分的烃类组成分析和金属、非金属元素分析，原油评价内容逐步从炼油扩大到原油的化工利用，为从石油中生产芳烃、正构烷烃、烯烃等提供了科学依据。陆婉珍在原油评价中逐渐加强了石油组成的分析研究，例如，采用气相色谱测定轻质馏分油（轻烃和汽油馏分）的单体烃组成，利用质谱建立了测定柴油馏分和减压馏分油的详细族组成含量，采用液相色谱方法快速测定润滑油的族组成，采用凝胶色谱测定渣油分子量，基于核磁共振建立了表征渣油结构族组成的参数等。

手稿6-4　核磁共振技术的研究与应用

手稿6-4A　核磁共振的位移试剂

核磁共振的位移试剂

石油化工综合站

陆婉珍讲

王骏程整理

核磁学习班印

1975.8

注　这是陆婉珍院士1975年撰写的“核磁共振的位移试剂”培训讲稿（手稿6-4A），以及1980年撰写的“核磁共振在石油分析方面的应用”科研报告（手稿6-4B）。在陆婉珍的领导下，石科院1964年就开始研究和应用核磁共振分析技术，当时使用的还是连续波的仪器，主要是配合润滑油的研制，对润滑油添加剂的结构进行鉴定分析。“文化大革命”后期，1972年陆婉珍从干校返回北京后，被安排在核磁共振分析岗位，至1975年她断断续续地开展相关的研究课题。1976年秋，陆婉珍从石科院管理部又回到了分析研究室核磁岗位，这时期政治气氛也日趋缓和，陆婉珍便潜下心来开展核磁共振技术在油品和结构分析等方面的应用研究工作。

题目　核磁共振位移试剂(I)—— Eu(fod)$_3$的制备

一、前言

随着我国社会主义建设事业的蓬勃发展，石油工业中所需的各种助剂、添加剂的种类在不断增多。近几年来我所对各种高汕油脂的分析任务日有增加，对于各种复杂化合物的分析工作也日趋重要。虽然我们利用核磁共振与其他方法配合[1]已经取得了很多成果，仍有一些课题未能解决。例如聚乙氧基与聚丙氧基异丙二醇的分子量的测定，磷酸三甲酚酯中各种异构体的分析，各种酚类异构体的分析等等。

质子核磁共振的现象是由于质子在高磁场中能够吸收一定能量以改变其能态，同时由于不同化合物中各种质子在分子中所受到的屏蔽（对外加磁场）不同，故利用高分辨核磁共振可以对各种化合物得到定性的谱图。但是在一般磁场强度下（60—100兆周的仪器）仍不能把全部不同的质子分开，以至于对上述各种异构物不能进行分析。毛主席教导我们："每一事物的运动都和它周围其他事物互相联系着和互相影响着。"一些不能全部分开的不同质子，有可能用改变它周围环境的方法而使其分开。位移试剂中含有一个顺磁性的稀土元素（一般为铕或镨），加入欲分析的样品中以后，产生二级磁场，改变了样品所处的磁环境。同时位移试剂又能与样品络合，二级磁场与分子中不同质子的距离是固定的，二级磁场的作用随着距离的增加而减弱，因而使原来不能分开的质子，在位移

手稿6-4B　核磁共振在石油分析方面的应用

①

第 1 页共　页

核磁共振在石油分析方面的应用

序言

分子结构分析

复杂混合物的分析测试 ~~[illegible]~~

高分子化合物的分析

元素的定量分析.

多元混合物的分析

动力学研究.

与其他分析技术相配合.

近期NMR的发展对石油分析的应用.

① C^{13}.

② 脉冲-傅立叶技术

③ 顺磁位移试剂的应用.

D2425

D2786

20×20=400

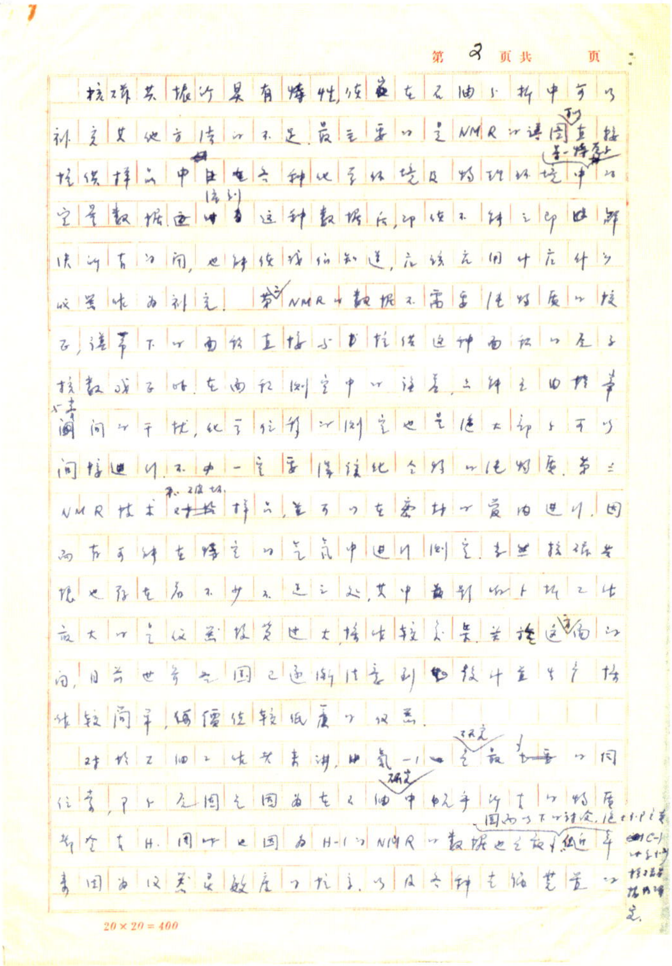

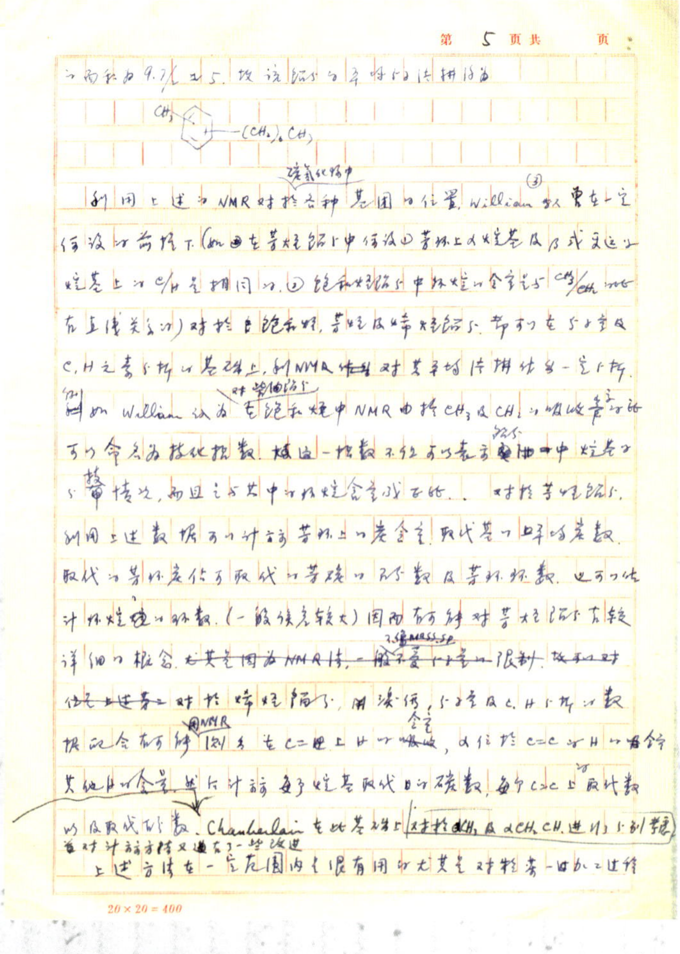

陆婉珍院士手迹选

1980年陆婉珍与核磁共振课题组的成员合影（前排左三为陆婉珍）

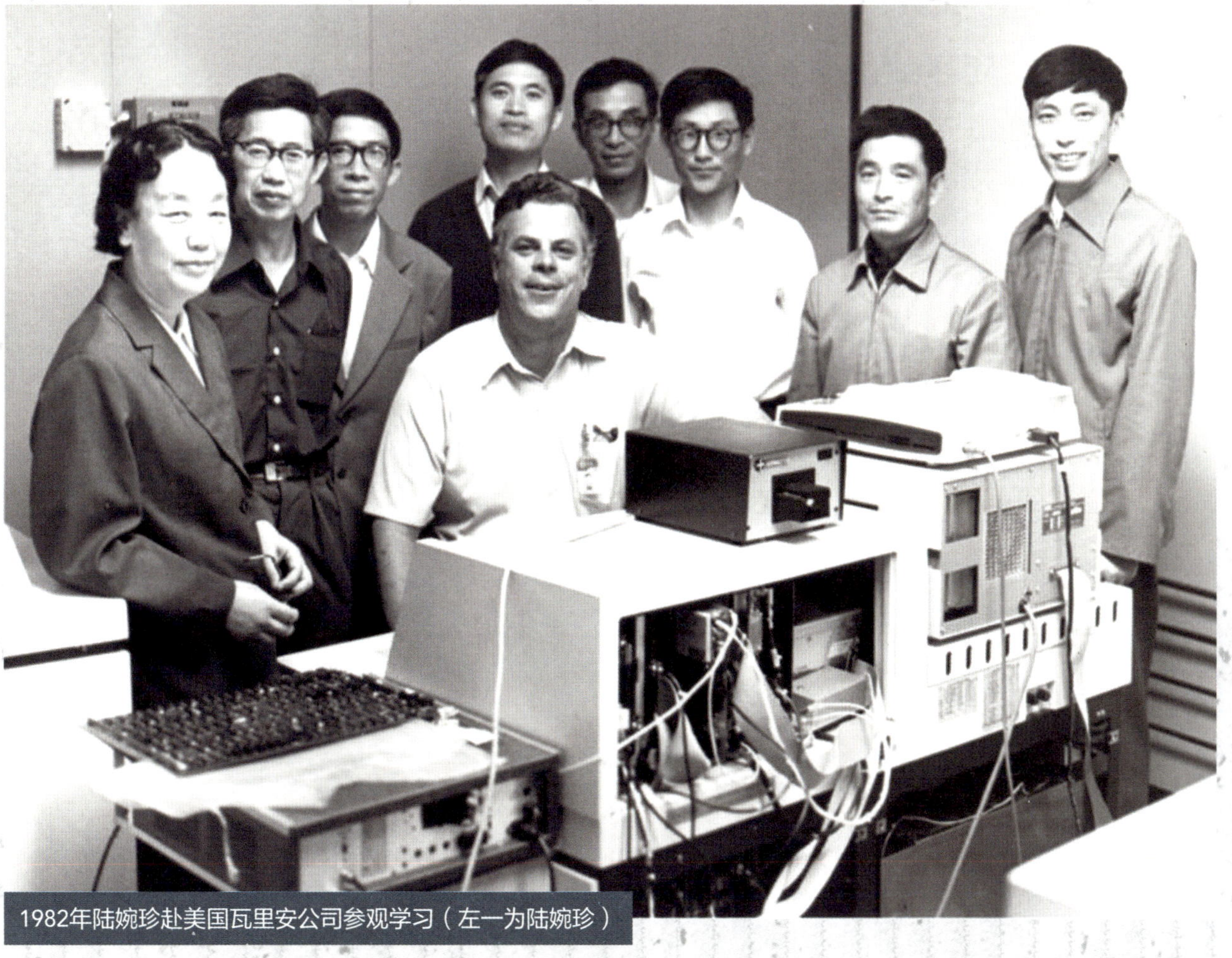
1982年陆婉珍赴美国瓦里安公司参观学习（左一为陆婉珍）

手稿6-5 仪器分析在石油分析中应用和建立实验室的一些体会

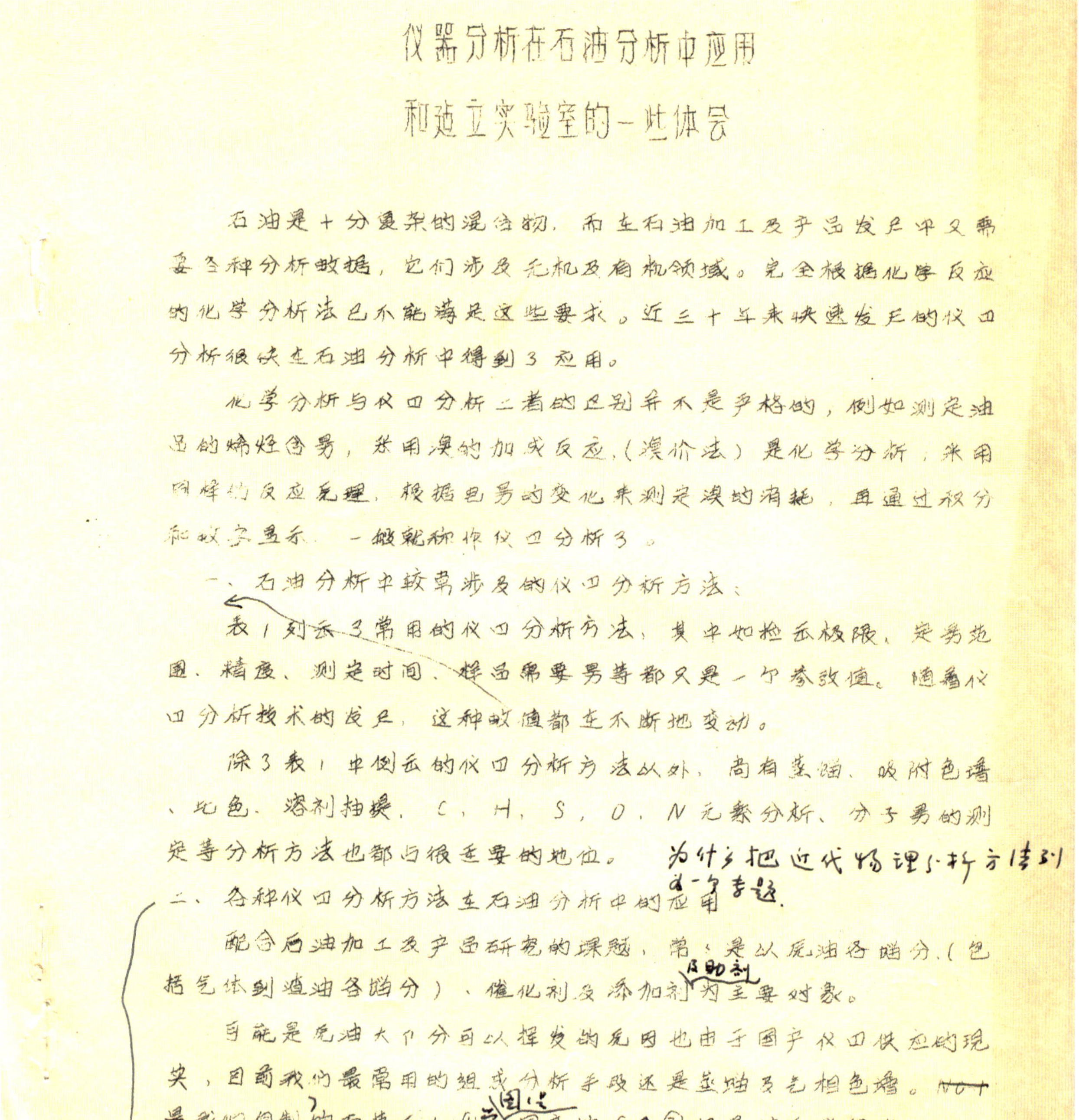

仪器分析在石油分析中应用
和建立实验室的一些体会

石油是十分复杂的混合物，而在石油加工及产品发展中又需要各种分析数据，它们涉及无机及有机领域。完全根据化学反应的化学分析法已不能满足这些要求。近三十年来快速发展的仪器分析很快在石油分析中得到了应用。

化学分析与仪器分析二者的区别并不是严格的，例如测定油品的烯烃含量，采用溴的加成反应（溴价法）是化学分析，采用同样的反应原理，根据电量的变化来测定溴的消耗，再通过积分和数字显示，一般就称作仪器分析了。

一、石油分析中较常涉及的仪器分析方法：

表1列示了常用的仪器分析方法，其中如检出极限、定量范围、精度、测定时间、样品需要量等都只是一个参考数值。随着仪器分析技术的发展，这种数值都在不断地变动。

除了表1中例示的仪器分析方法以外，尚有蒸馏、吸附色谱、比色、溶剂抽提，C，H，S，O，N元素分析、分子量的测定等分析方法也都占很重要的地位。

为什么把近代物理分析方法列为一个专题.

二、各种仪器分析方法在石油分析中的应用

配合石油加工及产品研究的课题，常以是原油各馏分（包括气体到渣油各馏分）、催化剂及添加剂（助剂）为主要对象。

可能是原油大部分可以挥发的原因也由于国产仪器供应的现实，目前我们最常用的组成分析手段还是蒸馏及气相色谱。~~NO+~~是我们自制的石英毛细①管 国内 国产的GC②但是对于馏程在200℃以后的馏分如要详细的组成数据，则必须借助于质谱或液相色谱（包括凝胶色谱）。对于馏程在500℃以上的渣油，使用较简易的质谱也不能提供什么组成的信息。近十年来，核磁及凝胶色谱再配

—1—

物理分析方法的共同特点：
①激发. ②[illegible] ③检查.（电信号→放大→调制→[illegible]→反馈→逻辑）
②提供的信息量很大.

注 这是1983年陆婉珍院士改写“仪器分析在石油分析中应用和建立实验室的一些体会”的手稿。在石油分析和建立分析实验室方面，陆婉珍是国内公认的大家，她有着敏锐的洞察力、准确的判断力和超前的预见力，以及正确的人生价值观和强烈的社会责任感，当有同行向她请教问题时，她都能摆脱自身利益和局

例如 质谱（离子质量数、离子强度，裂解分历程、模式等等）
库仑滴定仪（反应速度、反应和浓度的关系等等）

从元素分析的综合方法正在日益成熟，红外、紫外、及质谱常常对于某些特殊的官能团或族组成的分析是有利的。

石油的元素组成虽然十分接近，其中都含有83−87%的碳，11−14%的氢、0.5−3%的硫、氮、氧元素及极少量的铁、镍、钒、砷等元素，但这些元素的细小差别常常会影响石油的特性，因此，也是石油分析中经常要注意的问题。目前在分析硫、氮元素及水等方面，看来微库仑法是十分适宜的。③自制的库仑仪。经典的碳氢氧分析法仍在应用，只是在检测手段上有不断改进。各种金属的分析常常是由发射光谱、原子吸收光谱及X光−荧光法三者在竞争。不同的样品性质常常是很重要的影响因素，因为发射光谱可以直接测固体，但精密度低，原子吸收光谱精密度高，但只有液体样品最适宜，X光−荧光法又不得不考虑各种基体效应。

石油化工的催化剂大部分为非均相催化剂，即是无机的。因此催化剂的化学分析也大都借助于X光−荧光、原子吸收光谱及发射光谱。对于样品量大、变异较小的中间产品或试制品，X光−荧光法是最适宜的。其他二种方法则在其他情况下互相弥补。

添加剂是一种庞杂的物质，以有机物质为主，他们的定性及定量分析常常是并重的。因此与油品结构分析有关的手段如元素分析、金属分析、各类光谱分析及色谱分析都将在添加剂分析中发挥作用。

三、建立仪器分析实验室一些建议

我院在建立仪器实验室的过程中有过不少正反两方面的经验，总结起来归纳为：

1、建立一个近代物理仪器分析实验室，最好事先有明确的目的性或明确的适用领域。因不同的应用领域，配备的仪器设备常常相差很大。我们在早期筹建时期，曾计划进行较多的纯物质物性测定的工作，因此，不适当地购置了一些制备色谱、反应器

部利益的狭隘思想，毫无保留地与同行交流分享经验，积极为同行的实验室建设提供援助，在业内赢得了普遍的尊重和爱戴。

手稿6-6　石油分析的发展趋势

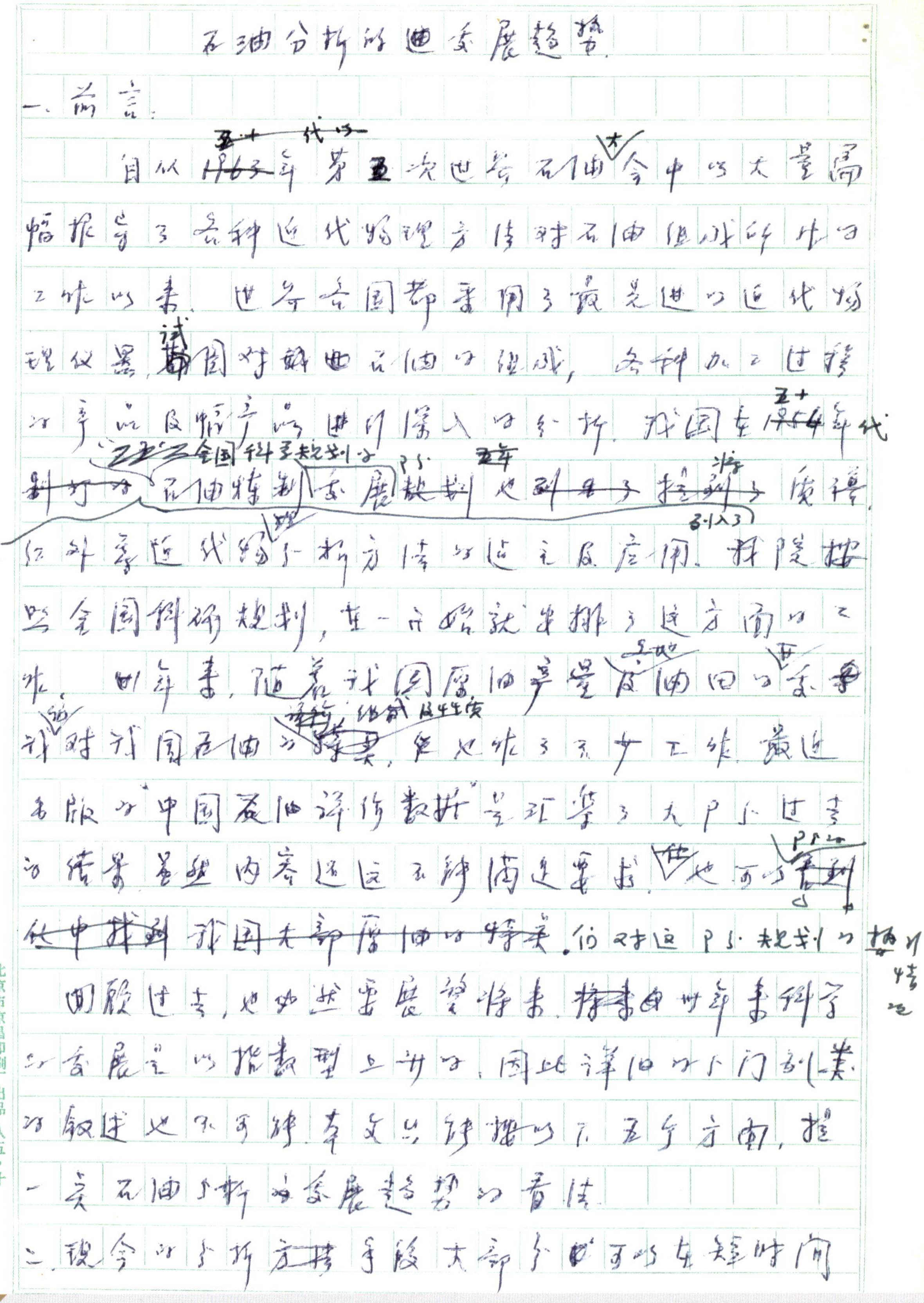

注　这是1985年陆婉珍院士撰写的“石油分析的发展趋势”科研报告手稿。陆婉珍长期从事石油分析工作，始终坚持以解决实际问题为指导思想。她常跟身边的工作人员讲：“分析是科研生产的眼睛，是为科研工作提供信息的。处理这些信息，应用这些信息，是我们要花功夫的地方。随着分析技术的快速发展，

内检出大量数据。

例如毛细气相色谱可以在一二小时内检出汽油中四百种以上的组成数据，而廿年前，汽油的族组成数据，要需用一个星期之测定才能检出。

又如，X荧光发射光谱，如果一切条件具备，（包括人力、技术、器材）一天内检出廿个样品中廿种元素的含量是完全可能的。

二、近代分析仪器全部有计算机辅助。

因此，因为信息多，分析仪器给出的模拟量如果用人工处理则会变成浩瀚的工作量。计算机因而成为各种分析仪器的最好助手，目前也是各种分析仪器的必备部分。例如拉曼光谱如果没有计算机，则每次扫描至少要5分钟，设定各种光谱仪的扫描时间，由于计算机的应用，大部分可以缩短到几分之一秒钟。扫描速度的大幅度提高使仪器信噪比得到了成千倍的增长，这样就有可能得到更多的信息，如C^{13}的核磁共振，更微量的有机物的质谱和红外光谱等。计算计的大量应用也带来了大量的研究工作在进

三、近代分析仪器向着小型化发展。

其中例如新近设计的小型质谱及红外、荧光光谱已

每一种分析技术，如光谱、质谱、色谱等，本身都是一门十分深邃的学科。但在科研单位，你要做好分析工作，仅仅掌握某一种分析技术是不够的，你还要懂得你服务对象的工作内容，需要了解工艺、合成、催化、产品等。知识面宽了，才能选好课题，提供可用和有用的信息。”

使之比大家印象中的人手小了很多，只有1.5英尺立方的内可以作出色谱的仪器，要不就是色谱柱的小型化！最近有报导12种色谱的电化学检测器可以只有50μm内径（0.05μl）再采用0.5mm内径的毛细管，则这个仪器可以压缩得很小。这样样品消耗就可以很少，有的时候反应产品也可以分析。

四、分析功能不断深化

例如原来的分析方法测出的量很少达到ppb或ppm数量级，因为当时与其对进行大量的样品浓缩，当前已不是问题。现有的各种电化学方法，对H_2O、S、As等元素物质的分析达到ppm数量级已没有什么问题。等离子体发射光谱的灵敏度也大部分达到ppm数量级。

当前高分辨的电镜可以得到小于1埃（原来达2~4埃）的条件下可以记录下不同原子的图像。而且小于等低的电镜也由二次电子的分布，完全可以将放大倍数扩大到25000倍以上的部位作不同部位的有元素定性工作。这样就对材料的认识提供了更确切的微观图像的信息。

固体分子的超微结构等根据，很容易地可以将价格化到中等价格从而带动了……的发展。

手稿6-7　科研报告的修订

1

用氢平衡计算判断PC的武汉蜡油质谱数据

1988.10.29

众所周知，进料中的饱和烃是直链进料氢含量的主要贡献者，因此，进料中的饱和烃含量与氢含量有着很好的关联。据此，我们可以用饱和烃含量与含氢量作图直接关联法，也可以用氢平衡法判断质谱分析数据的可靠性。

饱和烃含量与进料含氢量的关联图见图1。由图1可见，KIPP和J&A的数据均能与氢含量相关得很好，~~唯独~~（PC的数据远离允许的误差区域。）图1中PC数据存在一定误差（采用氢平衡计算，可以发现其原因）。

氢平衡计算的~~考虑~~：烃类的氢含量，除链烷烃、一环环烷、烷基苯、二环芳烃、不可分析物~~各项需要确定外~~，其余均是分子结构本身~~固有的~~准确~~的含量~~。现对以上含氢量进行分析及假定如下：

△稠环环烷——包括多环环烷及缩合环烷。多环环烷含氢量在12.86~13.04%范围内，平均值为12.44%。缩合环烷含氢量在11.41~12.36%范围内，平均值为11.9%。现取较大的平均值12.44%为计算值。

注　这是1988年陆婉珍院士对科研人员撰写的科研报告进行修订的手稿。在担任研究室主任和石科院总工程师期间，几乎每篇科研报告和论文都经过她的修改，对于待审阅的报告，她都会认真地逐字逐句修改，遇到不清楚的地方，她会找到当事人询问或细心讨论后，再作修改，取得编写人的认同。对于研究人员自

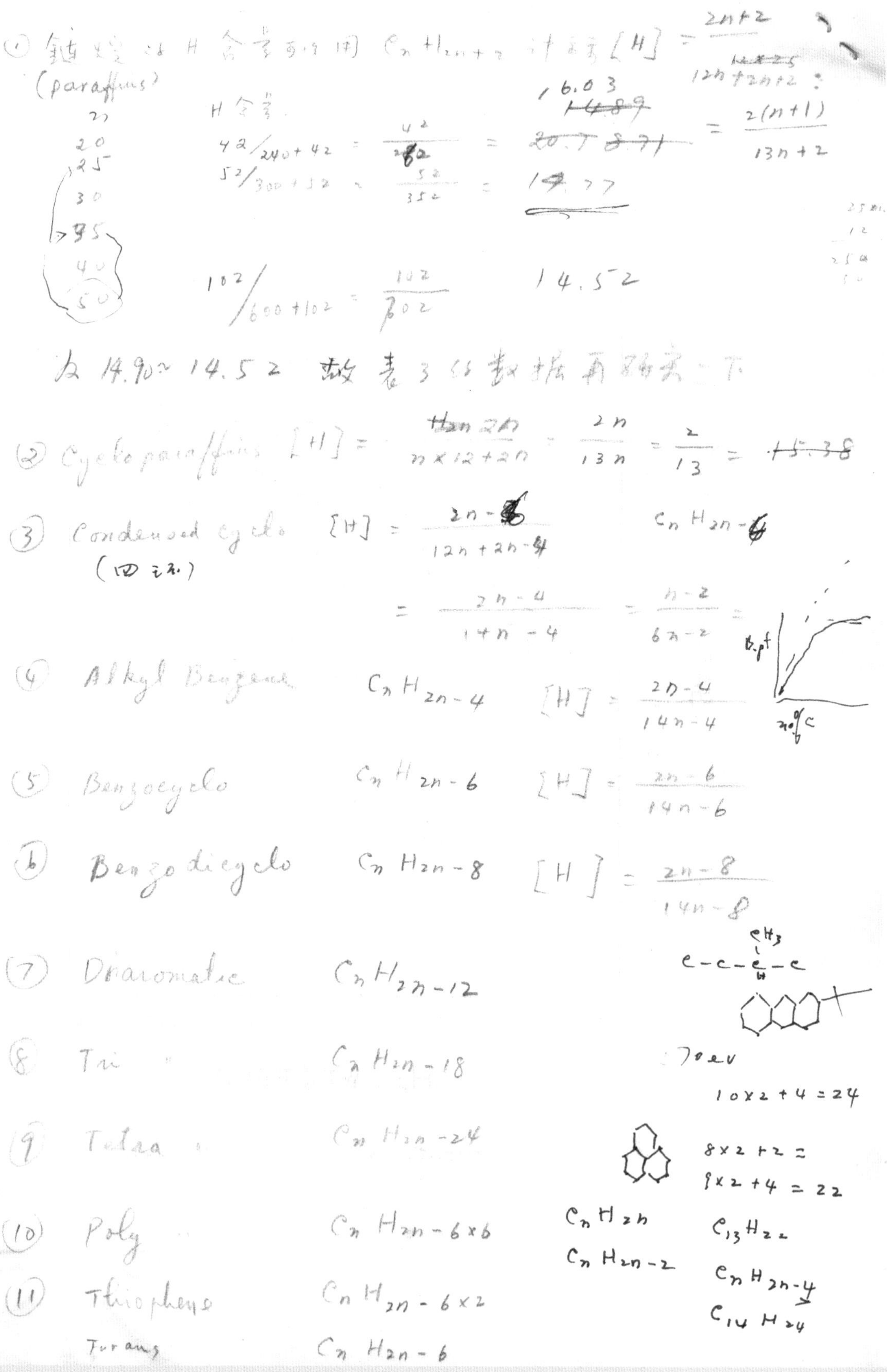

① 链烷烃的H含量可以用 C_nH_{2n+2} 计算 $[H]=\frac{2n+2}{12n+2n+2}=\frac{2(n+1)}{13n+2}$
(paraffins)

22　20　25　30　35　40　50

H含量

$42/240+42=\frac{42}{282}=$ ~~20.7~~ ~~8.71~~ 16.03 ~~14.89~~

$52/300+52=\frac{52}{352}=14.77$

$102/600+102=\frac{102}{702}$ 14.52

故14.9~14.52 故表3的数据再核实一下

② Cycloparaffins $[H]=\frac{2n}{n\times12+2n}=\frac{2n}{13n}=\frac{2}{13}=$ ~~15.38~~

③ Condensed cyclo (四环) $[H]=\frac{2n-4}{12n+2n-4}$ C_nH_{2n-4}

$=\frac{2n-4}{14n-4}=\frac{n-2}{6n-2}=$

④ Alkyl Benzene C_nH_{2n-4} $[H]=\frac{2n-4}{14n-4}$

⑤ Benzocyclo C_nH_{2n-6} $[H]=\frac{2n-6}{14n-6}$

⑥ Benzodicyclo C_nH_{2n-8} $[H]=\frac{2n-8}{14n-8}$

⑦ Diaromatic C_nH_{2n-12}

⑧ Tri " C_nH_{2n-18}

⑨ Tetra " C_nH_{2n-24}

⑩ Poly $C_nH_{2n-6\times6}$

⑪ Thiophenes $C_nH_{2n-6\times2}$

Furans C_nH_{2n-6}

身不清晰的地方，她总能提出建设性的改进意见。有些论文经过她的修改，几易其稿，不少工作甚至是按照她的实验设计推倒重做的。

手稿6-8 石科院开展水处理剂的经过

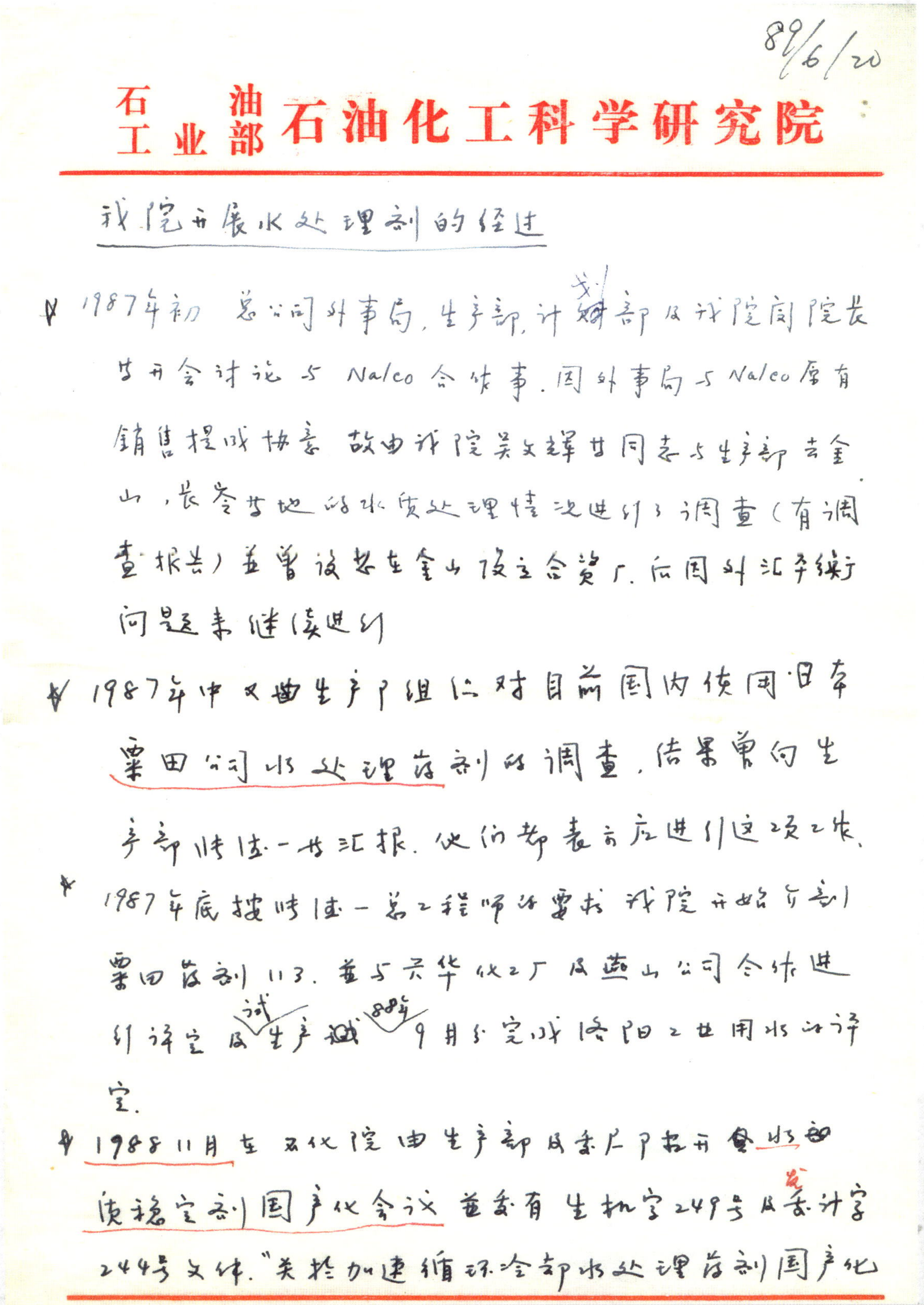

89/6/20

石油工业部 石油化工科学研究院

我院开展水处理剂的经过

1987年初 总公司外事局、生产部、计划部及我院闵院长共开会讨论与Nalco合作事。因外事局与Nalco原有销售提成协定，故由我院吴文辉同志与生产部去金山、长岭等地对水质处理情况进行了调查（有调查报告）并曾谈将在金山设立合资厂。后因外汇平衡问题未继续进行

1987年中又由生产组织对目前国内使用日本栗田公司水处理药剂的调查，结果曾向生产部陈侠一并汇报，他们都表示应进行这项工作。

1987年底按陈侠—总工程师的要求我院开始代替栗田药剂113，并与天华化工厂及燕山公司合作进行评定及试生产，88年9月已完成洛阳二期用水的评定。

1988年11月在石化院由生产部及科技部召开水质稳定剂国产化会议 并发有生机字249号及发计字244号文件"关于加速循环冷却水处理药剂国产化

注 这是1989年陆婉珍院士撰写的“我院开展水处理剂的经过”手稿。20世纪80年代中期，为改变我国炼油企业水处理技术的落后局面、延长生产装置的运行周期、降低循环冷却水系统的水耗和排污，陆婉珍以石科院分析研究室的一个课题组（104组）人员为基础组建水处理技术研发队伍，进入一个崭新的技术研

石油工业部 石油化工科学研究院

进程"的通知 要求我院分别研制、评定、系统的技术服务及基础工作。

* 1988年12月我院送上"申请建立工业水处理技术中评定装置"一文，并曾向生产部、发展部及计划部作口头汇报。（由生产厂厂司长主持）
* 1989年1月 生产部技改处，邀请计划部、我院、发展部共同讨论作为技改项目立项。
* 1989年2月 生产厂及发展部联合行文建议在我院立项从事水处理工作，并经李经理批"此事可办"但建议在燕山及石化院间再作详细调查，作最后决定。
* 计划部李经理批"在燕山"。

燕山 50万
RIPP 80万

* 1989年4月经生产厂反复调查后，生产厂送上"关于组建总公司水处理服务中心选点调查报告"当时因计划部刘司长在国外故至今未批，原文仍留厂司长处。
* 今拟请姚司长同意后交李经理正式批准。

发领域，开展循环冷却水处理技术中的核心技术——缓蚀剂、阻垢剂和杀菌剂的研制。1988年率先在国内研制出水处理剂RP-51，其处理效果达到国外同类药剂的水平。1989年，中国石化决定在石科院成立中国石化水处理技术服务中心，由时任总工程师的陆婉珍兼任该中心主任。

1992年指导水处理中心年轻科技人员工作

1994年与水处理中心李本高主任在一起讨论工作

手稿6-9　炼厂化学品发展规划

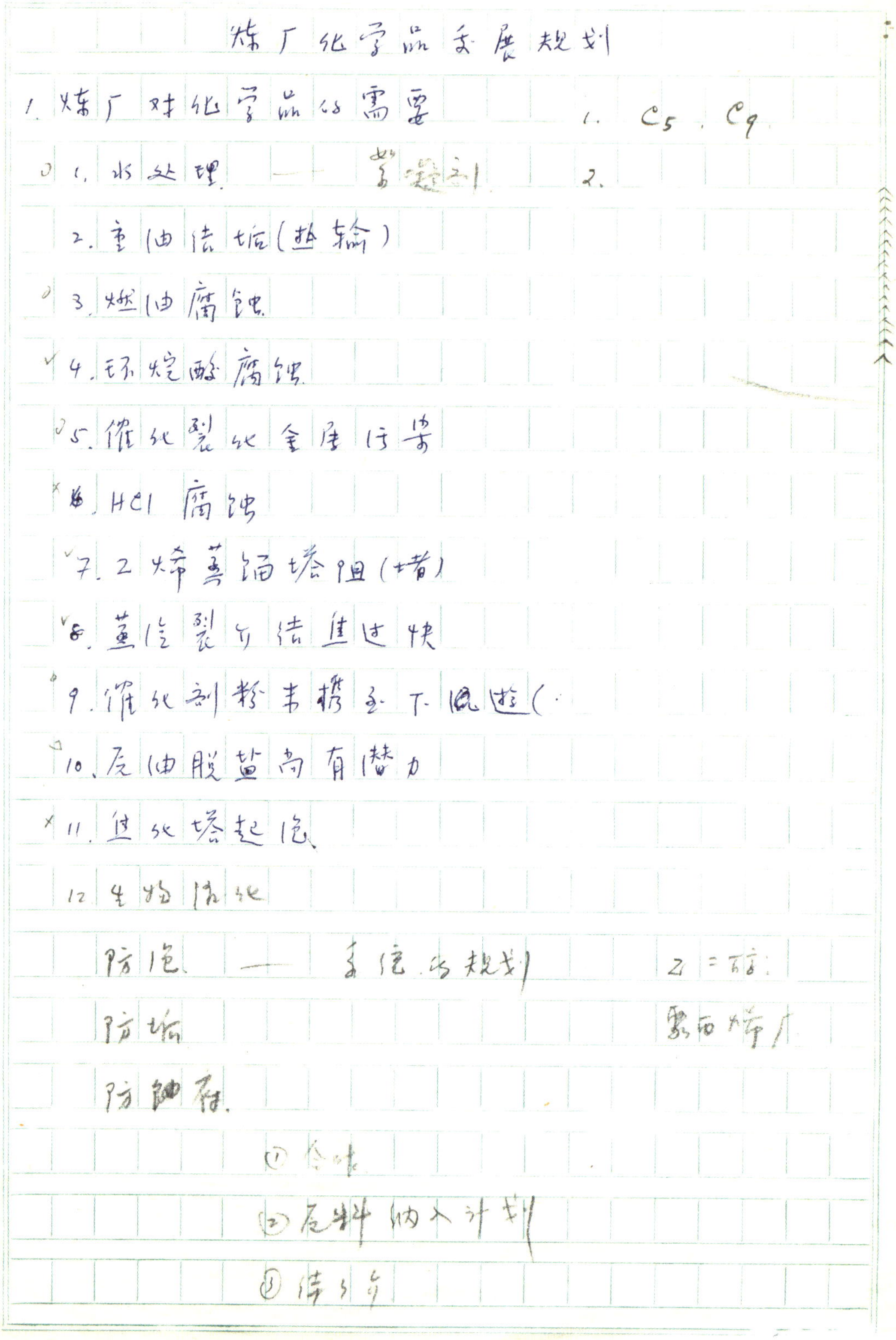
炼厂化学品发展规划

1. 炼厂对化学品的需要　　1. C_5、C_9

1. 水处理 —— 紫[illegible]剂　　2.

2. 重油结垢(热输)

3. 燃油腐蚀

4. 环烷酸腐蚀

5. 催化裂化金属污染

6. HCl腐蚀

7. 乙烯蒸馏塔阻(堵)

8. 焦化裂炉结焦过快

9. 催化剂粉末损失下风道(

10. 原油脱盐尚有潜力

11. 焦化塔起泡

12. 生物净化

防泡 —— 专门的规划　　乙二醇

防垢　　氯丙烯厂

防腐蚀

①合成

②原料纳入计划

③[illegible]

注　这是1990年陆婉珍院士撰写的“炼厂化学品发展规划”手稿。炼厂化学剂是指在石油化工工艺过程中所使用的化学药剂，包括破乳剂、防垢剂、消泡剂、金属钝化剂、水处理剂、缓蚀剂等十几种类型，上千个品种。国外的大型石油公司都将炼厂化学剂，如同炼油工艺、催化剂、添加剂和油品等一样，看作石油加工中的一个重要组成部分。20世纪80年代中后期，陆婉珍开始涉足主持研发炼厂化学剂，并把成果转化

RP—51水质稳定剂成本单

1989年5月24日　　　　单位：　元/吨

项目	数量	金额	备注
一、原材料：			
丙烯酸	100公斤	1,200元	
复合添加剂1	37公斤	1,700元	（进口价）
〃　2	162公斤	780元	
〃　3	10.5公斤	500元	
〃　4	89公斤	650元	
〃　5	540公斤	450元	
〃　6	30公斤	650元	
〃　7	31.5公斤	160元	
投料损耗	5%	304.50元	
小　计		6,394.50元	2116　（10%）
二、其它费用：			
人工、水电、管理费		1,800元	~~1800~~ 1910
折　旧　费		500元	
评　定　费		600元	
现场技术服务费		400元	
不可预见费		1,000元	
小　计		4.300元	
三、税金：			
营业、教育附加、城建、所得税		1,550元	1500
能交、预算外调节税		1,155元	
小　计		2,705元	
四、贷款利息：	6.9‰	200元	
五、售价：	16,500元/吨		
六、利润：		2,900.50元	

注：1、RP—51水质稳定剂研究开发费用12.5万元，未列入成本。

2、RP—51水质稳定剂成本为　13,599.50元

2500
11000

为产品，再继而成为商品进入炼厂应用。这对于她来说是陌生的领域，需要对每个环节一项一项去熟悉，对遇到的困难一件一件去克服和解决，为此她花了很大精力，付出了非凡辛苦，也体验到了创业的艰辛和市场的无情。在与同事们的共同努力下，石科院研制出了多种类型的炼厂化学剂，其中金属钝化剂和水处理剂是两项标志性成果，性能指标全部达到当时国际先进水平，并在我国炼厂得到了成功应用。

手稿6-10　石科院分析研究“八五”规划

一九九一——一九九五年期間

分析研究发展规划

按照二〇〇〇年国民经济总产值再翻二番的目标以及石油化工发展规划相应的要求。石油化工分析应紧密配合石油化工中重大生产问题和科技发展项目，努力发展和提高本领域内科学技术水平，在本世纪末造成一个设备完善，手段基本齐全，技术先进的分析中心，并具有一批训练比较全面，基础扎实，有较强综合科学研究能力，能及时解决重大课题的，各种专业配套的骨干力量。

根据石油化工总公司在这一时期的规划目标以及科院在这一时期所面临的形势和要求，围绕科院的科研主攻方向，本着重点安排，近期见效，适当考虑较长期的任务并建立一定技术储备的思路，拟订分析中心将主要进行以下九方面的工作：

1. 发展和提高原油评价的技术和水平。
2. 提高和完善石油组成的分析技术。
3. 加强添加剂、石油产品及炼厂化学品的分析。

注　这是1990年陆婉珍院士撰写的石科院分析研究“八五”规划手稿。1990年是我国的“八五”规划年，围绕石科院的科研主攻方向，本着重点安排、近期见效、适当考虑较长期的任务并建立一定技术储备的思路，陆婉珍组织科研技术骨干，亲手制订了分析研究室的“八五”规划。按照这份考虑周全详尽、可具体

4. 继续开展石油中非烃化合物的组成研究

5. 发展分析技术及学科研究，适当开展相应的基础研究。

6. 完善和发展催化剂物化表征技术

7. 重视分析服务水平，及时进行必要的产品质量保证，及工艺过程中的故障分析

北京市电车公司印刷厂出品 八四・一

实施且具有一定前瞻性的规划，陆婉珍带领分析研究室在“八五”期间取得了丰硕的成果。更难能可贵的是，这份规划对当前分析研究工作仍有着重要的借鉴意义，很多分析方向仍在朝更广和更深的层次上进行。

手稿6-11　一室科研任务组织布局图

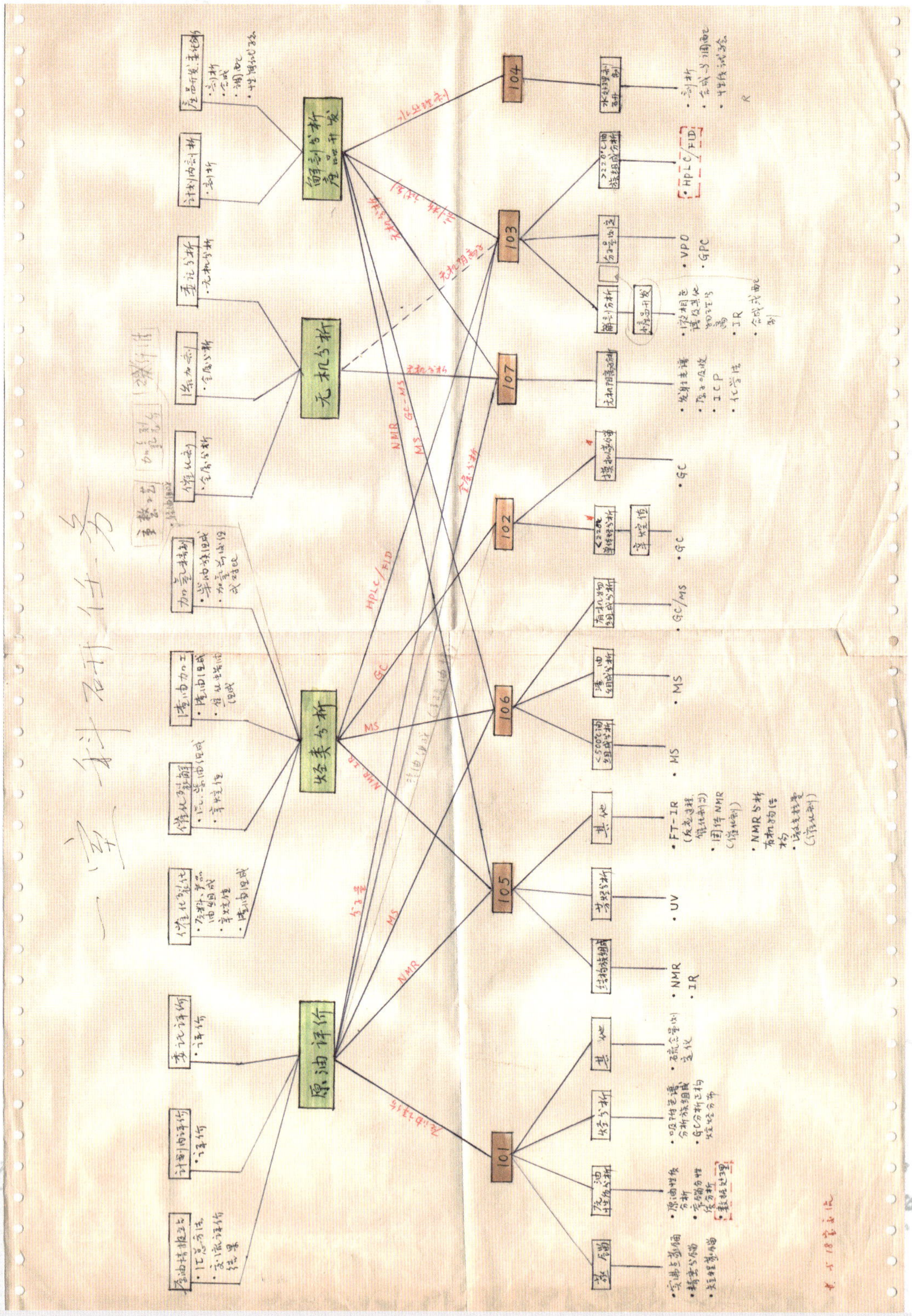

注　这是1991年陆婉珍院士绘制的一室科研任务组织布局图手稿。1955年陆婉珍留学回到新中国后，被分配到石油工业部负责筹建石油科学研究院的分析研究室。陆婉珍利用自己学到的基础知识和技能，以及在国外的所见所闻，很快就建成了一个分析手段齐全的分析平台。在随后的几十年中，陆婉珍带领技术人员一边不断完善这个平台，一边则基于这个平台解决了很多实际的科研和工业生产问题，例如大庆原油的砷中毒问题、我国第一套重整装置开工时的漏点问题、重整原料的表征问题等。

手稿6-12 “碳酸二甲酯（DMC）汽油添加剂”项目工作计划

“碳酸二甲酯(DMC)汽油添加剂”项目工作计划

一、合同任务：

1、针对主要油区及主要工艺生产的汽油，评价DMC对辛烷值的影响

2、针对加铅汽油，评价DMC对辛烷值的影响

3、典型汽油样品给出有关组成数据.

4、分析以上评价数据，求出各条件下DMC的混合辛烷值.

5、评价DMC作为汽油添加剂时对水在汽油中溶解性的影响.

6、评价汽油添加DMC后雷氏蒸气压的变化.

7、评价汽油添加DMC后馏程的变化.

8、计算汽油添加DMC后热值的变化.

二、合同完成时间

1996年6月1日前完成任务并交出评价报告

三、主要工作

√1、DMC样品

华东化工学院已将DMC样品送来，存放于C203(找吴明清)

√2、收集汽油样品

收集具有代表性的直馏、催化、加氢、裂解、含铅(加油站)汽油样品各一个(共5个)

√3、评定汽油加入DMC后低温凝固点的变化

DMC的凝固点较高，加入汽油后如在低温析出，将影响在北方地区的使用.

选择一个汽油样品，分别加入0％、3％、6％含量的DMC，评价其在-20℃、-40℃是否出现凝析现象. 具体可参照有关油品评定方法.

4、DMC对水溶解度的影响 混合物 混合油样

选择一个汽油样品，分别加入0％、3％、6％含量的DMC，分别评价水在其中溶解度的变化. ①

5、DMC对汽油辛烷值的影响

(1)、测定所选5个汽油样品的研究法辛烷值;

(2)、以上汽油样品分别加入3％DMC，测定其研究法辛烷值;

(3)、选择5个汽油样品中的一个加入6％的DMC，并测定研究法辛烷值.

(4)、根据以上结果总结出DMC对不同来源汽油样品的辛烷值改进规律，并计算DMC的混合辛烷值. BOV ②

6、DMC对抗爆性的影响

选择一个汽油样品加入0％、3％DMC，测定马达法辛烷值，结合上面关于研究法辛烷值的结果，计算DMC对汽油抗爆指数的影响.

7、DMC对雷氏蒸汽压的影响

选择一个汽油样品加入0％、3％DMC，测定雷氏蒸汽压，总结出DMC对汽油雷氏蒸汽压影响的程度.

8、DMC对热值的影响

根据汽油和DMC的热值，计算汽油加入DMC后热值的变化.

9、DMC对馏程的影响

选择一个汽油样品加入0％、3％DMC，测定其气相色谱模拟蒸馏曲线，说明DMC对汽油馏程的影响.

10、汽油组成

如有可能，给出5汽油样品的PONA数据.

lyc96\doc96\dmc.doc　　1996年2月11日

注　这是1996年陆婉珍院士针对碳酸二甲酯（DMC）汽油添加剂制订的工作计划手稿。陆婉珍经常对年轻科技人员编写的报告和工作计划进行反复修改，直到思路清晰、表达准确、书写规范为止。当年轻科研人员在科研工作中遇到技术难题时，她总是热心帮助，由浅入深地分析、查找问题，并总是鼓励他们攻坚克难。正是由于陆婉珍这种传、帮、带精神的影响，使年轻人的科研能力和创新能力得到迅速提高，逐渐形成了一支事业心强、能打硬仗的高水平科研队伍。

1四×97 + 3% M.10　90　　118-135

×95 + 6% 1.5　9 年　月　日　　101-116 第　页

① DME的感受性　P.1

② DME的物理性质　P.2

③ 6% DME的氧含量　P.7

④ DME对冰点的影响　P.3

⑤ 五种汽油的组成　P.4-6

⑥ DME对馏程的影响　P.8

⑦ 加DME后的R-M　P.9　DME

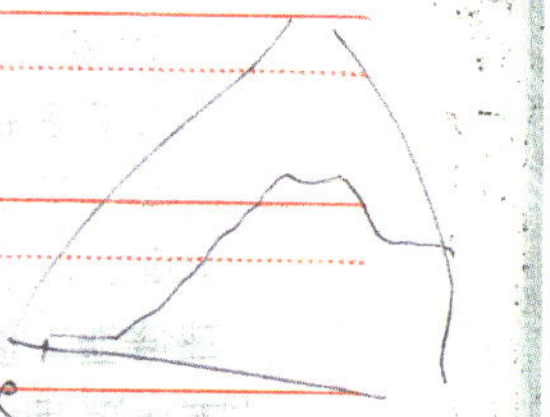

⑨ DME的Blending O.N vs Sensitivity

⑩ MTBE的　〃　P.10, P11

⑪ DME对蒸汽压的影响　?

⑫ DMC对相分离性

⑬ 相中溶分度　　C_1　9v% × V%　17°C　8v%　C_2

结论　① BOV　116-101　66　MTBE大

　　　RON = 98.89 + 6V% DMC +1

石油化工科学研究院

手稿6-13　分析实验室的管理

手稿6-13A　“The Changing Corporate Analytical Laboratory”翻译稿

The Changing Corporate analytical lab

信息社会正在改变分析实验室的性质及核心功能

我们承认变化是永恒的，但变化可以是渐进的也可以是革命性的。因为更多的高级仪器可以使分析工作进行得更好、更快且更高效，分析实验室的协调者可能会出现革命。

分析化学家由于仪器的进步而出现的改变是渐进式的。总的实验室结构没有改变，仍然是样品送进实验室，信息得到后交出报告。

典型的程序如下：

用户带着问题来到实验室。

经讨论后样品送到实验室。

进行分析并提出信息。

对精密度及准确度进行肯定后，审核数据。

向用户提交一份报告。

这样就需要一定时间及金钱，有时需要很长一段时间，但结果已没有价值，只有历史性的价值。在解决问题时，真正的价值在于使用已有的信息立即解决问题。分析室必须千方百计把上述实验缩短。如能充分应用已有的知识，则将使进度大大加快。

本文将实验室的协调者（Corporate Analytical Lab）定义为一个中心组织，可以提供各种测试服务，以支持公司的发展项目及各工厂的生产。实验室中有技术人员， MS 及 PHD ，可能有 20-50 人。我们考虑这个分析不是一个简单的接收人们送样品的地方。

新的思想方法是必须的

分析必须使价格、质量、及时等因素相互平衡来表示其对公司的价值。在一个公司中，服务 R&D 项目，使各项工作正常，并保持各项设备完好是必须的。不论仪器多么先进，但其输出的总是数据及信息。

二十年来，分析能力快速增长，且具有很高的精度及准确度，但分析室的战略仍然是越来越多的贵重仪器。 分析工作者应该考虑对用户更好的服务是决定战略的主要因素，同时其作用应在独立的基础上，而不是相互依靠的水平上。要实现真正的价值，这种思路必须改变。

理想的实验室

信息时代输出及生产的速度是必须注意的，而需求正在沿着经济在各方面的改变而改变，分析及测试永远是需要的，但必须是以企业的形式出现。对分析化学工作者来讲，必须变成知识的中介人及推销员，而不仅是仪器的操作者或是数据的产生者，这就是分析实验室的革命。

所以如此，原因很多。由于速度的需求进而以价格评价是最基本的驱动力。速度指的是什么，它又如何驱动这种革命？当我们谈到把解决方案或可选的方案立即提交给操作课题时，速度便是将分析者的手臂和能力向工厂延伸。到工厂式装置中去，使样品的收集、输送及储存减至最小。

理想的实验室是与现存的实验室不同，它没有现在的实验室外观，但可以用

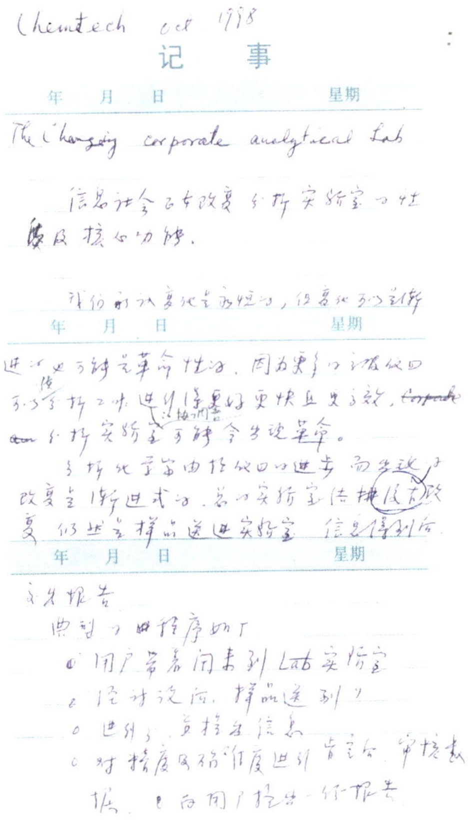
Chemtech Oct 1998
记 事
年 月 日 星期
The Changing Corporate Analytical Lab
信息社会正在改变分析实验室的性质及核心功能。
我们都认为变化是持续的，但变化可以是渐进的
年 月 日 星期
进行也可以是革命性的。因为更多的数据由分析工作进行传递得更好更快且更多数，分析实验室可能会发生革命。
分析化学家由于仪器的进步而发生的改变是渐进式的。虽然实验室仍在改变，仍然是样品送进实验室，信息传到客户。
年 月 日 星期
分析报告
典型的工作程序如下
○ 用户带着问题到Lab实验室
○ 经讨论后，样品送到了
○ 进行分析，获得信息
○ 对精度及准确度进行肯定后，审核数据，向用户提出一份报告

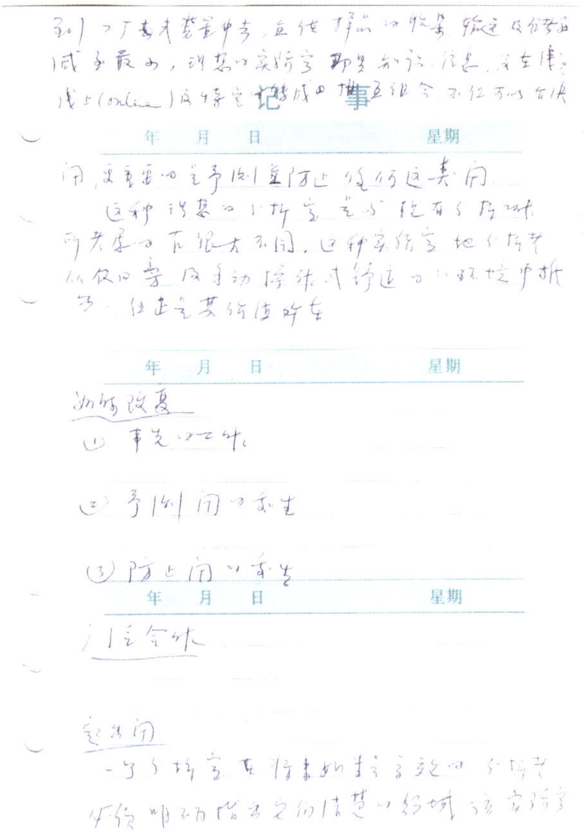
记 事
年 月 日 星期
问题更重要的是预测及防止这类问题
年 月 日 星期
如何改变
(1) 事先的工作
(2) 预测问题的发生
(3) 防止问题的发生
年 月 日 星期
工作合作
定义问题

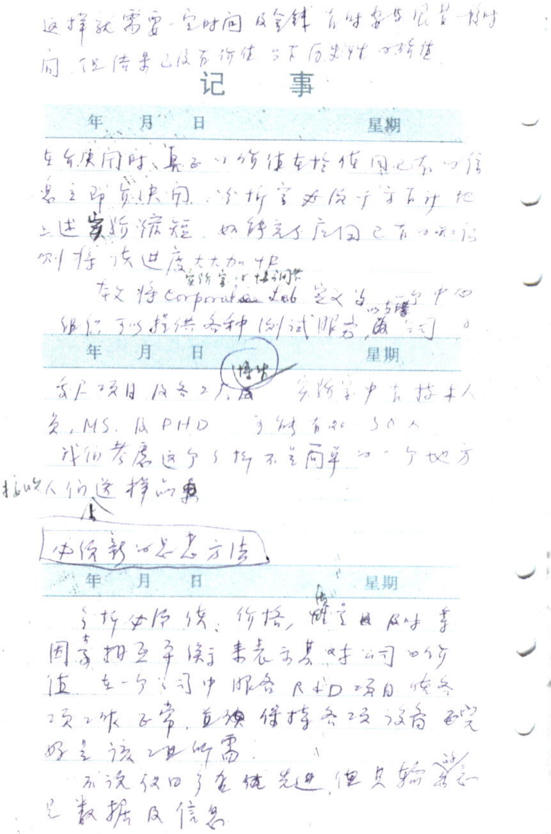
记 事
年 月 日 星期
年 月 日 星期
专业人员，MS. 及 PHD
年 月 日 星期
分析的价值

手稿6-13B 《实验室信息管理系统》序

序

人们对于微观世界的认识在不断提升，如各类物质的化学组成、物理性质等以及它们的形态。与此同时，对各类商品以及工业流程中物质流的性质，我们也需要随时了解它们的各种化学或物理或形态的变化。因此出现了各种新型仪器，它们可以配合上述需求，快速且大通量地输出化学或物理或形态的变化信息。20 世纪以来又出现了各类专门以测试物流的各种性质为目的的实验室。它们拥有庞大的资源：包括人员、仪器、试剂、标准物质以及其他支撑条件，以满足项目繁多、实时和大通量的信息需求。它们的运作方式有很多独特的地方，需要不同的管理模式。开始时，人们大都仅仅注意到了产出信息（或称数据）的管理，因为这些信息有可能出错，需要纠正，也有可能是相互关联的或是矛盾的，甚至是不必要的。以后，又发现各种复杂仪器输出的信号经常需要进行换算后才能得到有用的信息。而所用的换算方法常较复杂且相似，因此，人们开始考虑利用现代计算机的强大功能，形成一个平台，从而可以在短时间内完成上述功能。实验室信息管理系统也许就是这样逐渐出现的。

石油化工科学研究院（RIPP）杨海鹰等同志于 1994 年开始着手这项工作。他们针对 RIPP 分析实验室的实际情况，于 1996 年完成了第一版商品化 RIPP-LIMS 的基础版。经过初步应用，认识到这类管理系统的确对实验室的管理十分有用，它不但节省了大量人力、物力，而且使实验室的各项工作更规范化了。检测的质量也有所提高。之后，他们在最初版本的基础上与软件开发商合作，采用了网络操作系统及数据库技术，边开发边应用，形成了真正意义上可商品化的管理系统。

本书是作者十多年工作经验的总结；书中同时对四个以不同方式采用实验室管理系统的炼油厂化验室的应用经验进行了介绍。从长远看，LIMS 必将与其他新型仪器一样成为实验室中必不可少的内容。与此同时 LIMS 的应用也必将带来实验室管理理念上的全面提升。因此，新旧理念的撞击也将不可避免。本书的出版会让更多对 LIMS 感兴趣的读者对这一新技术多一份了解，并减少一些新旧理念的撞击。

中国科学院院士 陆婉珍

2006 年 10 月

注 手稿6-13A是1998年陆婉珍院士翻译的在Chem Tech上发表的The Changing Corporate Analytical Laboratory一文的手稿，手稿6-13B是2006年陆婉珍院士为《实验室信息管理系统》一书作的序。20世纪90年代初期，为提升分析实验室的整体运作效率和规范管理水平，陆婉珍的学生杨海鹰提出了研发自有实验室信息管理系统（LIMS）的工作设想。这一研究方向得到了陆婉珍的首肯，也是她多年来一直在思考的事情。2002年4月，中国分析测试协会在北京组织召开我国首次LIMS学术研讨会与展示会，陆婉珍为这次会议写了书面致词，在致词中她写道："实验室的分析数据作为一种信息资源，应该有规范的贮存及再加工能力。这就对现有实验室的管理提出了更高的要求。传统上基于人工管理的实验室管理模式受到了极大的挑战，而基于网络平台的实验室信息管理系统（LIMS）自然成了首选的方案。"目前，LIMS在国内分析实验室中得到了较为普遍的应用，尤其是石化领域，在生产过程的质量、环保和安全监控中发挥着重要的作用，成为现代工业信息化技术的一项重要组成部分。

手稿6-14　在线分析仪器调研和推广

手稿6-14A　石化企业在线分析仪器应用情况调研报告

蒙房经理的邀请，我来茂名乙烯公司了解各种在线质量仪表的运行、维修及安装情况，大致可以总结如下:

1、茂名乙烯公司共有在线仪表290多台，大多为随装置设计时即定型并由千代田公司代为安装仪器小屋及样品预处理部分，已运行约二年，基本可以满足各厂要求。现约50台仪器存在问题，不能运行，但大都已有维修措施，其中大部分为零件需要更换，一时尚未到货。也有部分属选型不够先进，如三台熔融点测定仪使用上都存在一定问题，又如四台PH计探头都已坏，四台水分析仪的探头都已坏等。

2、　与仪表车间的同志研究后建议可以作以下几方面的努力

(1)　易损元件的库存数量及品种可以再增加一些，以保证及时更换，使仪器正常运行，库存元件的种类及数量可以结合二年来破损的情况估计，也可以从国外情报中了解。

(2)　设法简化元件订货手续，缩短到货时间(目前约为9个月到一年以上)。如有可能给予仪表车间一定的订货决定权，并培养与外商联系的渠道。

注　手稿6-14A是1998年陆婉珍院士撰写的石化企业在线分析仪器应用情况调研报告，手稿6-14B是陆婉珍院士2003年为《油品质量和气体成分过程分析仪》一书撰写的序。20世纪90年代中后期，陆婉珍到茂名石化、燕山石化等企业调研在线质量仪表的运行情况，主要是调研企业对在线近红外光谱分析技术的需求情况。通过这次调研，陆婉珍更加坚定自己的判断，若要最大程度地发挥近红外光谱的优势和作用，必须逐步取代人工取样分析，实现在线实时分析。这是分析技术发展的大趋势，陆婉珍又一次抓准了这一现代分析技术发展的脉搏。

(3) 寻找在维修及元件储备方面有一定能力的国内仪器生产厂商与之合作，或签订维修承包合同。也可以与国内仪器生产商合作，订制部分易损部件(如部分面板、流量计、十通阀等)，逐渐替代进口。(已知北京，南京有可能有这类工厂，愿意合作)

(4) 少数仪表如经维修后仍不能正常运转，可以逐步考虑另选机型。如AT105红外分析仪，MIS测定仪，AT2101粘度计等。

陆 婉 珍

一九九八九月十五日

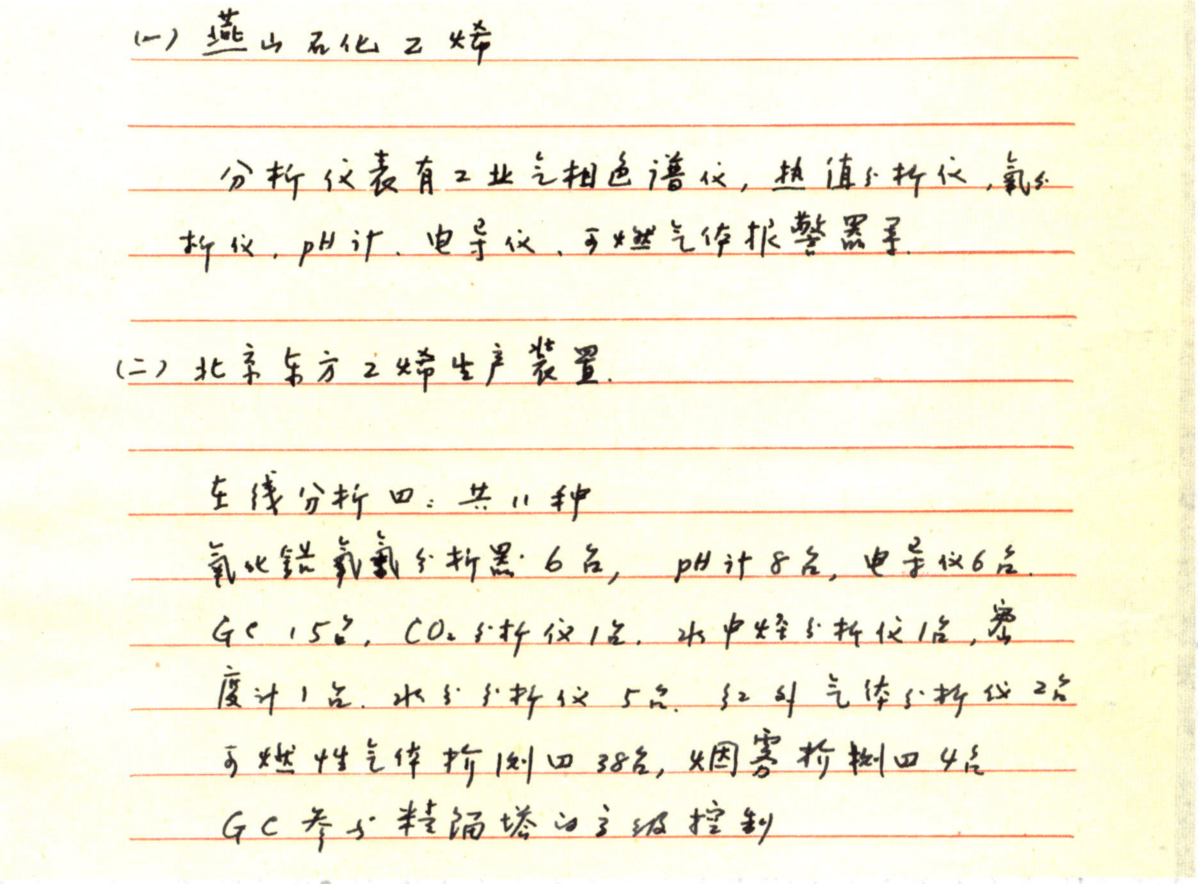

(一) 燕山石化乙烯

分析仪表有工业气相色谱仪，热值分析仪，氧分析仪，pH计、电导仪、可燃气体报警器等.

(二) 北京东方乙烯生产装置.

在线分析器：共11种

氧化锆氧氯分析器 6台，pH计8台，电导仪6台.

GC 15台，CO_2分析仪1台，水中烃分析仪1台，密度计1台.水分分析仪 5台. 红外气体分析仪 2台

可燃性气体检测器38台，烟雾检测器4台

GC参与精馏塔的串级控制

手稿6-14B 《油品质量和气体成分过程分析仪》序

序

为保证最终产品合格，现代大工业都要求对其生产过程进行监控。进入 20 世纪 80 年代以后，石化工业和其他工业一样，发展十分迅速，而且对环境保护提出了更高要求，加上市场竞争剧烈，不但要保证产品质量，且必须最大限度地降低成本。为此，人们进行了大量工作，寻找能对工业生产过程中控制物流质量的新技术和新方法，过程分析仪器是为这种需求应运而生的。

过程分析是由经典的分析化学、化学工程、电子学、工艺学、自动化控制及计算机等多门学科相互渗透交叉组成的，目前，已作为一个新的学科分支而被确立。与此同时，各大仪器公司正在投入大量人力物力研究、生产、销售各种过程分析仪器。

由于过程分析仪表必须长期准确运行，系统又较为复杂，日常的维护及校准将是保证它们能真正发挥作用的重要内容。近期的发展趋势是用户不再组建自己的过程分析仪表维护及校准队伍，而是将在线分析技术这一繁琐而专业性很强的这类工作承包给社会专业公司完整负责，以系统方式提供全方位服务。我国过程分析仪器生产尚处于早期阶段，这类全方位的服务组织尚未组建。如中石化石油化工科学研究院与北京英贤仪器公司等单位合作研制生产的 NIR–6000 CCD 近红外在线油品质量分析仪由于维护人员能及时咨询或作必要维护，已在兰州炼厂重整装置上运行了近两年，并在重整中型装置上取得了较好的应用效果。

本书为适应石化工业的需要，较全面地收集了各种油品质量及气体成分过程分析仪的原理、特点及应用实例，可以为这类仪表的选型提供极重要的参考。

陆婉珍

2003 年 8 月

1997年陆婉珍院士参加过程分析仪器与应用研讨会

2012年陆婉珍院士参加第五届中国在线分析仪器应用及发展国际论坛暨展览会

手稿6-15　近红外光谱课题组“十二五”规划

十二五规划（106）

（1）油品快速分析技术的研究。以原油和成品油为主要分析对象，以分子光谱为主要分析手段，建立较为完善的原油分子光谱（红外和近红外光谱）数据库，建立成品汽、柴油（包括几种关键的调合组分）光谱数据库，为化验室过程控制分析和油品调合成套技术提供基础技术支撑。基于红外和近红外光谱建立其他油品的快速分析方法，如催化裂化进料的密度和残碳、生物燃料主要组成等。

（3）在线分析技术的应用研究。继续完善在线近红外光谱分析技术，把主要研发任务转移到软件和数据库的开发上，逐渐甩开与我院主业不相关的硬件开发，采用市场上最先进的硬件建立适合我国油品分析的数据库及其软件平台，做我院最具优势且能切实得到具体技术保护的科研工作。工作重点在于专用测量附件的研究、模型建立方法研究、软件平台的升级、光谱数据库的扩充以及与硬件接口技术的开发等。关注并积极参与其他在线分析手段在炼油装置上的应用研究，如在线硫分析、原油在线密度和水分分析等，力争形成一些我院独享的专有技术。

（4）化学计量学方法的应用研究。继续尝试用于光谱定量和定性分析的新化学计量学方法，并针对油品分析进行方法改进，提高模型的可移植性、稳健性和预测准确性，以减轻模型维护的工作量。研究化学计量学方法在其他分析手段中的应用。开发用于油品分析的特色化学计量学软件。

（5）油品及化学剂结构分析技术的研究。将新技术手段如拉曼光谱、二维分子光谱等用于油品及其添加剂、水处理剂和其他化合物的结构剖析，以及在用润滑油的质量监测等。

注　这是2009年陆婉珍院士改写的“近红外光谱课题组‘十二五’规划”手稿。陆婉珍院士非常关注近红外光谱分析技术战略创新发展规划，在她的提议和支持下，2012年11月27日～29日召开了主题为“我国近红外光谱分析关键技术问题、应用与发展战略”的第446次香山科学会议。来自国内20多个单位的40余名专家学者应邀出席了会议，陆婉珍在会议发言时强调，希望国家对近红外光谱仪器制造领域和应用工程研究高度重视，加强重大科技专项的支持力度，尽快使我国的近红外光谱分析技术在大型流程工业中发挥重大作用。这次会议凝炼出了我国近红外光谱分析技术需要优先发展的科学和工程问题，为制定我国科技发展规划提供了科学依据。

(1) 以石化产品为主要分析对象（包括原油、成品油、聚丙烯等大宗物料）以分子光谱为主要分析手段，建立较为完善的成品汽油、柴油，及主要调合组分的光谱数库，为优化油品调合成套技术提供基础技术支撑。将全力充实世界各地所产原油分子光谱（中红外及近红外）数据库，并与实测原油评价数据关联，为今后原油优化调合提供基础支撑。以及聚丙烯的在线质量控制提供了解决方案。

(2) 充分发挥分子光谱的特点，为石化工业其他分析需求提供快速简易的分析方法，如裂化原料、生物柴油等。并针对目前采用光谱分析石化产品中仍存在的问题（如汽油初馏点、干点、柴油冷滤点、聚丙烯分子量等）寻找解决方案。

(3)

(5) 与现有核磁共振、质谱分析相配合，共同研究油品及石化用化学剂的结构分析技术，也要开展与其他新技术手段如拉曼光谱，二维红外光谱以分析油品添加剂，水处理剂或其他化合物的结构剖析，以及润滑油的质量监测等

2000年陆婉珍院士参加主题为“现代科学仪器前沿技术与分析科学”的第140次香山科学会议

2012年陆婉珍院士参加主题为“我国近红外光谱分析关键技术问题、应用与发展战略”的第446次香山科学会议

第七篇 书信手稿

睿智、哲思见精神，陆婉珍院士身上凝聚了许多人类之共同精神：爱国、民主、自强、创新、包容、谦逊、平和。她虽为女性，却有着巾帼不让须眉的胸怀和气度。晚年的陆婉珍满头银发，思维敏捷，目光清澈，举止优雅，满身豁达，往哪里一站，哪儿便是一道令人仰视的风景。陆婉珍院士温文尔雅，从不盛气凌人，上到首长下到普通职工，她脸上永远是坦诚的微笑。陆婉珍院士三次患癌，总能保持淡定从容，为了不让家人和同事有思想负担，她几乎没流露出任何不适的迹象。临终前的一段时间，查出心脏中有斑块，深夜常常感觉很不舒服，她就自己起床，坐到客厅沙发上休息，从不打扰家中任何人，直到有一天被保姆不经意发现。无论何人，无论何时何地，与陆婉珍院士在一起，感受到的永远是满格的正能量。

本篇整理收录了陆婉珍院士写给同事、合作伙伴、学生、朋友、记者等的书信手稿14件，涉及科学研究、工作合作、博士后招聘、论文评阅、推荐信等诸多方面。

手稿7-1　写给俞惟乐教授的信

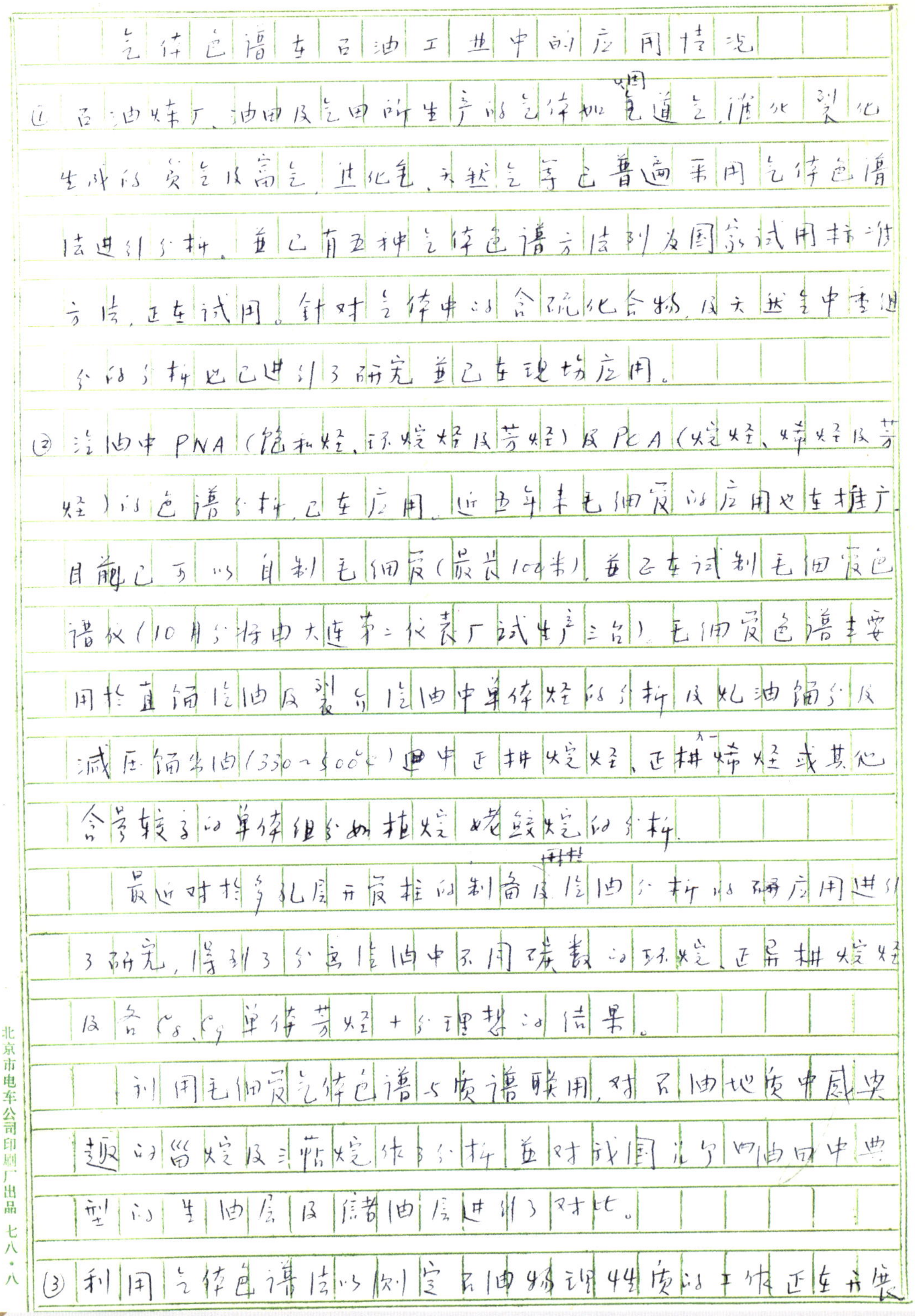

气体色谱在石油工业中的应用情况

(1) 石油炼厂、油田及气田所生产的气体如烟道气、催化裂化生成的炼气及富气、焦化气、天然气等已普遍采用气体色谱法进行分析。并已有五种气体色谱方法列为国家试用标准方法，正在试用。针对气体中的含硫化合物，及天然气中重组分的分析也已进行了研究，并已在现场应用。

(2) 汽油中PNA（饱和烃、环烷烃及芳烃）及PCA（烷烃、烯烃及芳烃）的色谱分析，已在应用。近五年来毛细管的应用也在推广。目前已可以自制毛细管（最长100米），并正在试制毛细管色谱仪（10月份将由大连第二仪表厂试生产三台）。毛细管色谱主要用于直馏汽油及裂化汽油中单体烃的分析，及轻油馏分及减压馏出油（330～400℃）中正构烷烃、正构一烯烃或其他含量较多的单体组分如植烷、姥鲛烷的分析。

最近对于多孔层开管柱的制备及汽油分析的应用进行了研究，得到了分离汽油中不同碳数的环烷、正异构烷烃及各C_8、C_9单体芳烃十分理想的结果。

利用毛细管气体色谱与质谱联用，对石油地质中感兴趣的甾烷及三萜烷作了分析，并对我国几个油田中典型的生油层及储油层进行了对比。

(3) 利用气体色谱法以测定石油馏份组成的工作正在开展

北京市电车公司印刷厂出品　七八·八

注　这是1979年陆婉珍院士写给中国科学院兰州化学物理研究所俞惟乐教授的信。之前，俞惟乐教授来信询问陆婉珍气相色谱在石油工业中的应用情况，这是陆婉珍针对这一问题撰写的回信手稿。在20世纪70～80年代，以卢佩章院士为首，与陆婉珍、俞惟乐等人一起召开全国色谱学术会议，筹办色谱学会，办专业期刊，编著丛书，一起举办国内外知名色谱学者讲学班，举办中德色谱论坛等学术活动，极大地推动了我国色谱学科的发展，把我国的色谱研究和应用提升到了一个崭新的水平。

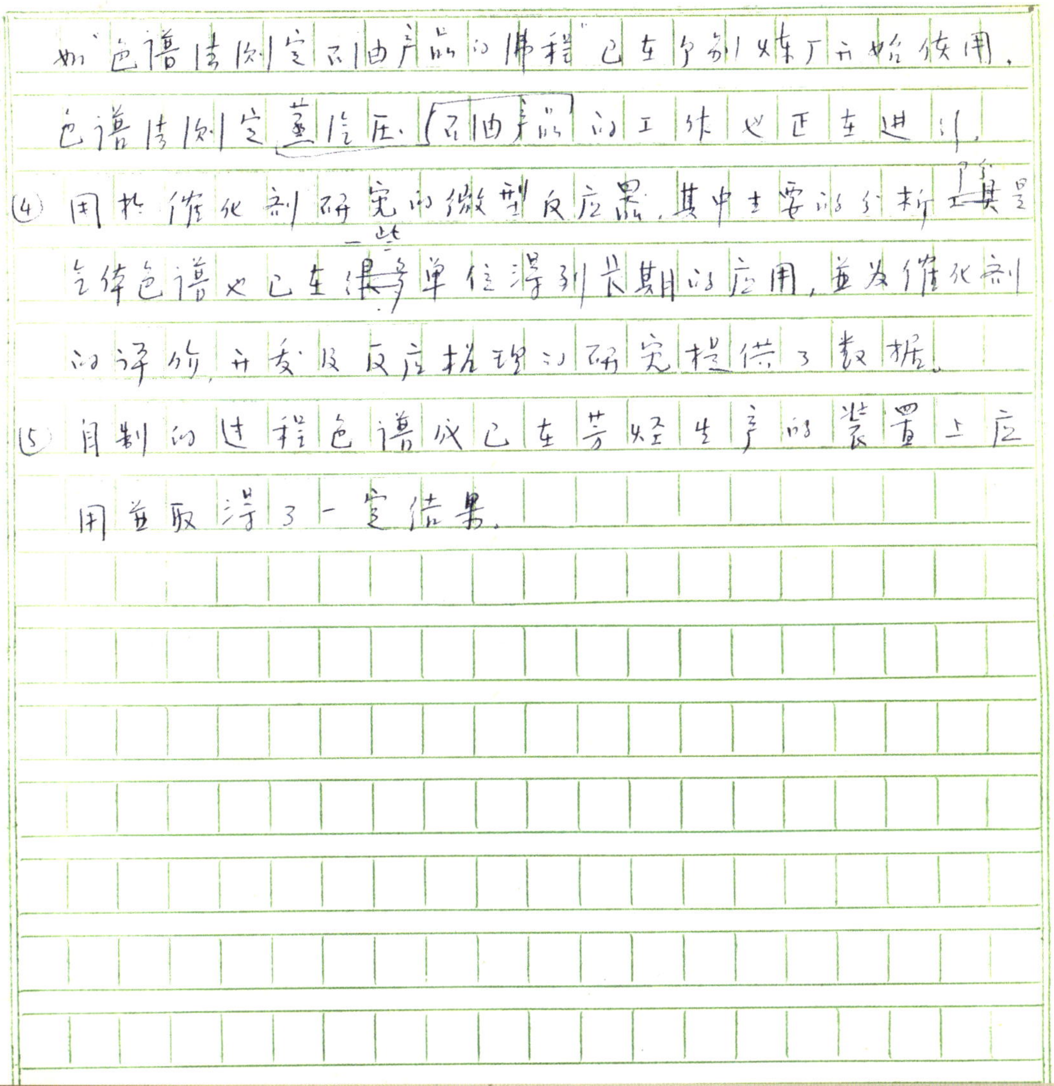
如色谱法测定石油产品的馏程已在个别炼厂开始使用。
色谱法测定蒸气压、石油产品的工作也正在进行。
(4) 用于催化剂研究的微型反应器，其中主要的分析仪器是气体色谱，也已在一些单位得到长期的应用，并为催化剂的评价、开发及反应机理的研究提供了数据。
(5) 自制的过程色谱仪已在芳烃生产的装置上应用并取得了一定结果。

1989年中国色谱学会第一次代表大会合影（前排左三为陆婉珍）

手稿7-2　写给中国科学院长春应用化学研究所研究生部的信

中国石油化工总公司　石油化工科学研究院

兹附上：

① 我院拟录取的博士后研究生马爱增的个人简历及论文目录。

② 我院应录取的博士后研究生牛建军的来信。信中称"实在不愿意错过国外大学去作研究生的机会"并介绍马爱增。

③ 根据以上情况我院陆婉珍同志曾于1994年1月18日去长春落实马的情况，并已明确只要我院办好进站手续，马同志可以立刻进站。

④ 由于我国原油含酸量逐渐增加，故该研究生~~的研究~~进站后的课题定为"重质原油中环烷酸吸附分离的研究"。我院已作过了些前期工作并有论文"高酸值原油脱羧反应处理的探索"

地址：北京学院路十八号　电挂 5075

中国石油化工总公司　石油化工科学研究院

此致

石油大学研究生部。

石油化工研究院 2/1.

注 这是1994年陆婉珍院士写给中国科学院长春应用化学研究所研究生部的信。有感于在美国西北大学做博士后的经历，陆婉珍认为博士后制度是培养高水平专业科技人才的一条重要渠道。在陆婉珍的倡议下，1993年石科院设立了博士后流动站。1994年1月，陆婉珍利用去中国科学院长春应用化学研究所进行工作访问的机会，面试招收了第一位博士后科研人员马爱增，并与闵恩泽院士联合指导开展非晶态合金催化材料的制备和表征的研究工作。

手稿7-3　从美国发回的传真

Fax to 86-1-2017429

闵恩泽收：（或相华宗）

我已由芝加哥回到波士顿，会议开得很好，对我的报告反应也较好。

兹介绍一位朱毅祖先生，他将于23-27日（5月）在北京21世纪饭店参加中国化工学会及美国化工学会合开的International Symosium of Thermodynamic in Chemical Engineering and Industry。朱先生于1991年在MIT获化工博士学位，以后一直在Aspen Tech. Inc. 作Senior Engineer，负责研究生化及高分子化工过程的计算机模拟。会后他将去大连，并于31/5至1/6二天去抚顺返回，很希望能来参观一下抚顺炼油厂（较大的且先进的），并可以在石油学院作一个报告，报告暂订为"热力学状态方程"或"过程模拟"，但我这里没有孙桂大的电话，故请你先与孙打个电话，如果你太忙，则可请陈致龙先生与朱先生联系（电话4663311 FAX 4664812）并告诉朱先生孙桂大的电话，我已写一封介绍信，由朱带给孙桂大。

以下，请转交1174金锐（十八室）。

已找到二种滤光片 规格及价格如下：（详细情况将另有信寄来）

		I	II
1. 最大透光波长	nm	316.3	214.45
2. 最小透光率	%	12.1	30
3. 半峰宽	nm	8.5	45
4. 镜片直径	mm	25	1吋
5. 透光直径	mm	21	0.8吋
6. 厚度	mm	3.5	2.5
7. 工作温度		室温	<100
8. 价格		$235.00	$380.00

9.备注　　装一个黑色铅制环中　和以套铅环 +$55

也可以买保护片保护涂层 +$75

* 格价外还须加5%州政府税及5%联邦税

看来1比较合适，如急需可先买一片。汇款至：

BAYBANK P.O.Box 1614, WALTHAM, MA02254-1614. Account Number 2300 ~~5402~~ 5042 Oliver Yu

我设法用快件寄给你，测试后如合用再增加订货量。所需氘灯价格很高为$2385+10%我将继续寻找，以后函告。此致 敬礼

问候院内各位领导及同志们

FAX NO. 01-508-653-6065 陆婉珍 5/19

注　这是陆婉珍院士1994年从美国发回传真的手稿。1985年陆婉珍与张金锐参加了在美国新奥尔良举行的第36届匹兹堡分析化学会议暨展览会，会上他们了解到由于技术问题，当时在美国很少用微库仑法分析油品中的氮含量，而多采用化学发光方法。在陆婉珍的支持下，张金锐便开始在国内着手研制氮元素的分析技术，并于20世纪90年代初成功研制出REN-1000A型化学发光定氮仪。随后，针对油品中微量硫的分析问题，他们又研制出了RES-2000A型氧化裂解/紫外荧光硫含量测定仪。1994年5月，应美国分析仪器协会（AIA）之约，陆婉珍赴美国芝加哥参加学术会议，会议期间陆婉珍为寻找元素分析仪器研制所需的滤光片，她独自一人拜访了多家仪器公司，最终找到了合适型号的部件，并专门发回传真告诉张金锐相关信息。

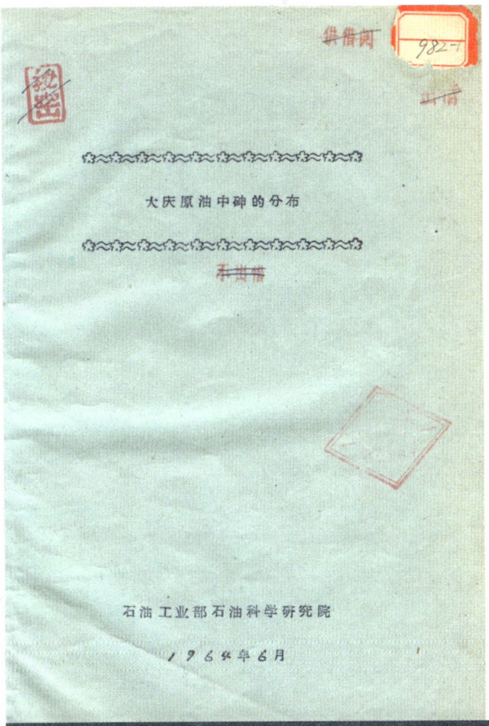

供借阅

982-1

大庆原油中砷的分布

石油工业部石油科学研究院

1964年6月

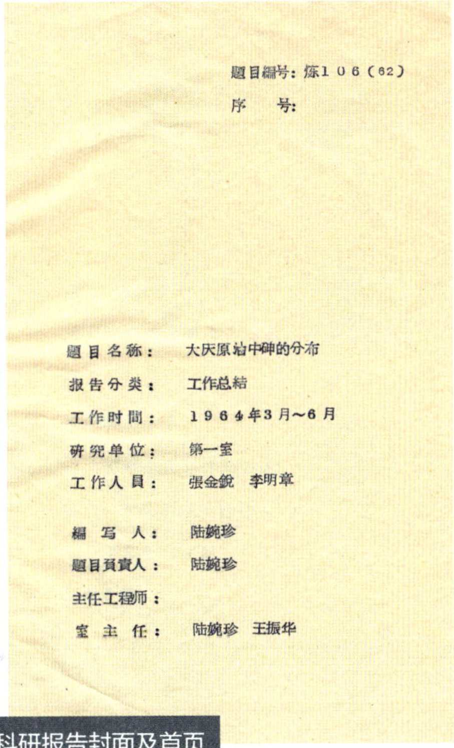

题目编号：炼106(62)

序　号：

题目名称：　大庆原油中砷的分布

报告分类：　工作总结

工作时间：　1964年3月～6月

研究单位：　第一室

工作人员：　張金銳　李明章

編写人：　陆婉珍

題目負責人：　陆婉珍

主任工程师：

室主任：　陆婉珍　王振华

1964年陆婉珍撰写的《大庆原油中砷的分布》科研报告封面及首页

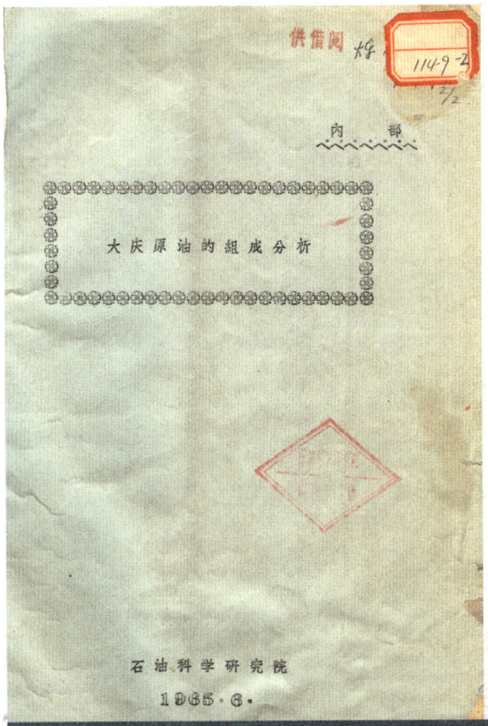

供借阅

1149-2

内部

大庆原油的组成分析

石油科学研究院

1965.6.

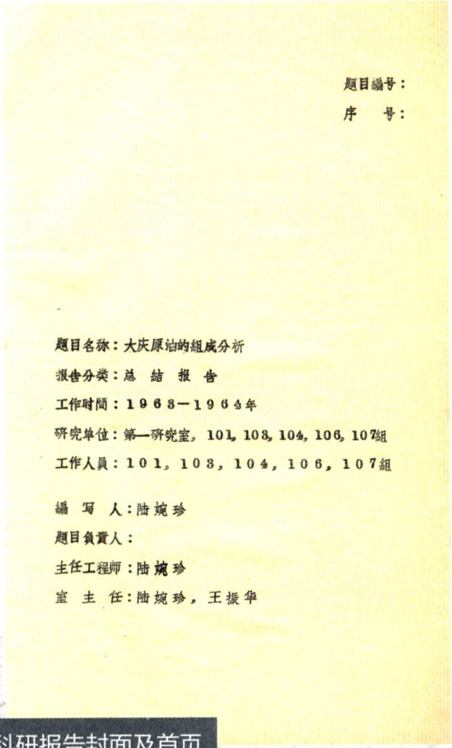

题目編号：

序　号：

题目名称：大庆原油的組成分析

报告分类：总结报告

工作时間：1963—1964年

研究单位：第一研究室，101，103，104，106，107組

工作人員：101，103，104，106，107組

編写人：陆婉珍

題目負責人：

主任工程师：陆婉珍

室主任：陆婉珍，王振华

1965年陆婉珍撰写的《大庆原油的组成分析》科研报告封面及首页

注　在配合铂重整技术工艺的开发时，陆婉珍敏锐地意识到，必须建立一种测定痕量砷的新方法。她通过大量文献调研，带领团队经过近百次实验条件的改进和优化，在不到两个月的时间内建立了可靠的“铂重整原料油及催化剂中微量砷的测定方法”。在此基础上，为寻找砷的来源，弄清砷在油品中的分布，陆婉珍带领张金锐等人多次去大庆油田和大庆炼厂取样进行分析。砷的来源及其在原油各馏分油中的分布情况的掌握，对重整工艺的改进、工业装置的设计以及原料油的切割和选用等提供了关键技术数据。

手稿7-4　写给一家化学品公司负责人的信

RESEARCH　INSTITUTE　OF　PETROLEUM　PROCESSING

TO: 上海威龙精细化学品有限公司
上海杨浦区翔殷路 109 号

Fax: (021)-~~65349387~~ [65570577]

FROM: 陆婉珍
RIPP
Fax: 86-10-62311290
DATE: Dce. 16,1997

赵仲东总经理:

二星期前接电话悉威龙近期进展较快且已取得反应中各阶段的样品，不知何时可运抵北京。李文乐同志尚在出差，故茂名的四个样品尚未拿到。你如有便请也代为联系一下。

197086 号合同“乙丙共聚物改善油品低温粘度的研究”已批下，资金亦已到位。为了尽快完成这项工作，我们希望你能就以下问题再与我们措商一下。

一、经商讨后初期拟进行工作的油品如下表:

样品	牌号	备注	样品可能提供的单位
国外产品	EXXON 8230（原 ECA6911）	兼有降凝作用	
	（原 ECA6916）	没有降凝作用	
	LZ 7065 或 7075		
国内产品	威龙公司 VL 8613	氧化降解	
	中堡公司 Z1103- I -41	氧化降解	赵总提供
	长城公司	热溶	
	茂名	热氧化降解	胡连其处可能有
	七厂	机械剪切	已收到
	JINEX 9600		
	石科院	捏合剪切	已收集
成品胶	DSM 胶 K4200A	分子量 16 万	赵总提供
	K4200S	分子量 8 万	赵总提供
原胶	EXXON P8941		
	DUPONT NDR 4523		赵总提供

其中茂名四样品正在与胡连其联系外，尚有八种样品可否请你提供一下可收集的渠道。

二、该合同为在 1997 年七月所订，我们在合同中提到了中堡公司（ZHB-1103）是否还须在该公司取样。

此致

陆婉珍
1997.12.18

注　这是1997年陆婉珍院士写给一家化学品公司负责人信的修改稿。树立严格的数据意识，是陆婉珍对分析室所有工作者的基本素质要求。她经常对大家讲，我们提供的每个数据都必须反复地从不同角度核对，一次不准确的数据送出去就可能造成很大的经济损失和极坏的影响。她一旦发现马虎从事的，不管是谁，都狠加批评，然后命其推倒重来。许多人受到她这种批评以后却感到受益匪浅，不仅能认真做好每项分析工作，而且再做其他事情时也养成了严细认真的习惯和作风。

手稿7-5　博士后推荐信

Lu, Wanzhen
21 Westlake Rd.
Natick, MA 01760

Professor Mark A. Arnold
Department of Chemistry
305 Chemistry Bldg
The University of Iowa
Iowa City, Iowa 52242-1294
Fax: (319)353-1115

Dear Professor Mark A, Arnold:

刘晓薇　　　　　　刘　　　　　　　　　　　　　　1998

Ms ~~Qiang, Dongmei~~ is one of my graduate students ~~just~~ received Ph.D degree in ~~last June~~. After she received M.S. degree in ~~Beijing~~ University in 1993, she came to Research Institute of Petroleum Processing (RIPP) where I am in charge of Analytical and Physical Chemistry Department. RIPP is the biggest research institute supported by Chinese petrochemical cooperation. It has a separated training section for graduated students.

Liu　　　　　　　　　　　　　　　　　　　Investigation and Application

Ms ~~Qiang~~ had passed the general examinations and finished a thesis on "~~Analysis of Heavy Oil with HPLC and UV-Chemometrics~~". Since heavy oil has a very complex composition, she did overcome many difficulties on HPLC separation. She started to learn chemometrics on the last year of her research work, from which she had a good training on how to going into a new scientific field. Her English is good enough to communicate with English speaking people.

I am sorry that this letter is not written with our institutes' letter head. Since right now I am in U. S. A. for a visiting of my family, Ms Qiang called me about your consideration to receive her as a postdoc. It is a pleasure for me to recommend her to work in your research group. She will get along well with your colleges.

Best regards.

Sincerely yours,

Lu Wanzhen

Lu Wanzhen Ph.D.

of New Capillary Columns" ~~the~~ Our institute has had a long experience with Application and fabrication of ~~C~~ capillary columns.
The capillary columns she was investigated has a core inside and a heating ~~d~~ wire is inserted for temperature programming.
It did take quite an effort to fabricate and connecting this

注　这是1997年陆婉珍院士为学生刘晓薇撰写的博士后推荐信。陆婉珍对她的学生们的关怀感人至深，惜才如金，但她从来没有利用自己的名望、地位为学生谋私利。学生申请项目、评职称、评成果奖时，她的标准不仅不会降低，反而会更加严格，不够水平的她一概不予推荐。陆婉珍的学生带研究生后，每逢论文答辩都会请她参加，每当看到有言过其实的评语时，她总是第一个提出来，并进行客观公正的修改，使评语尽可能清晰、明确、不拔高、不浮夸、不低就，让与会者都心服口服。

手稿7-6　写给学生龙义成的信

文成，你好：一年以前就说要写信给你们，拖到今天才提笔。由于~~主要是因~~今年以来家里发生了一些意外。二月份我们去成都休假，老周突然发生胰腺炎，经检查确诊为胆道结石引起的胰腺炎。曾经在二十四小时内手术，情况十分紧急。因此我们在成都待了五十多天，才回家。回家后，老周身体仍不是很康复，时不时要有点不适。目前我们决定再去大连休假一个月，看是否有助于他的健康。

这样来来回回一走动，时间就变得十分紧了。~~文成等~~很感谢（寄来的贺年卡，我也未及回寄了）文成本年初给我们提供的有关美国炼厂在加氢裂化的信息。经过我们大家讨论，觉得值得搞。再加目前~~已经~~在太多工作要做，就暂时搁置下来。不过我们还是非常感激你的推荐。以后将继续考虑。

下面是近几年的进展情况，文成也许还有兴趣。目前我们已把书稿译完，估计年底可以出版。但回头看看仍有很多不够人意之处。主要还是我们在这方面很多深层次的问题，比如以前的速度。这几年我们还在收集1999年来发表的新文章，希望在重油加工方面的应用有所增加。

石油化工科学研究院

注　这是1999年陆婉珍院士写给学生龙义成的信的手稿。20世纪80～90年代，一股“出国热”在中国科技界悄然兴起。面对不少得意门生相继离她而去，陆婉珍隐隐感到了一种酸涩和沉重。每飞走一只白鸽，她心头就多了一份牵挂。她不停地写信，一封又一封，载着希望，载着温暖，她的用意很明显，是让一只只金凤凰再飞回来。但陆婉珍一次次失望着，这是一个很难给出明确答案的问题，不能简单地责怪年轻人不

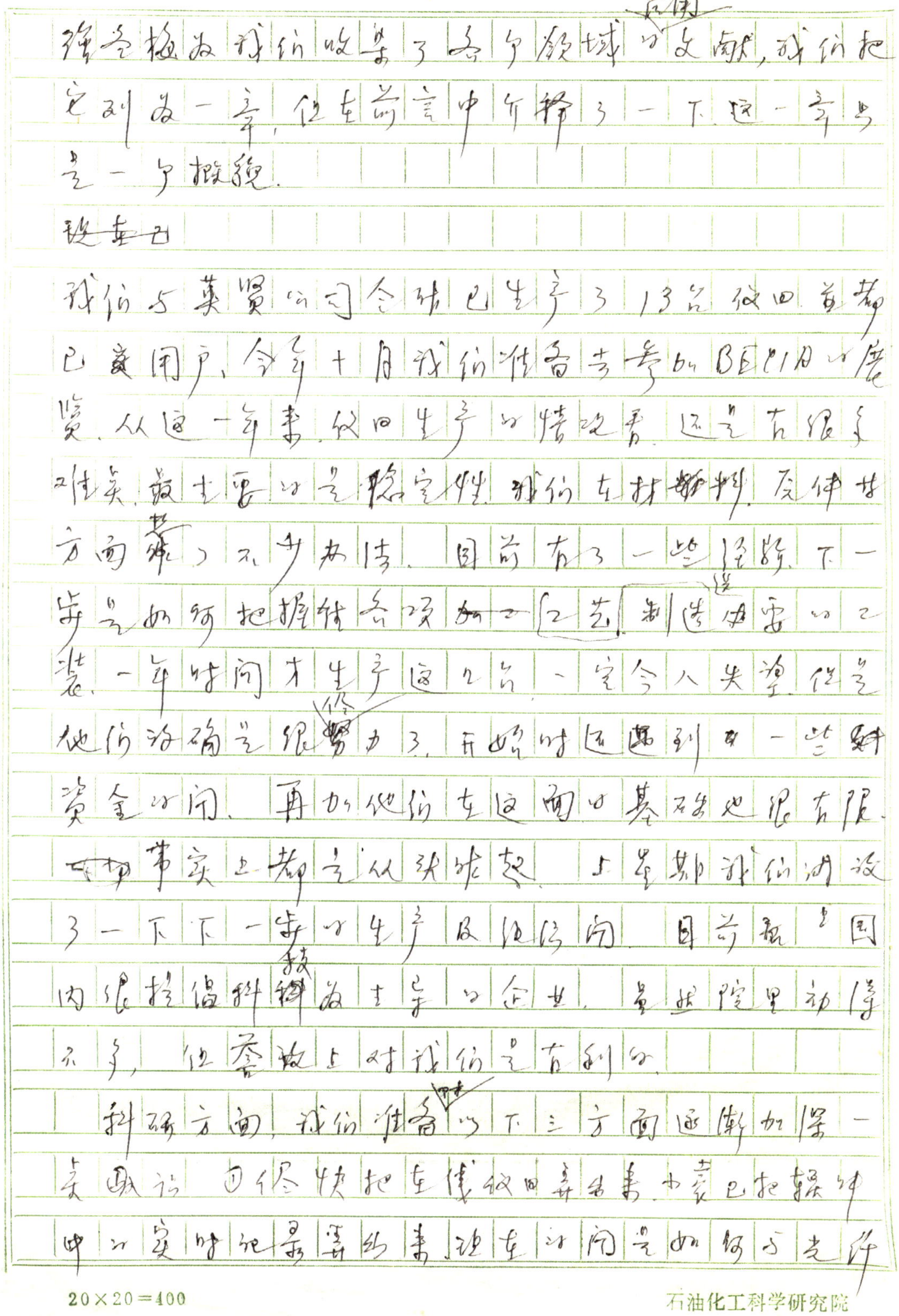

爱国，这里有许多无法说清楚的复杂原因。当然，即使在今天，再让陆婉珍做一次选择，她仍会毫不犹豫选择回国之路。但是，对于她的学生，甚至自己的女儿，陆婉珍没有包办的权利。尽管她相信，他们的根在中国，无论在国外待多久，不变的是中国人的血脉，但她还是希望，这些优秀学子能早点回来，为自己的祖国效力。

联接。去年与帅大合作已取得了一些结论。③把对近红外柴油的测定性质再作一点深入的工作，如尤其是关于模型选择的问题，如何才能解决。③把深色重油的应用面去试探，去可能要采用一些非线性的校正方法，如神经网络等，得很复杂。希望得到一些回反馈的意见。

院里的工作如旧。因为体制的要求，最近石油的质量的加工得测试出了一些题目。

今年夏季十分炎热，连续多日高于40°C，好在空调已较普及，大家生活还过得去。我与敏华讨论过你们的房租问题，她说有足够的钱付清今年的费用。我们最近又得了一个奖，因此还有1000元左右的奖金可以存入你们的户头。

近日电视上不时播到为50周年的活动在倒计时。不知道你们的计划如何，我还是很关心父亲上次电话中提到的情况变化。如有何决定盼来信。小叶近年学什么事，是不是对话语较前要习惯一些了。龙叶年进步一定很快。有空再寄封信来。今年太忙也去不了吧。

此致

陆婉珍

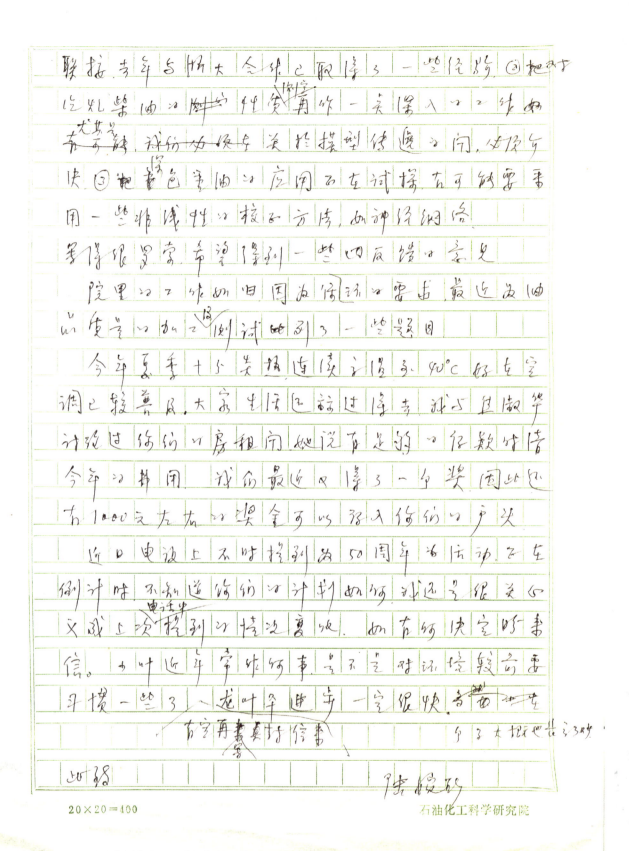

20×20=400　石油化工科学研究院

手稿7-7　写给关亚风研究员的信

石油化工科学研究院

RESEARCH INSTITUTE OF PETROLEUM PROCESSING

收件单位 TO：中科院大化所	拟稿人 FROM：陆婉珍
收件人 ATTN：关亚风	日期 DATE：1999/1/27
传真号 FAX：0411-3693515	页数 PAGE：5

内容 MESSAGE：

关亚风同志：

十分抱歉，我最近一直在出差或开会，因此把这份论文评阅书延误至今，已过期，但我想还是寄去，亦作对年青人的鼓励吧！

陆婉珍 1999/1/27

地址 ADD：中国北京海淀区学院路18号
18 XUE YUAN ROAD BEIJING CHINA
邮编 POST CODE：100083

传真 FAX：86－010－62311290
电话 TEL：86－010－62327551

注　这是1999年陆婉珍院士写给中国科学院大连化学物理研究所关亚风研究员的信。在人际和学术活动交往中，谦逊和蔼、尊重他人、不摆架子是陆婉珍的一贯作风。她参加会议或与人约会，都要早到几分钟，且总是认真听取别人发言，坚持到活动或会议结束。在参加学术会议时，无论是专家教授的报告还是初出

致　函

尊敬的专家：

请您按照“中国科学院大连化学物理研究所博士研究生学位论文评阅书”的要求对寄送给您的博士学位论文进行评阅，并请将评阅书于

99年 1 月 15 日前寄予：

“大连市中山路１６１号　　中国科学院大连化学物理研究所研究生部学位办收”　　邮政编码：１１６０１２

为便于与您联系及评阅费的准确投寄，请您填写下列各项。

评阅人工作单位	石油化工科学研究院	**专业技术职务**	学术委员会委员
联 系 地 址	北京学院路18号	**电　　话**	62311573

评阅人（签名）

陆婉珍

99 年 1 月 23 日

注：本页仅由学位办公室留存，以对评阅人的意见严格保密

评审意见：（请对论文的学术水平、创新性和存在的问题作简要评述）

本论文能针对复杂样品定性及定量这一挑战性的课题，作出了成功的结果且充分考虑了仪器的成本及操作的便利，是十分难得的。

全文对已有的文献作了十分全面的调研，并针对前人工作中的不足，提出了多项创新。例如结合液相及气相色谱的原理，设计、加工、安装了多种切割及连接部件，以选择了填充毛细柱作为分离柱，找到了最佳固定相进行油品族分离，并提供了较佳分离条件。所取得的成果，能及时推广到现场应用也是值得庆贺的。如有可能把现场应用情况列入，则更有参考价值。

茅庐的年轻科研工作者的报告，她都认真地从头听到尾，并诚恳地提问、讨论和交流。正是这种尊重他人、不居高临下的品德，让她在业内赢得了普遍的尊重和爱戴。许多受过陆婉珍教诲的人，一提起她待人处事的情形，都会情不自禁地说：“陆先生做人和做学问一样伟大。”

手稿7-8　写给博士研究生王艳斌的传真

石油化工科学研究院

RESEARCH INSTITUTE OF PETROLEUM PROCESSING

收件单位 TO：　　　　　　　　　　拟稿人 FROM：陆婉珍

收件人 ATTN：王艳斌（310房间）　日期 DATE：1999/6/21

传真号 FAX：0931-75737000　　　页数 PAGE：3页

内容 MESSAGE：

王艳斌：

寄来的有关润滑油基础油快速测定方法的研究计划已收到，我又增加了一些目的的说明，由刘伟打字后寄去。因为我想这样如给王总或陈院长看时，他们更容易理解。你在那里如有其他问题可以随时来电话。我将把文件寄去给廖总，以便她了解情况。事后她如回兰州，可以去看看她。她为人很和气且热心。此致 祝好

陆婉珍 6.21

①

地址 ADD：中国北京海淀区学院路18号　　传真 FAX：86－010－62311290
18 XUE YUAN ROAD BEIJING CHINA　　电话 TEL：86－010－62327551
邮编 POST CODE：100083

注　这是1999年陆婉珍院士写给博士研究生王艳斌的传真手稿。1999年，王艳斌到兰州炼油化工总厂研究院出差3个月，开展原油快速评价研究工作，她注意到炼厂有润滑油基础油快速分析的技术需求，就将此事汇报给陆婉珍，很快就收到陆婉珍的回复。在出差期间，王艳斌博士还多次接到陆婉珍的电话，关心她的学习和生活情况。陆婉珍对研究生的关怀和指导细致入微，不光在学术上谆谆教诲，还在实验条件、生活条件上给予关心和帮助。例如，近红外分析方法研究需要收集大量的样品，陆婉珍就借到炼厂讲学和指导工作的机会，亲自帮助学生收集样品。正是这种事无巨细的关怀、帮助和指导，让陆婉珍的学生如沐春风，大家都说能做陆院士的学生是人生一大幸事。

手稿7-9　写给科学时报记者的信

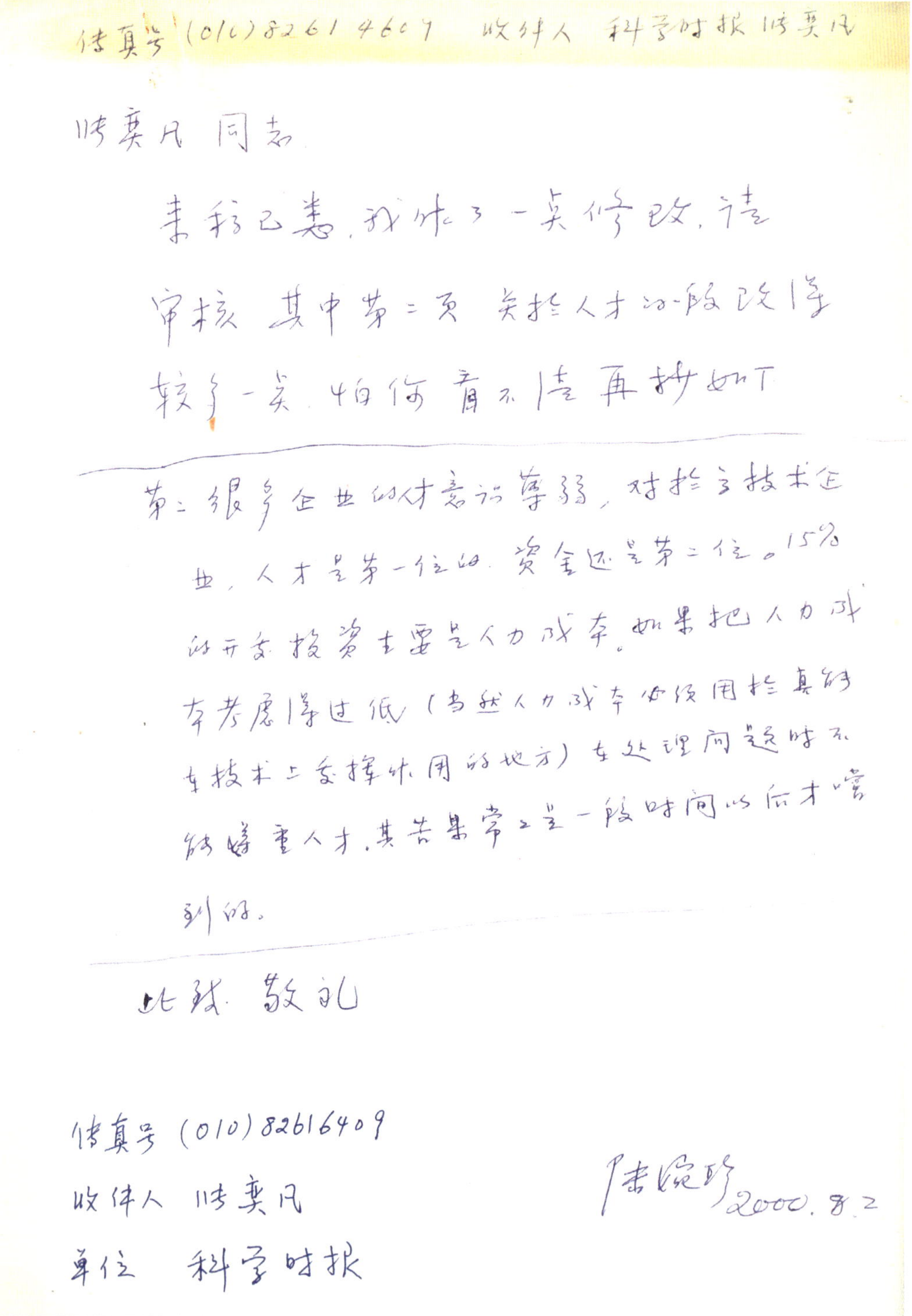

传真号（010）8261 4607　收件人　科学时报　时英凡

时英凡同志

来稿已悉，我作了一点修改，请审核。其中第二页关于人才的一段改得较多一点，怕你看不清再抄如下：

第二，很多企业的人才意识薄弱，对于高技术企业，人才是第一位的，资金还是第二位。15%的开发投资主要是人力成本。如果把人力成本考虑得过低（当然人力成本必须用于真的在技术上发挥作用的地方）在处理问题时不能够尊重人才，其结果常常是一段时间以后才尝到的。

此致　敬礼

陆婉珍 2000.8.2

传真号（010）82614409

收件人　时英凡

单位　科学时报

注　这是2000年陆婉珍院士写给科学时报记者的信。2000年5月，陆婉珍作为执行主席参加了第140次香山科学会议，会议的主题是“现代科学仪器前沿技术与分析科学”。在接受《科学时报》记者采访时，陆婉珍说：“经过长时间的观察和思考，我国的仪器工业未能发展壮大的原因在于，该工业发展所要求的多方位的、非常现代化的意识始终没有到位。”陆婉珍认为，科学仪器作为高科技产品，一般七八年就要更新换代，这要求企业必须具备一支强大的研发团队和雄厚的研发资金，高资金的投入需要企业领导者具备长远发展计划的意识，只顾眼前利益的企业领导者是很难做到的。仪器研制和产品化十分复杂，要不断创新，必须从管理体制上进行协作，不能有短期行为。

仪器制造业

你的意识到位了吗？

本报记者　张奕凡

在 5 月举行的香山科学会议上，包括王大珩、金国藩、陆婉珍等 11 位院士再次为发展科学仪器向政府建议，把仪器仪表工业统一规范和归口管理。此项建议引起了仪器仪表工业广泛的关注和思考。

日前，记者采访了陆婉珍院士，她对记者说："经过长时间的观察和思考，我认为中国的仪器仪表工业未能发展壮大的原因在于，该工业发展所要求的多方位的、非常现代化的意识始终没有到位。"

陆婉珍院士说，对于科学仪器的重要性已多有论述，王大珩先生曾说过，"我们要实现跨世纪发展的战略目标，必须加紧推进科技进步和创新，必须为社会主义现代化建设不断提供强大的科技支持。而科学装备是为科技进步和创新提供支持的必不可少的内容。因此美、日、欧等发达国家已制定各自的科学仪器发展战略，并企图遏止发展中国家的科学仪器的自主研制……"。这直接说明了科学仪器的发展必须自力更生，应该被列为国家战略发展目标。

回顾历史，我国在 50 年代起就制定了发展科学仪器的规划，并投资建立了北京分析仪器厂、北京第二光学仪器厂、上海分析仪器厂等大型企业，并在各高等院校成立了精密仪器系，为这方面的工作储备了大量人才。但是 40 多年来，为什么至今我国科学仪器的供给仍远远不能满足国内市场的需要，进口仪器却占领了国内 80%左右的市场份额呢？

企业缺乏全新的现代化管理意识

陆婉珍院士分析说，仪器仪表工业属于尖端工业，要求企业必须掌握全新的、现代化意识的管理概念意识。

首先，从科学仪器的特点来说，作为高科技产品，科学仪器一般在 7、8 年左右就要更新换代，因此一个强大的企业必须要具备极其强大的研发力量，以及庞大的研发资金。与其它工业情况不同，例如，石化工业中研发资金通常占其销售额的 1%-5%，而仪器仪表工业则至少要占 15%以上。高资金的投入使得大多数企业的领导者缺乏这种为长远发展计划的意识，而只满足于

相比要求更多　需要　具备

1

眼前的经济利益

第二，国内企业的人才意识薄弱，对于高技术企业，人才第一，资金第二。15%的开发投资必须计算到成本中去，虽然中国的人力成本相对较低，但是如果在产品的价格中忽略人才成本，则是对人才的不尊重。

第三，科学仪器虽然更新换代较快，但是对质量的要求极高，既需要在出厂时达到较高的指标，同时要求在换代之前仍能保持原来的指标。同时，售后服务是不可或缺的重要环节，现代企业必须具有良好的服务意识，才能在激烈的市场竞争中占有一席之地。另外，作为高科技产品，科学仪器对使用者的要求非常高，因此在仪器使用培训方面必须加强。

第四，在仪器仪表行业，还没有出现像"海尔"那样的品牌，这说明了仪器企业缺乏品牌意识。

专业仪器的开发和结合网络应用意识不足

第一，科学仪器是以特定的零部件和测定原理二者相结合而成的，如果仅有测定原理上的创新，而没有精密的零部件相匹配，是不可能做出先进的仪器的。而国内零部件的加工生产及创新则难以配合科学仪器的发展。

第二，科学仪器的发展基本上是与应用密切结合的。只有当人们认识到了 DNA 的重要性，才会有 DNA 分析仪的出现。目前尤其热门的是专业仪器的开发，这种专用仪器通常是在一种基础仪器上附加一定的附件及软件而集成的，例如石油分析用 GC 作编程、分析组成等专用仪器都是如此。而国内的仪器制造企业在专用仪器的开发上步伐还很慢。

第三，目前，很多科学仪器都有极高级的软件支持，在科学仪器的共享使用方面，网络已开始广泛应用，这些软件的好坏常常决定仪器的使用价值。国产仪器在结合计算机应用方面尚未普及，或使用的计算机软件平台已经落后，而目前在此方面的开发还不够。

第四，科学仪器发展到一定的程度后，有可能成为一些标准方法的标准检测手段，因此配套的消耗品及标准物质，也必须同步发展。一些新兴的标准测试方法也是刺激仪器发展的重要前提条件。国内的企业在紧跟新方法开发新产品的意识则缺乏魄力。

2

社会协作的意识薄弱

由于国内的科学仪器大多数在科研单位、高等院校和国家机关，主要用于科研、教学、检验和监测等方面，而直接面向社会、服务社会的意识比较薄弱。因此，目前社会上需要出现中介机构或专业人士，把社会的需要与仪器的使用联系在一起。

此外，社会上轻视国产仪器的意识普遍存在，这也对国产科学仪器的发展造成一定的影响。

从仪器制造业来说，应该改变仪器制造一家包到底的传统做法，要提倡社会协作意识。仪器制造业的发展取决于多方面因素，光靠国家投资是不能解决根本问题的。

陆婉珍院士说，由于数千年来传统的农业意识根深蒂固，使得国内的仪器制造企业在多方位的意识上尚未完全到位，而这正是制约中国的仪器仪表工业难以振兴的根本原因。她强调说，科学仪器是近代工业发展的结晶，整合各方面的问题，拥有非常强的总合意识，在仪器仪表工业的发展中将起决定性作用，而人才的充分利用和产品的质量意识是极其重要的因素，而依靠降低价格来竞争市场是行不通的。

陆婉珍院士最后说，让自己感到庆幸的是，目前已经出现了一些专门从事零部件或消耗品的企业，有些企业家对企业的发展有了更多的想法，相信我国的仪器仪表工业将以非凡的速度进入竞争激烈的世界市场。

手稿7-10 写给方家熊院士的信

第　　页 共　　页

方家熊院士：

来信已收到多日，很高兴你们已经找到了短波红外光谱仪制造的合作者。并且把它定了“基于MEMS和集平面技术的微型短波红外光谱仪及其应用技术”这一项目名称。我们很愿意与你们一同争取这一项目~~的争取者~~。但是我想在这里重申一下，我们这个队伍对光谱仪的制造实在是知之甚少。我们大部分是化学与早期的训练背景，所以能够出力的地方主要是在应用技术方面。当然近十多年来的工作经验，我们对仪器的主要技术要求有一些了解。例如这类仪器，对多台仪器的“一致性”的要求较高，因为我们希望能用同一个模型来进行工作（模型适应的共用很高）②短波红外光谱仪是这项工作中最重要的基础，但我们称为硬件。此外还需要一个软平台和针对分析对象的模型

注　这是2008年陆婉珍院士写给方家熊院士的信。陆婉珍院士情系近红外光谱分析技术，她曾说过：“近红外光谱技术太奇妙了，但它在我国的应用广度和深度却如此不相称，近红外光谱确实是太需要普及了。”她是这么说的也是这么做的，为了让国内有更多的人了解、掌握并应用这项技术，陆婉珍在多个层面上做了大量的工作，例如她曾无数次出席国家各部委举办的与近红外光谱技术有关的研讨会和座谈会，

三者结合才能更有市场也广泛采用。目前我们正在完善已有的模型，如有需要可以在短期内即完成。这类仪器因为小型，我们将来期的应用应该是各种商品的检测。这将~~带~~目商品检测在我国的发展程度。另据说目前日本在这方面已在大量使用。他们对肉类奶类、瓜果都在用这类方法（在美国已大量用于农场产品的检测），可以实现快速且高通量的检测。所以我们认为这是一项有着广泛前景的分析手段。但在我国仍需作大量宣传推广工作。

最后我想也提一点我所了解到的阵列检测器的缺点：因为仪器中没有狭缝，在一般情况下，其杂散光的干扰会比其他分光系统严重。是否在设计中注意一下。

联合国内相关领域的院士和专家不遗余力地推介近红外光谱技术，希望国家有关部门重视这项技术，并呼吁在资金和政策上给予大力支持。这些工作在普及近红外光谱技术知识、培育我国近红外光谱的应用市场、培养我国近红外光谱专业技术人才等方面都起到了极其重要的作用，陆婉珍被公认为我国近红外光谱学科的创始人和我国近红外光谱技术的领路人。

手稿7-11 纪念侯祥麟院士的传真

中国石油化工集团公司
CHINA PETROCHEMICAL CORPORATION

石科院：

办公厅转来中国工程院函件，商请陆婉珍院士撰写纪念侯祥麟的文稿或题词，现传去工程院函件，请协助办理。

办公厅要求文稿或题词原件、电子版都要，请在6月

二〇一二年五月三十日

《中国炼油技术》第三版出版了，使我不禁想起

当年侯老以九十多岁的高龄"亲自""策划"并组织第一

版《中国炼油技术》的情境。他以一贯的作风，

从开始便对该书的读者、范围及风格（编写大纲）作了明确的规范，

而且文字十分概括[illegible]，因此稿件完成后十几个月到

一段时间以后，他又开展了第一次、第二次的修审，这时我就感觉更

[illegible]

传[illegible]到人，工作进展就很顺利。每到关键时，他一定会用一种

[illegible]订下来的原则作出[illegible]的决定。《中国石油炼制技术》

目前已出到第三版，它包括了我国石油炼制的绝大部分技

术内容，是我国石油工作人的结晶。我认为该书一定会在在侯老

订下来的原则下不断[illegible]。直到[illegible]

注 这是2012年陆婉珍院士为纪念侯祥麟院士撰写的一段追忆文字。

第七篇 书信手稿

手稿7-12　写给梁逸曾教授的推荐信

梁逸曾教授：

寄上"复杂体系仪器分析"一书的推荐信。

请查收，此致 敬礼！

陆婉珍

专家推荐意见

专家推荐意见（二）

梁逸曾教授近三十年来一直主要从事分析化学和化学计量学的研究，是我国一位有影响的化学计量学专家。他一直从事复杂多组分的分析研究，并在国际上提出有关黑、白、灰分析体系的分类概念，说明了化学计量学方法对体系复杂程度及分析仪器所产生数据维数的依赖关系，为不同复杂程度的分析体系构建适宜的化学计量学方法提供了通用的理论基础，解决了中草药分析、生命分析化学、环境化学、石油化工等领域的多种分析难题，为此，曾获得国家教育部科技进步一等奖（1995 年，排名第一）、机械部科技进步二等奖（1996 年，排名第一）、国家自然科学二等奖（2003 年，排名第二），湖南省自然科学二等奖（2010 年，排名第一）。

梁逸曾教授近三十年来共承担国家及省部级科研课题，其中包括主持负责国家自然科学基金重点课题一项，主持国家自然科学基金面上课题 12 项，国家自然科学基重点课题一项，作为第二负责人参加国家自然科学基金重点课题两项，主持国家教委霍英东基金一项，国家教委优秀青年教师基金一项，科技部国际合作交流项目两项，国家药典委员会委托研究项目一项。其研究小组取得了很好的科研成果。二十多年来，梁逸曾教授在国内外知名刊物上，共发表科学论文 400 多篇，其中 300 多篇在国际性刊物上发表，被美国科学引文索引（SCI）收录的文章 350 多篇，SCI 引用 8000 多篇次，单篇 SCI 引用的最高次数为 462 次，其中 SCI 引用次数在 100 次以上的 14 篇；50 次以上的 38 篇，h-因子为 45；出版专著译著和教材共 10 本，其中包括两本国外专著。

《复杂体系仪器分析——白、灰、黑分析体系及其多变量解析方法》是代表国际先进水平的一本化学计量学的一本专著，是梁逸曾教授对国际国内有关复杂体系分析方法的化学计量学方法的一个总结，更是他自己近 30 年来全部科研成果的结晶。本书的参考价值将随分析化学的进步以及社会需求的扩大而日益明显。为此，我推荐该书参加"中国石油和化学工业联合会科学技术奖"的评奖，并建议编者组织并出版该书的英文版本，以利国际交流。

推荐专家签字：陆婉珍

2013 年 6 月 1 日

注　这是2013年陆婉珍院士为梁逸曾教授撰写的《复杂体系仪器分析——白、灰、黑分析体系及其多变量解析方法》一书推荐评选"中国石油和化学工业联合会科学技术奖"写的专家推荐意见。

手稿7-13　国家科技奖励推荐信

推 荐 信

应吉林敖东延边药业股份有限公司的邀请，我于 2011 年 7 月 16 日参观了由清华大学、桂林电子科技大学等单位共同完成的中药口服液提取过程近红外光谱在线分析系统，观看了提取车间、仪表室、控制室等应用现场，并听取了研制人员的工作报告和现场工作人员介绍的近红外光谱在线分析系统的实际应用情况。

我认为该系统具有如下的优点或特点：

1、首次实现中药口服液提取过程的在线近红外光谱分析与质量监控，将在线近红外光谱分析技术引入中药口服液（安神补脑液、血府逐瘀口服液）的生产过程质量监控，并在工业化生产中形成规模应用。

2、建立了多指标成分定量指纹图谱与近红外光谱关联分析的中药质量监控新方法，提出采用线性和基于流形学习的非线性建模方法，建立多元统计模型，有效保证了产品的稳定、均一。

3、设计并实现了一套适用于中药提取过程的在线近红外分析软硬件系统。

4、提出一种用于中药提取过程质量控制的近红外光谱统计过程控制方法。

基于以上情况，我推荐杨辉华、罗国安等同志就此研究成果申报科技进步奖。

推荐人：陆婉珍

2013 年 10 月 11 日

注　这是2013年陆婉珍院士为杨辉华教授和罗国安教授研制的中药在线近红外光谱分析技术参评国家科技奖励撰写的专家推荐信。

手稿7-14　写给女儿闵之琴的一封家书

之琴：　我在茂名写信给你没有想到吧！

这里属亚热带，因此街道都是椰子树和玉兰树，花园里种的是大红的芙蓉?和白色的茉莉，另外还有一种树叫木菠萝，上面结了很多象西瓜那么大的果子，而且都是长在树干上，远看像是个猴子，有趣极了（还有很多棕榈树，上面[illegible]）。昨天买了三斤香蕉0.45元/斤，前天买了一些芋子，也不太贵，真是处处都是亚热带的风光，很有趣，也使我觉得我们的祖国真是幅员辽阔。在广州时，我去吴[illegible]家坐了坐。广州我也有廿多年没去了，那里很热闹，但人太多，我不甚喜欢，也许因为我去的地方不是最出名的地方。希望22日左右能回北京，但要看工作进展的情况。

我从北京寄出的30元收到了吧！这是外爷送给你的，你应该写封信去致谢。这里当然是很热，我每天冲二次凉，北京也热起来了，兰州大概还可以穿花袖吧！正是读书的好时光，不要虚度！上封信上所谈读书的事（如研究生的）等你回来谈吧！爸爸今把游泳衣寄给你！此致

（签名）6.16.

注　这是1982年陆婉珍院士在茂名出差期间写给女儿闵之琴的一封家书。

第八篇 育人手稿

早在归国初期筹建分析研究室时，为了使分析工作能做到有的放矢，陆婉珍要求年轻人要熟悉各个相关的学科，如石油化学、炼油工艺、数据统计、分析仪器原理等。为此，陆婉珍亲自编写培训教材、制订培养计划，举办分析技术专业训练班和科研讨论会。实验室的硬件条件不好，她就与同志们一起，利用多种渠道购置分析仪器，买不到的就自行研制。在她的具体指导和帮助下，这些青年科研人员的业务水平和科研能力提高得很快，经过长期的积累，分析科研人员的实践经验和理论知识得到不断提高，整个分析队伍的水平也有了明显的提升。

20世纪80年代，面对科研队伍严重的“断层”现象，陆婉珍把队伍建设转移到研究生的培养上。陆婉珍对研究生的实验要求很严，不仅在实验数据上认真核对，研究内容和结论也反复推敲，从各方面对论文严格把关，有的研究生论文，她要亲自修改四五遍才通过。学高为师，身正为范，陆婉珍院士懂教育、善引导、扬特长，一生桃李满园。

本篇整理收录了陆婉珍院士撰写的手稿14件，涉及研究生教材、博士生入学考试题、研究生开题报告修改、科研骨干培训班讲稿、科技领导人才的培养、对大学分析化学课程改革的建议等方面。

手稿8-1 研究生课程教材、提纲与考试题

手稿8-1A “仪器分析”课程教材

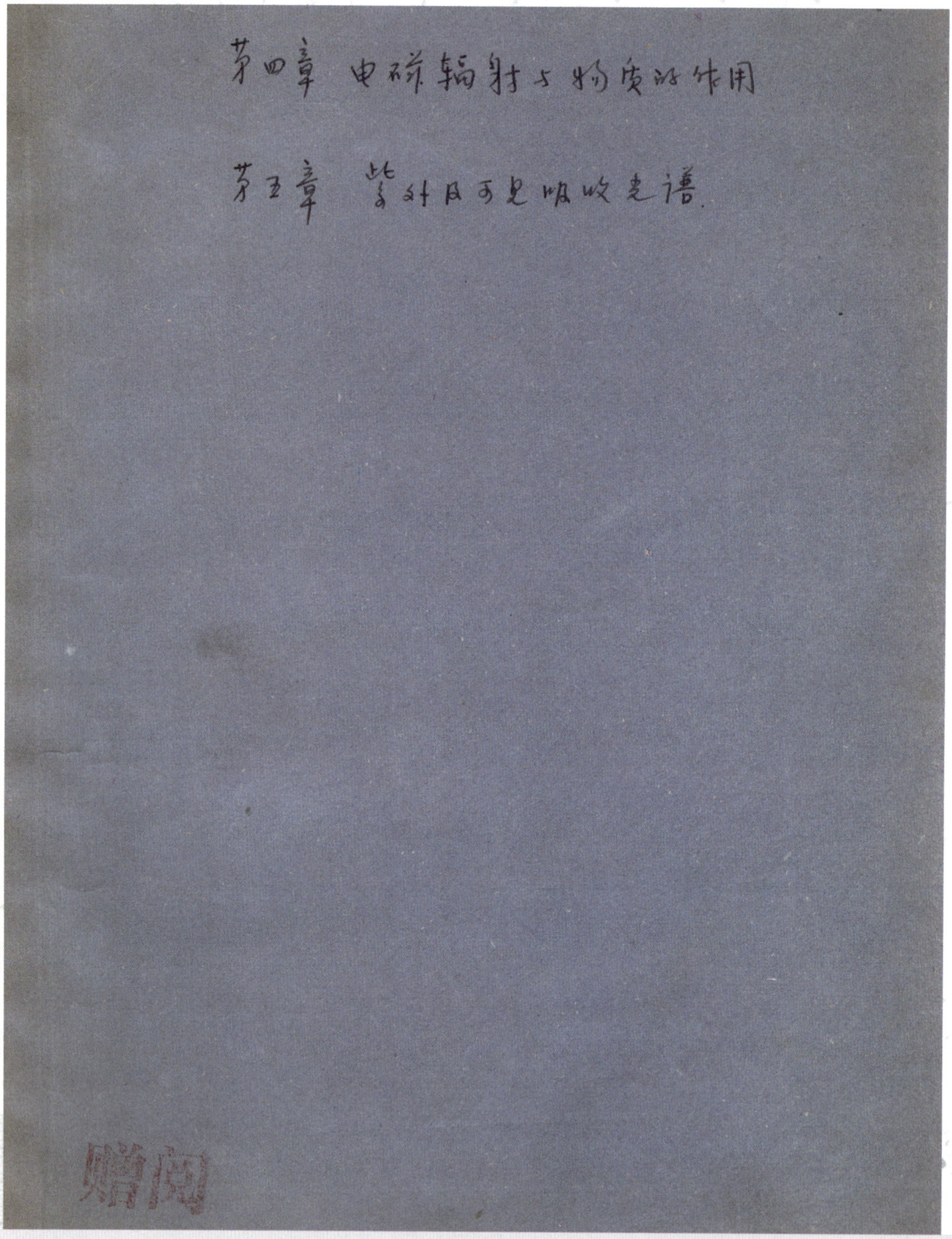
第四章 电磁辐射与物质的作用

第五章 紫外及可见吸收光谱

赠阅

注 这是陆婉珍院士1979年为研究生课程“近代物理分析方法”撰写的教材手稿（8-1A），1984年为讲授研究生课程“石油炼制技术与化学”撰写的授课提纲手稿（8-1B），1984年为“石油炼制技术与化学”研究生课程出的考试题手稿（8-1C）。1979年石科院恢复了研究生招收制度，陆婉珍被聘任为仪器分析方向的研究生导师。她编写“近代物理分析方法”及“石油化学”等讲稿，亲自为研究生授课，她的讲稿修改了一遍又一遍，每届教案都充实国内外最前沿的新内容和实际应用进展。听过她课的学生都说陆老师的课“内容丰富，知识面广，逻辑性强，且深入浅出，理论结合应用实际，印象深，效果好。”

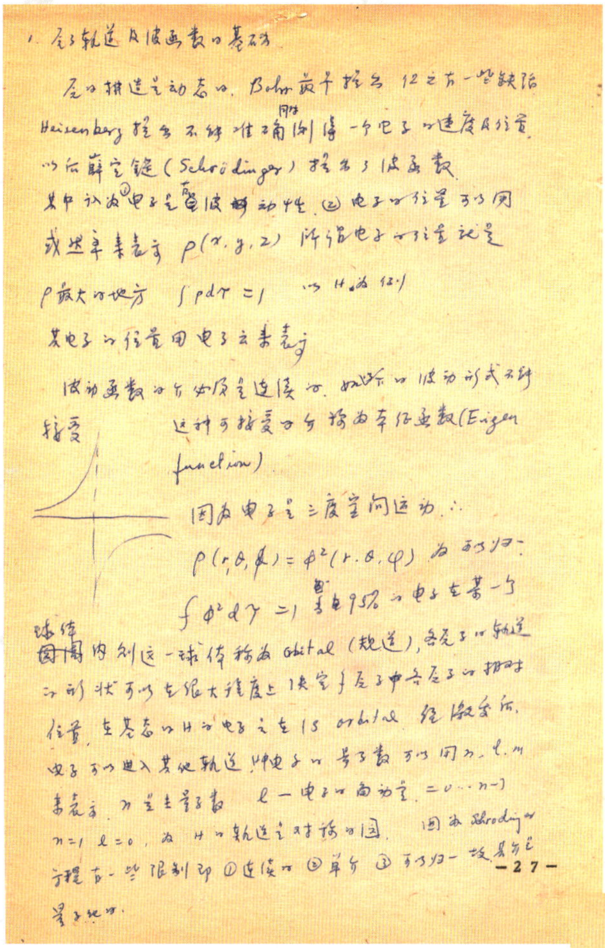

1. 原子轨道及波函数的基础

原子构造之动态的，Bohr 原子模型 12 之有一些缺陷

Heisenberg 提出不能准确同时测得一个电子的速度及位置，

以后薛定谔（Schrödinger）提出了波函数

其中认为①电子是有波粒二动性 ②电子的位置可以用

或然率来表示 $\rho(x,y,z)$ 所谓电子的位置就是

ρ 最大的地方 $\int \rho d\tau = 1$ 以H为例

某电子的位置用电子云来表示

波动函数的分布必须是连续的，如此的波动形式才能接受

这种可接受的分布称为本征函数（Eigen function）

因为电子是三度空间运动 ∴

$\rho(r,\theta,\varphi) = \phi^2(r,\theta,\varphi)$ 为可归一

$\int \phi^2 d\tau = 1$ 当有95%的电子在某一个球体内划这一球体称为 orbital（轨道），各原子的轨道的形状可以在很大程度上决定了原子中各原子的相对位置，在基态的H的电子是在 1s orbital，经激发后，电子可以进入其他轨道，此电子的量子数可以用 n、l、m 来表示，n 是主量子数 l—电子的角动量 $=0 \cdots n-1$

$n=1$ $l=0$，为H的轨道是对称的圆，因为 Schrödinger 方程有一些限制即①连续的 ②单值 ③可归一 故其有它量子化的。

-27-

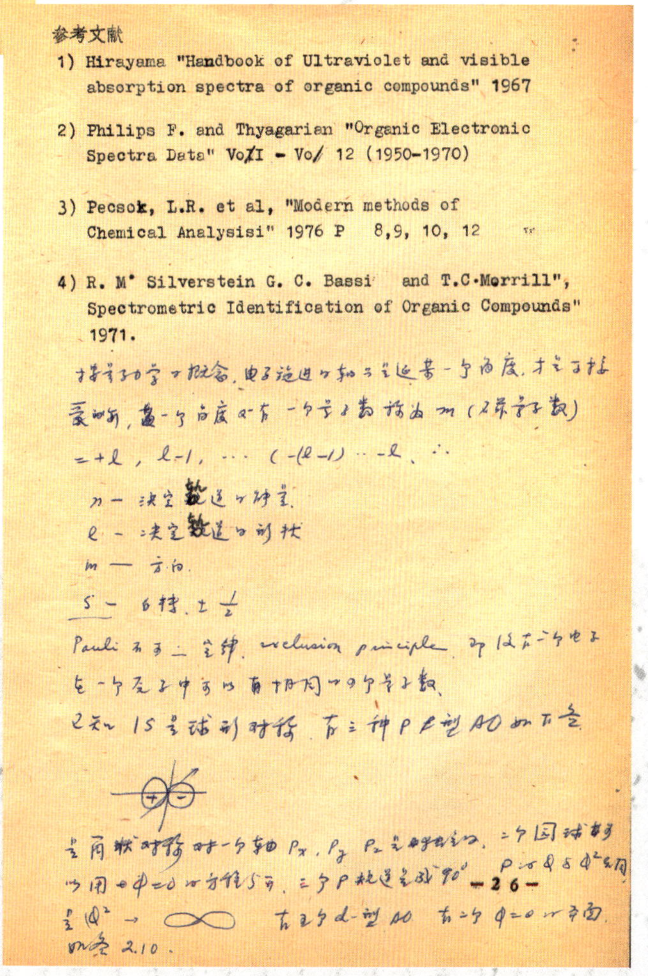

参考文献

1) Hirayama "Handbook of Ultraviolet and visible absorption spectra of organic compounds" 1967

2) Philips F. and Thyagarian "Organic Electronic Spectra Data" VolI - Vol 12 (1950-1970)

3) Pecsok, L.R. et al, "Modern methods of Chemical Analysisi" 1976 P 8,9, 10, 12

4) R. M' Silverstein G. C. Bassi and T.C·Morrill", Spectrometric Identification of Organic Compounds" 1971.

按量子力学的概念，电子绕核的轨道不是任意一个角度，才是可以接受的，每一个角度的有一个量子数称为 m（磁量子数）

$= +l, l-1, \cdots (-(l-1) \cdots -l$ ∴

n — 决定轨道的能量

l — 决定轨道的形状

m — 方向

s — 自旋 $\pm\frac{1}{2}$

Pauli 不相容定律 exclusion principle，即没有二个电子在一个原子中可以有相同的四个量子数。

已知 1s 是球形对称，有三种 p 型 AO 如下

是两瓣对称的一个轴 P_x, P_y P_z 之……，二个圆球相切的用 $\phi=0$ 的节面分开，三个 p 轨道互成 90° p 的图与 ϕ^2 不同 是 ϕ^2 → ∞ 有五个 d-型 AO 有二个 $\phi=0$ 的节面 如图 2.10.

-26-

手稿8-1B “石油炼制技术与化学”课程提纲

第三章 石油的分析

第一部分是性质测定（或称评价）这些性质测定方法大部都已由规格化，因而有可能在国际上进行对比。同时因为石油的主要组成是烃类而烃类的性质（见下章）又与其组成有密切的关系，因此经常可以从性质测定中了解该原油或馏分的组成，如上一章所说的K值如要是比重与沸点的关系可以用来判断该馏分中的主要分子烃组成。常用的分析方法有：

① 比重（密度之商表） Sp.Gr API ASTM法测定温度为 15.56/15.56°C

	Sp.Gr	API
水	1.00	10.0
燃料油	0.97	14.0
柴油	0.85	35.0
机油	0.80	45.0
车用汽油	0.72	65.0
航空汽油	0.70	71.0
溶剂油	0.75	57.0
蜡	0.88	29.0

② 雷氏蒸汽压

③ 恩氏蒸馏

在蒸馏塔中很有参考价值。

④ 闪点及着火点（连续燃烧的温度）

⑤ 粘度 润滑油的重要指标

运动粘度（以厘斯来表示）

⑥ 色度及比色

⑦ 博士法测硫醇

⑧ 铜片腐蚀 活性硫、水等

⑨ 残炭

⑩ 硫含量

⑪ 凝点（倾点）

⑫ 水及沉淀物

⑬ 灰分

⑭ 苯胺点 苯胺点上芳香含量

⑮ 含蜡量

⑯ 溴价 溴指数 g Br/100克油 mg Br/100克油

二 第二部分是石油的组成分析——采用现代物理仪器进行

一、元素分析

C、H、O、N、S、As、金属

C → CO_2；H → H_2O；N → [illegible]；S → [illegible]；金属 → AA、ICP

二、石油的分离方法（物理的）

① 蒸馏 15，1 塔盘 常压、减压。

② 沥青质的分离。

③ 吸附分离 硅胶、离子交换树脂、氧化铝。

④ 化学法

(1) 硫酸磺化

(2) 尿素络合物

(3) 抽提 $K=\frac{C_1}{C_2}$

三、分离与组分的鉴定或进一步分离

① GC ④ 超临界色谱

② LC

③ 模拟蒸馏

④ 凝胶色谱

光谱法

红外光谱 质谱 物理性质

紫外光谱 NMR

石油炼制技术及化学（开卷6小时）

1. 原油蒸馏是原油加工的第一道工序

a. 请给含燃料型蒸馏的典型流程，简单叙述其流程特点。

b. 在蒸馏塔中常因各种无机盐类、硫化物，以及有机酸等而产生腐蚀，请叙述目前常用的防腐措施。

2. 在石油炼制过程中，有许多催化加工过程。请简单叙述下面四种催化剂的特性及作用。

a. 催化裂化催化剂

b. 催化重整催化剂

c. 加氢精制催化剂

d. ~~加氢裂化催化剂~~

烯烃叠合催化剂

3. 因石油是一个复杂的混合物（由烃类组成）因此表征某一馏分时，为不同的目的时常用以下各种方法。请说明各表征方法的含意或定意。

1. 沸点分布
2. 平均沸点
3. 平均分子量

4. 烃族组成

5. 烃族结构组成

6. 特性因素（K）

7. 关联指数（BMCI）

8 粘重常数 VGC

9. H 苯胺点

4. 石油加工后最主要的产品有汽油、煤油、柴油及润滑油四种。它们都有它自己的规格要求。其中如汽油的辛烷值
柴油的十六烷值
喷气燃料的冰点及密度
润滑油的粘度指数。

请说明各自的意义以及与石油烃组成的关系。

参考文献：

1. 侯祥麟主编"中国炼油技术"石油化工出版社（1991）

2. 陈绍洲等著"石油化学"（1992）

1984年陆婉珍为研究生授课

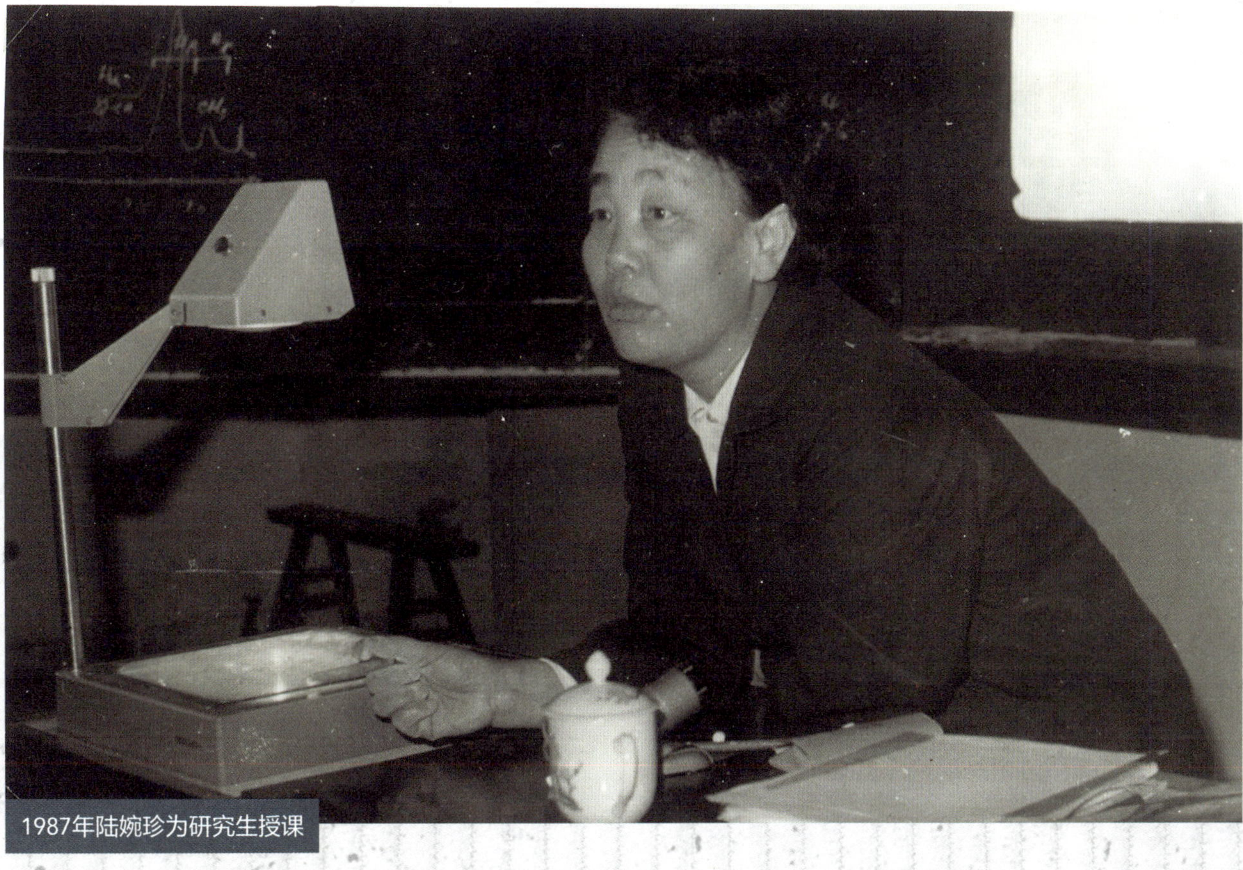

1987年陆婉珍为研究生授课

手稿8-2　招收博士研究生的入学考试题

手稿8-2A　石油化学试题

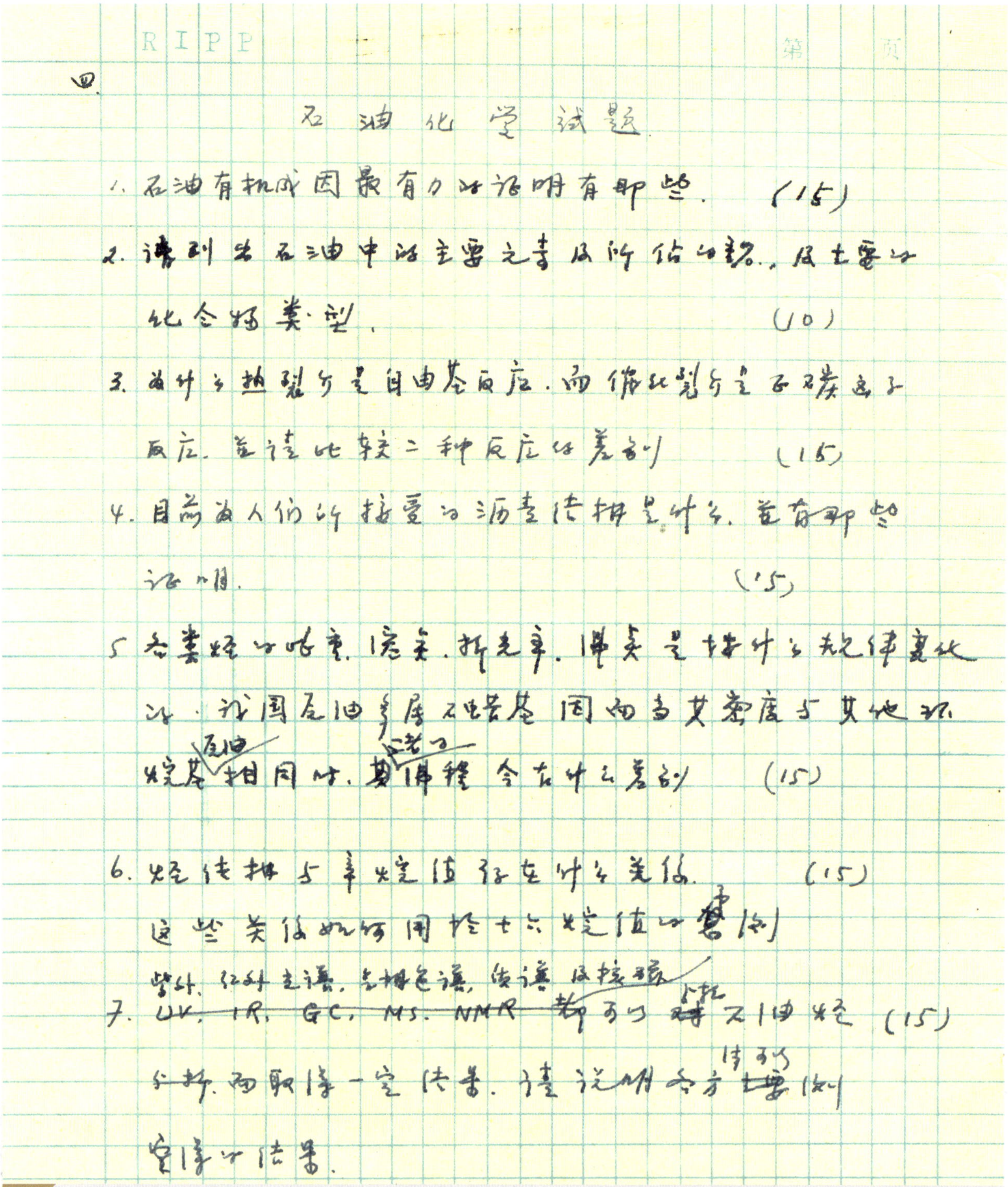

RIPP　　第　页

四.

石油化学试题

1. 石油有机成因最有力的证明有哪些. (15)

2. 请列出石油中的主要元素及所结合的键，及主要的化合物类型. (10)

3. 为什么热裂化是自由基反应，而催化裂化是正碳离子反应。并请比较二种反应的差别 (15)

4. 目前为人们所接受的沥青结构是什么，并有哪些证明. (15)

5. 各类烃的相对密度、凝点、折光率、沸点是按什么规律变化的。我国原油多属石蜡基，因而当其密度与其他环烷基原油相同时，其沸点馏程会有什么差别 (15)

6. 烃结构与辛烷值存在什么关系. (15)
这些关系如何用于十六烷值的预测

7. 紫外、红外光谱、气相色谱、质谱及核磁共振都可以对石油烃进行分析而取得一定结果。请说明各方法得到哪些定性的结果. (15)

注　这是1997年陆婉珍院士招收博士研究生时编写的入学考试题的手稿。对于博士生的招生和培养，陆婉珍认为，做好各类分析研究创新工作有很大难度，一个好的分析科研工作者不仅要熟练掌握本学科的基本理论、实验技巧和发展趋势，还必须深入了解所服务的工艺流程，才能及时提供可靠和有用的分析数据，真正发挥分析"眼睛"的作用，否则只能是隔靴搔痒、无济于事。所以，她在博士生入学考试和面试时，不仅仅看学生的专业课考试成绩，还要考察学生的全局观念、协作精神和工程化思维。

手稿8-2B 有机化合物的鉴定与分析

有机化合物的鉴定及分析

① 环烷酸（烷基取代环烷，芳烃及异构烷链）中如含有脂肪酸则其性质将不符合要求，请设计一个最快速的方法，以测定环烷酸中的脂肪酸含量。

② 从紫外（UV），红外（IR）及H¹-NMR的基本特点，请考虑以下化合物的UV，IR及H¹-NMR的大致谱图

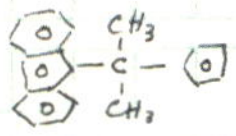

③ 化合物A的元素分析结果为$C_7H_5BrO_2$

ⓐ 红外光谱（Nujol mull）在3100～2500 cm^{-1}处有一个宽峰，并有一系列高强峰；在1686 cm^{-1}处有一个强峰。

ⓑ H¹-NMR（DMSO-d_6/$CDCl_3$）在7.5～8.0 ppm处有4个H，在12.15 ppm处有一个H。此共振峰当加重水后消失。

ⓒ UV光谱在245 nm处有一个吸收峰（溶剂为乙醇）。请写出结构式，并与上述结果关联。

④ 附图为化合物B的IR，M.S及H¹-NMR，C¹³-NMR

附一篇多元校正法（俞汝勤 化学计量学导论，湖南教育出版社）及一篇"On-line determination of fuel quality parameters using near-infrared spectrometry with fibre optics and multivariate calibration." 请回答以下问题

① 近年来近红外光谱在化学工业中的应用情况

② 请用图示表示一下文中所用的近红外光谱仪的光路结构

③ 图5中的载荷曲线（Loading）表示油品中什么基团对十六烷值（cetane No.）有正贡献，什么基团有负贡献

④ 你对多元校正法了解多少！偏最小二乘法的优点是什么（PLS）？能否用矩阵表示A.F.Parisi等人所用的关联式！

（可以图书馆中任何资料）

手稿8-3　开题报告修改稿

手稿8-3A　石油馏分及产品中硫化物形态的研究

石油馏分及产品中硫化物形态的研究

研究目标

采用 GC-AED 技术研究原油及多种加工产品中不同馏分油中硫及硫化物，重点是解决二苯并噻吩类硫化物的结构与含量测定。

选题意义

随着原油的重质化及重油的深度加工，油品中硫、氮、芳烃含量的增加，环境污染加重，尤其是硫除造成空气污染，形成酸雨外，还将影响石油产品的稳定性；导致石油加工过程中的催化剂中毒等，硫的含量已引起了各国的普遍关注。美国环保局于 1993 年首先提出限制车用汽油和柴油中的硫含量(小于 0.05%)，并进一步提出了新汽油配方，西欧和日本也分别于 1996 年和 1997 年 10 月起执行硫含量小于 0.05%的新柴油规格。我国目前对汽油和柴油产品中硫含量的要求虽为不高于 0.2%，但随着炼油事业的发展，将来需加工越来越多的国外高含硫原油，产品的质量也将面临挑战。在我国，由高硫原油生产优质石油产品的加工工艺在以前并无太多的研究，主要靠进口低硫原油或掺炼高硫原油来维持，因而急需研究和开发由高硫原油生产优质汽油和柴油的加工工艺。在加氢脱硫过程中，多环芳香含硫化合物例如苯并噻吩和二苯并噻吩是一类比较难除掉硫的化合物，此外，带有烷基取代基的苯并噻吩和二苯并噻吩类化合物更难以使硫脱去。曾报道 4-甲基-二苯并噻吩和 4,6-二甲基苯并噻吩的加氢脱硫速度也远低于其它二苯并噻吩类化合物。由于选取不同的加工工艺对不同的硫化物有着不同的脱硫效率。通过研究石油及加工产品中各种形态的硫化物的分布，可以为研究适合我国原油的催化加氢脱硫工艺，以及通过检测不同时刻各种硫化物的含量变化和分布情况，研究加氢脱硫过程中的化学动力学，以便能为选择更好的催化加氢工艺提供必要的分析方法和数据。

GC-AED 是一种有效的检测各种形态的硫化物的分布的手段之一，除具有高灵敏度、高选择性对硫的线性响应及响应因子不随硫化物的种类而变化的优点外，还可通过多元素的同时检测，实现复杂基质中各种化合物的定性以及能够定量测定样品中未知化合物的元素含量等。在国外，已开始采用 GC-AED 技术，研究原

15

注　这是陆婉珍院士1999年为博士后杨永坛修改的“石油馏分及产品中硫化物形态的研究”开题报告手稿（8-3A），2004年为博士研究生宋夕平修改的“裂解原料与裂解工艺条件关联预测裂解收率”开题报告手稿（8-3B），2007年为硕士研究生孔翠萍修改的“生物柴油光谱分析方法的研究与建立”开题报告手稿（8-3C）。在研究生选题上，陆婉珍主张以科研和生产应用需求为导向，她常说：“我们搞应用研究的一定要理论联系实际，要摆脱学院式的研究，急工业生产之所急，我们的研究成果一定要有实际应用价

手稿8-3B　裂解原料与裂解工艺条件关联预测裂解收率

第一章 前言

第一节 裂解气及裂解原料组成快速测定的意义

在石脑油裂解装置生产过程中，准确实时地测定裂解原料及裂解气的组成和性质，实现原料、产品性质与裂解工艺条件的关联并应用于优化控制，对提高乙烯与丙烯收率、延长裂解炉炉管除焦时间、降低装置的能耗与物耗、保证装置高负荷平稳运行具有重要的作用，也是提高乙烯工业经济效益的一个重要技术关键。

高质量的裂解炉优化运行或裂解深度控制主要取决于三个条件：裂解气及裂解原料组成快速测定分析以及分析仪表误差检查、炉管出口温度平稳控制和裂解炉模型特性。在炉管出口温度控制平稳且分析仪表运行正常的情况下，裂解炉模型的准确性是高质量裂解深度控制的重要条件。好的模型根据进料把裂解过程准确地模拟出来并预测出裂解气成分、裂解炉状况以及达到裂解深度目标所需要的炉管出口温度。

1 乙烯装置裂解气的分析

乙烯装置裂解气在线色谱仪由于能快速、准确地分析出裂解气中各种轻组分的含量，可反映原料的裂解深度，因而成为裂解炉系统实施优化操作必不可少的重要仪表之一，然而，国内大中型乙烯装置裂解气在线色谱仪的运转并不正常，绝大多处于瘫痪状态，造成这种状况的根本原因是没有充分消化吸收色谱仪取样系统的性能和应用技术。裂解气在线色谱仪损坏的主要原因大多是样品预处理系统故障频繁，导致色谱仪的柱系统、检测器经常被污染而使色谱分析系统瘫痪。

目前，国内乙烯装置用于裂解气分析的在线色谱仪大约有 40 套，真正能够运转的不足 30%，能够准确的分析裂解气组成的最多 3～5 套。为维护色谱仪的正常运转，乙烯企业投入了大量的人力、物力、财力，初步估计，每年我国在这方面的投入 3000 万元以上。齐鲁石化股份公司原 300kt/a 乙烯装置安装了两台在线色谱仪，每台带有 4 个流路，分别对 8 台裂解炉出口裂解气进行在线分析[1]，1987 年化工投料后不足两年相继损坏；扬子石化公司为了提高乙烯装置的绩效，正在下决心更换用于裂解气的在线色谱仪，以便可以更好的优化裂解炉工艺操

1

值，为提高产品质量和发展生产发挥分析学科的作用。”为更好地为石油炼制科研和生产服务，她指导研究生不断采用各种先进的分析手段，深入研究和掌握每种分析技术的核心基本理论，攻克应用于油品分析中的关键技术问题和难点，以满足科研和工业生产对油品分析的新要求。同时，要求研究生一定结合自己的实际，在学科理论上有所创新，以促进该学科的进一步发展。

1.4.1 研究内容

1）利用化学计量学技术建立6个校正模型对乙烯裂解原料——石脑油的密度、终馏点、烷烃、烯烃、芳烃和环烷烃含量进行预测，实现对裂解原料的快速分析。

本论文的研究是收集石脑油样品，建立石脑油近红外光谱快速分析模型。利用选定的校正集光谱数据和性质数据，确定预处理方法和波长范围，建立模型；利用验证集光谱数据和性质数据，采用相同的预处理方法，进行模型检验。

2）借助近红外光谱分析技术建立乙烯装置原料、操作参数与裂解气组成的关联模型。对裂解炉出口气体的乙烯、丙烯等进行预测，并优化乙烯装置裂解炉最佳操作条件，如最大乙烯收率、最大丙烯收率以及最大乙烯与丙烯之和等对应的裂解炉最佳操作参数。

3）将关联模型优化的乙烯装置裂解炉操作条件用于裂解炉的实际操作，通过裂解气在线色谱测量气体收率，与建立的关联模型预测的裂解气结果对比，以验证关联模型的适应性，判断关联模型的实际应用效果。

4）国内大中型乙烯装置裂解气在线色谱仪的运转大多不正常，基本处于瘫痪状态，而由于其能快速、准确地分析出裂解气中各种轻组分的含量，反映原料的裂解深度，在线校正裂解深度控制模型，是裂解炉系统实施优化操作必不可少的重要仪表之一，因此本论文对乙烯装置裂解气在线色谱仪进行有效的研究是必要的。这样可以使装置操作人员及时了解裂解炉的操作状况，调整操作，获取装置效益的最大化；同时也可以为近红外光谱分析技术的应用研究提供验证。乙烯装置裂解气在线色谱仪。

1.4.2 创新点

利用近红外光谱对石脑油的组成及性质的测定，通过近红外光谱技术来优化乙烯裂解的工艺条件，法国BP公司采用光谱相似指数的方法在1995和1997年已做过有关报道和专利申请，国内尚无这方面研究和应用的报道；采用偏最小二乘回归技术测定石脑油的组成及性质国内外尚无报道；采用近红外光谱快速分析技术测定裂解原料的组成及性质徐广通等在1999年有测定柴油芳烃及性质，2001近红外光谱在线技术将优化乙烯生产工艺的报道，除此国内外均无相应的专利和文献报道。

② 石脑油组成、与裂解炉的操作条件及裂解气收率三者关联的模型虽有一些报导，但本工作为齐鲁裂解炉的实际数据的关联，在国内属第一次

陆婉珍院士手迹选

且产品的热值较低，产物多为生物汽油和生物柴油的混合物。因此，目前生物柴油主要是通过酯交换工艺生产，这也是平常我们所说的生物柴油。

酯交换反应可在无机酸或碱催化下进行，使用酸催化比碱催化时反应速度要慢得多，同时易腐蚀设备，故一般选用碱性催化剂。目前，世界上采用最广泛的生产技术即是液碱催化的常温、常压二段酯交换工艺。此工艺因其产物中皂含量很少，有利于甘油的沉降分离，可提高生物柴油收率；但对原料要求苛刻，少量的水或脂肪酸都会影响液碱催化剂的催化活性，同时由于甲醇和油脂不互溶，反应传质差，进而影响反应速度和酯交换效果。

为了克服以上缺点，近几年一些新的工艺不断开发成功并工业化，这包括法国石油研究院(IFP) 开发的 Esterfip-H 工艺、加拿大多伦多大学开发的 BIOX 工艺、日本住友公司开发的无催化剂超临界甲醇醇解工艺等。而国内正在开发的新工艺包括高压醇解成套新工艺、酶催化酯交换工艺、双溶剂多相催化酯交换工艺、超声波酯交换工艺、固体碱催化酯交换工艺等。

其中，我院与石家庄炼油化工股份有限公司合作开发了生物柴油高压醇解绿色加工工艺，2 000 吨/年的中试装置已经成功运转。该工艺原料预处理简单，不需精制，只需脱除胶质等非皂化有机物；原料适应性强，能加工高酸值、高水油料；采用多种原料时，切换容易；不使用催化剂，简化后处理工艺，污水极少；联产甘油浓度高，可适用于油量大及质量稳定的原料，如棉籽油、菜籽油等。其具体的工艺流程及关键控制点见附录 I 。

2　现有分析方法

如前所述，生物柴油的主要组分是脂肪酸甲酯的混合物(C16~C22)，同时酯交换反应过程中，会生成脂肪酸甘油单酯、甘油二酯等中间产物，另外，未反应的甘油三酯、游离脂肪酸、甘油、残留的甲醇及催化剂等都会造成污染，从而影响脂肪酸甲酯的产率和生物柴油的品质。比如，甘油三酯转化为脂肪酸甲酯的转化率低于 95%，就可能引起沉积物在发动机阀门、活塞等部位沉积，微量的醇还会影响生物柴油的燃烧性能和存储性能等，同时工业生产需要定时追踪反应进度，因此定性定量分析生物柴油具有重要意义。

~~为此~~，美国、澳大利亚、法国、意大利等国家制定了标准，以限制生物柴油中污染物的残留量。如以游离甘油和总甘油量来限制甘油和甘油酯的量；以酸价来控制游离脂肪酸；以灰分来限定残存的催化剂等。Mittelbach 对生物柴油标准中的各个质量参数作了详细的论述。

然而，我国对于生物柴油的组成分析目前还没有形成相关的国家标准，~~分析~~方法~~主要包括色谱法和光谱法~~。~~在此对~~不同种类的方法作~~以分析和评价~~。

第八篇　育人手稿

研究方案

第　页共　页

1. 收集代表性的样品30－50个

2. 取得这些样品的NMR谱图 计算各组分的含量，并与GC结果对照。（大多工厂中已有）

3. 取得以上样品组的MIR，及NIR光谱，以上述NMR结果为标准，建立计算模型，考察分析精度及最小检出量。

在研究方案前面，根据GC，NMR，MIR，NIR的谱图，确定说明实际方案是否可行。

第　页共　页

1 P.1 再写出其他反应产物，如双酯等，以便明确以后的讨论内容

2. Mittelbach的文献应列出！

3. 流程图中的取样点也须与附录Ⅱ对应

4. P.2 列出国际标准方法的文献

5. P.3 写出酯交换化的反应

6. 此法测得的是酯，游离的甘油如何测得！

7. 总谱法的结合解谱图是什么

8 P.4 "得到……" 是什么意思

9. ⑦ 怎么知道定量数据不如GC

10 NMR 部分列出一些标准谱图 ⑧

11. P.9 补充一节中红外的光谱分析方法
以及典型样品的MIR谱图（ATR）

12. 有关NIR的介绍可以简要写出一本参考书即可 但应增加一些典型样品的NIR谱图：

13 主要研究内容如下

20×15＝300 （电开26）

陆婉珍院士手迹选

20世纪80年代陆婉珍与培养的一些研究生合影

2005年陆婉珍院士、田松柏教授（前排左四）与最后培养的几位博士研究生合影

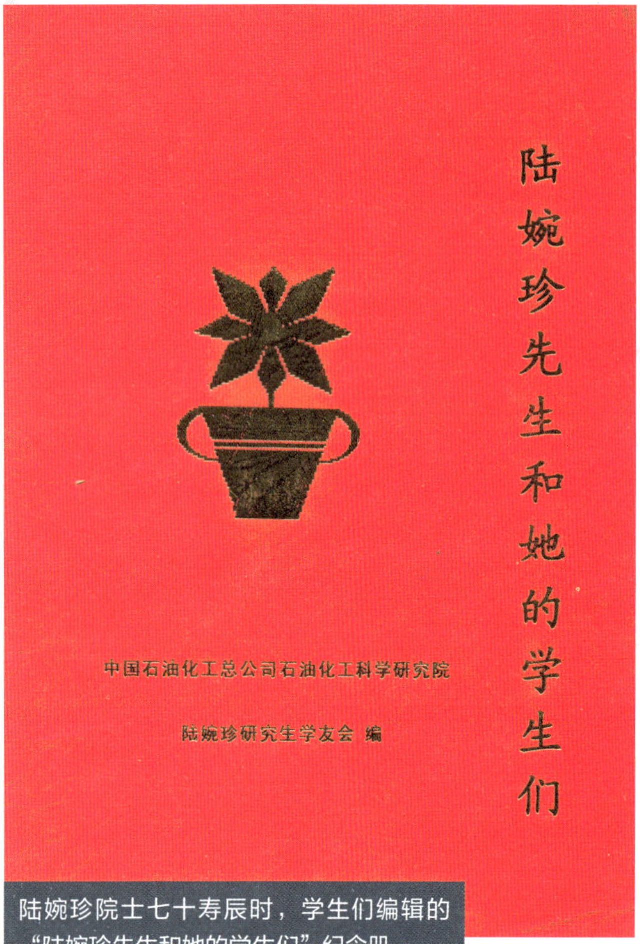

陆婉珍院士七十寿辰时，学生们编辑的“陆婉珍先生和她的学生们”纪念册

序

时间过得真快，大家都已成材。记得1978年我院开始招收研究生时，我对能不能担任导师的问题曾有过不少顾虑及思考。研究生制度实际上是形成一个学术集体极好的办法，目前已为世人所公认。十年多来，由于大家的智慧及辛勤，的确使我们这个集体的水平有了很大的进步。

大家的科研训练虽然只是局限在石油分析的领域，但是我希望能够通过这种训练，使大家逐渐具备掌握知识、运用知识的能力，以及科学工作者的必要素质。

科研事业自身正在变化，就象科学日益成为日常生活的一部分一样。约翰·齐曼曾有以下一段话，我抄录下来供大家参考。“任**何科研集体都应有以下的条件，即：供个人发展和创造的社会空间；观点成熟需要的时间；争论和批评的自由；鼓励新思想；同时尊重专家的知识。这些可能太软弱和太老式，以致于不可能经受得了行政的干预和经济压力的残酷现实，但对于科学知识的持续进步和最后的社会利益，我相信这些是最基本的需要。**”

非常感谢大家提供的资料，它是一份最宝贵的礼物，在编辑过程中彭朴、朱玉霞、强冬梅和吴帆同志付出了不少时间和精力，应该特别向他们表示感谢！

陆婉珍 9/16/1996

陆婉珍院士为“陆婉珍先生和她的学生们”纪念册撰写的序

手稿8-4　科研骨干培训班的讲稿

手稿8-4A　怎样写严格而又生动的论文

怎样写严格而又生动的论文

一、成果的种类

✓综述　研究及开发的总结　专利（Know How）

阶段总结

分析化验结果

✓研究论文（在刊期上发表）

二、写总结或论文的目的——保密及宣传

报告自己的研究成果，使读者有用，想着读者。

科学研究，贵在创新，提供新的过硬的实验事实的基础上，说明学术观点。

三、对论文的文字要求

正确和明白，参看简体。

"由于高铁酸溶液中铁含量对催化剂质量本身无影响，只是对高铁酸浓度有一定要求…

注　这是1994年陆婉珍院士为石科院课题组长培训班讲授的"怎样写严格而又生动的论文"胶片手稿（8-4A），1995年陆婉珍院士为石油化工科学研究院科研骨干培训班讲授的"怎样写开题报告"手稿（8-4B）。在半个多世纪的科研生涯中，陆婉珍非常重视科技人才队伍的培养，尤其是高层次人才的培养。她

从C/H元素平衡来看，通过加氢改质后的重质油变成轻质油。（表中所有产品的密度均低于原料油）（加氢产物中氢含量较高）

科研成果的文字报告，同时是通过写作对自己的理论构想进行检验，对研究的经过进行梳理，在写作过程中经常会出现新的疑问，新的观点，作者因而产生新的解决问题办法，写作过程是自我的多种观念彼此交流的过程。

四．对论文内容各部分的写法

L…

常说的一句话是：“搞科研工作，组织一帮人和我一起干比我一个人干强，带出一支技术强素质好的队伍，比自己出成果写论文更重要。”培育人才，建设队伍，这是陆婉珍的远见卓识，也是她倾尽心血经营的一项大工程。

手稿8-4B　怎样写开题报告

怎样写开题报告

一、开题报告的重要性

二、开题报告的主要内容

三、怎样评价开题报告

一、开题报告的英文是proposal

如果再从proposal当中来就是"提议""建议""求婚"

· 顾名思义，开题报告是要说服人家给你支持，包括经费、时间、人员等。

· 因此开题报告写得不好，你就得不到支持，就没有办法开展这项研究工作。

· 今后是一个竞争的社会，科研领域里总是僧多粥少，一个研究人员得不到支持，那就只有失业。

· 一个不会写开题报告的科研人员只能作助手——实际上是不能评为主帅的

· 开题报告写得好，研究人员就会有一定的信心，也会心中有数，这个课题项目最后能达到什么目的，其中将要克服几个难关，克服这些难关的措施是什么，依据是什么，将需要用什么工具（仪器设备药品等），需有多少工作量，风险有多少，如果达不到目的，有没有退路——能不能得什么产品等。

· 所以值得花较多的时间来作调查，但是文献调

三、怎样评价一个开题报告

1. 创新的程度，是不是可以带动一大片工作。

例如 非晶态合金

2. 技术上的可行性。

· SRNY催化剂的抗硫性，主要是研究硫的存在对

(1) 催化剂的影响，(2) 反催化剂的去硫的作用，或

(3) 硫含量的极限

其中(1)和(3)都不难作

(2)有其难度，有各种硫化手段可用，如果进行必涉及不同的硫化手段，经费及时间，技术要求都过高，最后选择了XOR

3. 有没有一个确定的技术路线。

(4) 有没有开拓的领域。（一个完全按设计得到的结果一定是可以得到）

例 气体分析用 Al_2O_3

第八篇　育人手稿

手稿8-5　巾帼不让须眉

手稿8-5A　中国妇女可以在科技界发挥更大的作用

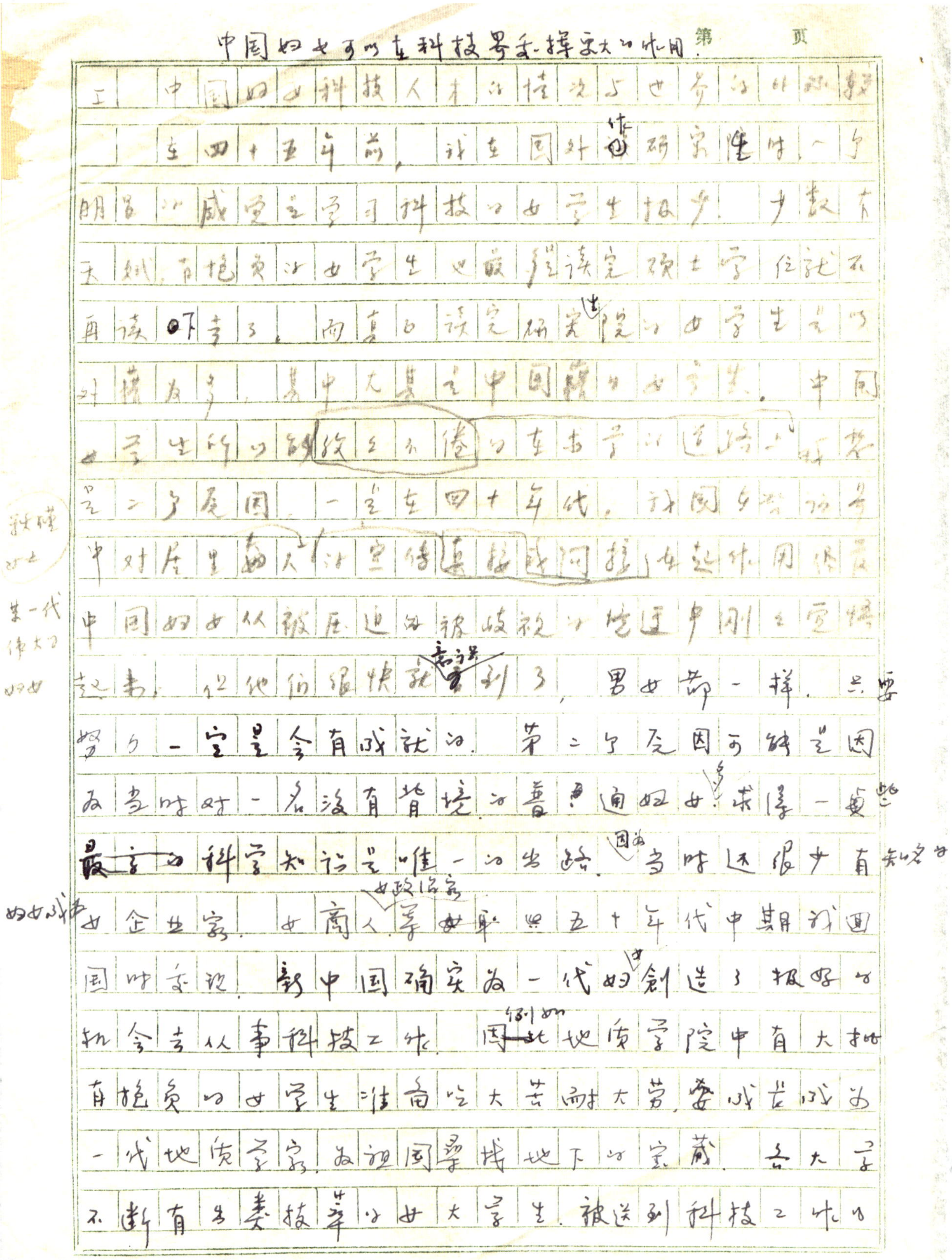

中国妇女可以在科技界发挥更大的作用

I　中国妇女科技人才的情况与世界各国的比较

在四十五年前，我在国外作研究生时，一个明显的感觉是学习科技的女学生极少！少数有天赋有抱负的女学生也最多读完硕士学位就不再读下去了，而真正读完研究生院的女学生是少而又少了，其中大多是中国籍的女学生。中国女学生所以能较多的坚持在科学的道路上，其原因有二个原因。一是在四十年代，我国与外国中对居里夫人的宣传直接间接起的作用，促使中国妇女从被压迫的被歧视的地位中刚刚觉悟起来，但她们很快就意识到了，男女都一样，只要努力一定是会有成就的。第二个原因可能是因为当时对一名没有背境的普通妇女来说，求得一些最高的科学知识是唯一的出路，因为当时还很少有知名的女企业家、女商人、女政治家。五十年代中期我回国时和现在，新中国确为一代妇女创造了极好的机会去从事科技工作。例如地质学院中有大批有抱负的女学生，以大苦耐大劳的优秀品质成为一代地质学家，为祖国寻找地下的宝藏。各大学不断有出类拔萃的女大学生被送到科技工作的第一线。她（们）勤奋、智慧、敢说敢干，令我大开眼界，觉得西方的妇女比我们东方差远了。

但是随着年代的迁移，我逐渐地意识到，（在科技界）真正能成长为学术带头人的女同志的比例在减少。这种比例不但小于男女人口的比例，也小于一个单位男女职工的比例，也小于大学输送出来的大学生中女大学生的比例。这一现象使人困惑。使我曾经私下里在分析产生这种现象的原因。似乎领导在用人的偏见（歧视）这一条并不能完全成立。（来自妇女自身方面的努力）因为不时可以听到如下。但这一个有一定男女比例的领导班子而产生的人为……

我想目前在科技界能带领一班人前进的妇女人数少于应有的比例的原因大概有以下几方面，一是由于我国的社会性服务还不够完善，因此一大批有为的妇女不得不把宝贵的时间大量的耗费在（能大展身手）繁琐的家务上。二是由于长期沿袭下来的社会意识，如男女双方不能兼顾时，妇女总是首先退出继续拼搏的行列。又如一大批妇女确有聪明才智，但对自己从事工作所需的耐力和毅力缺乏自觉的要求、锻炼等等。

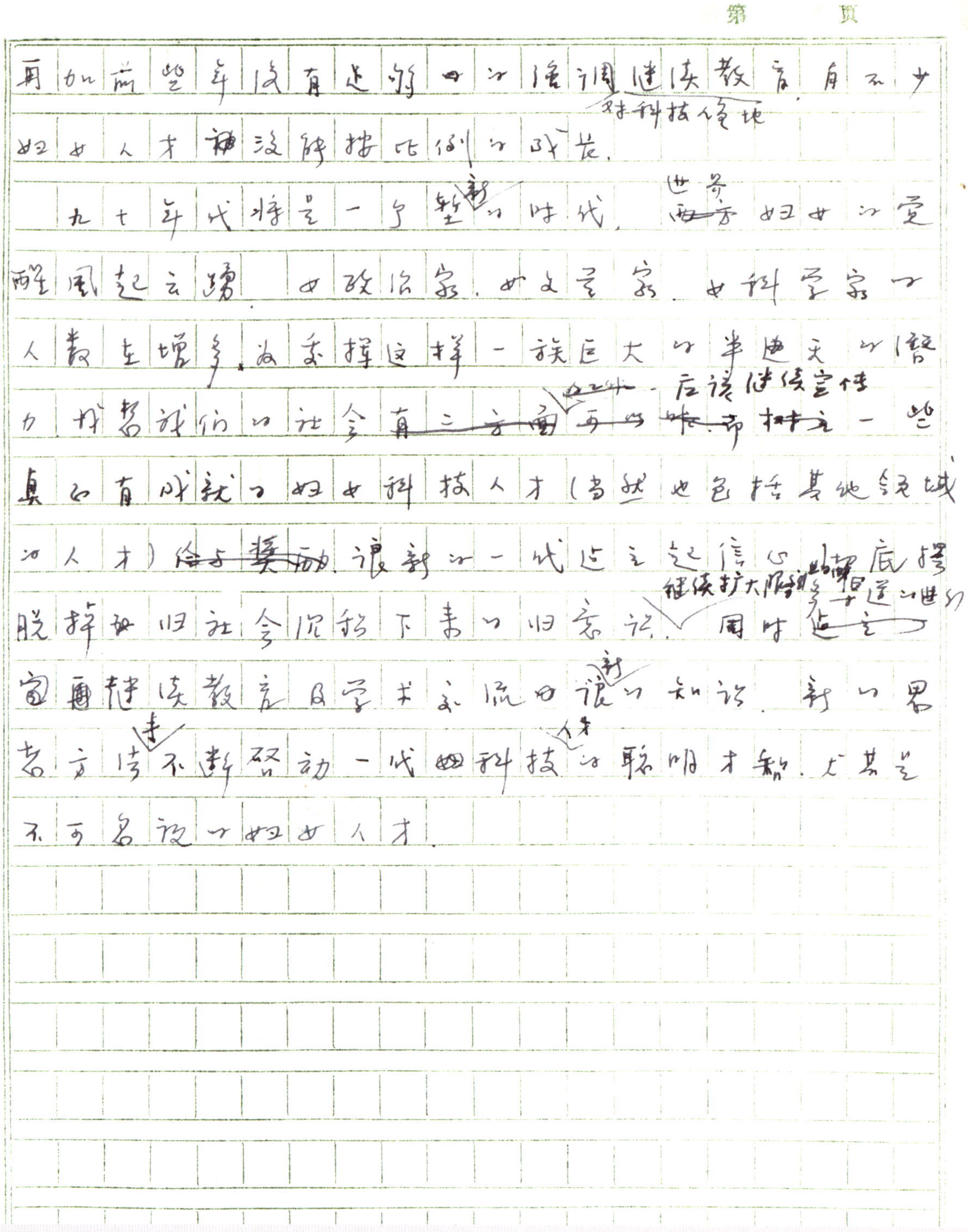

第　　页
再加前些年没有足够的强调对科技领域继续教育，有不少妇女人才未能按比例的成长。
九十年代将是一个新的时代，世界妇女的觉醒风起云涌，女政治家、女文学家、女科学家的人数在增多，发挥这样一族巨大的半边天的潜力，帮助我们的社会应该继续宣传一些真正有成就的妇女科技人才（当然也包括其他领域的人才），让新的一代建立起信心，彻底摆脱掉旧社会沉积下来的旧意识，继续扩大做好并建立世界的同时建立富有继续教育及学术交流的新的知识，新的思路方法不断启动一代科技人才的聪明才智，尤其是不可忽视的妇女人才。

注　这是1994年陆婉珍院士为《中国科技论坛》杂志撰写的“中国妇女可以在科技界中发挥更大的作用”手稿（手稿8-5A），以及1995年陆婉珍院士为第四次世界妇女大会撰写的“Status of Women Scientists in RIPP”手稿（手稿8-5B）。1995年9月，陆婉珍应邀参加第四次世界妇女大会非政府组织论坛“妇女与科技”专题研讨，会上她做了“Status of Women Scientists in RIPP”的报告。尽管陆婉珍没有感觉到社会对女性科技工作者的歧视，但大量的统计数据，还是让她震惊不小。在本科、硕士阶段女生的比例不少，但科技界真正能成长为学术带头人的女性同胞增长得很慢，所占的比例极不协调。甚至陆婉珍还不时听到，为了组建一个有一定男女比例的领导班子而出现困难的抱怨声。这之后，陆婉珍一直关注并积极呼吁重视中国女性科研人员，尤其是化学领域中女性工作者的培养和成长问题。

稿 纸 第 页

Status of Women Scientists in
Chemistry
Research Institute of Petroleum Processing (RIPP)

(Abstract)

Lu Wanzhen
(R. RIPP, Beijing 100083, China)

RIPP is a typical government ~~sup. finiancad~~ financed ·Research institute where we conduct research and development supporting more than 50 refineries and petrochemical plants. In 1994, these plants have processed 140 million tons of crude oil and produced more than ~~200~~ 2 million tons of ethylene and other chemicals.

In our country, there are more than 30 ~~large~~ government financed large institute doing research and development in various fields of industry. Therefore

石油化工高校学报编辑部 20×15=300 56101.87.12

西北大学

(are stable
Most of the families in our institutes
of responsibly of the family. I have an statistic
of the % of divoced family is only 7%o
which is a small in comparison of the world statistic
of
(3) Of cause I have to admit that some of
the women scientists are under the surrounding
of the wide social where a long historical
tradition is still present therefore a
women scientist when get to a certain degree
of sucses, a voice of call her to stop
or call her to be satisfied with the accomplish
ment she already had usually is pretty round and
influential. (4) Fortunately most of us can
get encouragement from thier family and officio
and outsiders. And a very important
factor that makes most of the woman scientis
ts are still strugle in their own field is
that most of them come from a taft sourdings
overstress the during their group up. they use to the
discouragement

陆婉珍院士手迹选

妇女解放与成才之我见

中国科学院院士 陆婉珍

第四次世界妇女大会在北京召开，是一个很难得的机会，这不仅是北京而且是全国、特别是我们妇女的一件大事。我想借此机会谈谈我个人对妇女解放与成才的想法，同姐妹们研讨，以达推动其发展的目的。

人们都知道，人类社会发展的过程，开始是母系社会，后来因为体力上的强弱，就变成了父系社会。现在由于科技的发展体力不那么重要了，妇女和男人一样参与社会的各种工作。这是不依人的意志为转移的，是客观的、必然的。现在，全世界妇女对社会的贡献都在增加，这是一种社会的进步现象。当然，在这个过程中发展是不整齐的，有稍前一点的，有稍后一点的。相比之下，我们中国走得稍快一些。回忆40年前我在国外读书，外国女学生几乎没有，现在不一样了，有了很多女律师、女医生、女科技工作者等等。我觉得这是社会发展的必然，是生产力发展的必然。所以，推动妇女解放最根本的是大力发展教育、科技，促进教育、科技的发展，促进社会的进步。

为什么要提高妇女的地位呢？就是让全人类都起作用，如果一半人不起作用，得到的东西总会比较少。这是显而易见的。为此，我们党和政府制定了一系列提高妇女地位的政策，包括妇女干部政策，规定领导班子中女同志的比例，起了很大的作用，培育出不少优秀女干部。但是，实际中也碰到这样的问题，用人单位愿要男的不愿要女的，高层次人才中男同志多，女同志少。我认为除了生理上和社会上的客观原因外，究其主观原因是历史的包袱造成的。历史包袱包括两个问题：一是她们疏于严格训练；二是她们赖于别人后面的支持，她不是在一个平等的地位上与人家竞争。解决的根本办法是丢掉历史包袱，从小树立用自己的力量去争取成功，有一个很健康的自尊、自信、自立、自强的世界观。从小学、中学抓起，严格进行德育、智育、美育教育和训练，全面提高妇女的素质，包括心理素质、信心、胸怀、谋略、知识面、攀登高峰的劲头。这是非常重要的，因为到了更高一层（包括科技界）工作，要进行全盘运筹，作战略考虑就显得更为突出。

所以我觉得女同志要成大器，要做到机遇上男女真正平等竞争，应当从这里做起，而不是怨天尤人。

1995年9月4日陆婉珍院士在《中国科学报》发表的文章

注 1995年9月，联合国第四次世界妇女大会在北京进行。陆婉珍再一次成为媒体追逐报道的焦点，她的照片和事迹出现在《中华巾帼》《中国妇女与科技发展》《巾帼风采》和《中国女院士》等专辑中，以及在北京主要街头的宣传栏，例如西长安街和西单北大街交会处的西单科普画廊（也称“西单墙”），进行长期展示。为了迎接这次盛会，陆婉珍就妇女科研人员的现状开展了很多的调研工作，对自己的成长经历进行了回顾和思考。1995年9月4日，她在《中国科学报》上发表署名文章“妇女解放与成才之我见”。

石油石化科技女杰
朱小鸽摄于1995年10月北京西单科普画廊

1995年北京西单科普画廊展出的陆婉珍院士事迹

手稿8-6 科技创新呼唤科技领导人才

"科技创新"呼唤科技领导人才

近日来报章及各种传媒都在讨论"人才"问题，让人感到我国将以更快的速度发展。我国最富有资源是"人"。一个先进的社会就是善于充分发挥并调动每一个人的潜能。当我们能充分调动我国最富有的资源的潜能时，自然会形成一个先进富足、优美的社会。

不论是国内、国外都有这种讨论——中国人心灵手巧。昨天碰到一位久居海外、从事科技外交工作的同志多年不见，一见面就提到这个问题。他建议我们要利用现在的大好时机，创造条件，增加青年人的国际交流活动，增进他们的学术交流的能力及在国际上的声望。

注 这是2001年陆婉珍院士撰写的"科技创新呼唤科技领导人才"手稿。"良禽择木而栖，名士择贤而倚"。古往今来的科技创新实践表明，一个国家、一支军队、一个单位，倘若有一批领军人物，便能产生巨大的向心力、吸引力。陆婉珍很关心科研领袖人物的教育培养工作，2001年陆婉珍针对这一问题，专门撰写了"科技创新呼唤科技领导人才"一文，发表到《中国科学报》，呼吁社会重视科研领袖人物的栽培。陆婉珍呼吁国家和社会通过设立必要的奖项等方式，对这类人才给予应有的重视和引导。

作为一个科技工作者自然会关心科技创新的人才。从国内外的历史看，科技创新人才常会产生在某一特定的环境中。例如英国卡文迪什实验室、美国的几所知名大学等这些地方除了一定的财力外，经常是有着适应人才辈出的传统及优秀的领导。他们的任务是（1）找来杰出的科学家（2）综合各方面的力量，维护好的传统，创造适合科学家工作（3）更重要的是能洞察队伍中萌发出来的原始思想。这种洞察力经常是来自先天及后天的素养。所谓先天的素养可能是指敏捷的思维及洞察力。所谓后天的素养则是指在学术上的谦逊，同事间真诚的和善以及包括渊博的学识。为了作好这种领导工作，他们常常不能成为某项成果的发明人，不是诺贝尔奖的得主，但是他们对社会的贡献是不能用一般的尺度来衡量的。

目前我国科技界可能已有不少这样的领导人才得到了首肯，但是近年来颁发的各种奖项中，尚少有为这类领导工作设立，似乎社会还没有给予这种领导人物应有的重视及引导。听说我国工程院将设立管理类学科的院士，我真诚地希望对这一学科的院士的要求能定位在上述贡献上。

陆婉珍
2001.2

20×20＝400 ③ 石油化工科学研究院

手稿8-7　我对分析化学教学的几点建议

大学化学 2008.10.

第　　页 共　　页

我对分析化学教学的几点建议

1. 分析化学的重要性

① 与质量保证、质量控制密切相关——[illegible]社会事故

如三聚氰胺 儿童结石、蔬菜检测农药残留问题。

② 与节约能源减少资源浪费

③ 要求大通量、快速、自动化

2. 分析化学的几个层次

第一层次、理论化学、化学热力学、动力学、电化学、光化学等。

第二层次、分析信息理论、分析采样理论、分析误差理论等

第三层次各个专门领域的基础理论，如色谱法、光谱方法。

WPC.（欧洲分析化学学科教学大纲）第四 p5

1. 基础——第二层次的内容

注　这是2008年陆婉珍院士撰写的“我对分析化学教学的几点建议”手稿。陆婉珍认为，大学分析化学的实验课应与时俱进，适当增加仪器分析实验的比重，尤其是要培养仪器研制、软件开发和仪器应用相结合的人才。仪器生产厂商应重视这块市场的开发，与高校相关部门一起，研制适合教学用的软件和硬件，并科学设计实验内容，使学生从思维上、科学方法上、基本技能上得到训练。她从仪器结构和实际应用角度

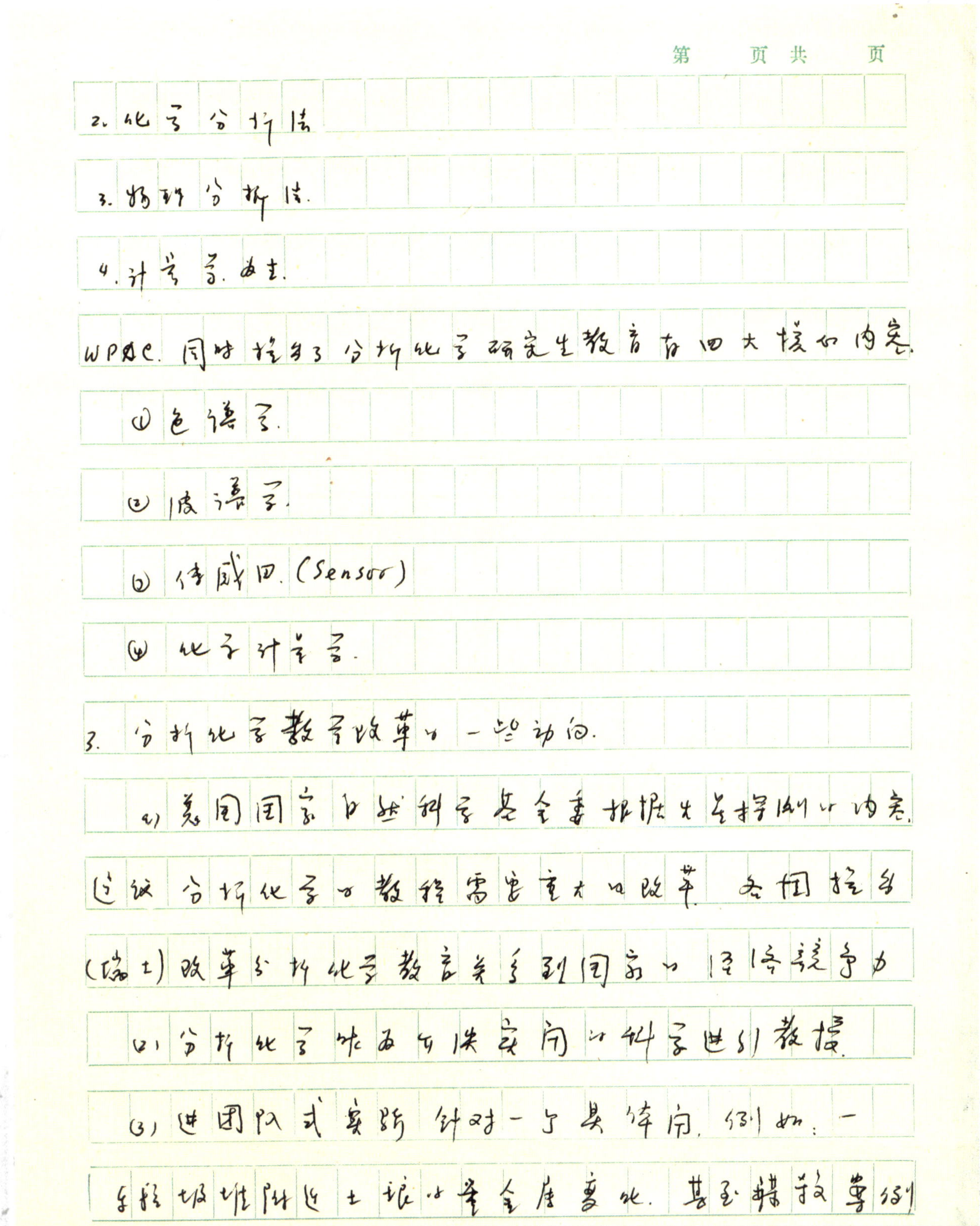
第　页共　页

2.化学分析法

3.物理分析法.

4.计算方法.

IUPAC.同时指出了分析化学研究生教育有四大核心内容.

①色谱学.

②质谱学.

③传感器.(Sensor)

④化学计量学.

3.分析化学教学改革的一些动向.

(1)美国国家自然科学基金委根据这些特别的内容,近几年分析化学的教程需要重大的改革.各国指出(瑞士)改革分析化学教育关系到国家的经济竞争力

(2)分析化学作为与供实用的科学进行教授.

(3)进团队式实践针对一个具体问,例如:一条河流的堆附近土壤的重金属变化.甚至精致革例

出发，认为仪器厂商可从近红外光谱仪器入手来开拓这块市场，因为近红外光谱技术的应用领域极广，且仪器结构的代表性强，也较为简单，可以让学生自由拆卸和组装，同时，也能让大学生在实践中掌握化学计量学方法如何解决实际的分析问题。

的分析

(4) 生活解对其作用、对分析方法选择。

(5) 增加一些过程分析的知识

针对以上的发展趋势我们认为在大学分析化学实验中增加一项近红外光谱分析的实验。因为这样可以让学生了解波谱的大概分析过程。第二可以让学生学到一些化学计量学的知识，并经过实际应用。第三，目前过对于粮食加工过程中、饲料、固体物质在线分选的手段，近红外光谱是首选。这样可以结合近红外光谱给学生一些过程分析的认识。第四NIR的成本较其他光谱仪器更便宜，有利用于一般实验室的配备。

第九篇 题词手稿

陆婉珍院士文理兼通，讲话、写作、题词充满睿智、哲思，极具感染力和号召力。在《应做有科学精神的人》一文中，她写到："一个有着科学精神武装的人，必然会理解人类社会有着一定的道德原则，这些原则是正直、诚信和理性。一个有着科学精神武装的人，必然会知道我们必须继承前人的成果，不断探索、创新，并在探索过程中必须学会格物致知。一个有着科学精神武装的人，必然会理解身体是为人类服务的最基本的条件。同时万物都是在不停地运动中，我们要注意各方面在运动中的平衡，任何疾病都是人体不平衡的结果。一个有着科学精神武装的人，自然会理解在空间中存在着最完美的线条、声音和色彩。这些线条、声音和色彩，有时需要我们去创造，有时需要我们去俘获。但只要它们显现在眼前，就使我们感到赏心悦目，身心恢复平衡。"

本篇整理收录了陆婉珍院士给会议、学会、协会、恩师、母校、少年儿童、青年团员等的题词12件。

手稿9-1　为第六届分析化学大会题词

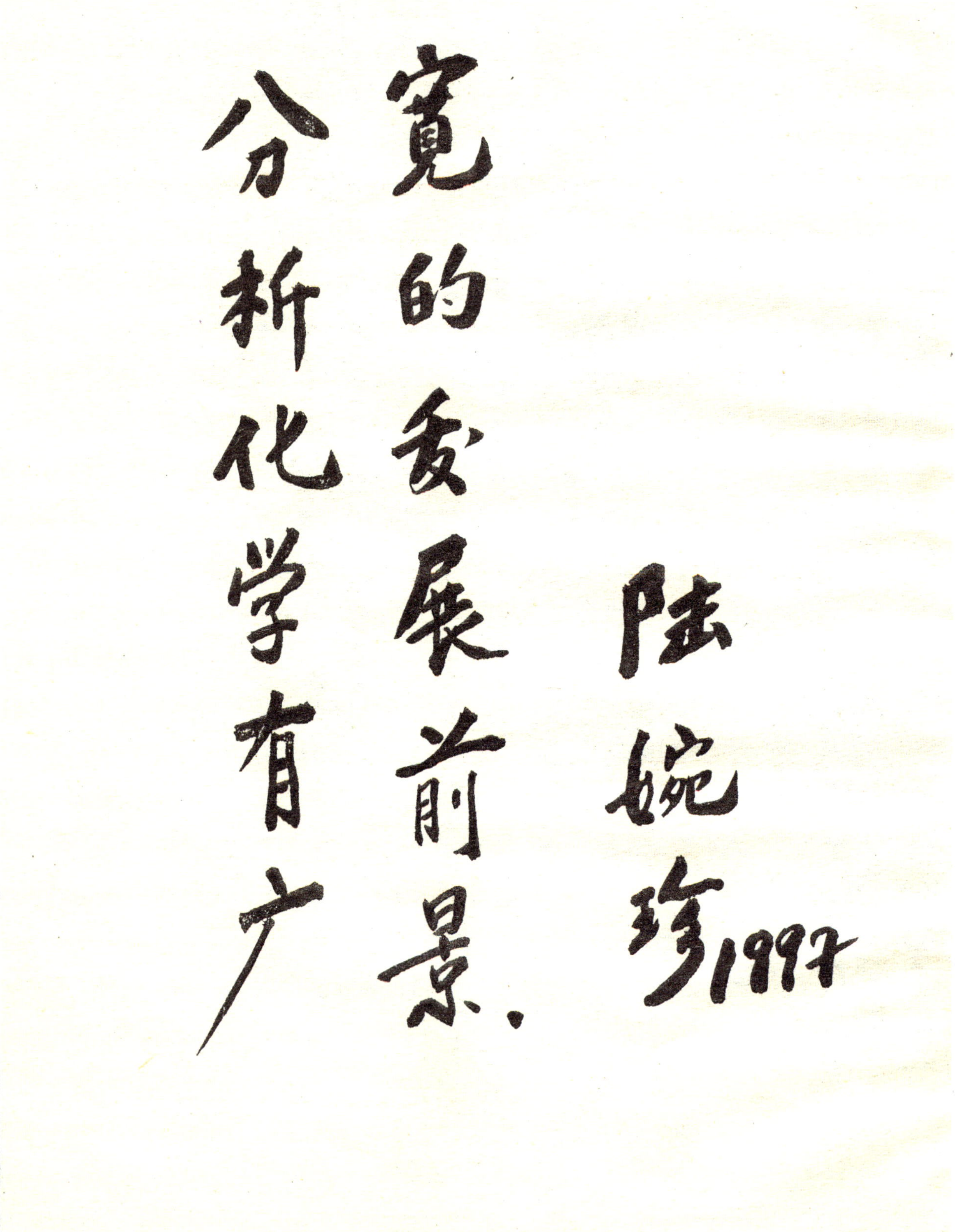

分析化学有广宽的发展前景。

陆婉珍 1997

陆婉珍院士题词

注　这是1997年陆婉珍院士为全国第六届分析化学大会题词手稿。

手稿9-2　中国院士治学格言手迹

科学工作者是因为热
爱科学中的真和美而
奋斗的。

陆婉珍
2003.9

陆婉珍　143

注　这是2003年陆婉珍院士为“中国院士治学格言手迹”题词手稿。

手稿9-3　纪念时钧老师的题词

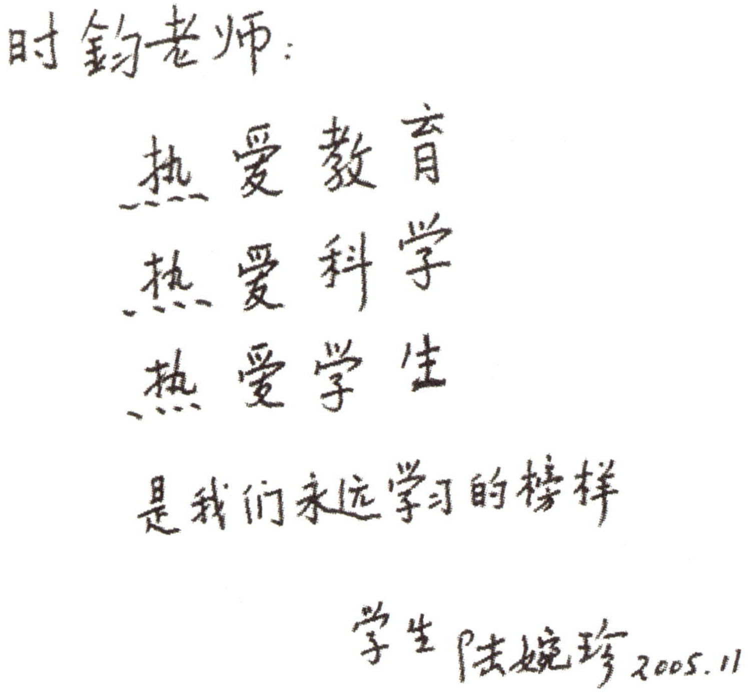
时钧老师：

热爱教育
热爱科学
热爱学生
是我们永远学习的榜样

学生 陆婉珍 2005.11

注　这是2005年陆婉珍院士为纪念时钧老师的题词，这段题词被刻在南京工业大学时钧园无涯山的感言石上。1942年夏，陆婉珍以优异成绩考取了重庆中央大学化工系，幸运地遇上了杜长明、张江树、倪则埙、赵廷炳、高济宇等学界一流的老师，以及刚从国外归来的年轻学者时钧老师。这些名师的启发与训导，不仅使陆婉珍奠定了扎实的化学和化工功底，还使她接触到了学术领域前沿的课题，引发了她对化学科研事业的早期兴趣。时钧院士（1912年12月13日—2005年9月1日）一生都在化工高等教育辛勤耕耘，桃李满天下，他的学生有不少是蜚声中外的科学家，其中两院院士就有16位。他也被尊称为“培养院士的院士、培养教授的教授”。

1999年陆婉珍院士参加时钧院士执教六十周年庆典活动

2011年陆婉珍院士与闵恩泽院士在时钧院士塑像前合影

手稿9-4　为中国仪器仪表学会分析仪器分会题词

仪器拓宽视野，

探索深层奥秘。

陆婉珍

2009.11.4

注　这是2009年陆婉珍院士为庆祝中国仪器仪表学会分析仪器分会成立30周年的题词。

2009年陆婉珍院士参加中国仪器仪表学会分析仪器分会成立30周年报告会

手稿9-5 为石科院青年团员题词

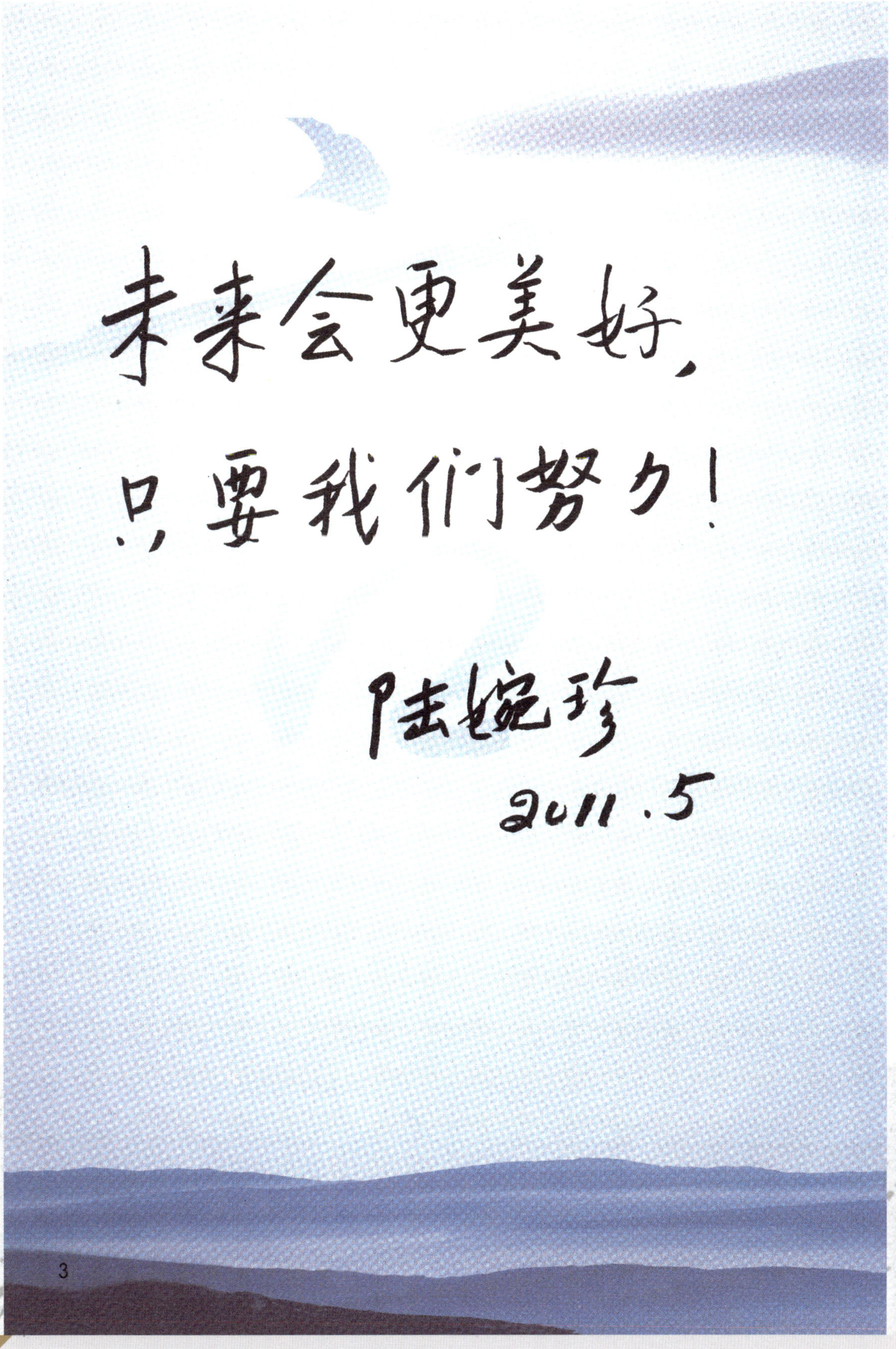
未来会更美好，
只要我们努力！
陆婉珍
2011.5
3

注 这是2011年陆婉珍院士为石科院青年团员的题词。

手稿9-6 为南京工业大学题词

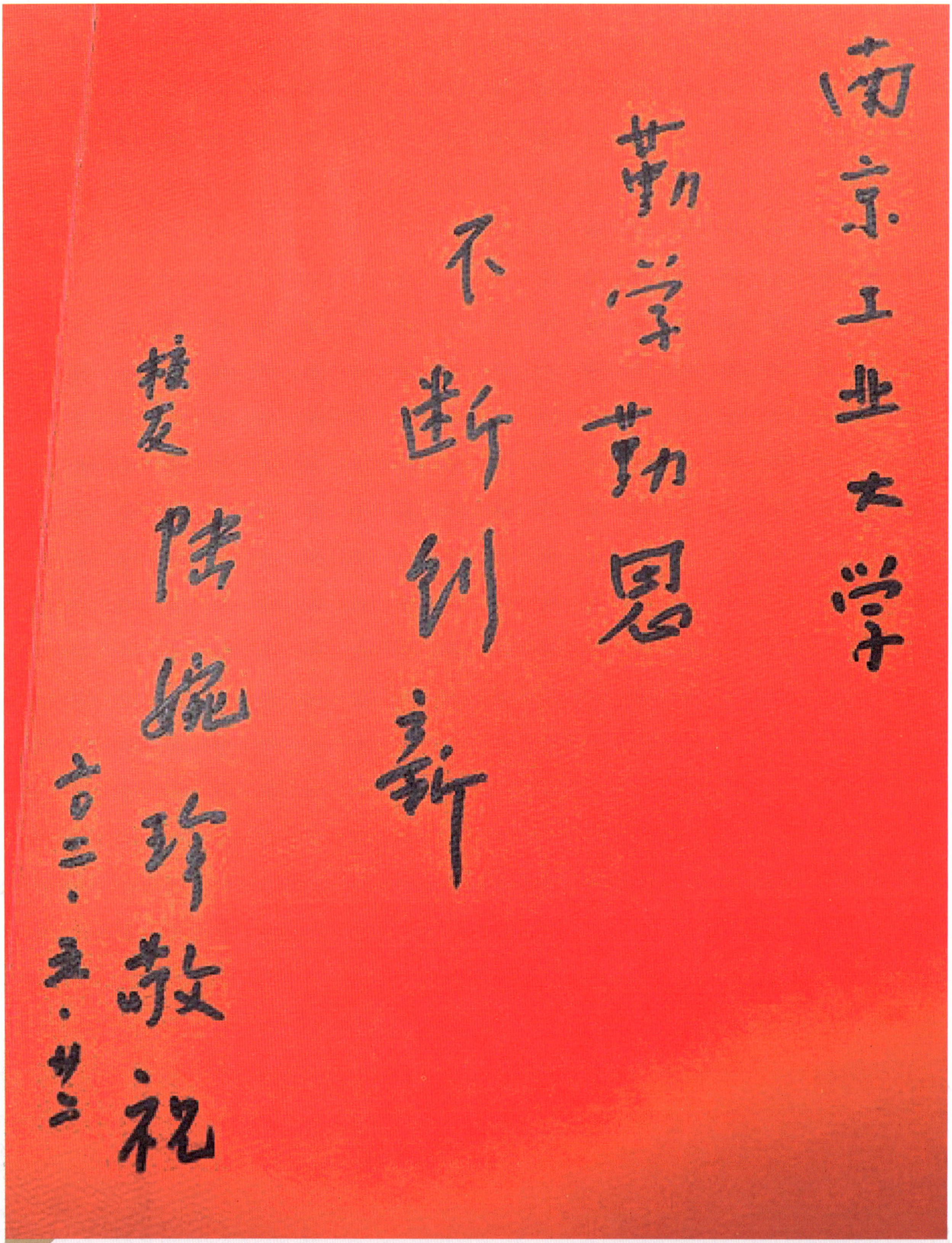

注 这是2011年陆婉珍院士为南京工业大学的题词。2011年5月22日，陆婉珍和闵恩泽赴南京参加南京工业大学办学109周年暨合并组建10周年校庆，期间到江浦校区时钧园缅怀恩师，并题词寄语时钧班的同学们："勤学勤思，不断创新"。

2011年陆婉珍院士寄语南京工业大学

2011年南京工业大学时钧班同学向陆婉珍院士和闵恩泽院士赠送书法作品“恩自天府泽四海，婉如华庭珍三生”

手稿9-7　为少年儿童题词

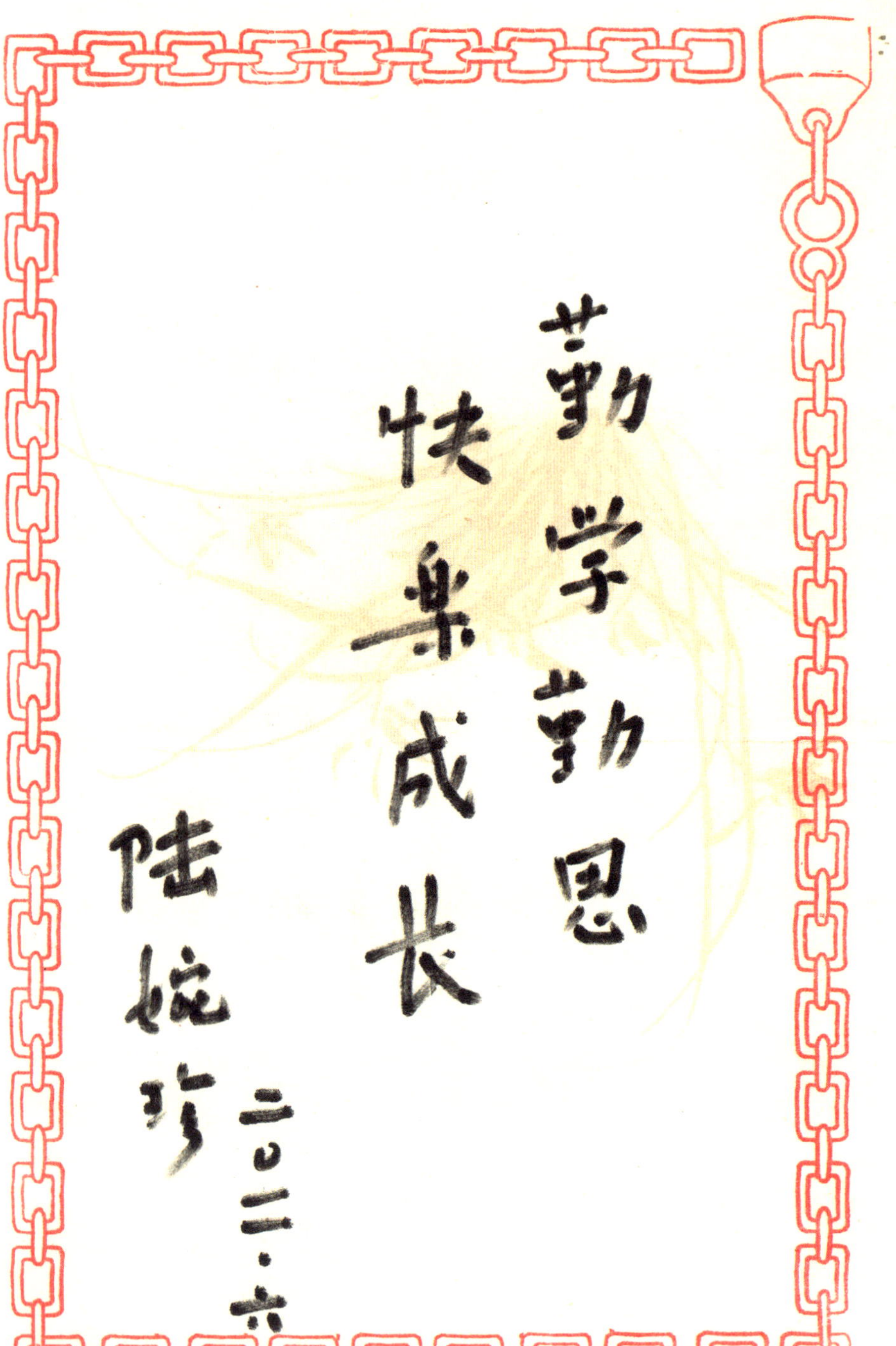

注　这是2011年6月1日陆婉珍院士为少年儿童的题词。陆婉珍十分关心中小学生的成长问题。2008年7月15日，陆婉珍应邀做客腾讯网，通过网络视频漫谈我国教育的问题。陆婉珍认为，孩子从小就要锻炼吃苦和自立精神，不能过分溺爱。她还专门在《经济日报》上撰写了“困难促使我们成长”一文，告诫年轻的父母不要过度溺爱孩子，文中她写道：“这样会回避‘物竞天择’的自然法则。竞争本身就是一种困难。大家都知道，森林中的树木是笔直的，沙漠中的骆驼是最耐饥渴的，那都是在困难中世世代代练出了令人羡慕的基因。”接着，她回顾了自己是如何从困难中一步步成长的，最后，她奉劝慈爱的妈妈们，放手让孩子去面对困难，从困难中才能学到真本领，这才是实实在在的成长。

困难促使我们成长

□ 陆婉珍

最近碰到几位慈爱的妈妈，她们都向我述说了对自己独生子女成长的祈盼。与此同时，她们像老母鸡一样，希望用她们的翅膀随时保护着自己的宝贝。看起来，这似乎是顺理成章的，因为只有保护自己的小宝贝才能让她(或他)快速成长。

但在我看来，这样会回避“物竞天择”的自然法则。竞争本身就是一种困难。大家都知道，森林中的树木是笔直的，沙漠中的骆驼是最耐饥渴的，那都是在困难中世世代代练出了令人羡慕的基因。在我的记忆中，每一次大的困难都会推动我的成长，或者说学会一点本领。记得我刚到美国时，第一次听到外国人说话，这时的困难可想而知，但正是这种困难环境让我学会了英语会话。而现在很多人在中文环境中学习英语，虽然困难少，但成长也慢。

从小学到中学，我做过很多年班长，至今仍有同学直接叫我“班长”，做几十个女学生的“班长”常常会遇到一些不顺心的事，有时很困难，但这段时间的锻炼，使我学会了很多协调人际关系的本领，其中最重要的是勇于承担责任，多做服务，少得名利。这些在我几十年的工作中都有参考意义，因此我觉得这也是一种成长。

我遇到过多次重大疾病的压力，当然是困难重重，可每次病愈康复后，我对自己的身体调整都会有所感悟，我想，这也是一种成长。

石化院筹建初期指派我去筹建一个分析研究室，是我记忆中遇到的最大困难，几十年来我正是在困难中不断摸索，不断成长的。我国经过“文化大革命”的痛苦后，才找到改革开放的正确方向，我想这也是大困难后的大成长。因此我奉劝各位慈爱的妈妈们，放手让你们的宝贝去面对困难，从困难中才能学到真本领，这才是实实在在的成长。

2011年3月27日陆婉珍院士在《经济日报》上发表的文章

手稿9-8　为石科院研究生题词

科研工作中的创新，

既要有丰富的想象力，

又要有扎实的工作作风，

还需要广博的基础知识。

陆婉珍与同学们共勉

二〇一二.五.九

注　这是2012年陆婉珍院士为石科院研究生的题词。对于年轻的科研工作者和研究生，陆婉珍期望他们能够努力，人的一生中可能会遇上这样那样的困难和挫折，如果遇到一点小困难就停步不前，是不能取得成功的。更重要的是，年轻人要从德、智、体、美等方面不断完善，使自己成为有科学精神的人。2001年她为石科院研究生部主办的《研究生之窗》撰写“研究生应做有科学精神的人”一文，她写道：“一旦有了科学精神的武装，大家会更自觉地学习科学知识，树立科学观念，掌握科学方法。”她认为：研究生训练就是要使就学的同学进入这种反复循环的提高，这也是研究生教育的成绩。

研究生之窗

主办	石油化工科学研究院培训中心	主　编	刘颖荣
	研究生团总支 研究生会	责任编辑	管炳伟 许　勇
2001 年 1 月		第 20 期	

研究生应做有科学精神的人

中国科学院院士　陆婉珍

大学毕业了，不少年青人并不满足，还想再充实一下自己，因此争取读研究生。所谓充实，一般人都认为是多掌握一些技巧。例如，外语再熟练一点，以便交流；多掌握一点基础知识，以便了解近现代飞速发展的新技术新情况。但当你在学习这些新技术、新知识的过程中，你会发现自己在被一种科学精神所武装。一旦有了科学精神的武装，大家会更自觉地学习科学知识，树立科学观念，掌握科学方法。研究生训练就是要使就学的同学进入这种反复循环的提高，这也是研究生教育的成绩。

科学精神的内涵十分丰富，但总结起来不外乎德、智、体、美四个方面。

一个有着科学精神武装的人，必然会理解人类社会有着一定的道德原则，这些原则是正直、诚信和理性。只有大家都按这样的标准处事，社会才会有序地前进。

一个有着科学精神武装的人，必然会知道我们必须继承前人的成果，不断探索、创新，并在探索过程中必须学会格物致知。分时，分阶段地去探索不同的目标，并及时做好归纳与总结。

一个有着科学精神武装的人，必然会理解身体是为人类服务的最基本的条件。同时万物都是在不停地运动中，包括我们的肉体，因此我们要注意各方面在运动中的平衡，任何疾病都是人体不平衡的结果。

一个有着科学精神武装的人，自然会理解在空间中存在着最完美的线条、声音和色彩。这些线条、声音和色彩，有时需要我们去创造，有时需要我们去俘获。但只要它们显现在眼前，就使我们感到赏心悦目，身心恢复平衡。

2001年陆婉珍院士为石科院研究生部主办的《研究生之窗》撰写的“研究生应做有科学精神的人”

手稿9-9　为食品质量安全检测技术示范中心题词

加強食品检测能力建设，
构建诚信安康和谐社会。

陆婉珍
二〇一二年五月十五日

注　这是2012年陆婉珍院士为食品质量安全检测技术示范中心的题词。2011年6月，陆婉珍与金国藩等五位院士向国家工业和信息化部建议，整合各行业产学研科技资源，逐步建立健全食品生产企业的检测体系，满足生产企业对检测技术及设备的需求。为落实工业和信息化部领导在陆婉珍等五位院士来信上的批示精神，2011年11月工业和信息化部消费品工业司在北京召开了“加强食品生产企业质量安全检测能力建设”座谈会。在这次会议上，陆婉珍建议，政府要加大资金的支持力度，食品行业质量安全检测技术示范中心要采用市场化运作方式。

手稿9-10　为艺术与和平论坛题词

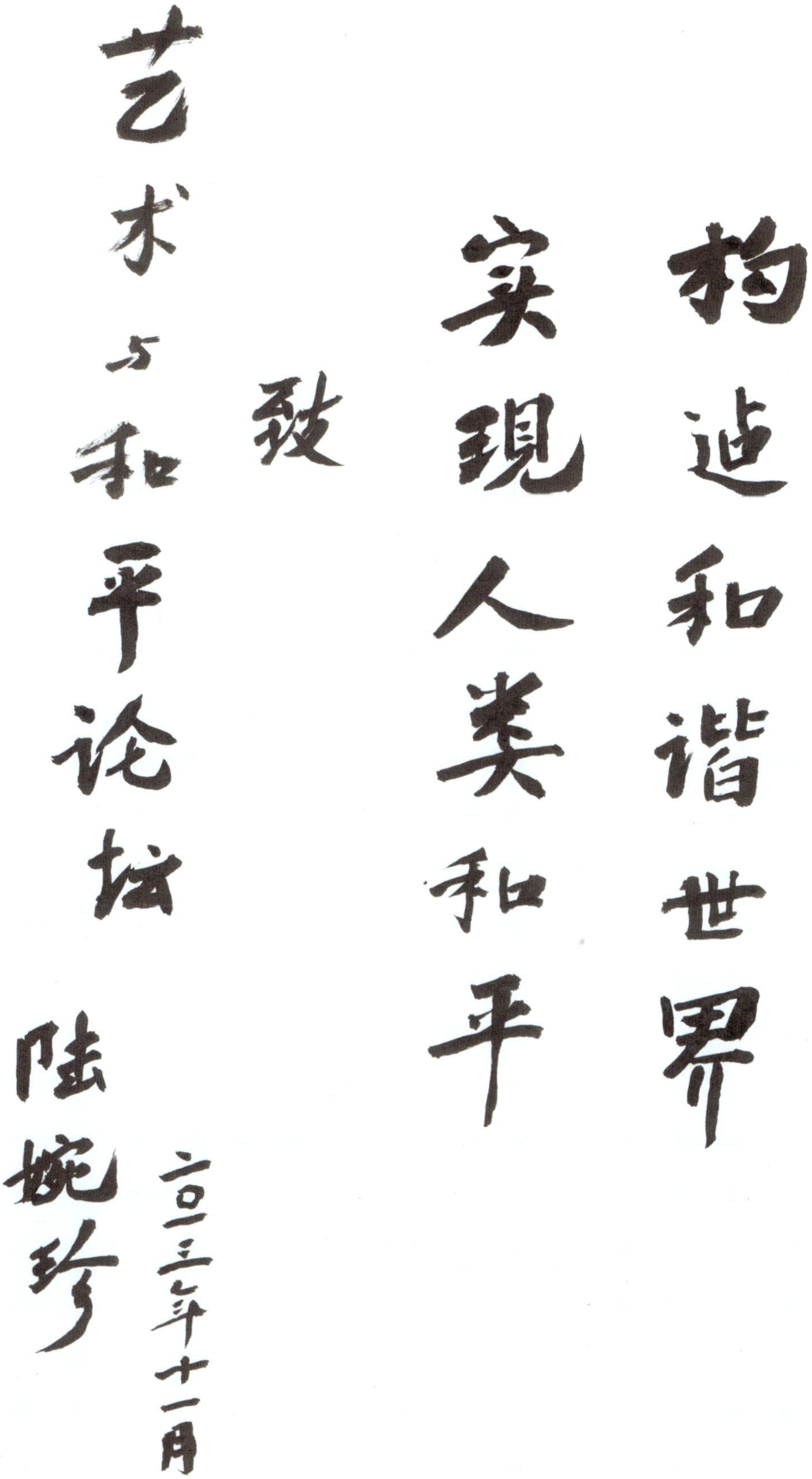
构造和谐世界
实现人类和平
致
艺术与和平论坛
陆婉珍
二〇一三年十一月

注　这是2013年陆婉珍院士为艺术与和平论坛的题词。

手稿9-11　为《飞鸿踏雪泥》丛书题词

群星闪耀兮星河璀璨，

众志成城共谱仪控华章。

陆婉珍 2014.5.22

注　这是2014年陆婉珍院士为《飞鸿踏雪泥：中国代表和自动化产业发展60年史料》丛书的题词。陆婉珍院士情系国产仪器，崇尚“工匠精神”。她生前曾多次表示，愿意出资设立分析仪器研制方面的奖励基金，鼓励更多有才华的人把分析仪器的关键器件做透、做精、做强。陆婉珍院士去世后，闵恩泽院士和他们的女儿捐献出100万元在中国仪器仪表学会设立了陆婉珍近红外光谱技术奖，完成了陆婉珍院士的遗愿，她一生付出，余香沁人。

手稿9-12　为中国分析测试协会题词

祝北京分析测试学术
报告会暨展览会创办卅周年

分析测试技术仍在不断地完善
並为人类作出难以估量的贡献

陆婉珍
2015.9.8

注　这是2015年陆婉珍院士为纪念北京分析测试学术报告会暨展览会（BCEIA）创办30周年的题词。

1998. 12. 22 北京

1998年陆婉珍院士参加中国分析测试协会第四届会员代表大会（前排左七）

注 2007年10月17日，中国分析测试协会成立20周年招待会在北京中苑宾馆举行，卢佩章院士、陆婉珍院士、张玉奎院士等在招待会上。

第十篇 其他手稿

“陆婉珍，究竟是怎样的一个人？

我终于明白了，陆婉珍，她有的不仅是领袖的眼光和才干，还有胸襟。我也终于明白了，为什么我从一位耄耋老人眼中看到的，不是饱经风霜后的世故，不是功成名就后的自傲，而是水一样的澄澈和坦然。因为，她的心，原本清亮和高远。

这个目光澄澈、声音和缓、思维清晰胜过年轻人，身上散发着岁月清香的老人，始终微笑着。讲完自己的故事，陆婉珍和缓地说：人，要往前看。”

——摘自2007年庞莉莉发表在《中国石化》“心如水澄明”一文

本篇整理收录了陆婉珍院士撰写的诗词、小说目录、散文、议论文和随笔等手稿9件。

手稿10-1　生日会上的赠诗

JUNE 1996

3 Monday　　农历四月十八

155-211 wk23

9月29日 诸同学(研究生)共聚

赠此诗

诸君青年负笈来
脸带稚气无挂牵
数载灯下苦读书
可惜才疏少指点
学成犹记同学情
常怀共度中秋日
来日若有空闲心
此间尚有读书声！

June

M	T	W	T	F	S	S
					1	2
3	4	5	6	7	8	9
10	11	12	13	14	15	16
17	18	19	20	21	22	23
24	25	26	27	28	29	30

注　这是1996年陆婉珍院士在生日会上赠给她研究生们的诗。三十多年来，陆婉珍凭借女性自身的独特优势，对研究生的指导更细心、更细腻、更有亲和力，培养出了几十名思想道德优良、专业水平过硬、业务精湛的高素质科研人才，其中有26位硕士、20位博士和5位博士后。陆婉珍的学生始终记得老师的辛勤培育之恩，每年的9月29日学生们会不约而同地前来为老师祝寿。

2012年陆婉珍院士88岁华诞与学生们在一起

2014年陆婉珍院士90岁华诞与学生们在一起

手稿10-2　人间自有真情在

MAY 1996

28 Tuesday　149-217 wk22　农历四月十二

想写一部小说题目是"人间自有真情在"

第一章 初进 [illegible]

第二章 [illegible] [illegible]

第三章 不必害怕了吗
一北大三年

第四章 再次进修 [illegible]

第五章 形势逼人 一国际争夺 [illegible]

第六章 争夺 愉快的合作 / 突然的变化 / 明智的比较

第七章 釜底抽薪

NOTES

第八章 更是真情过去的身影

第九章 路漫漫之矣

注　这是1996年陆婉珍院士筹划一部小说《人间自有真情在》的目录手稿。尽管小说的内容陆婉珍已构思清晰了，可惜这之后的时间里，由于忙于指导近红外光谱技术的研发和推广，这部小说始终没有动笔写成。

JUNE 1996

8 Saturday 160-206 wk23 农历四月廿三

3/10 与之通电话，以之安危为要事，全靠素科技中心前程，我很感谢。可惜未能见到，缘分未起作用。未来如何面对，如何承受。心中真是无数。只有去拼，来日不多。

9 Sunday 161-205 wk23 农历四月廿四

陈俊武七十寿辰的诗贺

犹记当年去巴川　红灯佳酒庆寿辰
高塔林立不化实　奇险难阻船不行
陈公自是创业人　去拼反是先人字
而今仍在育精英，　令人勇攀百岁岭。

NOTES

注　这是1996年陆婉珍院士祝贺陈俊武院士七十寿辰时写的诗。

2011年陆婉珍院士、闵恩泽院士、李大东院士、徐承恩院士、陈俊武院士在海南炼化考察

2012年陆婉珍院士在陈家镛院士九十华诞座谈会暨绿色化工冶金学术研讨会上致辞

Memo No.
Date　　/　　/

安民生平

2013.7.16.

前天收到吴培安寄来的"安民生平"文字十分简练，但写明了他一生的起伏与跌宕。在大学时，我就知道他是一位有能力、有管理的人才。像老这一代人都随着时间的推移，移出了人们的视野。但是他们在过去这一个世纪中所作所为，他们都是极具特色的。他以满怀大抱负的青年学生，有知识，有抱负，想救国、济世界。因此青年时代就在风口浪尖上活动，恶势力全力迫使他不得不四处逃遁。但祸中得福，他得到在英国学习畜牧兽医的最新知识。解放后他回到北京，为传授他的有关畜牧兽医知识不遗余力，创造了我国新型畜牧兽医研究及人才培养基地。但是在中国大地的封建思潮，再度抓住了他。他成了"右派"去内蒙工作，我想这次他一定又是因祸得福，他学了很多实践的

注　这是2013年陆婉珍院士为怀念中央大学校友、原北京农业大学校长、我国著名动物繁殖学家安民教授撰写的文章。

陆婉珍院士手迹选

经验。~~年代大~~ 廿年后，文化大革命结束。中国人民再一次解放，他得到了施展才华的机会。被委派为北京农业大学的校长。他着手用他的现代农业思想改造大学。在东北高寒牧业，散落各地。这次他又因福得祸。80年代初期，就得了中风。从此失语，甘疾病缠身。可是他顽强地抗争了十几年，直至此才与他十分留恋的世界告别。——每次时代转变过程中，必然会有一批英才为之奔忙，为之奉献。这是世界进步的代价。

第十篇 其他手稿

2015年出版的《永攀生命高峰——缅怀安民教授》以及吴培教授（安民教授之妻）赠送该书给陆婉珍院士的题字

手稿10-5 送别

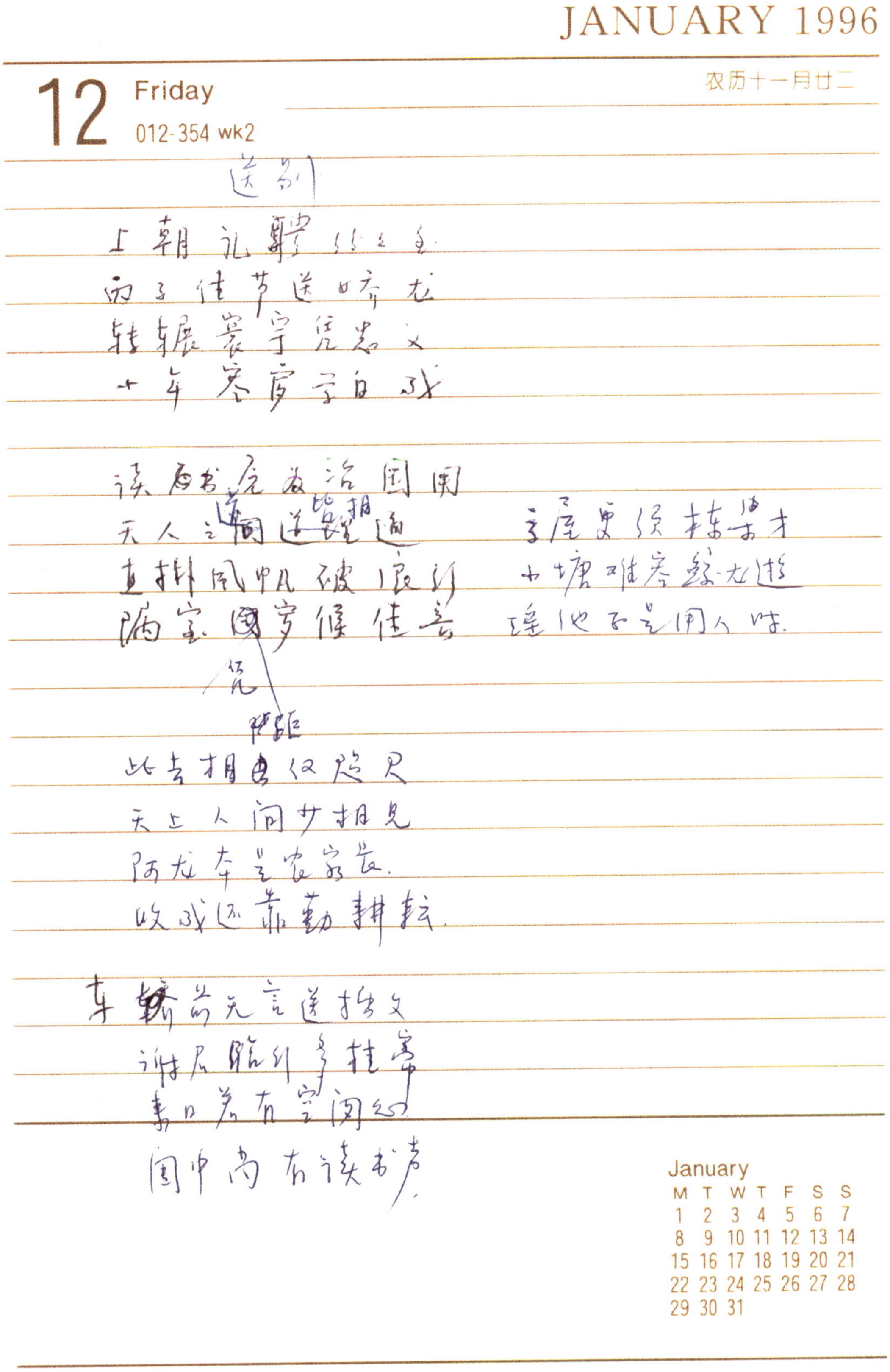
JANUARY 1996

12 Friday 012-354 wk2 农历十一月廿二

送别

上朝礼毕[illegible]

两子佳节送[illegible]

[illegible]

十年寒窗[illegible]

[illegible]

天人之间[illegible]　[illegible]

直挂风帆破浪行　[illegible]

[illegible]　[illegible]

此去相距仅咫尺

天上人间少相见

阿龙本是农家长

收成还靠勤耕耘

[illegible]

[illegible]

[illegible]

闺中尚有读书声

January

M	T	W	T	F	S	S
1	2	3	4	5	6	7
8	9	10	11	12	13	14
15	16	17	18	19	20	21
22	23	24	25	26	27	28
29	30	31				

注　这是1996年陆婉珍院士创作的一首“送别”诗手稿。

手稿10-6　牛大妈的智慧

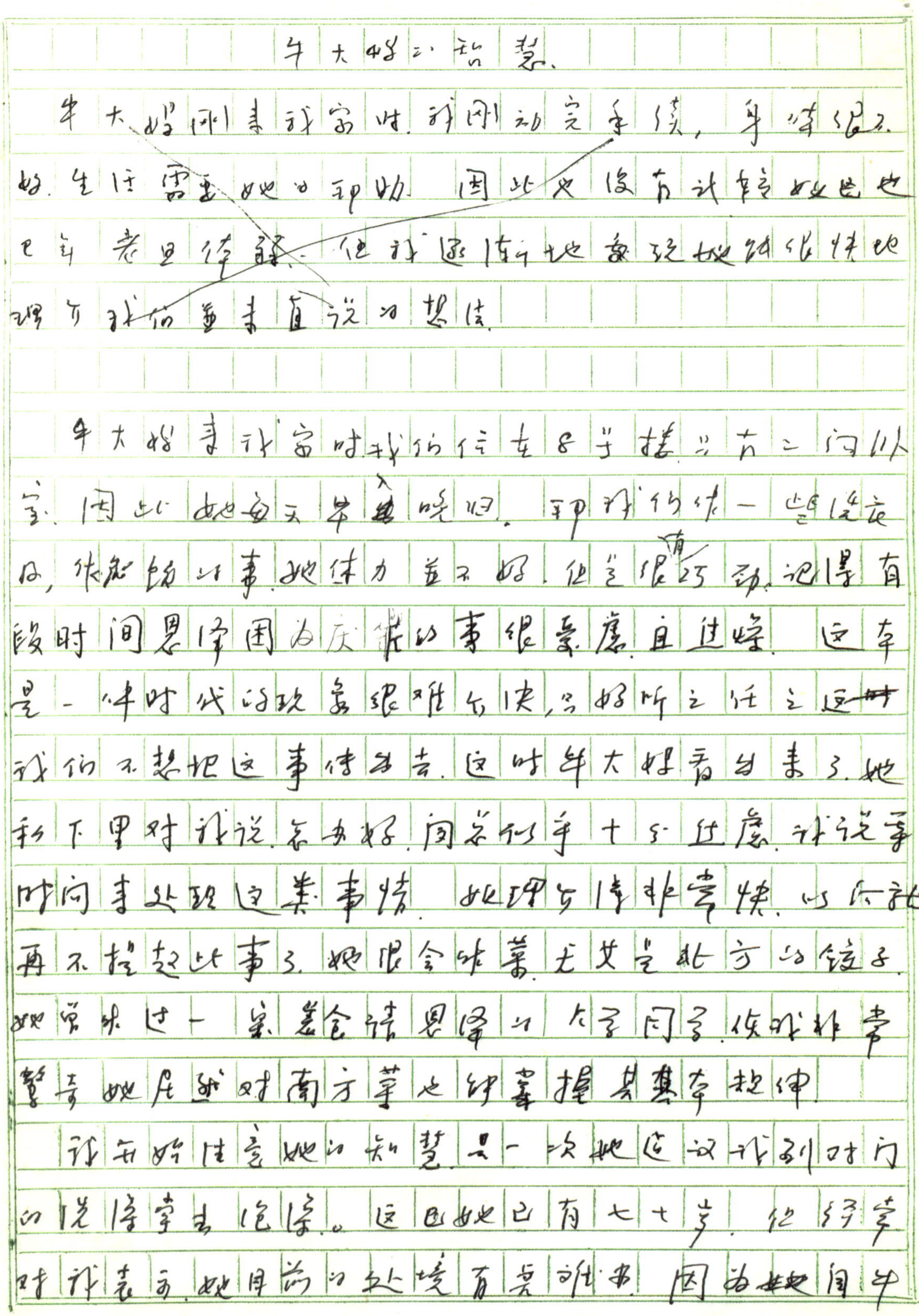

注　这是2009年陆婉珍院士写的“牛大妈的智慧”一文。“文化大革命”期间，陆婉珍被下放到湖北省潜江县，住在社员家中，和社员们同吃、同住、同劳动，向社员们学习种田技术，帮社员们干农活，做家务。这一生活体验令陆婉珍很难忘，她第一次亲身经历了我国中南部农民的生活，感受到了农家主妇的勤

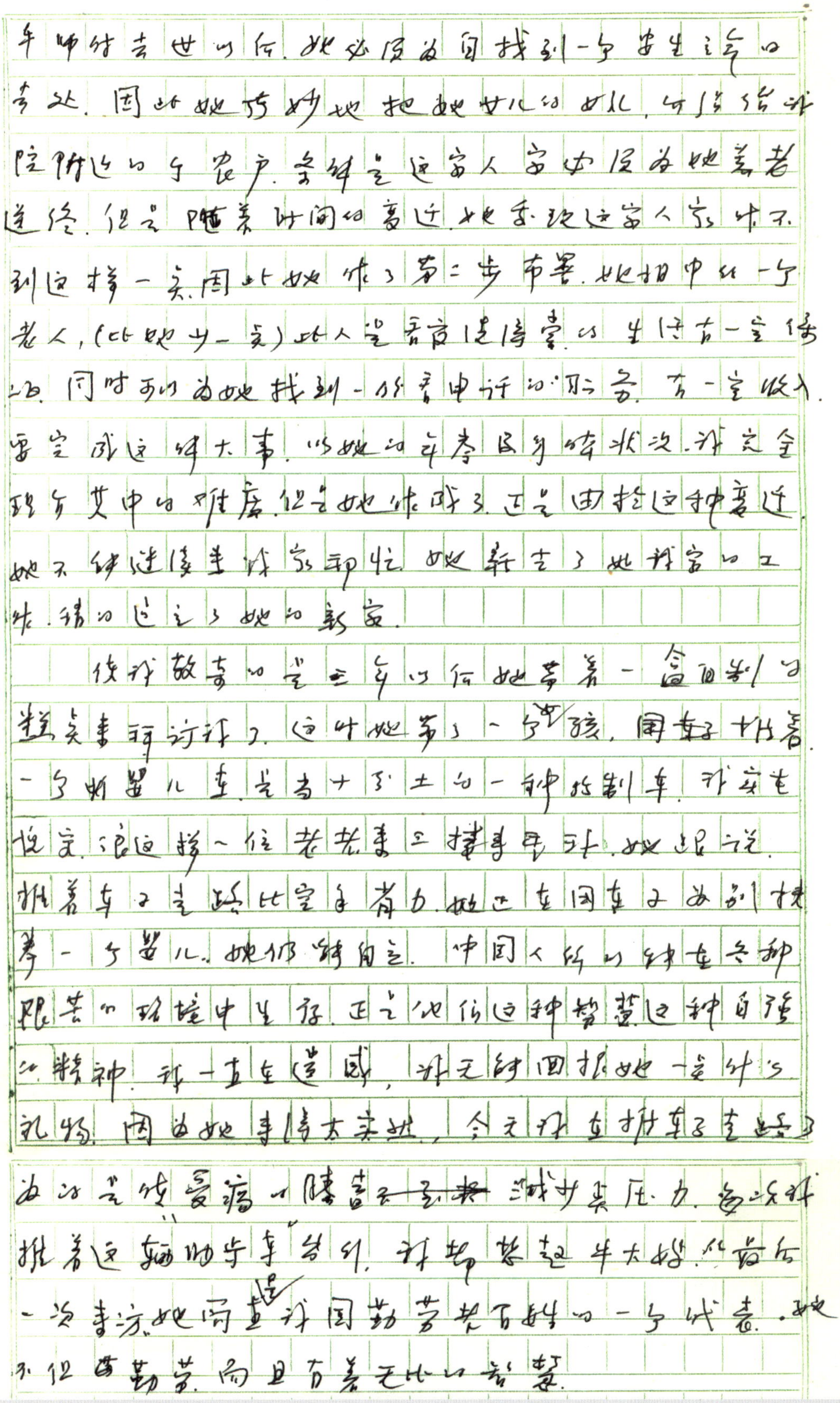

劳和智慧，这位农村大嫂可在一天之内做不计其数的家务活：做饭、打布（做鞋用）、腌菜、带小孩等。陆婉珍回想起来这段经历，不禁感叹道，正是我们有千千万万这样勤劳智慧的基层群众，中华民族才会有今天的崛起。

手稿10-7 竞争、竞赛

手稿10-7A 竞争者

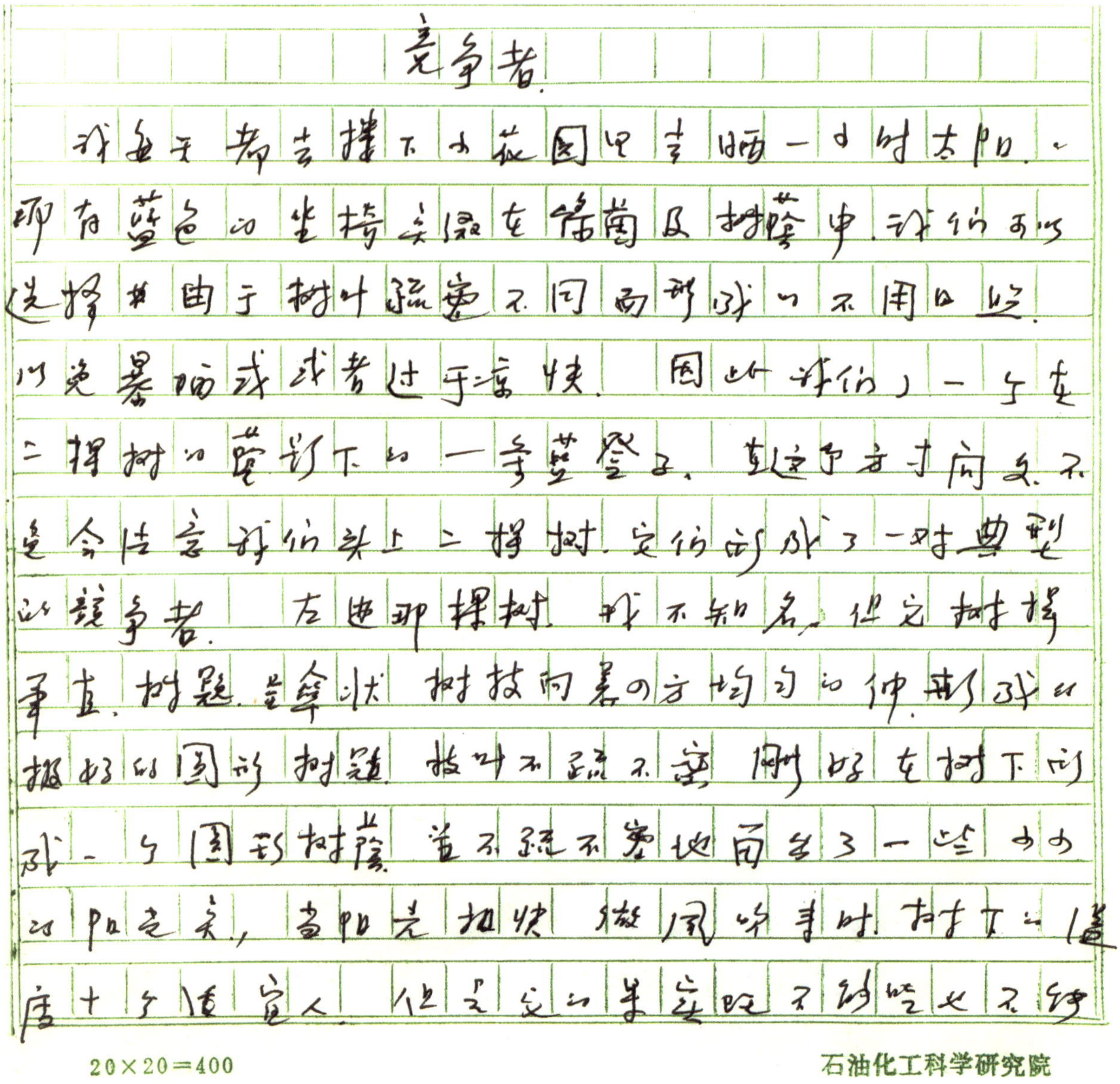
竞争者

我每天都去楼下小花园里去晒一小时太阳。那有蓝色的坐椅安放在绿荫及树荫中。我们可以选择由于树叶疏密不同而形成的不同日照。以免暴晒或者过于凉快。因此我们一个在二棵树的荫影下的一条坐凳了。甚至多少年来不是会注意我们头上二棵树。它们形成了一对典型的竞争者。 左边那棵树 我不知名，但它树干笔直，树冠呈伞状 树枝向四面八方均匀的伸展，形成的极好的圆形树冠，枝叶不疏不密，刚好在树下形成一个圆形树荫，并不疏不密地留出了一些小小的阳光点，当阳光灿烂微风吹来时，树下的人感到十分惬意宜人。 但它的生长不断地也不断

20×20=400　　石油化工科学研究院

注　这是陆婉珍院士2009年写的“竞争者”手稿（10-7A），2014年写的“竞争与竞赛”手稿（10-7B）。1957年，陆婉珍曾发表观点：“我国工业发展慢，工作人员积极性不高，应该搞自由竞争，有了自由竞争才能推动社会生产力。”陆婉珍发表该言论后，石油工业部党委专门派了一名女干部找陆婉珍谈话，告诉陆婉珍我们提倡竞赛、不提倡竞争。在随后的几十年中，陆婉珍一直思索竞争与竞赛之间的关系和异同。

用，花枝少，果实圆，掉在地上，鸟儿也不理睬。它的树叶的形状一般，也无任何芳香。它似乎除了庭荫以外，再没有别的用处了。

右边那棵树是一棵核桃树。它跟左边的它们相比就差远了。它的树干虽然也有五寸粗，但是不知什么原因它的主干已经歪成了60度的角度。园丁们为了保全它的生命，用三根木杆撑住树的树干，支撑着。虽然它与旁边的树一样有着自己的天空，但是它不知道为什么，它的枝叶除了笔直地向天伸展以外，再无别的姿态。因此它除了结着一旁增加一点绿色以外，实在不能为我们增加任何美感。人们所以还是很喜欢它，乃是因为它的果实确实诱人。古今对它的赞美，药用价值有滋补作用，又是美食的好食材。我们在树下看着它的果实，果长得很大，快要成熟时它会自动掉下来。只要你有办法去捡就可以捡。我最喜欢的这种干果，尤其是它的滋味，以其味美无穷。二棵树，和人一样，它们用各自的特长取胜，愉快地在阳光下生存！

最奇怪的事，它竟不知道如何去争取阳光，它的树干上始终不见向着室外的一面长出。特此[illegible]

竞争与竞赛

已是六十年前了，但我记忆犹新。一个下午，一位职位不低的官员找我，从头到尾与我讨论着一个问题，就是："你说我们的社会需要"竞争"，我们不赞成竞争，我要的是竞赛。"我听完了以后，并不完全明白，只是想这个问题有这么重要吗！

六十年来事态的变迁，我不断地感到，逐渐在社会流行的"市场经济""很无形地干扰我们的经济"的论调。似乎人们的认识在改变，竞争的趋向了在压倒竞赛的理论。为什么会是这样，我一时没有明白。

今天我看了昨天的"世界杯足球赛"，我似乎明白了一点。世界杯足球场上紧张的争赛，它吸引了全世界千千万万的目光，包括我这样没有体育细胞的人也参与其中。它表现了力量，表现了团队精神，更表现了"拼搏竞赛"的一切完美的实践。可见人们是喜欢，而且非常喜欢争赛的。但这种竞赛为什么只是四年，才在全世界公众面前出现呢？原因可能是它的成本太高了！今年巴西为了迎接世

20×20=400　　石油化工科学研究院

界杯，曾投入了几十亿美元资金，来修建场地。这是体
坛，聘请裁判、修整道路，如果再计算上几千上
万观众的路费，球员们的训练工作，场外宣传、事
的传播，这笔之浩繁，恐怕很少人认真计算过。正
是由于这笔人类的投资，才使我们看到了一次完美
的竞赛。这是一次认真的竞赛，既有精彩的技术，
又有训练有素的大批裁判者在认真地维护这种
规则，还有数万人的观众在督阵，直至监督他们的执行
情况。

让我们设想，如果世界上所有竞争性的活动
都要这种巨大的后备力量去维护它的公正性，那这
批维护的经费有谁来出呢。

幸运的是自然世界上有些生物的事，就有一
无形的手，在暗中维护着这种的公正，所以被人类
称作"物竞天择"。就是在没有动大的资金为后盾的情
况，只有靠天了。靠天来裁判的竞赛也就是竞争。

一个是理想化的办不到，一个是自古就存在的比
较公平的办法，我们不妨借用，可以在其上增加一条

些自我修正，那将是至今所做的明智一步了。

当然人们的智慧是无穷的，随信息、传播、传感技术等等功能的飞速发展，也许会有一天人类社会中每一件事都能像安排好那样，~~果会~~才到达多样在各种人类活动的真正的平衡点。谁能预料的呢。

晚年在办公室工作的陆婉珍院士

晚年陆婉珍院士、闵恩泽院士和女儿在一起

手稿10-8　我的女学生们

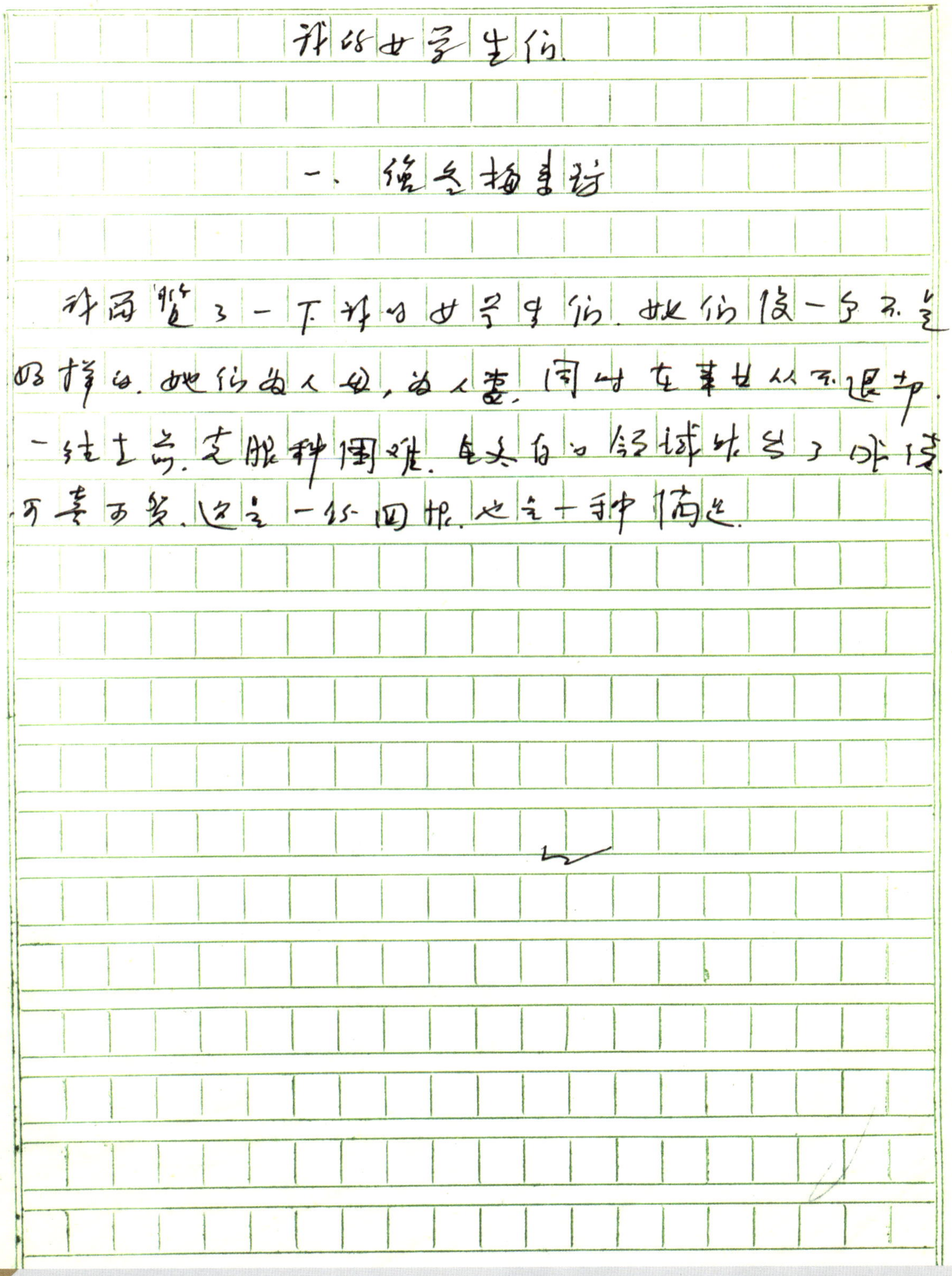
我的女学生们

一、徐冬梅李琦

我浏览了一下我的女学生们，她们每一个不是好样的。她们为人好，为人善，同时在事业从不退步。一生奋斗，克服种种困难，在各自的领域做出了成绩。可喜可贺。这是一份回报，也是一种满足。

注　这是2015年陆婉珍院士写的“我的女学生们”手稿，遗憾刚刚动笔，就溘然与世长辞。陆婉珍晚年很少干预学生们的事业，但她关注着每位学生的发展。临终前，在陆婉珍书桌前发现这篇她尚未完成的文章“我的女学生们”。“新青胜蓝”是她唯一的期盼。“落红不是无情物，化作春泥更护花。”她的心愿将时刻激励我们前行，她的精神永在，教诲长存，她的音容笑貌和高贵品质永远留在我们心中。

2015年11月20日陆婉珍院士的葬礼

陆婉珍院士和闵恩泽院士的墓地

参考文献

[1] 褚小立．新青胜蓝惟所盼——陆婉珍传[M]．上海，北京：上海交通大学出版社，中国科学技术出版社，2013.

[2] 褚小立．陆婉珍：石油分析领域的先驱[N]．中国科学报，2016-03-07．第8版.

[3] 柴玉田．毕生奉献于祖国石油化学工业的巾帼英豪——记中国科学院院士陆婉珍[J]．化工管理，2014（22）：64-69.

[4] 许帆婷，陈帜．近红外光谱技术慧眼“识”油——专访中国科学院院士陆婉珍[J]．中国石化，2012（10）：40-42.

[5] 蔡恩泽．伉俪院士 佳偶天成——记中国科学院院士闵恩泽、陆婉珍夫妇[J]．新闻天地，2008（02）：19-21.

[6] 庞莉莉．心如水澄明——记中国科学院院士陆婉珍[J]．中国石化，2007（02）：16-20.